pharmakon

叢書パルマコン
09

文部省の国体明徴政策

思想はどのようにして政策になるのか

植村和秀

創元社

文部省の国体明徴政策

思想はどのようにして政策になるのか

凡例

一、資料の引用に際して、漢数字はアラビア数字に、旧字体は新字体に、カタカナはひらがなに表記を一部改め、適宜濁点を加え、ふりがなを加除している。また、明らかな誤字は訂正している。なお、國體・国体・國体は国体表記に統一した。

一、教学刷新評議会官制、教学刷新評議会議事規則には項の表記がないものの、改行をもって項としている。

一、教学刷新評議会答申の修正のない部分については、『教学刷新評議会資料』下（芙蓉書房出版、二〇〇六年）所収の答申案から引用している。

一、一般に入手困難な資料で国立国会図書館デジタルコレクションで閲覧可能なものについては、註に［国立国会図書館デジタルコレクション］と付記している。

一、紀年の表記は元号を用い、昭和期以外には西暦を付記している。本書の対象が昭和一〇年代であるためである。ただし昭和期については、原則として各章の初出時にのみ西暦を付している。

目次

序章　主題と研究視角

第一節　主題——思想的政策

本書は、文部省が昭和一〇年代に推進した国体明徴《こくたいめいちょう》政策を思想的政策と位置付け、その政策形成過程を把握し、政策としての客観的な評価を行なわんとするものである。

国体明徴政策は、思想を実現するために政策を活用するものであると同時に、思想を政策の中に組み込んで管理していこうとするものであった。さらにまた、その国体明徴政策を文部省が推進することは、文部省も国体明徴に貢献する意欲を示すものであると同時に、文部省が国体明徴を主導せんとする意欲を示すものでもあった。官庁が思想を政策化していくに際しては、官庁間の力関係や思想史的文脈、政治状況の変化や政策形成の慣例といった諸要因が働いていく。本書が注目するのは、この政策が企画される経緯と、その企画における疑問点や問題点である。そのため本書が対象とする時期は、主に昭和一〇年前後となっている。

昭和一〇（一九三五）年は文部省の国体明徴政策にとって画期的な年となった。天皇機関説事件の激発から国体明徴運動への急流の中で、結果として、文部省がこの政策に乗り出すことに成功を収めていったからである。

さてそれでは、この政策はどのように初期設定されたのであろうか。昭和一〇年一二月五日に開催された教学刷新評議会第一回総会で、松田源治《まつだげんじ》文部大臣は会議設置の趣旨を以下のように説明している。文部省第一会議室に集まった委員は五三名、幹事は一一名であり、文部次官や文部省の思想課長なども加わっての大規模な会議である。

「今日我が国内外の情勢は頗《すこぶ》る多事多端であり、思想上、社会上、国際上の諸問題其の他各般の事項に亘り、適切なる方案の下に善処を必要とするもの極めて多きを感じます、而《しか》してこれらの問題の根本的解決は、我が国体の本義を基とする教育、学問の刷新と発展とに懸《かか》る所、頗る大なるものあるを信ずるのであります

我が国の教学は更《あらた》めて申すまでもなく、国体に基き日本精神に則《のっと》り、常に国史の成跡に鑑みて、克《よ》く国《こく》礎《そ》を培養し国民を錬成し、以て天壌無窮《てんじょうむきゅう》の　皇運を扶翼《ふよく》し奉ることを根本義と致します、然るに多年輸入せられたる西洋文化の咀嚼消化の不十分なるに胚胎する弊害は漸く形《あら》はれ、近時国民の自覚に伴って改善の要望著しきを見るに至ったのであります、即ち我が国の教学は、今や其の精神と内容とに十分なる省察《せいさつ》を加へ、其の大本《おおもと》を確立すると共に、進んで外来文化の醇化《じゅんか》摂取に努め、以て其の刷新振興を図るべき、大切なる時機に際会したものと思考致します」(1)。

教学刷新評議会は二・二六事件の混乱を乗り越えて、昭和一一年一〇月二九日に答申と建議を決定した。文部大臣の諮問に応じる会議として、教学刷新の中心機関の設置、教学刷新の実施に必要な方針と諸事項を

答申し、あわせて内閣総理大臣が統轄する有力なる諮詢機関の設置を建議したのである。(2) 昭和一〇年代の文部省は天皇機関説事件を直接の契機として、国体を明徴にするための教学刷新に改めて取り組み、そのために機構を拡大し、さまざまな事業を実施していくのである。

それでは、この教学刷新評議会は文部省にとってどのような意味を持ったのか。本論で述べるように、この評議会は文部省の国体明徴政策に勢いをつけるものとなる。答申によって文部省は、初めての外局となる教学局を設置することに成功した。建議によって文部省は、内閣総理大臣の諮問機関として教育審議会を設置し、文部次官がその幹事長となることに成功した。しかも、昭和一二年一二月一〇日付の教育審議会の官制には昭和天皇の上諭《じょうゆ》が付されており、これは大正六（一九一七）年から八（一九一九）年まで設置された臨時教育会議に次いで史上二度目のことであった。(3) 上諭の文言《もんごん》は以下となる。

「朕《ちん》文物の進運及中外の情勢に鑑み国本《こくほん》を無窮に培はんが為内閣に委員会を設置し教育の内容及制度を審議し其の刷新振興を図らしむるの必要を認め教育審議会官制を裁可し茲《ここ》に之を公布せしむ」。(4)

ちなみに、この臨時教育会議での「教育の効果を完《まった》からしむべき一般施設に関する建議」には「国体の本義を明徴にし」との文言がある。(5) 平原春好《ひらはらはるよし》は、この大正七（一九一八）年一〇月九日の建議に加えて、大正一二（一九二三）年一一月一〇日の国民精神作興詔書が教学刷新の思想的源流に当たると指摘している。(6) また、久保義三《くぼよしぞう》は、建議の提案者の一人である平沼騏一郎《ひらぬまきいちろう》が国体への「異説」を許さないと会議で明言したことに注目し、あわせて、建議を吉野作造《よしのさくぞう》や新渡戸稲造《にとべいなぞう》が当時批判したのに対し、教学刷新評議会では委員の紀平正美《きひらただよし》が高く評価したことを強調している。(7) 国体の本義を明徴にすることは以前からの課題であり、今回が初めての取り組みということではない。ただし今回は、文部省が言わば時流に乗ることに成功していくのである。

とはいえ当時の文部省は、官庁として明らかに力が弱く、官界でも民間でも広く信用を失っている状況にあった。積極性がなく、予算と権限を獲得できず、内務省に人事的に支配され、教育現場に冷淡であるという印象を広く持たれた官庁だったのである。

それでも明治四（一八七一）年に設置された古参官庁として、文部省には誇るべき伝統と実績があった。文部省設置七〇周年を記念した昭和一六年刊行の『文部時報』で貴族院議員の田所美治《たどころよしはる》は、日本の教育が急速に普及したことを慶ぶとともに、その理由の一つとして、「教育制度改革等に関しては政府は独断専行に出でず会議に諮り其の答申に依り施設せしこと」を挙げている。[8] 田所は内務省から文部省に入って大正五（一九一六）年から七（一九一八）年まで文部次官を務め、臨時教育会議の幹事長となった教育行政の重鎮である。田所は、明治二九（一八九六）年に高等教育会議が設置されて以来のことをこう回顧している。

「爾来《じらい》今日に至るまで或は内閣直属の会議とし或は文部省のものとして凡《おおよ》そ十有余の会議機構が間断なく交互に設置せられたわけである。由来十人十色の意見ある教育のことであるから、時には論争多年に亘り結んで解けず、為に我が国教育の改善進歩を妨げたることなきにあらざるも畢竟《ひっきょう》は教育の国策を建つる上に於て大過なく且つ政府独自では解決し能はざりし難件をも終に克く審議決定し得たことは此等の会議の大いに与《あずか》って力ありしことと云はねばならぬ」[9]。

田所は教学刷新評議会でも教育審議会でも委員に就任し、教育審議会では特別委員長に就任している。ちなみに、五箇条の御誓文には「広く会議を興し万機公論に決すべし」とあり、このような会議の重用はその精神を汲むものと位置付けることも可能であるかもしれない。ただし、文部省の国体明徴政策を考えるに際しては、「智識を世界に求め大に皇基を振起すべし」との条の方が重要であろう。文部大臣が、国体明徴を期するとともに「進んで外来文化の醇化摂取に努め」と言わねばならないはずである。

この立場が文部省の国体明徴政策の初期設定である。すなわち、外来文化の摂取を否定するのではなく、国体に醇化して摂取することを求める立場である。これは、国体という言葉を用いなければ現在でも違和感のない主張たりうるであろう。拝外にも排外にも陥《おちい》らず、外来文化を消化吸収して摂取すべきであるとの主張には、在来の文化を尊重するという意味でも新しい文化を創造するためにも、強い説得力が感じられるからである。

実際、日本に限らず世界各地において、文化接触による文化変容はさまざまな発見と発展を在来の文化にもたらし、それがさらに他の文化と接触して、次なる文化変容を引き起してもいった。その際、文化接触が深く生じるためには、在来の文化と外来の文化とが二者択一とならずに、渾然《こんぜん》と融合していく方が効果的であったように思われる。

例えば和辻哲郎《わつじてつろう》は、大正八（一九一九）年刊行の『古寺巡礼』で奈良の古寺とその仏像に外来文化の日本的変容を見出し、きわめて高い文化的評価を与えていた。和辻は法隆寺金堂壁画を論じて「グプタ朝絵画の流《ながれ》をくんだもの」とし、「グプタ朝芸術は恐らくガンダーラ美術の醇化である。或《あるい》はまた、希臘《ギリシア》精神の印《イン》度《ド》に於ける復興である。そもそも偶像礼讃の風が既に希臘の伝統ではないか。確かに印度人はそれを自分のものにした。そうして自分の趣味に基いて発達させた」としている。[10]なお、この引用は大正九（一九二〇）年刊行版を底本とするちくま学芸文庫版に拠るものである。

和辻は、ギリシアとの文化接触による新しいインド文化の創造を評価した上で、奈良の古寺とその仏像に新しい日本文化の創造を感じ取っている。ギリシア、ガンダーラ、ペルシア、西域、唐などの文化との接触によって発展した仏教芸術が古代の日本へと流入して奈良の古寺に逸品を残した、とするのである。古寺を巡礼して和辻が見出すのは実は世界なのであり、その賛嘆するのは文化接触が創造した新しい日本文化なのである。[11]

和辻は教学刷新評議会委員であり、田所と同様に第一回総会に出席していた。また、昭和一一年度には『国体の本義』編纂委員を務め、他でも文部省との関係は深い。文部省は東京帝国大学文学部にとって卒業生の有力な就職先であり、両者は人事的に関係が深く、文学部の教授たちはさまざまな形で文部省の要務を引き受けていた。和辻はこの頃には文学部の倫理学担当の教授である。

さて、外来の仏教文化を日本的に変容させ、新しい文化を創造することは人類にとって価値あることであろう。また、その変容の過程が何によって生じるのかは、魅力的な研究課題である。ただし、文部省の国体明徴政策では国体や日本精神によって変容させることが正解と指定されている。[12]文部省は、それが人類にとって価値あることであると主張するとともに、新しい文化の創造を自らが政策的に主導しようと意欲するのである。

とはいえ、正解を指定することは、誰が正誤の判断をするかを決定づけるものではない。当時の警察や検察、すなわち内務省や司法省も、正誤の判断をする権限を有していたからである。しかし、昭和一二年に文部省が刊行した『国体の本義』は、文部省が供給する正解として教育界で使用されるとともに、文部省の国体明徴政策の実績として、他の官庁への防壁ともなっていく。文部省が先に正解を出すことによって、他の官庁は後から異なる主張を出しにくくなるはずなのである。文部省の国体明徴政策には、官庁としての自己防衛という意味も含まれていたのではないだろうか。

ここで改めて、文部省の国体明徴政策の内容に戻ろう。第一回総会で松田文部大臣は、西洋文化の輸入それ自体を否定する発言はせず、「西洋文化の根本精神並に其の成立の歴史を検討し、我が国体観念、日本精神を大本として、之を摂取する」べきであるのに、「明治初年以来の西洋文物の輸入」はその「余裕を欠き」、「模倣、追随」に傾きがちで「不消化なる移植」となって、「傾倒、崇拝の傾向」を遺憾ながら強めた、と批判している。[13] それではこの初期設定は、その後も生きていたのであろうか。

昭和一六年四月一日に『国民学校綜合雑誌　日本教育』が創刊された際、橋田《はしだ》邦彦《くにひこ》文部大臣は、「国民教育の改新」と題する一文を巻頭に寄せている。橋田は東京帝国大学医学部教授、第一高等学校校長を経て、昭和一五年七月から文部大臣を務めていた。ここで橋田が説明するのは、新しい国民学校制度についてである。

「我が国教育の本義が、教育に関する　勅語に明示し給へる聖訓を奉体し、皇国の道に則りて国民を錬成し、天壌無窮の皇運を扶翼し奉るべき次代の大国民を育成することにあることは言を俟《ま》たざるところである。然るに従来動《やや》もすれば、欧米の文物を輸入するに急なるの余り、又その誤れる個人主義乃至《ないし》自由主義的思

図１　伊東延吉文部次官（『文部時報』昭和12年10月・598号）

想に著しく影響せられて、我が国教育の本義の徹底に於て遺憾の点が決して少くなかったのである。

かかる情勢に鑑み、この十年来、国体を明徴にし、日本的なる世界観に基いて、教育の制度及内容を刷新し、以て新学制を確立せんとする要望が次第に高まって来たのである[14]」。

その成果が国民学校令の公布であり、四月一日実施の国民学校制度となる、というわけである。これは、明治以来の小学校制度に代わる初等教育制度の根本的改革に他ならない。この改革は教育審議会が昭和一三年一二月八日に決定した国民学校などに関する答申を受けたものであり、幹事長である伊東延吉《いとうえんきち》文部次官の意欲が強く働いてのものであった[15]。七〇年以上の歴史を有する小学校制度の廃止は、無力無気力な官庁と評された文部省としては、際立って積極的な取り組みだったのである。

国民学校令は第一条で、「国民学校は皇国の道に則りて初等普通教育を施し国民の基礎的錬成を為すを以て目的とす」と定めている。橋田文部大臣は、「皇国の道を修練せしめ、特に国体に対する信念を深からしむべし」との規定であるとした上で、これは排外を求めるものでは決してないと言明する。松田文部大臣と同じ立場である。

「併し右は決して外国文化の排撃又は排外的態度の強調を意味するものではない。誰も知る通り、我が国文化発展の跡を見るに、広く東西の文化の採るべきものはこれを摂取純化して、我が国独自の文化を形成し来ったのであって、大いに皇基を振起せんが為には知識を広く世界に求めなければならないのである。国民学校に於てもこの我が国民性の此の特質の発揮を企図するのである。云ふ迄もなく世界列強の競争裡に立ち高度の国防体制を建設せんが為には学術の振興が如何に重要であるかは言を俟たないところであるが、茲に問題となることは学術の振興は常に国家の発展の為に進められなければならないと云ふことで、云ひ換へれば、学術の国家的意義を自覚することが大切である。それ故国民学校に於ては国家を超越した存在であるかの如く考へられ易い学術を、国家の為の学術であることの所以《ゆえん》を十分体得せしめんとするのである」[16]。

ここに至るまでの文部省は、教学刷新評議会で勢いをつけ、『国体の本義』を編纂刊行し、教学局という外局の設置を勝ち取り、教育審議会という有力な諮問機関を活用し、そこから国民学校制度の新設という画期的な成果を得ることに成功していた。もとより、このような成功は日本国家全体が国体明徴政策を推進し、総力戦遂行のための総動員体制の確立、高度国防国家の確立を目指していたことと合流したから可能になった、と言うべきではあろう。文部省のみの実力で国体明徴政策を遂行できたわけではなく、文部省のみが国体明徴政策を推進したわけでもないのである。

しかし、積極的に政策を企画立案して実績を積み重ねてきたのは、文部省としては例外的なことであった。実際、小学校制度は七〇年近く変わらなかったのである。この積極化の推進者となった文部官僚が、伊東延吉であった。国体明徴に意欲的な伊東は、学生部長、思想局長、専門学務局長兼思想局長、文部次官を歴任して、文部省の国体明徴政策の企画立案者となったと推定される。明治二四（一八九一）年生まれの伊東は、東京帝国大学法科大学法律学科を卒業して内務省に入省し、三年の勤務の後に文部省に転じた。その事績について文部省作成の履歴説明は以下のように記している。

「其の在官前後を通じ二五年一月に及び文部行政に尽瘁《じんすい》せるところ不尠《すくなからず》殊《こと》に同人は昭和四年一〇月文部省学生部長に任官以来思想対策問題に腐心傾注しその労績殊に顕著なるものあり即ち昭和六年文部大臣を会長として学生思想問題調査委員会設置せらるるや主管部長として委員を命ぜられ諮問事項たる「学生生徒の左傾の原因」及「学生生徒の左傾の対策」に付答申に尽力すること多大なるものあり右答申は爾後《じご》の思想対策殊に学生思想問題に関する諸方策の極めて有力なる資料として貢献したり又翌昭和七年八月設置の国民精神文化研究所の創立に尽力すること尠からず又昭和八年四月内閣に設置せられたる思想対策協議会委員として答申要綱の起草に尽力す、昭和九年六月官制改正に伴ひ文部省思想局長に任ぜられ引続き思想行政に携り昭和一〇年一一月教学刷新評議会幹事被仰付《おおせつけられ》その答申及建議は爾後の文教各般の刷新振興の基本方策として寄与したるところ多大なるものあり、幹事としてその運営の任に当りたる同人の功績多大なるものあり、昭和一一年九月「国体の本義」編纂のこと始まるや主管局長として自ら編纂校閲の筆を進めその熱と努力とに依り完成せりと謂《い》ふも過言にあらず昭和一二年六月文部次官に任ぜられて文教全般のことに当りその前官当時より企画せる教学局官制は同年七月公布せらる、茲に教学刷新振興に関する行政機関が整備拡充するに至りたるは同人の力に俟つこと大なるものありと謂ふべし」[17]。

これは教学錬成所長という現職での逝去に際し、岡部長景《おかべながかげ》文部大臣が東條英機《とうじょうひでき》内閣総理大臣宛に発した勅任文官増給理由書記載の優遇事由の一節である。伊東の事績に鑑みれば、この記載は適切であるように思われる。昭和一九年二月に伊東は満五二歳で亡くなり、翌年に日本は敗戦を迎えることとなる。国体明徴政策の推進によって教学刷新を目指し、文部省による政治的改革を目指すだけの意気を持った伊東は、敗戦後のアメリカによる政治的変革を見ることはなかったのである。

中外商業新報記者の本間俊一《ほんましゅんいち》は、伊東は「極めてとっつきがわるい、むっつりした性格」であり、「真面目な反面には多分の融通性をもたなければ」ならないと助言している。(18) また、伊東と旧知で教育評論家の藤原喜代蔵《ふじわらきよぞう》は、「伊東は豊かな独創力を持つけれど、他に対しては、偏狭で窮屈で「窄《せま》き門」を持って居る」とし、実行するよりも「「考へる」方の逸才」と評している。(19) その評価の適否はさておき、伊東は思想的な官僚であったとは言えるであろう。

伊東は思想局長として教学刷新評議会の幹事となり、審議での文部省側の応答をほぼ一手に引き受けていた。伊東はまた、この会議と同時並行して『国体の本義』の編纂事業を企画推進し、会議終了後の刊行を主導している。文部次官としては教学局の設置を達成し、教育審議会の幹事長として国民学校制度の新設を主導した。思想問題の専門家と評された伊東は、真摯《しんし》に国体明徴に取り組み、企画を立案して実行へと結び付けることに成功していったのである。

昭和一一年九月七日開催の教学刷新評議会第四回特別委員会で伊東は、委員からの質問に答えて現在の取り組みを説明している。すなわち、「国体の本義に関する印刷をしてこれを各学校に頒《わ》け、教員に頒け、学生に読ませる」事業に着手する一方、日本文化の講義、日本文化の講習会を実施し、さらに「日本の独自の立場に立って学問を殊に人文に関する学問を振興して行く、建設して行くといふ意味に於て、諸学振興委員会を設ける」予定があり、教科書の再検討も行なっていると答えている。[20] それぞれ予算を取っての事業であり、意欲的な取り組みの同時並行的な進行である。

伊東が言及した「国体の本義に関する印刷」は『国体の本義』刊行事業であろう。また、駒込武《こまごめたけし》によれば、「諸学振興委員会を設ける」との発言は日本諸学振興委員会の構想が初めて公にされたものである。[21] 教育審議会の開会に際して伊東は、「教学刷新評議会は、国体明徴の為、主として学問及教育に関する根本の方針・方向について決議されたものであります」と委員たちに説明している。[22] これは昭和一二年一二月二四日の第一回総会において、文部次官として諮問第一号の趣旨を説明する中での言及である。

もとより、大規模な会議の決定であるため、この「根本の方針・方向」は必ずしも伊東の意を満たすものではなかったかもしれない。いかに有力な幹部といえども、官庁の政策を完全に自分の思い通りにすることはできないからである。とりわけ、昭和一三年一二月二三日の文部次官退任後に伊東が影響力をどの程度保持しえたかは定かではない。文部省幹部の人事が一新され、急に転入してきた内務官僚たちが取り仕切る時期が始まるからである。

しかしそれでも、国体明徴政策の企画立案に伊東の思想が強く働いたことは否めないであろう。その思想を論じるに際して本書が最も重視しているのが、高等小学校の恩師に対する伊東の感謝の一文である。恩師の溝口幹《みぞぐちみき》を顕彰する小冊子が大正一四（一九二五）年に刊行された際、伊東が記したのは教育への思いと社会的風潮への批判であった。

「今や世を挙げて功利を逐ふてゐる。社会の多くの人びとの、唯一の目的は、地位と富とである。青年が漫然農村を捨てて、都会に趨《おもむ》き、随所農村人無しの嘆を聞くのも、一面に於ては功利の弊《へい》の現れである[23]」。

こう述べる伊東は、思想問題の深因をこの「功利の弊」に見出し、その解決策を人間の生き方の改善に求めていく。

「国民の思想動揺して、唯物的な機械的な思想の浸潤して来る勢に、識者の深憂するも亦《また》煎じ詰むれば、物質的利欲の争と形式的地位へのあこがれとが、世人を支配して居るのに、其の大なる源を有して居る。中等学校、高等諸学校、大学等の極端なる入学難の如きも、亦無自覚な功利思想に其の原因の一面と存じて居る。然しながら元来人の尊さは、其の地位や、その富の尊きが故にあらずして、内心の修養の尊く、人格の尊きが故である。今の世に最も必要なるは、自覚したる人である。若し人びと々にして内心の世界に着眼し、人格の尊貴を理解して、功利が畢竟枝葉のものであることを悟るならば、識者の憂ふる社会国家の百弊は、必ずここに根本的なる救済の力を見出し得ると思ふ。教育の要諦《ようてい》も亦ここに在るのであって、人をして各自の内心の世界に帰らしめ、心の修養によって、尊厳なる、又自由なる、人格を育成することが、人生第一の肝心事であることを教へねばならぬ[24]」。

伊東は、立身出世のみを目指す社会風潮を批判し、国体の体得による立派な人間の育成を教育の課題としていく。その際伊東は、悪しき風潮の原因が「功利」的な生き方にあるとし、これを個人本位の私利私欲に走る生き方、利己主義と自由主義によって社会的腐敗を生み出す生き方として批判したように思われる。昭和一〇年代の文部省の国体明徴政策が自由主義を批判する立場に立つのは、伊東のこのような自由主義理解が前提となっているのではないだろうか。すなわち、腐敗の元凶としての自由主義、利己主義としての自由主義という理解である。これについては、特に終章で論じている。

本書は、この思想的官僚の思想や会議の議事録などを手がかりとして、文部省による思想的政策の形成過程を把握し評価することを主題とする。なお、ここで言う評価は価値評価ではなく、客観的な政策評価の意味であることを念のため申し添えておきたい。

第二節　研究視角——思想はどのようにして政策になるのか

本書は文部省による国体明徴政策を、思想はどのようにして政策になるのかという研究視角から検討していく。その際、検討の重点を置くのは、政策が企画される経緯と、企画の疑問点や問題点である。

本文での検討に先立って、念のため「醇化」の語義の確認を行なっておきたい。文部省が国体明徴政策の初期設定に醇化という言葉を組み込み、外来思想を摂取するに際しての評価基準としたからである。

教学刷新評議会が昭和一一年一〇月に決定し、文部大臣に提出した答申には、「益々欧米文化を摂取醇化し、我が国特有の博大なる文化の創造を目的とするものにして、欧米文化の排斥或は軽視に陥らざるを要す」との文言が入れられている。[25]文部省が同時並行で編纂を進めた『国体の本義』の緒言にも、同様の文言が見出される。同書の刊行は昭和一二年三月付である。

「久しく個人主義の下にその社会・国家を発達せしめた欧米が、今日の行詰りを如何《いか》に打開するかの問題は暫く措《お》き、我が国に関する限り、真に我が国独自の立場に還り、万古不易の国体を闡明《せんめい》し、一切の追随を排して、よく本来の姿を現前せしめ、而も固陋《ころう》を棄てて益々欧米文化の摂取醇化に努め、本《もと》を立てて末を生かし、聡明にして宏量なる新日本を建設すべきである。即ち今日我が国民の思想の相剋、生活の動揺、文化の混乱は、我等国民がよく西洋思想の本質を徹見《てっけん》すると共に、真に我が国体の本義を体得することによってのみ解決せられる。而してこのことは、独り我が国のためのみならず、今や個人主義の行詰りに於てその打開に苦しむ世界人類のためでなければならぬ。ここに我等の重大なる世界史的使命がある[26]」。

『国体の本義』は刊行後に改訂を加えられることなく、敗戦を迎えることとなる。それゆえ、文部省として初期設定を変えるわけにはいかないはずである。なお、『日本教育』での橋田文部大臣の言葉には「摂取純化」とある。純化が純粋化の意味であるならば、外来文化を排斥した形での日本化と解釈することも可能である。ただし、国民精神文化研究所一〇周年に際しての文部大臣祝辞で、橋田は、「国体の本義に立脚せる厳正なる批判と醇化」と述べている[27]。『日本教育』より一年以上後の公式の祝辞であり、「純化」の文字選択は編集側の方針によるものかもしれない。いずれにせよ、敗戦後に政府の方針がＧＨＱによって変更されるに至って、この初期設定も含めて国体明徴政策は廃棄されることとなるわけである。

ところで、この初期方針にある「醇化」は、具体的にどのような意味なのであろうか。この言葉は明治期以降にしばしば使われており、先に引用した和辻哲郎の『古寺巡礼』にも用例がある。「グプタ朝芸術は恐らくガンダーラ美術の醇化である」という一文である。和辻の語法からすれば、消化吸収して摂取するという印象が強く、文部省が用いる「醇化」も、このような意味であると推測できるであろう。

ただし、この言葉の初期の用例は後代とは異なっている。例えば明治一六（一八八三）年刊行のハーバート・スペンサー著『社会学之原理』の訳文には、醇化の用例がある。第一巻第一篇第一章の章名が「超越有機的の醇化」とあり、その冒頭に「醇化の三大種類の中に就き余は今第三種類を論ず可き場合に達せり」とあって、文中の「醇化」には「エウヲリューション」との振り仮名がある。[28] 醇化は、evolution の訳語なのである。これと類似の訳語は明治一七（一八八四）年刊行の『改訂増補　哲学字彙』にあり、evolution は「化醇、進化、開進」と記載されている。[29] ちなみにここでは、Theory of evolution は、「化醇論、進化論」となっている。

趙麗君《ちょうれいくん》によれば、「―化」という接尾辞は江戸中期に漢語を転用して「物質の化学変化や状態変化」を表現するために用いられるようになり、新たな造語や「字順変化（「化醇」→「醇化」）を生み出」すこととなった。[30] Evolution の訳語は、明治一四（一八八一）年刊行の『哲学字彙』と前記の『改訂増補　哲学字彙』には「化醇、進化、開進」であり、明治一七年刊行の『生物学語彙』では「醇化、進化」となっている。[31] 趙は、中国の古典語では「化醇（変化し、精醇な状態になる）」も「醇化（手厚く教え感化すること）」も用例があり、本来であれば前者が適訳であるものの、「江戸後期から明治中期までの訳本に「□化」の字順の例が多く」、化の字が接尾辞化した一例と考えられると指摘している。[32]『社会学之原理』刊行の頃は、evolution の訳語に化醇や醇化が存在したということである。

ただし、『改訂増補　哲学字彙』の共著者である有賀長雄《ありがながお》は、明治一六年に『社会進化論』を刊行している。「進化」という訳語が採用されているのである。これに対して「醇化」は、和辻の用法のように「evolution」とは別の意味で一般化したと考えられる。例えば大東文化協会設立申請書添付の寄付行為には、

「我　皇道に遵《したが》ひ国体に醇化せる儒教に拠り国民道義の扶植を図る」とあり、大東文化学院設立許可申請書には、学則の第一条として「本学院は本邦固有の　皇道及国体に醇化せる儒教を主旨として東洋文化に関する教育を施すことを以て目的とす」とある。[33] いずれも大正一二（一九二三）年九月の設立である。大東文化学院は現在の大東文化大学であり、初代総長は平沼騏一郎である。

　第三章で指摘するように、この大東文化学院の中心人物である江木千之《えぎかずゆき》は大正一三（一九二四）年に文部大臣を務め、その時の秘書官が伊東延吉であった。また、同じく中心人物である鵜澤總明《うざわふさあき》は教学刷新評議会委員であり、第一回総会に出席していた。文部省が主張する醇化は、この大東文化協会の用例を踏まえたものであるのかもしれない。大東文化協会には多くの有力者が関与し、天皇機関説を衆議院で弾劾する有力議員たちも中心人物であった。文部省としては、醇化という言葉を用いて天皇機関説批判の鋭鋒を回避する意図もあったように思われる。

　これは言葉の変化として皮肉なことではある。「日本の思想」で丸山眞男《まるやままさお》は、「思想評価における「進化論」」という小見出しで、自然科学的進化論の受容が近代日本の思想評価の基準に影響を与え、「思想の伝統化に不利な要素となった」と指摘している。[34]

「つまりある永遠なもの――その本質が歴史内在的であれ、超越的であれ――の光にてらして事物を評価する思考法の弱い地盤に、歴史的進化という観念が導入されると、思想的抵抗が少なく、その浸潤がおどろくほど早いために、かえって進化の意味内容が空虚になり俗流化する。そこではしばしば進化が過程から過程へのフラットな移行としてとらえられ、価値の歴史的蓄積という契機はすべりおちてしまうのである」[35]。

丸山は、「維新このかた、日本の目指す進化の目標はむろん「先進」ヨーロッパであったから、そこでの思想評価の際にも、西洋コンプレックスと進歩コンプレックスとは不可分に結びつき、思想相互の優劣が、日本の地盤で現実にもつ意味という観点よりは、しばしば西洋史の上でそれらの思想が生起した時代の先後によって定められる」と指摘し、自由主義者や社会主義者のみならず国粋主義者や反動派もこの論法を使うと指摘する。[36] ヨーロッパではもう古いという批判の論法である。

このような西洋への劣等感や進歩への先入見を打ち破り、日本本位で思想を評価するための鍵概念として、文部省は醇化という言葉を用いたわけである。とはいえ、文部省の国体明徴政策で、永遠なる国体の光で「事物を評価する思考法」が創造的に実践されたとは言い難い。批判的に吟味して価値を蓄積しようとするのではなく、文部省は、正解を指定してそれに従うよう説諭し、国体に関連する不祥事の再発防止に努める方針を採っていたように感じられるからである。

なお、醇化という言葉は文部省以外の官僚によっても用いられている。吉田則昭《よしだのりあき》は、昭和一三年成立の電力国家管理法を推進した革新官僚の奥村喜和男《おくむらきわお》が、「所有権の「醇化」という概念を提唱した」と指摘している。[37] 奥村は昭和一三年一一月に、「利潤追究のみを目的とし勝ちな従来の経済運営を醇化刷新して、その能率的再編成と、全体主義的再組織とを完遂せねばならぬ」と説いている。[38] また昭和一五年一一月には、「電力国営は斯《か》くて、所有権の日本的醇化運動を促進し、所有と経営の分離を確認し、国家経済統制の新方式を創造したのである」とも主張している。[39] これは、利己主義の打破と日本本位での所有権概念の再編成を醇化と呼ぶ主張である。

昭和一三年三月刊行の『日本政治の革新』で奥村は、「個人主義に代はるに全体主義」を指導原理とし、「資本家自由経済に代はるに全体主義計画経済」体制に変革することを主張し、それを「醇化過程」と呼んでいる。[40] 奥村の主張は以下である。

「我国の政治も経済も、その自由主義的基調を揚棄《ようき》されて、新らしい国民主義の標識の下に、醇化され、再組織されねばならぬ。この醇化過程を通じて、我々は真の日本精神を奪還せねばならぬ。この再組織過程を通じて、日本の政治と経済に、統一と計画を与へなければならぬ[41]」。

奥村は同書の序文で、本書は「日本革新の方向を示唆」して「日本を醇化し、日本を強化し、以て極東協同体の枢軸たらしめんとすること」を念願とすると記している。[42] 当時の奥村の職名は企画院書記官である。なお序文には、執筆に竹本孫一《たけもとまごいち》の尽力があったとある。[43]

昭和四五年の追悼文で竹本は、内閣調査局と企画院で奥村に仕えて、その勉強ぶりと見識の広さに感銘を受けたとし、奥村には自然を征服するとの意見に反対して「天人相愛」を説く一面があったと回想している。[44] 竹本はまた、平成一二（二〇〇〇）年の回顧談で、『日本政治の革新』は序文以外すべて自分の執筆であると語っている。[45] これは、奥村と意見が一致し奥村の信頼を得ての代筆であった、とのことである。なお、奥村と中学高校大学を共にした劔木亨弘《けんのきとしひろ》は、当時文部省教学局の初代思想課長に任命されていたものの、応召を受けて軍務に服しており、醇化という言葉を用いたこととの関係は不明である。[46]

いずれにせよ、奥村の主張を文部省が論評することはなかったであろう。文部省が国体明徴の対象とするのは日本国民の人生観・世界観であって官庁の政策ではなかったからである。それは文部省の権限に基づく限界であり、教育による人材育成に重点を置いているためではあった。しかし、外来思想を国体に醇化して摂取する方針を文部省が指示して、それで国体が明徴になり未来への展望が開かれるものなのだろうか。

この疑問は後で検討することとし、以下で先行研究との関係を整理しておきたい。昭和戦前期の文部省を研究するに際しては、教育史・教育行政・政治史・政治思想史など分野横断的な視点が求められる。この研究課題に関して昭和史全体の通史を提示した大著が、久保義三の『新版　昭和教育史――天皇制と教育の史的展開』である。

同書で久保は、「戦前昭和期の教育の特質は、近代日本における天皇制と教育の関係が、そして、天皇制教育の本質が、もっとも凝縮した姿で現れていた」所にあるとし、「天皇主権を絶対化し、かつ天皇の地位を神権主義的な性格たらしめている国家体制によって支配される教育、またそのような国家体制をめざす教育を天皇制教育という」としている[47]。その上で久保は、天皇制教育は「戦前昭和期においては、天皇制ファシズム教育または天皇制教育のファシズム化として表現される」とし[48]、その特徴をこう指摘している。「天皇制ファシズムとは、天皇制を拠点として、既存の国家機構、とくに軍部を中心とする官僚によって推進されていった政治体制である。そして、教育が、天皇制ファシズムに規制されるというだけでなく、教育によってこのような体制が内的に支えられ、形成されていったことこそ注目すべき現象であるといえる。そして、教育を根底から規制するファシズム期のイデオロギー的特質は、前述した国体史観に基礎づけられた教育観の強調という、天皇制イデオロギーの補強の仕方にあった[49]」。

これに対して本書は、昭和一〇年頃の当時者の目線を優先して検討を行なっていく。当時のイタリアのファシズムもドイツのナチズムも民間主導の急進的な国家革新運動であり、文部官僚や教学刷新評議会委員などに就任する有力者たちからすれば、外来思想であって国体による醇化の対象となるものであった。しかも、ファシズムやナチズムはコミュニズムと同様に、民間の思想運動に発するものであり、権力掌握後の思想統制では、いずれも新しい政治体制を創造せんと意欲していた。しかし、文部省はこれらと異なり、民間主導の運動も新しい政治体制の創造も意欲せず、自己の主導下で国民の生き方を正すことに注力していたのである。本書は当時者の視点を優先し、天皇制ファシズムという言葉を使用しないこととする。

他方、「戦前治安体制の一翼・一環」を担うという視点から文部省の治安機能を明らかにしたのが、荻野《おぎの》富士夫《ふじお》『戦前文部省の治安機能――「思想統制」から「教学錬成」へ』である。[50]荻野は、「戦争遂行体制を主体的に支える「皇国民」の育成は為政者層の総意であったが、その育成の具体的な企画者・執行者は主に文部省であった」と指摘し、「一九三〇年前後の文部省の「思想統制」体制は、三〇年代中葉の「思想動員」(国民精神総動員運動への関与)の段階を経て、三〇年代末には教育行政全体を「教学錬成」の段階に移行させていく」と総括している。[51]

本書は荻野による詳細な研究に多くを負っている。ただ、昭和戦前期をその前後も含めて俯瞰《ふかん》的に対象とする荻野に対し、本書は焦点も視線も小さく限定し、官庁と思想の結び付き方を主題とする。そのため荻野の研究対象のごく一部分を集中的に解明することを課題とするものである。

教学刷新評議会については高野邦夫《たかのくにお》による先駆的研究があり、会議の運営や議事録の分析が行なわれている。平成元(一九八九)年刊行の『天皇制国家の教育論――教学刷新評議会の研究』である。その序論で高野は、評議会が研究史上の空白となっていると指摘し、[52]「きわめてイデオロギー色濃厚で特異な組織を対象とするためには、どうしてもまずそれを構成した人間を問題に」しなければならないとする。[53]この指摘を踏まえて、本書は関係者の思想とその思想史的背景を詳しく検討せんとするものである。

ところで、文部省の国体明徴政策の鍵《かぎ》概念として、「錬成」という言葉も重要である。この言葉に注目した代表的研究として、寺崎昌男《てらさきまさお》・戦時下教育研究会編『総力戦体制と教育――皇国民「錬成」の理念と実践』が挙げられる。同書によれば、錬成は「一九三〇年代から日本教育の理念、実践の指針を示す用語として登場し、一九四一年（国民学校制度発足の年）のころからは、学校に限らずすべての教育場面における教育実践・自己形成を導くスローガンとして普及した」ものであった。[54]

本書は、同書の「第二次世界大戦下の教育を、現代戦争の典型的形態としての国家総力戦下の国民教育体制としてまずとらえる」立場を共有するものである。[55]ただし、錬成という言葉が重要性を高めたのは基本的に昭和一〇年代後半であり、本書が重点とする昭和一〇年頃とは時期が異なっている。そのため、本書では錬成について特に論じなかった。

文部省の国体明徴政策の事務事業の一つに日本諸学振興委員会の設置があり、駒込武・川村肇《かわむらはじめ》・奈須恵子《なすけいこ》編『戦時下学問の統制と動員――日本諸学振興委員会の研究』が代表的研究である。この委員会も研究史上の空白となっており、同書執筆者たちの長年の共同研究が唯一と言うべきものであった。[56]同書は、昭和一一年九月に文部省訓令が定めた委員会規程第一条に「国体、日本精神の本義に基き」との文言があり、同年度に編纂が進められ年度末に文部省が刊行した『国体の本義』との関係は「自作自演的な仕組み」である、と指摘している。[57] 本書も「自作自演」であるとの視点を共有するものである。

同書はまた、委員会の「各学会が趣旨から「日本精神」を外して「東亜乃至世界新秩序」を主題に掲げ」る転換を昭和一五年六月から進めていくと指摘している。[58] これは、世界情勢の変化に伴い、日本を中心とする新しい国際秩序の創出が政策課題となったことの反映でもあろう。本書は日本精神や東亜新秩序・世界新秩序という言葉を特に取り上げず、世界情勢や国際秩序との関係についても言及していない。昭和一〇年頃の文部省の関心が日本国内にあり、昭和一〇年代に一貫する国体へのこだわりに検討の重点を置いたためである。

教育行政の政策形成過程については、昭和戦後期を対象として大脇康弘《おおわきやすひろ》が従来の論点を整理し、「①政策主体、②政策主体以外の社会的諸勢力の布置状況、③政策事項の問題状況、④利用可能な資源、⑤政策の内容」を検討すべき要因として挙げている。[59] 本書で検討する時期とは異なるものの、文部省の立場を検討する際に、この視点を参考にしている。

思想と教育政策との関係については、徳久恭子《とくひさきょうこ》が『日本型教育システムの誕生』で研究視角とした「アイディアの政治」が興味深い。[60] ただし、占領期の教育改革を対象とする同書は、この時期の日本型教育システムの誕生に道義的信念がどのような影響を与えたかを重視するものである。[61] 本書は敗戦以前に検討の重点を置き、時期が異なっている。また、国体の明徴は日本的人生観・世界観を体得させ、それに基づく道義的信念を生み出して生き方そのものを変えていくことに力点がある。そのため本書は、アイディアや言説ではなく、より内面的で内向的な印象を与える思想という言葉を用いている。

さて、先に述べたように、本書は昭和戦前期の特に昭和一〇年頃に焦点を合わせ、視点は当事者の目線にできる限り合わせている。それゆえ、文部省の国体明徴政策に関与した同時代人の証言や論考を、文部省の内外を問わずに重点的に紹介している。もとより、これは不完全な復元作業である。黙して語らない人間やすべてを語らない人間などの存在が検討の限界となっているからである。

この限界に加えて、昭和一〇年代は言論の弾圧、言論の統制が進んだ時代であり、特に後半の統制はきわめて厳しいものであった。自由に語れないという言論状況が、検討のもう一つの限界なのである。ただ、昭和一〇年代でも最初の頃は、率直な言論活動がまだかろうじて可能ではあった。言論空間が根本的に統制される時期については、当時編集者として活躍していた講談社の萱原宏一《かやはらこういち》の証言がある。萱原は、昭和一五年一二月の日本出版文化協会の設立が画期であったと回想するのである。

「用紙は出版社の食糧である。これを軍官に一手に握られ、しかもその配給は、軍官の出版物の内容につける点数によって、増減または停止されるとなっては、勝負はあったのである。日本出版文化協会の誕生（一五年一二月）こそは、軍官の言論統制と思想統一を決定的に強化した、画期的な出来事であったのだ」[62]。

言論は紙の統制によって印刷以前に統制されていったのである。ここで言及された日本出版文化協会は、営利本位を排して出版物を審査し、用紙の割当てを決定する社団法人であった[63]。出版・印刷・配給の一元化による出版新体制が昭和一五年から急速に構築されていき、協会はその実務を担うことを期待されたのである。

ただし、紙の問題は実はそれ以前から深刻であった。『日配時代史』は、昭和一二年から「時局は急角度に戦時色を帯びて進展」し、「商工省では一一月二〇日、長期戦にそなえて諸物資の統制を図る一環として、紙の消費節約を強制するため、日本雑誌協会及び東京出版協会の代表を招き、政府の方針として約二〇%の節減を要望し、実現のための具体策を諮問、実行案を提出するよう下命した」と記している。(64)日配とは昭和一六年五月に設立された日本出版配給株式会社の略称であり、同書は出版業界史の貴重な証言となっている。

国体明徴政策の形成過程を検討するに際して、これらの限界は研究の精度に打撃を与えるものである。しかしそれでも、思想的政策の形成過程の検証には現代に通じる意義があると著者は考えている。思想的政策は国によっては、国定イデオロギー体得のために現在も強力に推進されているからである。

もとより、政策には通常、何らかの意味で関係者の思想が組み込まれているはずである。福祉国家や規制緩和、国防国家や国際協調、民主主義や新自由主義、グローバリズムやナショナリズムなど、政策関係者にはさまざまな思想がありうるであろう。思想を何か特別のものとして理解せず、考え方という広い意味で理解するならば、政策はすべて思想的政策と呼びうるものである。

しかし、政策が何らかの思想に基づくことと、政策が特定の思想を人間に体得させようとすることとは区別されるべきであろう。文部省の国体明徴政策は、特定の思想を人間に体得させようとする後者の一例である。現代においても、関係者の人生観・世界観の次元にまで影響を及ぼす政策があれば、やはり思想的政策として、その形成過程を検証することが必要となるであろう。

いずれにせよ、特定の思想を人間に体得させるというのは、政策課題として難易度の高い試みである。政府の方針や行政の継続性への配慮を行ないつつ、思想の質を保証し政策の効果を実証する必要があるからである。正しい思想を国民に実効的に体得させていることを文部省として実証していかなければ、官庁間の競争や戦時下の行政整理を乗り越えて政策を推進することは難しいのである。

国体明徴問題が政治的に白熱化する一方、国体に関する思想は多様であって、時に激しく対立もしていた。そのような火中の栗を拾って政策化するに際し、文部省の当事者は何を考えていたのか。どのような発想で会議を運営し、組織改革を実行し、事業を推進していったのか。本書は、国体明徴政策の形成過程を主に当事者の視点から再構成し、その経緯を把握して思想的政策としての疑問点や問題点の把握を行ない、政策として客観的に評価しようとするものである。

第一章では文部省の国体明徴政策の歴史的位置を検討する。政策の主体たらんとする意欲を持ってはいても、文部省は他の政策主体と比較して官庁としての実力が低かった。とはいえ、国体明徴という政策課題には緊急性と必要性があり、文部省が昭和一〇年代にこの課題に取り組んだこと自体は不思議ではなかったのである。

第二章では政策関係者の方向性、とりわけ『国体の本義』編纂事業関係者の政策志向性に注目し、それにどのような意味と方向性があったのかを検討する。第三章では教学刷新評議会の議題設定について、議題の思想的立場・思想史的文脈から検討を行なっている。第四章では教学刷新評議会の会議運営について、議事の流れに注目して論点を追跡している。『国体の本義』も教学刷新評議会も、文部省の国体明徴政策にとってきわめて重要な意義を有するものである。なお、教育行政に会議を活用することは明治以来の伝統として、現在にも継続されている。

第五章では国体明徴政策への疑問点を提示している。文部省は思想を担いうるのか、文部省に政治的変革は可能なのか、という疑問である。第六章では文部省と国体明徴政策に対する外部評価を行なう。現在の官庁は政策評価を自ら行なうことが法律によって定められている。しかし昭和一〇年代の文部省にこのような発想はなく、同時代人による外部評価等を活用して政策の評価を試みることとする。終章では国体明徴政策への現在からの批判的検討を行なう。批判点は機構改革、思想理解、課題設定、工程表である。

第一章で国体明徴政策の歴史的位置を測定し、第二章から第四章で当事者の視点から国体明徴政策の形成過程を再構成し、第五章から終章で政策への多面的な評価を行なうのが、本書の構成である。多方面にわたる問題の検討には資料的制約からも著者の能力からも不十分な点が多い。しかしそれでも、政策形成過程を再構成し、思想と政策のつながりを検証することは、現在の政策を考える上でも意義があると信じて本書を公刊するものである。

第一章　文部省の国体明徴政策の歴史的位置

はじめに

思想はどのようにして政策になるのだろうか。昭和一〇年代の文部省は、国体明徴を喫緊《きっきん》の最重要政策課題としていた。文部省は国体を明徴にするために、思想の誤りを正して、日本国民が正しい思想を体得していくようにさせねばならなかったのである。ただ、そのために官庁がどのような政策を実行すればよいのか、政策としての有効性をどのようにして確保すればよいのかは、難問である。

もとより、国体の明徴はこの時期だけの政策課題ではなかった。それは、日本の近代化と西洋化における長年の課題に他ならなかった。明治二三（一八九〇）年に明治天皇から教育勅語を下賜《かし》されたのは、山県有朋《やまがたありとも》首相と芳川顕正《よしかわあきまさ》文部大臣であった。教育勅語に「朕惟《おも》ふに我が皇祖皇宗国を肇《はじ》むること宏遠に徳を樹《た》つること深厚なり我が臣民克く忠に克く孝に億兆心を一にして世世厥《そ》の美を済《な》せるは此れ我が国体の精華にして教育の淵源《えんげん》亦実に此に存す」とあるように、文部省は、「教育の淵源」を「国体の精華」に求めて、それを次代に継承させる使命を担ってきたはずなのである。

それではなぜ、昭和一〇年代に国体明徴が喫緊の政策課題となり、天皇機関説事件などで白熱する政治問題となったのか。文部省の教育政策が失敗して、国民の間に国体不明徴の状況が広がったのか。時代の要請が変化して、従来の教育では不十分となったのか。昭和一〇年の天皇機関説事件を強い契機として、文部省の大学への監督責任はますます厳しく問われるようになっていた。他方、特に陸軍からすれば、総力戦の時代に相応《ふさわ》しい国家体制を構築するために、教育面での刷新は喫緊の政策課題であった。いずれにおいても、文部省は頼りないとの批判にさらされていたのである。

このような状況であるがゆえに、文部省では国体明徴への積極的な政策志向性がますます顕著になっていった。文部省の有力幹部である伊東延吉を中心に、文部省の担当者たちはこのような政策志向性を共有し、さまざまな政策的取り組みを進めていくこととなる。この動きに関与した文部官僚たちは、それらの取り組みによって教育界の「不祥事」を予防し、文部省主導で日本の政治的危機を突破せんとする意欲を有していたように思われるのである。(1)

ただし伊東は、教学錬成所長の現職で昭和一九（一九四四）年に病没し、敗戦を見ることはなかった。明治二四（一八九一）年生まれの伊東が五〇代前半で没した際、文部省は勅任文官増給理由書を作成し、思想問題への伊東の取り組みを特記した。序章で紹介した理由書には、伊東が昭和四年に文部省学生部長に着任して以来、学生思想問題調査委員会委員、思想対策協議会委員、文部省思想局長、教学刷新評議会幹事、文部次官を歴任し、あわせて国民精神文化研究所の創立や『国体の本義』の編纂に尽力したことへの高い評価が記されている。[2] 実際、教育評論家の藤原喜代蔵は、「伊東は昭和教育大維新の大功労者であり、其の名は恐らく不朽に伝はって行くであらう」と伊東の没後間もなくの著書で激賞している。[3] その早すぎる死は、国体明徴推進の中心人物を失った文部省にとっても大打撃であったはずである。[4]

文部次官へと栄進したことは、伊東が官僚として高く評価されたということであろうし、文部省の国体明徴への積極性を示すものでもあったろう。それでは伊東は、あるいは文部省は、思想をどのように政策化していったのであろうか。国体を明徴にすることは、危険思想を取り締まるだけで実現できるものではない。教育などを通じて、正しい思想を国民に体得させていかねば明徴とはならないはずである。この難題に文部省はどのように取り組んだのであろうか。

以下では、国体明徴を志向する政策を国体明徴政策と総称し、まずは文部省による国体明徴政策の歴史的位置を確認して本書の出発点としたい。

第一節　国体明徴政策への意欲

文部省の国体明徴政策の歴史において、教学刷新評議会の設置は画期となる出来事であった。文部省が編集して昭和四七（一九七二）年に刊行した『学制百年史』は、「大正末期から昭和初頭にかけて、学生運動が盛んとなり、それに伴う思想問題が続発した」と回顧し、「この問題解決のため教学刷新が提唱されることになった」と指摘している。[5] 学生思想問題への対応として文部省は教学刷新問題に取り組んだ、とするのである。

その際、同書では特に、昭和六年の学生思想問題調査委員会設置、その答申に基づく翌七年の国民精神文化研究所創設、昭和九年の学生部廃止と思想局設置を紹介し、さらに昭和一〇年に「文部省は教学刷新問題の根拠を明らかにして解決の基本方針を決定するため」教学刷新評議会を設置した、としている。[6] 教学刷新評議会は翌一一年に「内閣総理大臣統轄のもとに、有力なる諮詢《しじゅん》機関を設置せられんことを望む」との建議を行ない、内閣総理大臣が監督する教育審議会の昭和一二年の設置を導いた。[7] そうして昭和一〇年代の「教育の著しい改革は、ほとんどすべてこの審議会の答申した改革の基本要項に従って実施」されることとなった、と総括している。[8]

昭和一〇年代の文部省によるこれらの改革において、特に重要視されたのが国体の本義に基づくことであった。昭和一二年一二月二三日に開催された教育審議会第一回総会では、「我が国教育の内容及制度の刷新振興に関し実施すべき方策如何」との内閣総理大臣からの諮問について、幹事長の伊東延吉文部次官から趣旨説明が行なわれている。[9] 伊東は、教育全般を検討することを前提としつつも、問題の所在を以下のように具体的に説明する。

「今之を例示して見ますと、第一に総理大臣の御挨拶にもありました通り、我が国体の本義が教育の凡ての方面に顕現して、其の内容・方法等の基本となり、生命となる様、一層その徹底を図ると云ふ、凡《すべ》ての問題の根本となる事項があります。而して之と一体をなす事柄として、近来外来文化の影響等に依って主知的・個人的に傾いた教育を、日本国民としての人物養成の教育、国家的訓練の教育に醇化し転換するが如き、又画一化・形式化を矯《た》めて、真の潑剌たる教育、国民としての活教育とすることの如き、注入的、模倣的に傾いた教育を智・徳・体を一体にした実践的・独創的な教育に改むるが如き肝要なる問題があります。次に教育に関する着眼点を我が国のことと共に大いに東洋の事柄乃至は世界の情勢に置いて一層大なる規模をもつものとし、日本人としての自覚信念を基として広い大きい心持と見識とを持った、大国民的の教育とすることの如き、又上述した所と同様の意味に於て大いに国民大衆の教育の振興並に国民の体育の振作を図るが如き、又自然科学的教育を重視することの如き、其の他種々の重要なる問題があると思ふのであります。即ち教育の全般に亘る所の事項が多々あると考へられます。即ち是が諮問に示された所の全般的事項であると思ふのであります[10]」。

この発言にある内閣総理大臣とは、近衛《このえ》文麿《ふみまろ》のことである。昭和一〇年の終わり頃に教学刷新評議会が設置された際、首相は岡田啓介《おかだけいすけ》であった。その後、二・二六事件後に廣田弘毅《ひろたこうき》に交代し、林銑十郎《はやしせんじゅうろう》を経て昭和一二年六月に近衛が初めて首相に就任する。他方、教学刷新評議会第一回総会を主催した松田源治文部大臣は、現職のまま間もなく急逝し、その後、川崎卓吉《かわさきたくきち》、潮恵之輔《うしおしげのすけ》内務大臣の兼任、平生釟三郎《ひらおはちさぶろう》、林銑十郎首相の兼任、安井英二《やすいえいじ》を経て、教育審議会第一回総会時には木戸幸一《きどこういち》が文部大臣であった。短期間に首相も大臣も交代し、専任大臣の不在も一四〇日ほどに及ぶ間、国体明徴と教学刷新を推進してきた主要な文部官僚が伊東だったのである。

ただし、伊東が文部省内の主流派であったとは言い難いようである。教学刷新評議会発足時に思想課長であった田中義男《たなかよしお》は、当時の伊東について、「思想局長として思想問題に造詣深く、どうかすると文部省の本流行政からは少し外れたような眼で見られ、扱われているというようなところが、ひがみかもしれないけれどもありましたね」と昭和五九年に回顧している。[11] また、昭和四三年の有光次郎《ありみつじろう》の回顧にも、思想局の力は弱かったとの証言がある。有光によれば、大学を管轄する専門学務局には「大学に十分な仕事をしてもらうような条件を設定するための局だという観念が伝統として」あり、それでは「生ぬるい」と昭和九年に思想局を作ったものの、「遠吠えみたいなもので、実際の行政にはちっとも反映」せず、結局は専門学務局を通すことになっていたそうである。[12]

そのためもあってか、思想局長の伊東は昭和一一年六月には専門学務局長兼思想局長となり、翌年六月には次官へと栄進している。教学刷新評議会の開催途中で専門学務局長にもなり、教育審議会の開催前に次官に就任したわけである。なお、田中も有光も東京帝国大学法学部の卒業であり、田中は内務省から文部省に入り、有光は異例ながら文部省に直接入って、それぞれ昭和二〇年代に文部事務次官に就任している。[13]

有光はまた、当時の文部省幹部の意向が多様であったとも証言している。有光の推測によれば、伊東は刷新を必要と考え、「思想的にも高め学問的なものに持って行きたい」と考えており、大学への外部からの批判を「真面目に掘り下げて行って、そうして大学を良くして行こうという立場」であった。[14] これに対して、次の次官で北海道庁長官から転じて来た石黒英彦《いしぐろひでひこ》は「非常に精神主義」であり、「大いに刷新したい、大学に活を入れたい、精神作興を推進したい」という人物であった。[15] 大学卒業後に五年間文部省に在籍した石黒は、東京帝国大学の国家主義的な憲法学者である筧克彦《かけいかつひこ》に師事する内務官僚である。[16] 他方、石黒から一人おいて次官となる赤間信義《あかまのぶよし》は、むしろ「従来の立場をよく理解して、そうして時局下に大学を守って行こういう人であり」、時局に対して意欲的に反応しているようには見えなかった、とのことである。[17]

しかし、国体明徴は昭和一〇年代の日本国家の方針であり、文部省がそこから逸脱するはずはなかった。また、文部省が国体明徴を率先するという伊東の方針は、教学刷新評議会の無事終了から文部省の機構改革や教育審議会の新設をもたらし、行政の継続性の軌道に乗って進行していった。文部省内の人事的な争いや幹部間の意見の相違はあっても、国体明徴という基本方針が揺らぐことはなかったのである。

それでは、教学刷新評議会ではどのような議題が審議されたのであろうか。審議の詳細は後に検討するとして、ここではまず、その歴史的位置を確認しておこう。

昭和一〇年一二月の教学刷新評議会第一回総会で文部大臣は、「我が国教学の現状に鑑み其の刷新振興を図る方策如何」との諮問を提示している。その趣旨は以下の説明文にあり、そこでは外来思想を摂取するに際し、国体による醇化をどのようにして十分ならしめるかが問われている。

「我が国の教学は、教育に関する　勅語を奉体し、国体観念、日本精神を体現するを以て、其の本旨となす、然るに久しきに亘りて輸入せられたる外来思想の浸潤する所、此の本旨の徹底に於て未だ十分ならざるものあり、茲に更めて我が国教学の現状を検討し、克く本末を正し、醇化摂取の実を挙げ、以て大いに其の刷新と発展とを図るは、刻下緊切の要務なりとす、即本諮問を提出して、審議を求むる所以なり」[18]

なお第四章の冒頭でも紹介するように、この評議会の設置は天皇機関説問題への対応として、岡田啓介首相が陸軍の申し入れも踏まえて突然に決定したものであり、緊急の政治的判断に基づくものであった。ここでの教学は、おおむね教育と学問のことである。[19]

この諮問に応じて評議会が調査審議するに際し、伊東思想局長が幹事を代表して審議内容見込案を説明している。そこで伊東は、同案冒頭の「一、教学刷新の指導精神の確立」は問題の根本を考えるためのものであるとし、「我国の国体とか或は日本精神と云ふことを更にもう一遍考へ直して見て、さうして西洋の国家思想、一般の思想と其本質とを比較して考へて見ることが第一に必要ではないかと思ふのであります」とする。(20)この案では、一の内訳として、「イ、我が国体、日本精神の本義の闡明　ロ、西洋国家、西洋思想の本質の批判　ハ、東洋教学の本質の批判　ニ、現下我が国教学の精神及内容の批判」という審議項目が提示されている。(21)

この見込案は審議の途中で修正されるものの、基本的な考え方に変更はなく、答申や建議も教育と学問を刷新して国体を明徴にすることを目的としていた。答申の冒頭にはこう書かれている。

「大日本帝国は万世一系の天皇天祖の神勅《しんちょく》を奉じて永遠にこれを統治し給ふ。これ我が万古不易の国体なり。而してこの大義に基き一大家族国家として億兆一心聖旨を奉体し克く忠孝の美徳を発揮す。これ我が国体の精華とするところにして又その尊厳なる所以なり。我が教学は源を国体に発し、日本精神を以て核心となし、これを基として世局の進運に膺《あた》り人文の発達に随ひ、生々不息の発展を遂げ皇運隆昌のために竭《つく》すをその本義とす(22)」。

答申の第一に掲げられた文部大臣管理下での「教学刷新の中心機関の設置」は、外局としての教学局の新設へとつながった。(23)『学制百年史』には、「教学刷新評議会の答申に基づいて、昭和一二年七月には、教学刷新に関する施策を強化するため、思想局を廃止して新たに教学局を文部省の外局として設置し、国体の本義に基づく教学の刷新振興に関する事務をつかさどることとなり、教学局に教学官・教学官補を置いた。教学官は「上官の命を承《う》け、教学の刷新振興に関する調査及指導監督を掌《つかさど》る。」とした」とある。[24] また、建議にある内閣総理大臣統轄下の諮詢機関の設置は、前述のように教育審議会の設置へとつながり、その後の教育政策の司令塔となっていく。[25] いずれも、文部省としては上々の成果であろう。

しかし、実は昭和一〇年頃の文部省の立場は官庁としてかなり危うく、改革の担い手としての能力を疑問視されるほどであった。当時の文部省は陸軍や帝国議会、国家主義団体から批判を受けるのみならず、内閣においても、その改革能力への不信を突きつけられていたのである。昭和一〇年五月に設置された内閣審議会は、内閣総理大臣を会長として文教の刷新も検討するにもかかわらず、委員にも事務局にも文部省関係者を実質的に入れずに審議を進めていた。第三章第一節でも紹介するように、文部省への不信感がそれほど強かった、ということである。

第二節　文部省の立場の弱さ

昭和一〇年頃の文部省に対しては、さまざまな方面から不満が寄せられていた。大正一四(一九二五)年創刊の『教育週報』では、昭和一〇年末頃に文部省改革論が連載され、さまざまな提案が不満とともに示されている。早稲田大学教授の稲毛金七《いなげきんしち》は、文部省が「真に十分な独立性」を持つために「文教国策の樹立機関」を上位に新設し、権限の拡張で強化された文部省がその手足となって働くことを理想的方策とし、現実的にはとりあえず、法科万能主義を打破して「文教専門家」を省内の主役とする一方、教育現場と省内との人事交流を進めることなどを提言している。(26) 文部省は人事的に内務省に支配されており、幹部の多くが内務省出身で、東京帝国大学法科大学・法学部の卒業生であったからである。

明星《めいせい》中学校長の児玉九十《こだまくじゅう》は、「本邦特有の創造的制度」として天皇直属の機関を新設することを最善とし、次善の策として、教育の「本質的中心確立」ならびに教育現場との「精神結合の強化」を提言する。教育の本質的方面を担当する「調査部及び督学官は他の行政部局に比し非常に軽んぜられ、行政部に引摺《ひきず》られるといふ有様」であると批判する児玉は、文部省と教育現場とが「全く他人行儀であり、時に仇敵関係にありとさへ思はれる程」であるとも指摘する。(27)

この現状を打破するために、「教学局といふ様な一局を新設し、文教国策の樹立、及び実績監督を司らしめ、将来創設せんとする文教総府の小型なるもの」とし、「名実共に他の局の上位に」置くとともに、「全国数カ所に督学支部を設け地方学校の監督指導に当らせる様にしたいと思ふ」というのが児玉の第一の提言である。(28) さらに児玉は、これと関連付けて第二の提言を行なっている。

「第二の精神結合の為には陸海軍と同様に本省と教育第一線の学校当局との適宜入替を行ひ、本省に教育無経験者なからしめ両者の意志疎通を図る事が肝要である。斯くの如き結合なきため、文部省では他省に類例なき地方教員俸給不払が漸増しても血の出る思ひもない様だし、他省にある互助機関のないのもたいした問題になってゐない有様である。此の様な精神乖離《かいり》のために本省の計画が教育の実情に即せぬ事にもなり、事毎に本省と実際家の不一致を来すのであるから、根本に遡《さかのぼ》って本質たる教育そのものを中心として精神結合を図る外に道はないと思ふ[29]」。

児玉の提言は教学局新設の前年、教学刷新評議会の設置が決まった直後のものである。結果として予言のようになったものの、教学局は本省の上位ではなく外部に設置され、そのための機能不全が後年の教育審議会で議論されることとなる。いずれにせよ、稲毛も児玉も上位の政策企画機関の新設によって文教官庁の強化を目指すとともに、文部省と教育界との連動と連帯を必須の課題とする。逆に言えば、文部省の政策企画に力量が足りず、教育専門家が省内で主導権を持てず、文部省の教育現場への冷淡さが際立つと批判しているのである。

文部省の教育現場との疎隔《そかく》に関しては、地方の教育行政が知事によって統括され、内務省の事実上の支配下に置かれてきた事情が指摘されるべきであろう。東京帝国大学文学部教授で教育学者の阿部重孝《あべしげたか》は、昭和一二年四月刊行の『教育改革論』で、これを教育行政機構上の改革点として指摘している。

「現在の文部省は地方に直接の手足をもたない。現制に於ても形式的には其系統が備はってゐるが、実質的には、府県には文部行政と名づくべきものは存在しない。地方長官は教育事務に就いては文部大臣の指揮命令を受けることになってゐるが、地方長官任免の実権が内務大臣の手にある関係から、文部大臣の命令が必ずしも敏速適切に行はれるとは限らない。又府県にあって直接教育の事を掌る学務部長の地位が、内務系統に属し而も多くは教育に関する学識経験に乏しい書記官に依って占められてゐる関係から、折角学務部を置いても、その独特の機能を発揮し得ない現状にある。かくては文部行政の徹底は、到底之を望むことが出来ない[30]」。

阿部はさらに、文部省中央が「その政策を決定し、それに基く教育計画の樹立を掌る十分なる機関をもたぬ」ことや、教育財政について、「市町村をして小学校を、府県をして中等学校を維持せしむる原則」が時代に合わないことなども指摘している。[31] しかも、国庫補助金の交付はあったものの、文部省による昭和五年の調査によれば、不況の影響で「教員俸給の全部または一部を支払い延期する町村は全国町村総数の約一割」を占めるほど深刻な状況だったのである。[32]

このように、文部省は教育関係者からも十分な信頼を得ている状況ではなかった。官庁として力量不足であり、専門性に疑念を持たれており、さらに、学生や教員の思想問題への対応がますます問われている、というのが昭和一〇年頃の文部省の置かれた状況だったのである。

そのため、内閣審議会設置後に天皇機関説事件が起きて、岡田首相が教学刷新評議会の新設を決断した際にも、文部省が主導的に対応しているとの印象は与えられなかったようである。『教育週報』では、司法省や内務省に追加の対応を迫れず、「さればとて一度び抜いた刃《やいば》の収め所なきため、攻むる軍部、攻められる政府も、ここに調査、研究、訓令、等専ら抽象的、概念的措置を取るに最も適した文政府内に一種の調査機関様のものを設立することによって、さしもの長い間の懸案を解決しようとの魂胆《こんたん》から」文部省内に「国体明徴調査機関」を設置することが内定された、と報道されている。[33] これは昭和一〇年一一月二日の紙面である。

ただし内閣審議会の動向は、文部省にとって警戒しつつも活用しうるものであった。同じ紙面には、三邊《みなべ》長治《ちょうじ》文部次官が同紙の取材に応じ、「内閣審議会の答申を俟ち政府で文教刷新の根本方針が決定される」のを受けてから「具体案を審議する」委員会を文部省内に設置する予定であると述べたと報じられている。[34]また、岩波書店発行の『教育』誌では、内閣審議会に出席した松田文部大臣が、文教刷新を担当する特別委員会に教育制度改革の参考案を提出すると言明したとの情報が公表されている。[35]内閣総理大臣経験者たちが参加する審議会は、文部省にとって、特に財政支出を伴う改革の実現に好都合な面もあったと思われるのである。

実際、二・二六事件によって、審議会を担った高橋是清《たかはしこれきよ》と斎藤実《さいとうまこと》が殺害され、岡田内閣が倒されることがなければ、内閣審議会の答申がその後の教育政策を決定したことであろう。ただし、内閣調査局嘱託で内閣審議会の文教担当の幹事を務めた石川準吉《いしかわじゅんきち》は、昭和三七年の回想で、教育審議会の「結論の中には、この内閣審議会、内閣調査局作製にかかわる教育改革の概案と基礎資料の中に指摘せられている点が、相当とり入れられている」と指摘している。[36]教育政策を文部省がすべて取り仕切っていたわけでもなく、取り仕切っていけると保証されていたわけでもなかったのである。

しかし、内閣審議会が途中で停止したのに対して、陸軍の要求などで急遽設立された教学刷新評議会は無事に存続し、答申と建議の提出にまで到達した。それによって文部省は、さしあたり主導権を失うことなく、次に進めることとなったのである。教育審議会官制の第五条第一項には、「文部大臣は会議に出席して意見を陳述することを得」とあり、第七条第二項には、「幹事長は文部次官を以て之に充つ総裁の指揮を承け庶務を掌理す」と定められている。[37]ちなみに内閣審議会官制では、第五条に「国務大臣は会議に出席して意見を陳述することを得」とあり、第七条第一項には「内閣審議会に幹事を置く内閣書記官長、法制局長官及内閣調査局長官を以て之に充つ」とされていた。[38] 教育審議会では文部省が運営の主導権を確保できた、ということである。伊東文部次官が諮問の趣旨を説明したのも、この官制に基づいてのことであった。

とはいえ、これで文部省が油断できる状況ではなかった。現在もそうであるように、真に抜本的な政治改革を実現するには、省庁の再編や官邸機能の強化が有効な手法であるからである。昭和一〇年代には、厚生省が内務省から分離独立したり、興亜院や技術院や大東亜省が新設されたり、行政機構の改革がさまざまに行なわれた。結果として実現しなかったとはいえ、貿易省の設置や内務省の解体までもが検討され、一種の官庁的な椅子取りゲームが繰り広げられていたのである。[39]

当時の行政機構改革について、古川隆久《ふるかわたかひさ》は、総力戦の経験に基づく総動員体制構築の動きと世界恐慌の経験に基づく経済ブロック構築の動きとが行政国家化を促進し、そのための改革の必要性が高まっていたことを指摘している。[40] すなわち、「内閣の首班たる総理大臣の指導力強化」が政治課題となり、「内閣官制の改正による首相権限の強化、少数閣僚制、内閣のスタッフ機構の充実などの制度変革」が強く求められるようになったのである。[41]

内閣審議会の事務局として新設された内閣調査局は、スタッフ機構としての「総合国策機関」の第一例であった。[42] 内閣調査局は内閣審議会の停止後も企画庁、企画院などへと変遷し、総合国策機関は形を変えながら設置され続けることとなる。内閣調査局を擁する内閣審議会が教育国策を企画するという方法は、むしろ時代の要請に合致していたのである。文部省ははたして、本当に存続の価値がある官庁だったのだろうか。明治以来の教育学問の宿弊を除去して教学刷新を行ないたいのであれば、文部省を存続させる絶対的な理由というものは存在しないはずである。それゆえ文部省としては、とりわけ教育・思想・精神の諸問題に関して、他の官庁に負けない実績を積み上げていく必要があった。国体の明徴が内閣の方針となり、帝国議会や陸軍などの要求となる中で、国体明徴政策の推進は、文部省による改革推進の実績を証明していくものたりえたのである。

ところで、『国体の本義』を文部省が刊行したのは、教学刷新評議会の答申および建議の提出と教育審議会の設置とのちょうど間の時期であった。答申および建議が昭和一一年一〇月、『国体の本義』の刊行が一二年三月、審議会設置が一二年一二月である。教学刷新評議会の運営と同時進行で、伊東は『国体の本義』の編纂を進めていたことになる。[43]審議会での伊東の冒頭説明にあるように、「国体の本義が教育の凡ての方面に顕現」することを目指すからには、『国体の本義』と題する書籍の刊行は説得力のある取り組みとなるはずなのである。

もっとも、『国体の本義』の評判は決して芳《かんば》しいものではなかった。昆野伸幸《こんののぶゆき》は、「少なくとも表面的には「国民必読の書」であり、さらなる普及を図るべきだといった歓迎ムードが大勢を占めた」としつつも、法治主義を否定する文言などが昭和一二年七月の衆議院予算委員会で厳しく批判されたと指摘している。[44]安井英二文部大臣が複数の議員から文言の責任を追及され、菊池豊三郎《きくちとよさぶろう》によれば「答弁に窮した」のである。[45]

菊池は初代の教学局長官であり、後の文部次官である。菊池によれば、安井の後任である木戸幸一文部大臣は批判を正当とし、『国体の本義』の頒布を控え、改訂するよう指示を出したものの、昭和一三年五月に大臣退任となって改訂は実現しなかった。[46]この衆議院での批判に言及した上で、荻野富士夫は、「『国体の本義』刊行からまもなく日中戦争が全面化し、国民精神総動員運動の展開されるなかで「国体明徴」が一段と強調され、文部省による普及徹底が着実になされるようになると、これらの批判は次第にタブーとなっていった」とし、これを「『国体の本義』の「聖典」化」と総括している。[47]結果として、『国体の本義』は大量に頒布され続け、国体明徴の聖典のようになっていった、ということなのである。

敗戦後、『国体の本義』は、昭和二〇年一二月のいわゆる神道指令によって頒布を禁止されることとなる。「神道の教理並に信仰を歪曲して日本国民を欺き侵略戦争へ誘導するために意図された軍国主義的並に過激なる国家主義的宣伝に利用するが如きことの再び起ることを妨止する為に」、アメリカ政府は、「「国体の本義」、「臣民の道」乃至同種類の官発行の書籍論評、評釈乃至神道に関する訓令等の頒布は之を禁止する」との指令を発したのである。[48]

他方、外局として創設された教学局は、「国体の本義に基づく教学の刷新振興」を担当するにもかかわらず、その存続期間は昭和一二年から一七年までであった。その後も内局として存続はしたものの、敗戦を待たずに行政簡素化の対象となったのである。

荻野はこの経緯を「教学局の不振」と総括し、昭和一六年六月の教育審議会整理委員会でも存在意義が疑問視され、その低評価が文部省への低評価につながったと指摘している。[49]すなわち、教学局は目立った成果を上げておらず、本省との二重行政になっているのではないかなどの批判があった、とするのである。同委員会での伊東延吉の弁明も踏まえて荻野は、「天皇機関説問題に端を発して「国体明徴」の破竹の勢いのなかで教学局への拡充をみたが、約四年後、それを「特殊の機関」と伊東自身が呼ばざるをえない点に、教学局の不振と不評が象徴されている」と指摘している。(50) 伊東は文部次官退任後も教育審議会委員を務め、この頃は国民精神文化研究所長であった。

第三節　文部省首脳の変転

昭和一〇年代の文部次官は全員、法科大学・法学部を卒業して内務省に入省した経歴を持つ。出身大学は、京都帝国大学の大村清一《おおむらせいいち》を除いて全員東京帝国大学である。昭和一〇年一月一日時点から順に、三邊長治、河原春作《かわはらしゅんさく》、伊東延吉、石黒英彦、大村清一、赤間信義、菊池豊三郎、藤野惠《ふじのめぐむ》であり、終戦時は河原、その直後は大村の再任である。なお、伊東は昭和一二年六月から一三年一二月までの一年半、菊池は一五年七月から一九年七月までの四年の在任であり、二人で一〇年代の過半を占めている。

その中で、内務省からの急な転入が三邊、石黒、大村であり、文部省での要職経験があるのが河原、伊東、赤間、菊池、藤野である。外局としての教学局長官は、菊池、小林光政《こばやしみつまさ》、菊池、藤野の順であり、小林は内務省から急に転じている。教学局は一二年七月から一七年一〇月まで外局として存続し、小林の在任は一四年四月から一五年一月までの八カ月である。内務省から転じた人びとと藤野は知事経験者である。

前節でも言及したように、文部省は人事的に内務省に支配され、その幹部の多くが内務省出身であった。ただし、中央の教育行政に突然関与した人物と、ある程度経験を積んだ人物とが存在し、文部大臣との関係も含めて人間関係を考えるべきであろう。昭和一〇年代の文部大臣は兼任も含めて一四人におよび、その経歴は多様である。[51]

この昭和一〇年代に文部省が官庁として収めた大きな成功が、国体明徴政策の主たる担い手となる教学局の新設である。外局の設置は文部省設置以来初めてのことであり、戦前では唯一のことであった。ちなみに、現在の文部科学省には外局として、文化庁とスポーツ庁が設置されている。

教学局は昭和一二年七月に新設され、当時の文部次官は伊東である。これは、『国体の本義』の刊行と教育審議会設置の間の時期となる。初代長官に就任したのは菊池豊三郎であり、菊池は九月に実施された学生生徒主事会議で、教学刷新評議会の答申に基づき、「教学の刷新振興を図る中心機関として」教学局が新設されたと説明している。[52] 以下の引用は、教学叢書の第一輯として補筆刊行された『教学刷新と教学局』からのものである。

「従って教学局は、現下の時勢に鑑み、万古不易の国体に基いて教学上の諸弊を芟除《せんじょ》すると共に、教学の根本精神の維持発展を図らんとするのであり、これが対策としてその一般的企画・調査及び指導・普及をなし、教学の刷新振興に十分なる実現をいたさんとするのであります。これが教学局の重大なる使命であり新しき立場であるのであります[53]」。

その上で菊池は、思想局が実績を上げてきた思想問題に、教学局も積極的に取り組んでいくとの決意を表明する。思想問題が「世界大戦後の大正中期の動揺期に発生し、国体に悖《もと》れる不穏過激なる運動として展開し、爾来幾多の不祥なる事件を続発させ」たと指摘した上で、菊池は、「左翼的思想運動方面においては、昭和一一年以降非合法的運動形態をさけて、所謂《いわゆる》人民戦線なる合法的擬装形態を以てする運動が行はれることと」なり、情勢がさらに複雑になったとするのである。[54]

「まして問題の性質上、人々の内奥の思想信念に基く関係から、これが抜本塞源《ばっぽんそくげん》的の解決は容易ではないのであります。之がためには表面的な事件の多少とか、有無とかにかかはることなく、よく一般社会の趨勢と人心の趨向とを察知して、国体の本義に基き堅忍《けんにん》不撓《ふとう》鋭意対策を講ずるのみならず、進んで事前に処するところがなければなりません。教学局に於ても、この思想問題は教学刷新上極めて重要なる事項として、その対策を練り、今後共十分に成果を期したいと考へて居ります」[55]。

　こう述べて菊池は、文部省本省各局課と連携しつつ、国民精神文化研究所の充実と参与の任命によって「行政機関・研究機関並びに参与機関」による「合成的効果」を目指すとしている。[56]　さらに、思想問題への取り組みに加え、教学局の事業として教育関係者への研修や講習、学生生徒への講義などを実施するとともに、日本諸学振興委員会の設置、大学での講座・学科の設置など、教育と学問の刷新に多方面に取り組んでいることを紹介している。[57]

　菊池はここで、同年三月刊行の『国体の本義』に言及し、同書が「我が尊厳なる国体を明徴にし国民精神を涵養振作《かんようしんさく》すると共に教学刷新の基本を示せるもの」であるとして、「この精神を更に普及徹底せしむる為」、日本精神叢書の継続刊行、『国体の本義』解説書の刊行、教学叢書の刊行を行なうと言明している。[58]　外局の発足にあたり、長官として特に強い意気込みを表明すべき機会だったのであろう。

　文部省は、教学刷新評議会の開催から『国体の本義』刊行、教学局の新設から教育審議会の開催へと波に乗った感じで進んで行った。この流れについて久保義三は、教学局は「学校および社会教育の範囲を超えて学問・文化の領域に対して、いいかえれば広く国民文化および国民思想に対する在り方を問う機関となっていった」と指摘している。[59]また荻野富士夫は、教学刷新評議会の答申によって「文部省の思想動員から教学統制への跳躍、すなわち思想局から外局の教学局への拡充が可能となった」とし、これは文部省が「評議会設置前には予想もしていなかった、いわば「棚から牡丹餅《ぼたもち》」的な大収穫」であったとする。[60]いずれにせよ、官庁の椅子取りゲームとしては、大きな成果であったわけである。

しかし、教学局を外局としたことは、むしろ機構上の不都合を生じさせたようである。新設時の文部大臣であった安井英二は、昭和三九年の回想で、「思想局長として造詣の深い伊東延吉君を文部次官とし、普通学務局長などして内局の方に練達している菊池豊三郎君を教学局長官として、内局と外局とが分立的にならず、融合するようにして、事務のことは殆ど全部伊東、菊池両君に任せました」と述べている。[61]安井としては、内局と外局の連携を懸念し、このような人事配置を行なったようである。

実は安井と伊東は明治四五（一九一二）年に第一高等学校独法科を卒業した同級生であり、伊東と旧知の藤原喜代蔵によれば、両者は親友であった。[62]ちなみに、伊東と菊池と赤間信義は内務省から揃って大正八（一九一九）年に文部省に入っている。同期入省で後に衆議院議員に転じた木村正義《きむらまさよし》によれば、書記官の増員があって木村も急に転入の話となり、内務省とは異なる文部省の自由な雰囲気に「伸び伸びした気持」になったそうである。[63]

ただ、いかに気心が知れているとはいえ、本来ならば菊池を文部次官とし、伊東を教学局長官にする方が適任であったろう。両者と面識のある藤原も、伊東を思想家、菊池を「錬達堪能の循吏《じゅんり》で、円満なる常識家」と呼んで、ともに高く評価している。(64) その一方で藤原は、企画を立てられる伊東が最初に出て、運営に長《た》ける菊池が後年に次官になるという順序は改革にとって幸いであったともしている。(65) いずれにせよ、幹部間の対立が昭和九年に政治問題化して人事が混乱した後の文部省において、藤原からすれば、伊東も菊池も真に文教を担える貴重な人材だったのである。(66)

それでは、文部大臣の安井はどのような人物であっただろうか。内務官僚の安井は文部省での在任経験を持たず、大阪府知事からの突然の就任であった。ただし、国家主義的な歴史家である平泉澄《ひらいずみきよし》に師事しており、知事として大阪府での国史教育に真剣に取り組んでいた。(67) その安井の回想によれば、知事として参加した地方長官会議で、松田源治文部大臣が各府県の学務部長を文部省直轄にしたいとの希望を表明し、学務部長云々《うんぬん》ではなく知事を相手に指示を出せばよいと安井が反論して、議題は立ち消えになったとのことである。(68) 安井は、「政党出身の文部大臣の松田さんともあろう人が、大きな考えをもたずにそんな官僚に乗ぜられるのはおかしい」としつつも、「知事連中がどれだけ地方教育に力を入れていたかも疑問であります」としている。(69)

安井の記憶が正しければ、これは昭和一〇年五月の会議であったと思われる。(70) 安井の反論は正論であるものの、文部省幹部の反感を買ったことであろう。ちなみに黒澤良《くろさわりょう》によれば、昭和一一年一一月一二日に大蔵、逓信《ていしん》、鉄道、文部の各大臣だけで内閣人事局新設案の決定を行なっており、これは府県知事の人事権を内務省から引きはがす動きであった。(71) さらに商工省や農林省も内務省主導の地方行政に不満を強め、昭和一三年にも近衛文麿内閣で内閣人事部の新設が検討されている。[72] 文部省と内務省との関係は、前者が後者の支配にただ甘んじるというものでもなかったのである。

さて、そのような官庁間のせめぎ合いの中での外局の誕生である。劔木亨弘は昭和四八年三月の談話で、教学局の人たちは「軍に言われるのを防壁するみたいな考え方」であったと菊池から聞いたと証言している。[73]「おれのところは日本精神にのっとった正しい日本の教育をやるのだということでおまえのほうから言ってきたっておれのほうが正しいのだというある程度防壁的な考え方を少なくとも持って」いた、とするのである。[74]

たしかに、木戸幸一を東京裁判で弁護するための宣誓供述書で、菊池は木戸文部大臣は陸軍の要求を拒絶したと証言している。

「当時時局の反映により、軍部殊に青年将校の間に軍事教育を強化せんとする気勢強く、或は軍により教育を指導せんとする気配あり。此の目的達成の為に最大の障壁をなすは大学の自治独立なりとし、少くとも東京帝大の総長の更迭を必要とし、当時の長与《ながよ》総長を辞職せしめるべく、小林順一郎《こばやしじゅんいちろう》氏、建川美次《たてかわよしつぐ》氏等木戸文相に迫りたるも、木戸文相は明瞭に之を拒絶したり」[75]。

他方、有光次郎は回想で、菊池が長官に就任したのは大学との摩擦を和らげるためであったとしている。[76]この時点の有光は、専門学務局学務課長であり、当時の状況をこう説明している。

「そんなことで、専門学務局としては、教学局と適当にタイアップしながら大学の研究の自由を護りつつ、いわゆる世論と言いますか、枢密院関係と議会関係、その他愛国団体みたいなものから出て来る意向というものとの調整をして行くというようなことをだんだんしなければならなくなって来ました。それから、学校訓練を強化しようという陸軍側の要望が次第に強くなりました」[77]。

もとより、裁判の弁護書類で木戸に不利なことが述べられるはずもない。また、陸軍のさまざまな要望に、結局は文部省は応えざるをえなくなっていく。ちなみに昭和一二年一一月二七日の長與又郎《ながよまたお》日記には、木戸文部大臣から教学局参与の趣旨説明を受け、了解して個人の資格で受諾したとの記載がある。

「木戸は教学局参与制を利用し之を教学に関する大臣の方針決定の有力な諮詢機関となし、角張った会議形式をとらず、自由に意見を交換することとし、議題も文部省の原案に就て形式的に協議するに止《とどま》らず、各参与よりも何事に就ても問題を提出することを得るやうにしたし。要は識者の意見を此機関を通じて文部行政の上に反映せしむるやうにする意向なり云々[78]」。

しかし、木戸の後任である荒木貞夫《あらきさだお》文部大臣が帝国大学の総長選出慣行に反対した際、長與によれば文部省幹部の方が荒木よりも高圧的であった。昭和一三年一〇月二〇日の長與の日記には、文部省が東京帝国大学からの改革案を言わば突き返し、一方的に期日を指定して再提出を求めたとの憤激が記されている[79]。二〇日の日記には、「斯る態度は甚《はなはだ》不都合なり。恰《あたか》も警察署やう《ママ》なり」、二一日の日記には「大学を知らず、教育に縁遠い者が文相となり、本質的根本的精神的の議論としては今回の文部省の暴挙に対して、東大が他大学と分れても、理由の最も明なる自治の本質を侵害せらるる惧《おそれ》の多き境界線（具状《ぐじょう》の極限）を厳に守ることに在る」とある[80]。長與の伊東次官たちへの怒りは深かったのである。

有光は戦後の回想で研究の自由に言及してはいるものの、伊東は大学の自治を従来通りに尊重するという立場ではなかった。伊東からすれば、思想や大学は国体明徴の枠内のものであり、それゆえ国体明徴を率先する文部省が教育研究への指導力をより強く発揮すべきとしていたのであろう。ただしそれはまた、外部の介入を防止して教育界を防衛することにも役立ちうるものであったはずである。

それでも荒木は、昭和一三年一二月に伊東を更迭して石黒英彦を次官とした。元陸軍大臣と内務官僚の組み合わせであり、有光はこれを従来の文部省に荒木が「失望」したためと推測している[81]。藤原喜代蔵によれば、石黒は昭和一四年四月に内務官僚の小林光政を教学局長官とし、菊池は反発して退官し藤野恵は鹿児島県知事に転出する。赤間信義は以前に退官しており、文部省最高幹部は一新されたわけである[82]。教学局参与の趣旨も、木戸の退任と人事の一新によって白紙になったのではないだろうか[83]。

その後、阿部信行《あべのぶゆき》内閣では元内務大臣の河原田稼吉《かわらだかきち》が文部大臣に、やはり内務官僚から転じた大村清一が文部次官に就任する。しかし、次の米内光政《よないみつまさ》内閣で元文部次官の松浦鎮次郎《まつうらしげじろう》が文部大臣に、退官していた赤間信義が文部次官、菊池が教学局長官となり、ここでようやく素人《しろうと》から玄人《くろうと》の手に文部省が戻ったと藤原は評価している[84]。人事は再び一新されたのである。

続く第二次近衛文麿内閣では、橋田邦彦が文部大臣に、菊池が文部次官となり、藤野が教学局長官となる。東京帝国大学医学部教授の橋田は伊東の懇請により第一高等学校長を昭和一二年四月から兼任し、安井英二や伊東と政教学術協会で思想問題の研究を行なっていた[85]。安井は第二次内閣で内務大臣に就任し、近衛文麿の提案で橋田に文部大臣就任を依頼したのである[86]。ちなみに、松浦の就任は昭和一五年一月、橋田の就任は同年七月である。

さて、伊東のいなくなった文部省で、教学局は機能していたのだろうか。昭和一六年六月二七日開催の教育審議会諮問第一号特別委員会第三回整理委員会で、教学局について伊東は発言している。出席者は鈴木貫太郎《すずきかんたろう》総裁、田所美治特別委員長、林博太郎《はやしひろたろう》整理委員長を含め、委員一二名、幹事六名である。委員には松浦、河原、赤間、幹事には有光が入っている。(87) 藤野教学局長官も一部出席し、「教学に関します原理的なもの」の研究を教学局で行なっていると説明している。(88)

委員たちからは、国体明徴の必要性を前提に、行政機構上の改善点を指摘する発言が相次いだ。具体的には、本省との業務の重複、興亜教育といった新しい政策課題の担当割り、本省と教学局との二元性の弊害などである。(89) なお、この会議は教育行政と財政を担当する小委員会であり、文部省の行政機構改革の一つの要点として教学局が議題とされたのである。(90)

ここで伊東は、「もう少し本省と組織的な連絡共同の関係を確立」すべきとしつつも、「時代的特殊機関として「尚ほ暫くはどうしても必要であると私は思ふ」と発言している。(91) 国体明徴の必要性を前提に、将来はともかく、さしあたりは外局としての存続を主張する立場である。ただ、「尚ほ暫くは」という防衛線での発言は、伊東も行政機構上の不都合を十分認識していた、ということであろう。なお、伊東はこの発言の後に所用で退席している。

この会議録には、懇談会として速記を止めた時間帯がある。実は『有光次郎日記』にその一部の発言要旨が記録されており、そこには堀池英一《ほりいけえいいち》幹事の「外局だが、書類は皆内局へまはす」との発言がある。(92) 堀池は内務官僚であり、この時点では教学局企画部長であった。日記には「実質的には内局の如し」とも記されており、これは有光による発言内容の総括なのかもしれない(93)。

伊東によれば、教学局は「国体、日本精神を中心にして刷新に付て建設的な仕事」をして、本省に「しっかりしたものを供給する」ために構想された組織であった(94)。しかしそれならば、本省の外にではなく、本省内部の上に置き、省内各局を指導できるようにすべきだったのではないか。いずれにせよ、教学局は結局、昭和一七年一一月に内局化されたのである(95)。

これを受けて藤野は文部省総務局長に就任し、昭和一九年七月に文部次官に就任する。教学局長には一一月一日付で教学局指導部長の近藤壽治《こんどうひさじ》が就任し、昭和二〇年六月に広島文理科大学長に転出するまで在任する(96)。近藤は、台北帝国大学事務官兼教授として勤務中、伊東の希望で文部省督学官に転じ、『国体の本義』編纂にも尽力した。戦後に『国体の本義』が批判された際、近藤は、「戦争に敗けたのは国体の本義のためではない。反って国体の本義に戻《ママ》る軍民の行動である」として、泉下《せんか》の伊東の無念を想っている(97)。

「右翼といわれる人たちには、一々抗議もし、反対もした。また左翼といわれる人たちに対しても敵視したり、抑圧したりしようとは思わなかった。ただ民族の歴史という目や、伝統の眼を閉じて、理知一片の目で人間の在り方を決定しようとすることは「反人間性」に基づくものであることを説くことにつとめた。そのために、諸学振興委員会の活動によって、文化に対する第三の原理を索《もと》めようとし、あらゆる困難に対抗して日本文化の保持につとめた。それは言うべくして容易な業《わざ》ではなかった。身命を惜しみ利害栄達を考えての人たちに出来ることではない(98)」。

第四節　国体明徴政策への批判

昭和二〇年の日本の敗戦は、国体明徴政策を根本的に転換させていくこととなる。ただしその転換は、敗戦とアメリカによる政治的変革という状況の中で、文部省を外側から強烈に動かしてのものであった。逆に言えば、文部省として積極的に転換したわけではなかった、ということである。

この消極姿勢に関して久保義三は、昭和二〇年一〇月に新教育方針中央講習会で前田多門《まえだたもん》文部大臣が「教育勅語を依然として教育方針の指針として位置づけ、さらに天皇主権の国家体制を、日本的民主主義である、という牽強付会《けんきょうふかい》の説明を行なっている」と強く批判している。[99] また、荻野富士夫は、「GHQの教育指令に対するサボタージュや消極性の背後にあるのは、「国体護持」教育への固執である」と指摘している。[100] 文部省としては、国体明徴政策を何とか存続させ、民主主義も日本の国体によって醇化したものに限定したかったのであろう。

その一方で、講習会の直前に文部省は教学局の廃止に追い込まれている。[101] アメリカの矢継ぎ早の指令によって無理矢理動かされたのである。劔木亨弘は昭和五二年刊行の『戦後文教風雲録――続牛の歩み』で、アメリカ政府は「日本における教育の軍国主義的、超国家主義的推進の中枢機関は教学局であり、戦争目的遂行に最も協力した元凶である」と決めつけており、田中義男元教学局庶務課長をはじめ、教学局在職経験者二十数名がGHQ（連合国軍最高司令官総司令部）の厳命で辞職させられたと憤っている。[102] 劔木は、田中は「資性温厚篤実、超国家主義とは全く縁のない方で、省内の人望を集められた方」だったと記している。[103]

劒木は教学局思想課長の在職経験があったものの、アメリカからの教育使節団への対応、二度の出征による延べ三年間の不在、多方面からの嘆願という事情で、公職追放を結果として三回免れることとなった。[104]劒木は昭和四八年の回想で、当時の文部省の状況をこう述べている。

「文部省も実は槍玉だったのです。文部省もやっぱり内務省と同じように解体して国家公安委員みたいに教育委員に改組して文部省をつぶそうという気持はあったのですけれども、それはまた一面六・三制をやるためにどうしても文部省という組織が必要だったものだから、それをつぶしてしまうまでにいかないで存続したのですね。文部省がやった文教を根こそぎやってしまえということが一つと、その次は一番張本人は教学局ということですね[105]」。

しかし、例えば田中には内務官僚として群馬県と長崎県の警察部で特高課長を務め、大阪府の警察部で外事課長を務めた経験がある。[106]警察行政を担当する内務省と文部省の関係の深さ、内務官僚が文部省の幹部に転入する慣例を考えれば、文部省が内務省とともに弾圧者の嫌疑をアメリカ側から受けることに不思議はないであろう。

荻野富士夫は、「治安体制の一翼・一環として文部省の「思想統制」・「教学錬成」体制をとらえることにより、特高警察や思想検察とは異なる教育の場における抑圧統制の特性が浮かび上がる」と指摘している。[107]荻野が『戦前文部省の治安機能』の冒頭で引用したGHQの文書には、教学局が以下のように総括され敵視されている。この「日本の教育」と題する冊子は、CIE（民間情報教育局）課員によって作成され、昭和二一年二月一五日に印刷製本された非公開文書である。[108] 荻野は、後出の教育刷新審議会の報告書とともに、これを「戦時下の教育統制の実態を直視」するものとして特に高く評価しているのである。[109]
「再編成された教学局には二つの部があり、企画部と指導部がそれである。企画部は学生の思想の指導と統制を行ない、極端な国家主義の媒介の役を果たし、軍国主義派の手先でもあった。指導部は、誤った思想をもった学生をその思想上の危険性がなくなるまで監督し、特別高等警察の手先でもあった」[110]。

しかし、伊東たちの国体明徴政策は内務省の警察行政の下請けではなく、文部省としての意欲的な政策であったと思われる。とはいえ、内務省から急に転入した人びとに途中で主導権を奪われたことは否めず、また、思想問題への対応の延長線上に政策が伸びていったこともたしかである。実際、昭和一六年の教育審議会整理委員会で穂積重遠《ほづみしげとお》は、「それから是は率直に言ひますが成立ちの沿革がありますから、誤解ではありますが、何となく思想警察のやうな感じで見ることになって、少し教学局に対する見方が警戒的になる」と述べている。[111] 委員の穂積は当時、東京帝国大学法学部長である。

これに対して日本側では、昭和二一年に発足した教育刷新委員会が、昭和二五年刊行の暫定的な報告書で、昭和一〇年代の国体明徴政策を厳しく断罪している。『学制百年史』は、昭和二四年に教育刷新審議会と改称される同委員会の設置をこう説明している。

「米国教育使節団に協力するため設けられた日本側教育家の委員会は、使節団の帰国によってその任務を終了し解散したが、発足当初から、日本の教育改革について文部省に建議すべき常置委員会となるべきことが覚書で示されていた。昭和二一年八月内閣に教育刷新委員会が設けられたが、これは実質的には前記委員会の改組拡充されたもので、三八人の委員中前記委員会の委員であったものが二〇人含まれている」[112]。引用文中の「覚書」とは、昭和二一年一月九日付のＧＨＱの日本帝国政府宛覚書である。この覚書は「日本教育家の委員会に関する件」と題して、アメリカからの教育使節団に協力する日本側委員会の設置を求め、さらに、必要な増員の上で「日本教育の革新につき文部省に建言すべき常任委員会たるべきこと」とまで踏み込んで決められていたのである[113]。

海後宗臣《かいごときおみ》は、アメリカの使節団を支援した日本側の委員会は、さらに東京帝国大学教育制度研究委員会によって支えられていたと指摘し、その中心人物は東京帝国大学総長の南原繁《なんばらしげる》であったと回想している[114]。南原は穂積重遠の二代後の法学部長であり、終戦時の対応をした後、昭和二〇年一二月に総長に就任していた。海後は、「当時の総長南原繁は、日本教育家の委員会の委員長であり、続いて設けられた教育刷新委員会では副委員長となり、実際には南原がこれらの会議を統轄していた」としている[115]。なお、教育学者で文学部助教授の海後は、幹事として委員会に参加し、審議の記録を残している[116]。

海後はまた、昭和四六年刊行の『教育学五十年』で、当時のアメリカ側の方針について劒木の証言とよく似た見解を示している。海後によれば、当初は「文部省による教育の中央支配を破ろう」としたものの、文部省を活用して「命令一下全国の教育を直ちに動かすことができた」ことがＣＩＥの成果となったこともあり、結局は、「文部官僚の力を背後から強め、次第に教育の中央統轄を再生させる結果」をもたらすこととなる[117]。海後はＣＩＥに出入りして、アメリカ側の担当者たちと積極的に意見交換していたのであった。

それでは、昭和一〇年代の国体明徴政策は、教育刷新審議会の報告書でどのように批判されたのであろうか。この審議会の性格を検討するに際し、海後宗臣も平原春好も第一回委員会での田中耕太郎《たなかこうたろう》文部大臣の挨拶を特に重視している。(118) 田中は東京帝国大学の元法学部長であり、吉田茂《よしだしげる》内閣で昭和二一年五月に文部大臣に就任していた。

田中は挨拶で、「教育刷新委員会は、その全体の性格に於て、又その構成に於て従来政府に依って設置せられた委員会と全く選を異にする独自の性質のものと申し得る」とし、その特色として、GHQの覚書に基づくこと、「教育のあらゆる分野に於ける代表的な権威者を網羅」したこと、「全然官僚的要素を含んで居ない」ことを挙げている。(119) 田中は、これは「教育が本来教育家の手に依って行われなければならず従って教育の改革に就ても教育関係者自身がイニシアチーヴを執るべきであるという民主主義的の傾向を反映するもの」であるとしている。(120)

南原繁は報告書のまえがきで、これに加えて「単に内閣総理大臣の諮問に答申するというのでなく、自ら進んで自主的に問題を取り上げて審議し、その結果を内閣総理大臣に報告建議することを原則と」したことを強調している。(121) この報告書は『教育改革の現状と問題』と題して、昭和二五年九月に日本放送出版協会から刊行されている。

平原によれば、教育刷新委員会（教育刷新審議会）は「審議会が教育行政を指導」した画期的なものであった。(122)「答申は一件もなくすべて建議（三五回）」であり、この委員会は日本の「教育史上きわめて特異なもの」であったとするのである。(123) ただし平原は、この後の中央教育審議会になると「審議会主導の教育行政は様相を一変し、いわば審議会を利用する教育行政の段階に入る」とも指摘している。(124) 教育刷新委員会

（教育刷新審議会）の時期は例外的であった、ということなのである。

たしかに、従来の会議においては各界の有力者が多数であり、教育の専門家の数は少なかった。文部省内でも教育の専門家は明らかに傍流であり、そのことが外部の教育関係者からの批判を受けてきた。また、教学刷新評議会では文部大臣の諮問に対して答申と建議が行なわれ、教育審議会では内閣総理大臣の諮問に対して答申と建議が行なわれている。どちらも文部省が事務局として議題設定や会議運営などに主導権を発揮していたと思われる。

ただし、文教政策の弱い主役である文部省は、多方面に配慮せざるをえず、委員に対しても、その意見をそれぞれに尊重して配慮する必要があった。会議を開きつつも文部省が仕切ろうとする面と、会議を開かなければ文部省では仕切れないという面の両面があったと言うべきであろう。

なお、教育刷新委員会（教育刷新審議会）が文部省に対して強気であったとしても、GHQを無視して審議を進められたわけではない。従来の会議にはない「連絡委員会」が作られて、GHQおよび文部省との連絡調整が行なわれており、自主性が尊重されつつもGHQからの指導が行なわれたようである。[125] いずれにせよ、文部省には遠慮なく審議が進められ、報告書が作成されたのであろう。

報告書の批判は率直である。報告書は、明治四（一八七一）年設置の文部省は「明治・大正・昭和を通じて、日本の教育行政と学術文化の統師機関であった」とし、その統制によって「高度に中央集権化された官僚的統制主義と形式的画一主義がわが国の教育界を終始支配して来た」と批判する。[126] その上で、教育勅語が半世紀にわたって「わが国民教育の大本」となったと指摘し、その基調は徳目《とくもく》よりもむしろ「皇室を中心とする日本国体観と、これに基づく忠君愛国の国民の養成に在った」とする。[127]このような教育体制と教育内容が徹底されたのが直近の過去であるとして、報告書は以下のように総括している。

「この教育方針は、満州事変を経て、日華事変に入るに及んで、更に極端化され、戦争体制に即応せしめるために、一九三七年（昭和一二年）設置された教育審議会の決議による、いわゆる「教学刷新」において、頂点に達した観がある。これは、一に「皇国の道」を教育の基本とし、「皇国民の錬成」を目標とするということであった。「小学校」の名称を改めて「国民学校」とし、あるいは文部省に「思想局」や「国民精神文化研究所」を設置したのも、この時であった。それは、学校教育についてのみでなく、一般の社会教育についても同様であって、わが国の教育は、まったく、極端な国家主義と軍国主義的色彩に塗りつぶされるに至った[128]」。

ただし、思想局や国民精神文化研究所の設置は昭和一〇年以前であり、国民学校への改称は昭和一六年であって、記述の前後関係はやや曖昧になっている。いずれにせよ、報告書の筆致は断罪口調である。

「今次の太平洋戦争は、実にかような教育精神によって錬成された国民と、米英の自由な国民との対決であったのである。日本が戦いに敗れ、今日の悲惨な運命に陥ったのは、必らずしも軍備の劣勢や経済的資源の貧困のみによるのではない。根本において、日本の国民精神並びに日本の人間性が恐るべき過誤を犯していたからである。ここに新日本の建設にとって、教育の根本改革と新たな再建こそが、最初にしてかつ最も重要な条件でなければならない理由がある[129]」。

こうして文部省の国体明徴政策は厳しい批判を受け、日本国憲法と教育基本法の制定は政策の前提を一変させた。陸軍や海軍、内務省は解体され、枢密院は廃止となり、関係者は亡くなったり公職追放を受けたりして、政策に関係の深い組織や人物の状況も激変した。昭和一〇年代からの政策の流れはここで止まったと言えるであろう。国体明徴への新しい動きも生じはするものの、敗戦と占領とは、一つの区切りとなる出来事だったのである。

おわりに

文部省の国体明徴政策は、教学刷新評議会で勢いをつけ、教育審議会で具体化され、教育刷新委員会（教育刷新審議会）から断罪されることとなった。教学刷新評議会は文部大臣、後の二者は内閣総理大臣の管轄となる。なお、教育刷新審議会の建議によって中央教育審議会が昭和二七年に文部省に設置され、再編を経ながら現在も、同名で文部科学省に設置されている。これに対して、昭和五九年八月に設置された臨時教育審議会は総理府に設置され、内閣総理大臣の諮問に応じるものとなっている。これは、中曽根康弘《なかそねやすひろ》首相が主導して教育の抜本的改革を目指した審議会である。

ちなみに『学制百二十年史』は、「教育問題について総理大臣直属の審議機関が設けられたのは第二次大戦前にも数回あり、戦後も教育刷新委員会の例がある」とし、「その後は文部省の中央教育審議会が中心となって進められてきたが、臨時教育審議会は政府全体の責任で長期的展望に立って教育改革に取り組むため、総理大臣の諮問機関として設置されることになった」と説明している。(130) 審議内容は異なるものの、昭和一〇年の内閣審議会設置を思わせるものである。

この歴史的位置の中で、文部省の国体明徴政策関係者が何を考えていたのかを再構成していくことが次章の課題である。

第二章　『国体の本義』と文部省の政策志向性

はじめに

第二章では『国体の本義』の編纂と刊行に際して、文部省がどのような志向性を持って国体明徴政策を推進したのかを検討する。『国体の本義』は昭和一一年度に編纂され、昭和一二（一九三七）年三月三〇日付で刊行されている。その冒頭には、「本書は国体を明徴にし、国民精神を涵養振作すべき刻下の急務に鑑みて編纂した」とある。(1)

しかし、国体を明徴にするという政策課題は、一冊の冊子によって、はたしてどこまで実現されうるものなのであろうか。『国体の本義』冒頭には、「我が国体は宏大深遠であって、本書の叙述がよくその真義を尽くし得ないことを懼《おそ》れる」とも記されている。(2)文部省としても、この冊子ですべてを明らかにしたと主張しているわけではない。ただし、ひとたび刊行されるや、この事業と政策が、少なくとも教育界と学界に大きな影響を与えたことは事実であろう。文部省が国体明徴政策によって求めたのは、国体の本義に即した教育の実行であり、国体の本義に反した研究の撲滅である。しかも、終戦までこの方針に変更はなく、戦時体制の強化と足並みを合わせて政策は継続されていくのである。

『国体の本義』の英訳版を昭和二四年にアメリカのハーヴァード大学出版会から刊行したロバート・キング・ホールは、その端書《はしがき》で、昭和二〇年一二月一五日のいわゆる神道指令によって『国体の本義』関連書籍の頒布がマッカーサー将軍によって禁止されたことを紹介し、これは「教会と国家を分離する試み以上のもの」であり、「公式の国家哲学のまさにその本質を直接に攻撃するものであった」と指摘している。[3]

他方、『国体の本義』とは「日本の軍事的征服への前進と全面的敗北に至る崩壊の画期的事件であった」と記しつつも、ホールは、その内容があまりに難解であり、「日本皇室の神秘的で詩的な神話に基づく回りくどい議論」が展開されていると指摘している。[4]『国体の本義』という冊子は「明らかに、露骨な、公式のプロパガンダ」であるのに、「困惑させる矛盾した文書」であるとホールは記すのである。[5]

ホールを困惑させた一因は、『国体の本義』の内容の整合性の弱さにもあるのであろう。『国体の本義』は個人の思想的な著作物ではなく、会議等による検討作業を経た官庁編纂の共同著作物であった。[6]さまざまな経緯や意見に配慮することに工夫が施されており、そのため内容が盛り込まれすぎて、日本語として難解なものになっている。

『国体の本義』の緒言には、高らかな口調で日本の世界史的使命が掲げられている。その実現こそは、文部省が推奨し、政策課題として実現していこうとしたものと思われる。文部省の政策志向性を端的に表わすものとして、以下に引用する。

「久しく個人主義の下にその社会・国家を発達せしめた欧米が、今日の行詰りを如何に打開するかの問題は暫く措き、我が国に関する限り、真に我が国独自の立場に還り、万古不易の国体を闡明し、一切の追随を排して、よく本来の姿を現前せしめ、而も固陋を棄てて益々欧米文化の摂取醇化に努め、本を立てて末を生かし、聡明にして宏量なる新日本を建設すべきである。即ち今日我が国民の思想の相剋、生活の動揺、文化の混乱は、我等国民がよく西洋思想の本質を徹見すると共に、真に我が国体の本義を体得することによってのみ解決せられる。而してこのことは、独り我が国のためのみならず、今や個人主義の行詰りに於てその打開に苦しむ世界人類のためでなければならぬ。ここに我等の重大なる世界史的使命がある」[7]。

しかし、「国体の本義を体得すること」と「欧米文化の摂取醇化に努め」ることとは、本当に両立するのだろうか。拝外と排外を否定し、東西文化を摂取して活用することは、現在の日本でも常識的に理解されうる志向であろう。しかし、文部省の説くのはその前提としての国体への随順《ずいじゅん》である。随順と摂取は、醇化という言葉によって何となく両立しうるように感じさせられるものの、本当にそのようなことが可能なのだろうか。実は『国体の本義』は、昆野伸幸が総括したように「西洋文化を排し、「国体」の価値を称揚する要素と、「西洋文化を摂取醇化」した上で世界文化を指導し得る日本文化を建設するといった要素とが統合されないまま盛り込まれた未完成な書だった」のである[8]。

しかも、昭和一〇年代の縮小する言論空間において、国内思想戦が一部の人びとによって強烈に推進された時、『国体の本義』の摂取醇化の意味はますます排撃の方に傾き、排外とほぼ一致していったのではないか。さらにまた、ほぼ排外となる意味での排撃という政策志向性は、編纂時からすでに『国体の本義』内部に含まれており、それが言論空間の変化の中で、より強く表面に出てきたと把握しうるように思われる。しかし、他者をひたすらに排撃することは、本当に国体の明徴となるのだろうか。

この『国体の本義』刊行という事業について、以下では、文部省としての公式の政策志向性、編纂事業に深く関わった文部官僚の政策志向性、編纂事業に委員として関わった研究者の思想的立場の順に検討を進めていくこととする。

第一節　文部省としての公式の政策志向性

『国体の本義』編纂に際して、文部省の公式の政策志向性は、どのようなものであっただろうか。文部省は、昭和一一年一〇月の教学刷新評議会答申も踏まえて、『国体の本義』の刊行、日本諸学振興委員会の設置、関連叢書の発行、国体明徴講座の大学への設置など、国体明徴政策を多方面に積極的に推進していった。この教学刷新評議会は、昭和一〇年一一月に設置され、多方面の識者を網羅して教学刷新のために多面的な検討を行なった文部大臣の諮問機関である。ただし、司法省刑事局刊行の『思想研究資料』特輯第七二号によれば、「右翼論壇方面よりは岡田内閣の窮余の表面糊塗策で国体明徴不徹底の責任を回避せんとする政治的偽瞞策に過ぎないとの非難を浴びせられ」ているという状況であった。[9] その執筆者は玉澤《たまざわ》光三郎《みつさぶろう》検事であり、本号は、昭和一四年度思想特別研究員による『所謂「天皇機関説」を契機とする国体明徴運動』報告書である。

昭和維新を目指して急進的に政治的変革を目指す人びとからは、文部省の動きは緩慢にして微温的であり、各界の重鎮たちの議論には実効性が乏しいと見られていたのであろう。実際、文部省がこの評議会で総括した国体明徴政策の特徴は、国体を明徴にすることを基本としつつも、「外国文化を排除しないと云ふ意味はこの案全体を貫いて居ります」と伊東延吉幹事が委員の質問に答えるところにもあった。(10) これは昭和一一年一〇月一三日の第八回特別委員会での発言であり、同月二九日に最終答申案が決定される直前のものである。

伊東は若くして内務省から文部省に転じた官僚であり、四〇代のこの頃には専門学務局長で思想局長を兼任し、翌一二年六月には文部次官に就任する。伊東の全体構想を検討した前田一男《まえだかずお》は、教学刷新評議会と『国体の本義』編纂などを同時進行させた手腕も踏まえて、伊東を「「教学刷新」の設計者」と位置付けている。(11) たしかに、評議会での委員の厳しい質問に対し、伊東は精力的に原案を説明し、多面的刷新への意欲と能力をうかがわせている。

教学刷新評議会と『国体の本義』編纂が途中まで同時進行したこともあり、伊東の側で主導的に両者の整合性が確保されたようである。土屋忠雄《つちやただお》は両者の進行表を作成し、二・二六事件後に半年ほど評議会が開催されなかった時期に第一回編纂委員会が開催され、評議会による答申後に第二回、第三回の委員会が開催されていると指摘し、思想局長の伊東が評議会の審議を踏まえ、「天孫降臨の神勅と教育勅語の精神を軸とすれば、有識者も異議を唱え得ず、一般国民も随順してくる」と判断して、冊子作成を推進したのであろうと推測している。(12)

なお、土屋は関係者の証言も得て、昭和一一年四月に思想局で編纂事務が開始され、予算が急遽確保されたと記している[13]。ただし荻野富士夫は、前年九月末の次年度要求経費として「修身篇、国史篇、法制篇等三種の権威ある冊子」編纂が挙げられ、それ以前にも国民読本編纂の議論があったと指摘し、冊子編纂は文部省年来の「宿願」だったとしている[14]。

さて、昭和一〇年一二月の教学刷新評議会第一回総会冒頭で松田源治文部大臣は、「国体の本旨、日本精神の真義」に基づくことを前提に、誤謬を正し、「守旧偏狭《へんきょう》」と「極端過激」を排し、「自覚的刷新と創造的発展」を重んじ、「中正博大なる我が国精神の下に外国文化の摂取を怠らず」、視野を世界的にして「東西文化の集大成」を志となすことなどを縷々《るる》説いている[15]。

答申の第二（八）には、「教学の刷新は、現下教学の欠点を除去すると共に、益々欧米文化を摂取醇化し、我が国特有の博大なる文化の創造を目的とするものにして、欧米文化の排斥或は軽視に陥らざるを要す」と明記されており[16]、『国体の本義』緒言と同じ政策志向性が表われている。ただし、この答申案を決定した第四回総会で、伊東は、西洋思想の醇化という「一角からやって行く」との説明も行なっており、さらなる取り組みへの意欲を示していることに注意が必要である[17]。

これについて荻野富士夫は、文部省は欧米思想排斥に熱心であったとし、委員の意見を踏まえて軌道修正せざるをえなかったと推測している[18]。たしかに、伊東は決して西洋思想の受容をまず擁護しようとしたわけではなかった。しかし、本格的な排斥に踏み切れば従来の文部行政への影響も大きく、むしろ拝外と排外の両極端を避けて、醇化という条件付きの摂取という方針を選択していたのではないだろうか。急進主義的な昭和維新運動の側からすれば、きわめて微温的な方針であり、西洋思想を評価する側からすれば、危機感を抱く方針である。

なお、答申を決議した昭和一一年一〇月二九日の第四回総会で、委員の湯澤三千男《ゆざわみちお》内務次官は、「地方教育行政官吏の任用」方法を改善して「文部省の管轄に移し」との文言が最後の特別委員会を欠席した際に挿入されたとして、強烈な反発を示している。[19] この抗議に対して特別委員長の原嘉道《はらかどう》は、文部省ではなく委員の意見に基づく挿入であると説明し、三上参次《みかみさんじ》や山田三良《やまださぶろう》からは、若輩の内務官僚が老練の教育者の上に立つ人事的弊害の深刻さが指摘されている。[20] 教育への熱意が感じられない内務官僚が府県の学務部長、学務課長として、地方の教育を取り仕切っているとの批判である。原は枢密顧問官であり、三上は国史学、山田は国際私法を専門とする東京帝国大学名誉教授である。三上は湯澤が出席した第六回特別委員会でも教育現場から不満を聞くと発言し、これもまた法科万能の弊であると批判している。[21]

結局、平生釟三郎文部大臣が起立採決を求め、賛成一名として湯澤の修正提案をあっさりと否決した。[22] 副田義也《そえだよしや》は昭和七年五月から二〇年九月の時期を「内務省の凋落期」と呼び、その影響力の著しい低下を指摘している。[23] 実際、答申採決後に平生文部大臣は、文部大臣が伴食《ばんしょく》大臣とあだ名されたり、教育人事行政に問題があったりしたのも教育軽視の風潮のためではないかと挑発的に指摘し、やや高揚した口調で、国体重視、教育重視の精神に基づく答申への尽力に深い謝意を表わしている。[24] ここに、教育を重視するがゆえに内務省からの自立を意欲するという志向性を認めることは、不可能ではないように思われる。ただし、この決議で地方の教育行政に変化は生じなかったというのが実情である。

昭和五四年に文部官僚となった前川喜平《まえかわきへい》は、「戦前の文部省は内務省の「植民地」だった。当時の文部省は内務省からの出向者が半分、官立学校教官からの出向者が半分の混成部隊だった」と指摘している。(25) ちなみに伊東が取り仕切る評議会や『国体の本義』編纂で存在感を示した文部官僚は、内務省系ではなく教育研究の経験者たちであった。国体明徴政策に実質的に関与できるだけの教育研究上の素養が求められたためであろう。

国体明徴政策の推進に際しては、哲学、国史学や国文学など文学部系の教養が必要であろうし、法学部出身者の内務官僚には通常は敷居が高かったと推定される。それは結果として、文学部出身者や教育経験者の活躍の場を広げ、文部行政の内務省からの独立という方向性を後押ししたのではないか。ただし、この政策推進にそこまでの意図が込められたのかについて、筆者は資料的に確認できていない。

それでは国体の本義について、どのように明徴することが教学刷新評議会で議論されたのであろうか。第一回総会では審議内容見込として、「一、教学刷新の指導精神の確立　イ、我が国体、日本精神の本義の闡明　ロ、西洋国家、西洋思想の本質の批判」が冒頭に挙げられている。(26) このイ、ロについて、東京帝国大学文学部教授の平泉澄は、第二回総会で「審議するに相応しいものではない」と発言し、直ちに教学刷新に進むべきであり、その方針は「明治維新の大精神に復帰」以外にないと力説している。(27) 文部省案への根本的な批判である。なお、国史の専門家として適任であるにもかかわらず、平泉は評議会の特別委員にも『国体の本義』編纂委員にも就任していない。平泉の発言は以下である。

「本評議会に実に卓抜なる識者を網羅致しましても此重大なる問題を一気に議定して、其概念を決定し定義を作ると云ふが如きことは遠慮すべきことであると思ひます、我が国体、日本精神の如き広大なるものを狭く小さく議定すると云ふが如きことは却《かえっ》て我が国体を傷《きずつ》け日本精神を損ふことになりはしまいか、是等は学者各自の研究に任せ此評議会に於ては深く立入らざることを善しと考へるのであります」[28]。

国体の拙速な定義に対しては、懸念を表明する委員がこれ以降も続出していた。特別委員会では陸軍次官の古荘幹郎《ふるしょうもとお》が、国体の本義の決定は至難であり時日もかかると指摘し、国体闡明のための「施設、機関、方策」の検討を優先すべきと提案して、早稲田大学総長の田中穂積《たなかほづみ》と三上参次の賛同を得ている[29]。国体の本義の解明は、長い年月をかけて、じっくり研究すべき課題であるとしていたのである。また、貴族院議員の渡邊千冬《わたなべちふゆ》は「経世家的見地」での検討、教育学者の吉田熊次《よしだくまじ》は詔勅に表われた国体観念への限定を主張し、それぞれ強制的な解釈の一元化を行なうべきではないと主張していた[30]。吉田は東京帝国大学名誉教授である。

しかし、昭和一一年九月七日に第四回特別委員会で提示された答申草案の第二（三）には、「国体の真義の闡明には、単にこれを統治権の所在なる意味にのみ解すべからず」とあり、「進んでこれを実質的に解釈」するとまで踏み込んだ文言が提案されている[31]。これは、内務省警保局が治安維持法要義（未定稿）で示した「国体とは何人が主権者なるかの問題なり」という定義への挑戦なのであろうか[32]。特別委員会では弁護士の鵜澤聰明が第四回と第五回に、三上参次が第六回に、それぞれ統治権の所在を軽視する誤解を招きかねないと発言して文言の修正を求めている[33]。

第六回特別委員会では、特別委員外の上山満之進《かみやまみつのしん》が特に発言を許されて答申草案の政策志向性そのものを批判し、伊東延吉に厳しく詰め寄っている。上山は内務省に入省し、台湾総督などを経てこの頃は枢密顧問官である。上山は統治権の所在以外に国体の意味はないと断言し、これを受けて伊東は、「法学上の意味」に加えて教育や学問のために実質化が必要であると説明する。[34] これに対して上山は、「国体を日常の生活に於て実現すると仰しゃるが、国体は吾々の日常生活のずっと高い所にある」と反論し、憲法に明示された以外を付け加えるのであれば「四五行あれば宜」く、理想を明らかにして細かなことは「各々の研究に俟つ」べきとする。[35] この後、伊東は日常生活のすべてを覆うという広義で国体という言葉を用いるとし、上山は、国体と国体の「作用」を分けないと意味不明になると厳しく追及している。[36]

上山は、第七回特別委員会で四七六字の簡潔な「国体の本義」案を提出したものの、答申には若干の文言が盛り込まれるに止まった。[37] この委員会では「国体の真義の闡明には、統治権の所在を明にすべきは論を俟たず」とする修正文案が伊東側から提示され、「単に……解すべからず」や「進んでこれを実質的に解釈するとの文言は削除されたのである。[38]

ここで肝心なのは、国体の本義と作用を峻別し、「本義」は簡潔にすべきという提案が拒絶されたことである。伊東はすでに『国体の本義』の編纂を進めており、年月をかけてしっかり研究すべきとの委員の意見は無視されている。表題を『国体の本義』としないということは、一五六頁の冊子すべてが本義であると主張することであり、国体という言葉を広義に用いるというのは、文部省が国体の解釈を独占して生活のすべてを統制せんとする野心を隠すためと見えなくもない。

それでは『国体の本義』の編纂は、どのように進行したのであろうか。土屋忠雄は、編纂会議に速記は用意されなかったとの証言を文部省の担当事務官であった吉田鉄助《よしだてつすけ》から得ており、その審議の詳細は不明であると記している。[39] いずれにせよ、評議会答申と『国体の本義』との整合性を確保しつつ、文部官僚と志田《しだ》延義《のぶよし》で文案を調整したようである。志田は東京帝国大学文学部教授である久松潜一《ひさまつせんいち》門下の国文学者であり、国民精神文化研究所の助手であった。本来は恩師の久松が「各委員の所見の統一文章化や古典の引用など」を行ない、志田はその「下書き・下働き」であったものの、志田の病気によって草案作成が遅れ、「事実上先生を煩わすことはほとんどない結果になった」とのことである。[40]

志田によれば、「伊東局長は、結語にある「西洋文化を摂取醇化し」て「新しき日本文化を創造し、進んで世界文化の進展に貢献する」「自主的にして而も包容的」な立場に立つものであるべきことを、編纂の会議で強調され、結語にも盛るべきことを指示された」とのことである。[41] 土屋忠雄は、伊東が「当時の時局に応じてかかる冊子の編纂が必要であるが、さりとて偏狭固陋に陥らず、世界の大勢を見誤ることなく、日本の国体の真髄を明らかにし、天皇機関説以来喧しい国体論議を鎮静せしめたいという趣旨」の挨拶を行なったとの志田証言を紹介し、さらに、学生思想対策や教員の参考資料にしようという政策意図も指摘している。[42]

ちなみに、『国体の本義』の結語にある該当箇所では、「今や我が国民の使命は、国体を基として西洋文化を摂取醇化し、以て新しき日本文化を創造し、進んで世界文化の進展に貢献するにある」とあり、「世界文化に対する過去の日本人の態度は、自主的にして而も包容的であった」とある。[43] ここではさらに、「現下国体明徴の声は極めて高いのであるが、それは必ず西洋の思想・文化の醇化を契機としてなさるべきであって、これなくしては国体の明徴は現実と遊離する抽象的のものとなり易い。即ち西洋思想の摂取醇化と国体の明徴とは相離るべからざる関係にある」とまで念押しが行なわれている。(44)

とはいえ、『国体の本義』本文中には西洋思想の積極的検討がなく、緒言と結語での西洋的な個人主義思想の否定ばかりが目立っている。久保義三も荻野富士夫も、編纂事務方の準備資料の変遷から欧米思想批判の取り扱いが大幅に縮小していることを読み取っている。(45) 荻野が指摘するように、一章分の予定が第一回編纂会議での要綱草案では緒言の一部となっているのである。(46) はたして西洋思想は、どのように摂取醇化すればよいのであろうか。

前田一男宛の志田延義書簡には、「国体の本義の結びと各章における批判とが見方によっては木に竹を継いだやうになってゐるのは一つには整理者の不手際なのですけれども各章から導かれて結論が出たといふ順序ではなく結びはかくあるべきだと決めてかかった産物と言へます」と記されている。(47) 昭和五六年九月二二日付の書簡である。

志田は、編纂会議での委員の「発言・意見にとどまらず、各委員からの注意・意見を草案記入もしくは文書の形で提示していただくようにして、これをまとめるということになった」と回想し、「編纂委員の意見に従って第一次草案を書き進め、タイプして謄写した稿本を部内並びに委員に配付して気付き・意見を徴し、第二次草案に対しても意見のある向きの教示を仰いだ」と証言している。(48)

昭和一一年一一月と一二月に順次提出された原稿は内部で推敲《すいこう》されて草案となり、その送付を受けた編纂委員や編纂調査嘱託の中の四名から修正意見書が届き、翌年の二月一八日と一九日の編纂委員会で、それぞれ一二時間以上の検討を行なっただけで完成作業に入ることとなった。(49) 拙速であるものの、当該年度事業として年度内刊行が必要であったためである。(50) きわめて軽々しい取り扱いであり、教学刷新評議会で平泉が懸念した通り、重大な内容を一気に議定してしまう有り様であった。

国立教育政策研究所教育図書館所蔵の志水義暲《しみずよしあき》文庫の資料を検討すると、草案には多くの修正が入っており、編纂作業が熱心に行なわれたことは確認できる。志水義暲は督学官として編纂調査嘱託の任に就いた文部官僚である。(51) 同資料の中で特に注目すべきは、荻野富士夫が指摘するように、緒言の変化とともに凡例の変化である。(52) 教育図書館所蔵の凡例案の一部を引用する。

「もとより本書は、近時の合理主義的なる思潮の批判とその醇化とを考慮して説かれ、我が国体に関する一の説き方に止るものであって、これ以外の研究を拘束するものではなく、却って寧《むし》ろ国体が益々研究せられ、その真義が国民に徹底せられんことを冀《こいねが》ふものである」(53)。

この文章の修正版が以下となる。

「されば素《もと》より本書は完全なるものでなく、又これ以外の研究と叙述とを拘束するものではない。寧ろ却って本書を契機として識者の間に我が尊厳なる国体が益々研究せられ、その真義が種々明らかにせられんことこそ、この書を編みたる真の動機でなければならぬ(54)」。

本章のはじめにで引用した「我が国体は宏大深遠であって、本書の叙述がよくその真義を尽くし得ないことを懼れる」という文章が、この案文の最終版になるのであろう。『国体の本義』冒頭頁に凡例との記載なく掲げられた文章の一部である。教学刷新評議会での委員の意見も踏まえて、文部省として当初は多様な研究に配慮しようとしたと思われる。しかし、荻野富士夫が指摘するように、「抑制的な姿勢」は公刊本では後退してしまっている[55]。この変化に、文部省が『国体の本義』刊行事業に込めた公式の政策志向性を読み込むことができるのではないだろうか。すなわち、文部省が国体の本義を決定してしまうことへの積極的な意欲である。

第二節　編纂時の文部官僚の政策志向性

『国体の本義』編纂に際して、文部官僚の政策志向性は、どのようなものであっただろうか。この検討に際しては、その限界を確認しておく必要がある。まず第一に、文部官僚の発言を政策的な発信とみなすか、個人の思想的発信とみなすかは判然と区別しがたい。第二に後世の発言をどのように評価するか難しく、第三にそもそも資料的に確認できる部分が少ない。そのためここでは、編纂時の伊東延吉思想局長、小川義章《おがわぎしょう》調査課長、近藤壽治督学官の政策志向について推測を記述するに止めたい。

『国体の本義』編纂に編纂調査嘱託として参加したのは、国民精神文化研究所の志田延義、山本勝市《やまもとかついち》、大串《おおぐし》兎代夫《とよお》、文部省では小川、近藤に加えて督学官の志水義暲、横山俊平《よこやましゅんぺい》、図書監修官の藤岡継平《ふじおかつぐへい》、佐野保太《さのやすた》郎《ろう》、藤本萬治《ふじもとまんじ》であった。荻野富士夫は、「編纂委員は大所高所から意見・注文をつけたものの、実質的な執筆は編纂調査嘱託のメンバーと文部省担当者によっておこなわれたと推測される。なかでも小川と志田を中心として草案作成と推敲がなされ、最終段階では伊東自身の加筆修正もあったと思われる」と総括している。[56]

教学刷新評議会の審議過程や『国体の本義』の編纂方針から判断するに、伊東思想局長は、文部省外の委員の意見を尊重しつつも、国体に即した教育研究から国体に即した新日本建設へという野心的な方針を堅持し、主導したと推測される。伊東は明治二四（一八九一）年に愛知県に生まれ、東京帝国大学法科大学を卒業して内務省に入省する。その後、大正八（一九一九）年に文部省に転じ、文部次官などを歴任して昭和一三年に退官する。国民精神文化研究所長を経て教学錬成所長となり、現職のまま昭和一九年に五二歳で病没している。[57]

前田一男宛の昭和五六年九月二二日付志田延義書簡には、伊東は「思想家ではなかったと思ふ」との記述があり、「いつも一歩先を読んでの施策の策定が非常にうまく必要に応じて調査し人を動員することにも長けてをられたと思ひます」との人物評が記されている。[58]志田はまた、伊東の国民精神文化研究所長時代について、昭和五五年一二月三日付書簡で、「国体の本義で東西文化の融合を打ち出された伊東さんは所長として文化を掲げながら政策につながる活きた学問をさせようと考へてをられました」と証言している。[59]

教育評論家の藤原喜代蔵は、昭和一九年刊行の著書で、伊東を官僚に珍しい思想家と評するとともに、伊東による教育内容の改善が昭和教育維新において高く評価されるべきと絶賛している。[60]人物像は人によって異なっているものの、少なくとも、伊東が思想と政策のつながりを重視し、思想的な政策の実行に熱心な教育維新家であったことは、たしかであろう。ただし、伊東は思想的な問いを発するものの、思想的な深みを感じさせる人物とは言い難いように思われる。

それでは、小川義章調査課長はどうであろうか。滋賀県で実施された昭和一三年度夏期講習で、小川は教学局教学官として「国体の本義」の解説を行なっている。ここで小川は、「甚だ簡単であると理解難の為め」本書には批評や質問が多いとし、それは「種々の方面より学者の合作」したためであり、共同で研究することを勧めるとしている。(61) 小川はまた、「多くの知識を持つよりも国体日本精神の根幹的なるものを把《つか》み、これより実践的なる力を導き出すことこそ実に望ましい」として、「唯単なる理解に非《あら》ずして理解を通して生活の具現に入る。即ち、実践によって初めて成功せるものであることを信じる」としている。(62) これはまさに、前田一男が指摘する「分析的な知ではなく、知ることが実行することに具現化される実践知」への転換の呼びかけである。(63)

この講習の聴衆は、滋賀県の教育関係者であったと推測される。そこで小川は注目すべき発言を行なっている。小川は、世界も日本も転換期であり過渡期であるとして、国体の本義の体得が現在必要である理由を以下のように示している。

「思想問題発生の根拠は左右両翼の思想が問題となってゐるが、此等はその方向は異《ことな》れども批判態度は同じで、共に在来の文化を克服せんとする運動であり思想である。而して批判克服の根拠となるべき原理は、現実的にその代表的なるものはマルキシズムと国家主義であるが、これを標準として善いか悪いかは問題である。先づマルキシズムは当然原理であり得ないことは了解するも、国家主義は日本として大いに一考の必要を認むるものである。国家主義といってもその言葉は一つなれども、其の意味内容に於ては人により異り十分一致してゐない。之れ内容に於て不十分であることを証するもので、此の欠点を救はんが為め本書の出版を見たもので、実に本書の任務は現代文化の転換を導く道しるべである、と了解せられたい。しかし本書は勿論完全無欠とは云へぬ為め、国民協力して育むべきであらう」[64]。

講演の末尾に文責在記者とあるものの、その趣旨に変更はないであろう。ちなみに、左右両翼の急進主義に対抗せんとするこの意欲は、小川の戦後の回想によれば文部省着任以前からのものなのである。

小川は明治二四（一八九一）年に岡山県に生まれ、東京帝国大学文学部哲学科を卒業する。専攻は西洋哲学である。第五高等学校教授を経て昭和四年に東京帝国大学学生主事となり、昭和七年に文部省に転じる。昭和二一年に退官となり、翌年高山寺《こうさんじ》に入る。昭和戦後期は、京都栂尾《とがのお》の高山寺の名僧として著名である。昭和四四年に七八歳で入寂《にゅうじゃく》している[65]。

西洋哲学を研究した小川は、教育行政で活躍することとなった。東京帝国大学学生課では小野塚喜平次《おのづかきへいじ》総長の下、竹内良三郎《たけうちりょうざぶろう》、石井勗《いしいつとむ》とともに三人男と呼ばれ、学生指導に尽力していた[66]。小川は戦後に、竹内や石井とともに「小野塚総長を中心に東大の自治を守り、極左・極右（軍閥）を撃退した苦心」や、「大学内の左翼及右翼学生の思想指導の重任を托され」たことに言及している[67]。また、思想局調査課係長であった内山良男《うちやまよしお》の昭和四二年の来訪に際し、「文部省のインテリ村と謂はれ大学卒業生廿七八名を擁する課の構成で、戦前戦中を通じて極左、極右の圧力に対し中道を撲守《ぼくしゅ》し、勇敢に思想戦を闘ひ抜きし同志である」と記している[68]。なお、第一回編纂会議で『国体の本義』執筆者に選任された久松潜一は、小川の学部時代以来の親しい友人である[69]。

左右急進主義からの教育界の防衛という政策志向性は、文部省としてのみならず小川の信念でもあったと推測しうるであろう。実は同様の回想が、近藤壽治督学官によっても記されている。昭和四二年刊行の回想録で近藤は、戦後の『国体の本義』への弾劾に対し、「戦争に敗けたのは国体の本義のためではない。反って国体の本義に戻る軍民の行動である」と憤慨したことを記している。[70] 近藤によれば、『国体の本義』刊行の趣旨は以下である。

「この書は日本の国体に基づく人間形成こそ、日本教育の本旨であることを強調してきたのである。このような角度から、軍部の人たちに対しても、飽くまでナチスの模倣をしたり、封建的政治形態をとることに反対した。右翼といわれる人たちには、一々抗議もし、反対もした。また左翼といわれる人たちに対しても敵視したり、抑圧したりしようとは思わなかった。ただ民族の歴史という目や、伝統の眼を閉じて、理知一片の目で人間の在り方を決定しようとすることは「反人間性」に基づくものであることを説くことにつとめた[71]」。

近藤は明治一八（一八八五）年に鳥取県に生まれた。伊東と小川よりも六歳年長である。京都帝国大学文科大学哲学科を卒業し、台北帝国大学教授を経て昭和九年に文部省に転じ、昭和一七年一一月から二〇年六月まで教学局長であった。昭和二〇年に退官となり、昭和四五年に八五歳で没している。近藤は、大学の恩師として小西重直《こにししげなお》、終生の友人として天野貞祐《あまのていゆう》の名前を回想録で挙げている。[72]

木村元《きむらはじめ》は、近藤が督学官在任中の昭和一〇年五月に刊行した『日本教育学』について、その「事件性」を指摘している。「学問と教育の分離の体制が、教育学研究それ自体のなかに内在化されていた」とも言える状況の中で、教育勅語と教育学を直結させ、マルクス主義との対峙を「講壇教育学」に突きつけたものと

位置付けるからである。(73)

『国体の本義』刊行に際して関与した文部官僚には、左右両翼から迫る政治的危機を教育と学問の刷新によって前進突破するという政策志向性に合意があったのではないだろうか。すなわち、文部省が国難突破の最前線に立ち、『国体の本義』の緒言と結語の通りに、新日本建設を牽引して世界史的使命を担わんとする意欲である。そこには教育界を外部の介入から防衛する意図もあったのであろう。攻めることによって守り、守りながら攻めるという志向性である。もとより、そこにある最大の問題は、突破できる可能性があるのか、ということである。

第三節　編纂に関わった研究者の思想的立場

最後に、『国体の本義』編纂に委員として関わった研究者の思想的立場についての検討を行ないたい。ただしこちらにおいても、その限界を確認しておく必要がある。『国体の本義』は官庁の共同著作物であるがゆえに、研究者個人の意向が全体を統括したり主導したりできるわけではない。そこで本節では、思想的立場を創造と排撃に概括し、その対立点に注目することとしたい。この立場は人によっては政治的立場を構成し、教学刷新評議会や『国体の本義』編纂に参加することによって政策に連動しうるものともなる。ただしここでは、『国体の本義』の政策志向性を理解することに目的を限定して検討を進めることとする。

『国体の本義』の編纂委員は一四名であり、その中で東京帝国大学文学部の教授・名誉教授が六名を占めて最多である。すなわち、教育学の吉田熊次名誉教授、国文学の久松潜一教授、国史学の黒板勝美《くろいたかつみ》名誉教授、倫理学の和辻哲郎教授、仏教学の宇井伯寿《ういはくじゅ》教授、美術史学の藤懸静也《ふじかけしずや》教授である。文部省直轄の国民精神文化研究所からは哲学の紀平正美所員兼事業部長、憲法学の井上孚麿《いのうえたかまろ》所員、文部省内の維新史料編纂会からは大塚武松《おおつかたけまつ》編纂官、他に国語学の山田孝雄《やまだよしお》東北帝国大学前教授、経済学の作田荘一《さくだしょういち》京都帝国大学教授、東洋史学の飯島忠夫《いいじまただお》学習院中等科教授、神道学の河野省三《こうのせいぞう》國學院大學学長、内務省神社局の宮地直一《みやじなおかず》神社考証官である。総じて、文部省と縁の深い研究者たちである。

ただし、土屋忠雄が指摘したように、この委員構成は「文部省と国民精神文化研究所の合作」とする意図があったと推測される。[74] 所員の紀平、井上とは別に、編纂委員の吉田は研究嘱託兼研究部長、久松と作田は兼任所員、河野は研究嘱託だったからである。[75] しかも、実務担当の編纂調査嘱託は、経済学の山本勝市、国家学の大串兎代夫とともに所員であり、国文学の志田延義は助手である。つまり、編纂に関与した研究者一七名中、九名が国民精神文化研究所関係者だったわけである。

ところで、編纂調査嘱託では国民精神文化研究所助手の志田延義、文部省の小川義章、志水義暲、横山俊平、藤岡継平、佐野保太郎、藤本萬治が東京帝国大学文学部を卒業している。山本勝市は京都帝国大学経済学部、大串兎代夫は東京帝国大学法学部、近藤壽治は京都帝国大学文科大学の卒業である。つまり、編纂調査嘱託の研究者三名中一名、文部省側の七名中六名が東京帝国大学文学部の同窓となる。[76] 他大学と合わせて文科大学・文学部色が濃厚である。また、先に述べたように小川の学部時代からの親友が久松である。さらに、藤本は作田の弟である。[77] さまざまな人間関係が、この会議の編成に働いていたのであろう。

それでは、創造と排撃という思想的立場は、どこにその対立点を見出すことができるであろうか。創造の思想的立場は、教学刷新評議会では西田幾多郎《にしだきたろう》、田邊元《たなべはじめ》、和辻哲郎、『国体の本義』編纂では和辻を代表者としうるであろう。京都帝国大学名誉教授の西田は哲学者であり、田邊と和辻は西田の招聘《しょうへい》を受けて京都帝国大学文学部に着任し、それぞれ哲学と倫理学を担当した。和辻は東京帝国大学に転じたものの、西田や田邊と問題意識が深くつながる関係にあるのである。

教学刷新評議会第三回総会で西田は、京都帝国大学前総長の小西重直の代読によって、異例ながら欠席で発言している。その趣旨は、日本の学問は「未だ幼稚の域」を脱せず、特に精神科学の「基礎的研究」に注力して優秀な「学者を養成すること」こそ急務であるとするものであった。[78]

この代読を受けて田邊元は、「現在から将来に向っては東洋西洋の文化を綜合致しまして世界に於ける日本の文化と云ふものを創造することが即ち日本民族の世界史的使命と考へられる」とし、「西洋思想を以て西洋思想の上に出づると云ふことを志しますならば、自ら種々の西洋思想に依頼する所の弊害も除かれて却ってそれは日本固有の思想を拡充し組織するに欠くべからざる方法になるのではないか」と主張する。[79]西洋の「学問的方法」を決して「軽視、或は無視」してはならぬと説く田邊の発言を受けて、和辻哲郎が直ちに賛同し、西洋文化を「咀嚼」するには軽視されてきた精神科学へのてこ入れが必要であると力説している。[80]

この一連の発言は、高野邦夫が指摘するように、「連係プレー」だったのであろう。[81]西田たちの意見は『国体の本義』の緒言や結語にも、「世界史的使命」、「新しき日本文化を創造」、西洋の自然科学・精神科学など「益々これらの諸学を輸入して」といった文言として取り込まれたと推測される。[82]

しかし問題は、その意味内容である。『国体の本義』刊行後、西田は文部省教学局が運営する日本諸学振興委員会哲学公開講演会で、創造の論理を深く問うべきと主張し、京都帝国大学公開講演会では、「日本精神で西洋文化を消化して行かう」と安易に考えるのは「最も浅薄なよくない考へ方」であると断言する。[83]『国体の本義』の一般向け刊行は昭和一二年五月、講演はそれぞれ同年一〇月、翌年五月の開催である。終章第四節で指摘したように、西田の講演は文部省の浅薄さへの批判だったと思われる。なお、昭和一五年に岩波新書として刊行された『日本文化の問題』では、批判は慎重に修正されている。[84]言論空間がますます狭められていく時期である。

実際、創造は「西洋かぶれして居る人」の言葉ではないかと三上参次が第四回特別委員会で質したのに対して、伊東は、創造の語義は「産霊」であって深い意味はなく、西洋の学問も「日本精神に醇化させて行く」ことであると答えている。[85]ちなみに、西田も田邊も和辻も特別委員には就任していない。また、最後の総会で田所美治が、創造という言葉は「新しいものばかり追って行く」印象が強くないかと疑義を表明し、伊東が国体を前提にすると釈明している。[86]西田たちの思想的立場は理解されず、「創造」という言葉はきわめて表面的に受け止められていたのであろう。[87]

ところで、産霊は「むすひ」「むすび」と訓じられる。『国体の本義』では「「むすび」とは創造であるが、それは即ち和の力の現れである」とされ、復古と創造とが一となる「肇国《ちょうこく》以来一貫せる精神に基づく「むすび」こそ、我が国のまことの発展の姿」であるとされている。[88]これは西田たちと対立する思想的立場であり、その主張者として挙げるべきは紀平正美であろう。

紀平は評議会と編纂の両方に委員として参加し、西田と和辻を強烈に敵視した人物である。評議会第二回総会に提出した文書「日本教学の根本義」で、紀平は、個人主義を「清算」して「むすび」の行に生き、それによって「創造的進化」を実行すべきことを主張する。[89] 紀平によれば、個人の創造性は有害無益であり、「天神の「みことのり」に帰依《きえ》し、随順し、奉仕」して「分」を「つとめ」るのが日本人の創造的生なのである。[90]

鰺坂真《あじさかまこと》は、『国体の本義』の「「和」の思想」には西田哲学と「むしろ対立する側面」があると指摘し、紀平の従来の主張の方との整合性があるとしている。[91] 実際、文部省教学局編纂の『国体の本義解説叢書』の一冊として、紀平は『我が国体に於ける和』を昭和一三年三月に刊行し、「「絶対無」を説く」のは「頭脳内のどうどうめぐり」での「勝手な主観的の教説」であると西田哲学を罵倒《ばとう》している。[92] 紀平の西田への激しい敵意が、ここに確認できるであろう。

紀平の主張は、創造ではなく排撃の思想的立場を代表とするものとして把握できるものである。紀平は個人の創造性を敵視し、個人の自由を排撃して、国体にひたすら随順することが正しい学問、正しい生の姿勢であるとした。紀平は、日本では個人の知的な探究は原理的に許されないとし、そのような探究そのものを否定する。それゆえ紀平は、特に西田と和辻を公的な敵と認定し、ひたすらに弾劾し続けるのである。[93]

紀平の和辻との対立は、昭和一七年七月に開催され、機関誌『日本諸学』誌に掲載された日本諸学振興委員会の研究座談会にも明らかであった。駒込武はこの対立を国内思想戦の「ひとつの露頭」と捉え、寺崎昌男は「学問の世界的普遍性」をもって和辻が紀平を批判したと指摘している。[94] その後紀平は、昭和一八年の書評誌『読書人』誌上で西田幾多郎を痛罵《つうば》し、知的な探究によって他者を理解する努力そのものを拒絶している。それは西田哲学への理解のみならず、紀平が日本の敵と判定する日本国民、外国人すべてに対してであり、そこに対話や説得は原理的に存在しない。紀平が求めるのは、日本の道を日本人のあたりまえにならせることなのである。[95]

しかも、このような対立は『国体の本義』の思想的立場の揺れ動きとも関連する。昆野伸幸は文部省に軌道修正の動きがあり、特に菊池豊三郎教学局長官が昭和一五年に西田と連絡を取って、西田哲学を取り入れようとしたのではないかと指摘している。[96] しかし、この動きは実を結ばず、その後、昭和一七年五月に教学局教学官に就任した小沼洋夫《おぬまなみお》が、西田と和辻の排撃をむしろ公然化させていく。小沼は書評誌『読書人』などに、和辻と西田、西田の門下生たちを排撃する攻撃的な書評を公表していくのである。[97] 小沼は昭和二〇年三月には思想課長に就任しており、文部省内からの排撃は終戦まで継続したと推測される。[98]

ただしその一方で、藤野恵教学局長官が日本諸学振興委員会の研究座談会で和辻の立場に共鳴していたと和辻自身が証言している。昭和一七年一一月刊行の『日本諸学』第二号掲載の座談会で、和辻と紀平は激しく対立していた。[99] 和辻は、速記や誌面では曖昧にされているものの、「座談会を司会された藤野氏は、超国家主義者の神がかり式の主張と対抗してゐたわたくしの主張に賛成し、わたくしを援護しようとされました」とする。[100] 和辻と藤野との間には信頼関係があったのであろう。なお和辻哲郎全集の資料解題は、この証言を昭和二五年前後と推測し、藤野の公職追放解除との関係を示唆している。[101]

しかし、伊東が主導する『国体の本義』編纂に際して、創造の思想的立場からの主張は実質的に取り入れられず、排撃を思想的立場とする研究者の主張が取り入れられ、刊行後も排撃側の優位は継続したと総括しうるであろう。和辻は委員に入っているものの、それは東京帝国大学文学部の倫理学教授としてであろうし、国民精神文化研究所事業部長として文部省に多大の貢献をしている紀平の発言力は強いはずである。

とはいえ、紀平は和辻のみならず、他の委員とも対立関係にあったようである。東京帝国大学の国史学からは、教学刷新評議会で文部省に正面から反対した教授の平泉澄ではなく、名誉教授の黒板勝美が入っていた。恩師の黒板が関与する事業を平泉が批判できないようにするためだったのかもしれない。ところが、黒板と同じく名誉教授である三上参次が編纂委員会に番外で出席し、紀平との間で激論を交わしている。[102]教学刷新評議会の第二回総会でも三上は、紀平の配布物の文言に深刻な懸念を表明し、第三回総会で紀平が訂正している。非常に厳しい言葉での指摘である。[103]第二回総会は昭和一〇年一二月の開催であり、三上はこの時すでに紀平の独特の主張に深刻な懸念を抱いていたと思われるのである。

志田延義の推測によれば、吉田熊次が編纂委員会を連日欠席したのは紀平との対立を避けるためであった。[104]このような人間関係を考えると、文部省として紀平の意見を過度に尊重するわけにもいかなかったはずである。しかも委員間の対立は他にもあり、「作田博士の統制経済の主張と完全な自由主義経済を理想とされた山本勝市所員の統制批判とは真向から対立するもの」であったため、『国体の本義』では「避けて通る外なかった」と志田は証言している。[105]

これらの対立は文言上で回避され、あるいは無難なものに改変されたことであろう。しかしそれで委員の納得を得られるとは限らず、自己の修正案が「必ずしも十分に理解されず、また、記・紀の取扱いに不満を」抱いた和辻が、会議室から「憤懣《ふんまん》の言を吐き捨てて去った」との証言を得たと土屋は記している[106]。

いずれにせよ、ここで問題となるのは排撃がどの程度の排外を求めるのか、ということである。「外来文化を摂取醇化して来た」日本は、かつて東洋文化に行なったように、今こそ西洋文化を「摂取醇化」すべきである、というのが『国体の本義』が強く主張したことであった[107]。拝外でも排外でもなく、醇化して摂取することが文部省の国体明徴政策の初期設定だったはずなのである。

ただし、醇化せずに摂取することは拒絶されており、醇化されていないと主張すれば、排外は正当化されることにもなる。とはいえ、外来文化の排撃を徹底するのであれば、西洋文化のみならず儒教や仏教のような東洋文化も排撃せねばならなくなるであろう。文部省や文部官僚としては、無制限の排外は編纂時の政策志向性とは異なるのではないだろうか。戦後に文部省の小川義章は真言宗の僧侶となり、草稿を作成した志田延義は浄土真宗の僧侶として活動している。仏教と縁の深い人は文部省内に他にも在籍しており、無制限の排外を編纂実務の当事者たちが求めるとは考えられないのである[108]。

おわりに

本稿は、『国体の本義』と文部省の政策志向性について、教学刷新評議会での審議過程も含めて、文部省の公式の政策志向性、文部官僚の政策志向性、関与した研究者の思想的立場の順に検討してきた。編纂に関与した文部官僚たちは、国体明徴政策の推進によって教育界の「不祥事」を予防し、文部省主導で日本の政治的危機を突破せんとする意欲を有していたように思われる。『国体の本義』はその内容以上に、刊行すること自体に政治的意義があったのである。

『国体の本義』の刊行は、一方では文部省の国体明徴への意欲を示す政策実績であり、他方では、文部省と教育界を外部から防衛するための防壁となったように思われる。拙稿で以前に指摘したように、文部省の統制下で現場の教員に教育の目安を与え、教育現場に対する外部の介入を予防しようとする意図も、この事業の企画立案には込められていたのではないだろうか。[109]

いずれにせよ、外部から責任を追及されている政治状況の中で、文部省には急いで編纂を進める必要があった。長谷《はせ》川《がわ》亮一《りょういち》は、天壌無窮の神勅の引用文に問題があると編纂委員が指摘したのに、原案のまま刊行されたことを指摘している。[110] 他方、政治・経済・軍事についての記述はわずか一六頁であり、記述を急旋回させて重要な争点を回避し、現実の政治的対立から距離を置いたように思われる。[111] あらゆる領域に関して、国体の本義に即した正解は何かを提示するというのは無謀であり、無理である。

しかしそれならば、教学刷新評議会の委員たちが主張していたように、国体の最小限の定義のみに止めて個人の活動に支障の出ないようにすべきだったのではないか。文部省が自ら国体の内容を決定せず、自制的に政策を推進していくべきだったのではないか。文部省として強い意欲を持って国体の定義に急速に踏み込んだことは、教育界の防衛と政策の実績になったにせよ、作品の質と効果に深刻な問題を生じさせたのである。

文部省が国体を解説する書籍ではなく、『国体の本義』と題する書籍を刊行したことは、結果として、個人の活動を著しく阻害する政策効果をもたらしていく。一冊すべてが国体の内容であり、不可侵であるかのように見せかけたからである。しかし、教育勅語と読み比べてみれば、国民精神の涵養に効果の高いのは簡明な教育勅語の方なのではないだろうか。精神の籠もった簡潔な言葉は、大量に寄せ集めた文章よりもはるかに心に響く。『国体の本義』は学習し、知的に読み解かざるをえないものであり、感銘や感激などを与えるものとなっていないように思われるのである。

辻田真佐憲《つじたまさのり》は、時代の変化に応じて柔軟に動いてきた文部省が昭和一〇年代に硬直化し、『国体の本義』を刊行して国民を縛るのみならず、文部省自身をも縛ることとなったと指摘している。[112] 昭和一〇年代の文部省の国体明徴政策は、教学局の外局としての新設やさまざまな事業展開など、官庁としては華々しく成功していったように見える。しかし、外来思想の摂取醇化という政策意図は結局、実現しえたとは言えず、新日本建設への文部省の貢献も、実質的な業績として判断しうるものを見出すことができない。主役として国体明徴を担おうとするに際して、文部省は、それがどれほどの難題であり、どれほどの責任を負うかについて、深く徹底的に検討を重ねてきたようには思われないのである。

『国体の本義』は個人主義を排撃し、それによって個人の知的な働きを否定する。排撃の思想的立場との親和性は、個人の知的な探究を容認しないという政策志向性を文部省に強くもたらし、反知性主義と呼ぶべき傾向を教育研究の領域に蔓延させてしまったのではないか。[113] ここに国内思想戦での排外への傾斜が結び付くことによって、東洋文化と西洋文化を総合して危機を突破する方向での積極的な見通しは立たなくなるのである。

第三章　教学刷新評議会の議題設定——国体明徴のための教学刷新

はじめに

近代日本の教育政策において、会議は重要な役割を果たしてきた。現在も、中央教育審議会をはじめ多様な会議が政策決定に重要な役割を果たしていることは周知の通りである。もとより、政策決定過程において会議が活用されることは、教育分野に限定されるわけではない。また、昭和戦前期以前に限定されるわけでもない。ただし、昭和戦前期の会議と戦後期以降の会議とでは、その設置根拠が異なっている。教学刷新評議会が勅令によって設立されたのに対して、中央教育審議会は法律によって、現在は政令によって設立されているのである。(1)

教学刷新評議会は天皇機関説事件によって激発された国体明徴要求に対応して設置されており、教育関係でも特に政治思想色の強い会議であった。その開催期間は昭和一〇（一九三五）年一二月五日から昭和一一年一〇月二九日までと比較的短期間であり、しかも二・二六事件後に半年ほどの中断をはさみつつも、その答申はきわめて重要な政治的意義を持つこととなる[2]。荻野富士夫は、高野邦夫による先駆的な研究を踏まえて、「軍部からの圧力や岡田首相の意向」が「文相の訓令にもとづく委員会」という文部省の当初の想定を格上げさせたと推定し[3]、それにもかかわらず文部省にとって望外の成果を収めたと指摘している。「文部省にとって、この教学刷新評議会の存在と役割は非常に大きかった。設置自体は文部省の発意ではなく、岡田内閣としての天皇機関説問題への応急的対応という色彩が強かったが、それでも設置にあたって求めた「我が教学の現状を検討し、醇化摂取の実を挙げ、以て大いに其の刷新と発展とを図る」(「諮問　説明」)は、文部省の求める方向で大半が満たされたといえよう。それとともに、「教学刷新の中心機関の設置」を文相の管理の下に置くという結論を導き出したことは、評議会設置前には予想もしていなかった、いわば「棚から牡丹餅」的な大収穫であり、ここに文部省の思想動員から教学統制への跳躍、すなわち思想局から外局の教学局への拡充が可能となった[4]」。

しかし、教学刷新評議会の包括的な研究は、高野邦夫が平成元(一九八九)年に刊行した『天皇制国家の教育論――教学刷新評議会の研究』を待たねばならなかった[5]。平成一八(二〇〇六)年になって芙蓉書房出版より『教学刷新評議会資料』が上下巻で刊行され、総会や特別委員会の議事録が手軽に読めるようになり、それと併せて同社より高野の著作の新版も一部修正の上で複刻された[6]。こうして教学刷新評議会研究の土台が築かれたわけである。

本章は、『教学刷新評議会資料』収録の議事録を検討し、国体明徴のための教学刷新という議題の思想的立場・思想史的文脈の一端を明らかにせんとするものである。国体明徴政策は政治史上のみならず思想史上も重要な意味を有しており、それゆえ関係者の思想的立場・思想史的文脈を検討することは、この政策をより十分に理解し、歴史の中に位置付けるために必要な作業なのである。

ただし、会議での発言には時間的制約があるのみならず、議事録に記録された部分しか通常は確認することができない。(7) 速記が中止されて議事録に記載されない部分があるのである。そのためここでは、委員の委員会以外での活動や思想的同志の活動も含めて検討し、それによって関係者の思想的立場・思想史的文脈を把握し、あるいは推測していくこととしたい。

教学刷新評議会の第一回総会開催日は昭和一〇年一二月五日、第二回は一二月一九日、第三回は翌一一年一月一五日である。評議会はこの後、特別委員会で九回の検討が行なわれる。その開催日は一月二八日、二月一三日、二月二四日、九月七日、九月一四日、九月一五日、一〇月一二日、一〇月一三日、一〇月一九日である。最後の特別委員会で答申草案が決議され、昭和一一年一〇月二九日の第四回総会で答申及建議の決定という運びとなる。なお、『教学刷新評議会資料』からの引用が多数に上るため、本章では同資料からの引用は本文中に簡略で表示し、上巻二一〇頁であれば（上210）と表記することとする。

第一節　内閣審議会と文部省の関係

第一回総会は、昭和一〇年一二月五日に文部省第一会議室で開催された。出席者は会長の松田源治文部大臣、委員五三名、幹事一一名と田中義男思想課長である（上17〜18）。

同年一一月一八日付の名簿では委員は五七名であり、この評議会は各界の有力者が居並ぶ巨大会議であった。幹事には内務省警保局長の唐澤俊樹《からさわとしき》、陸軍少将の山下奉文《やましたともゆき》、海軍少将の豊田副武《とよだそえむ》、司法省刑事局長の岩村通世《いわむらみちよ》とともに、文部省の局長七名が入っている。なお、委員や幹事には第一回総会時点ですでに一部交代がある（上194）。

教学刷新評議会官制は同年一一月一八日に勅令で定められている。第一条には「文部大臣の監督に属し其の諮問に応じて」調査審議するとあり、「教学の刷新振興に関する重要なる事項」について「文部大臣に建議することを得」となっている（上181）。文部大臣と文部省が主導する会議なのである。

そのため総会の冒頭で松田文部大臣が議長として発言し、委員に対して、日本の教学の根本を再確認した上で西洋文化の輸入の弊害の是正策を問うている。序章の冒頭で紹介した発言である。ここで松田は、教学の精神と内容に省察を加え、「其の大本を確立すると共に、進んで外来文化の醇化摂取に努め、以て其の刷新振興を図るべき、大切なる時機に際会した」としている（上19）。

ただし松田は、西洋文化の輸入それ自体を否定する発言はしていない。「西洋文化の根本精神並に其の成立の歴史を検討し、我が国体観念、日本精神を大本として、之を摂取する」べきであるのに、「明治初年以来の西洋文物の輸入」はその「余裕を欠き」、「模倣、追随」に傾きがちで「不消化なる移植」となり、「傾倒、崇拝の傾向」を遺憾ながら強めたと批判しているのである（上20）。

このような趣旨の問い自体は、非西洋圏での近代化や西洋化に伴う一般的な課題であろう。また、その過程で繰り返し問いなおされていく課題でもある。とはいえ、具体的に何が問題とされるか、どのような解決策が摸索されるかは多様なはずである。この評議会で文部大臣が強調するのは教育と学問の改善であり、そこで具体的に指摘されるのは「個人本位」と「知識偏重」の弊害であった（上20）。文部大臣の考えによれば、「個人本位外国の文化は、我が国の中和の道を損ひ、知識偏重の欧米教学は、我が国の徳行を重んずる精神を昏《くろ》うし、其の影響の及ぶ所、現下の思想の混乱を招来し、又広く教学に関する改善の要求を聞くに至った」のである（上20）。さらに、この知識の偏重は「学問に於ける国家的精神の欠如乃至体認《たいにん》の欠如、教育に於ける徳育の不振並に非実際的傾向等」の弊害を生み出したとして（上21）、その現状認識は以下をもって要約される。

「以上の如き情況でありますから、刻下喫緊の要務は、大いに国体の本旨、日本精神の真義を基として、誤れる傾向を匡正《きょうせい》し、不徹底なる見解を是正し、守旧偏狭に陥ることなく、極端過激に趨ることを避け、克く教学刷新の意義を理会《りかい》し、軽躁以て事を破らず、堅忍持続以て目的を達成するに努め、常に自覚的刷新と創造的発展とを念とし、謬《あやま》りたる国家観念を以て真の自由を害《そこな》ふことなく、中正博大なる我が国精神の下に外国文化の摂取を怠らず、気宇を大にし視野を世界的ならしめ、東西文化の集大成を以て其の志となし、我が国文運永遠の発展を図るに足るべき正大なる見解の下に、現下の問題の解決に努力すると共に、益々我が国教学の振興、国運の発展に向って邁進すべきであると思料致すのであります」（上21）。

その上で評議会に提示された諮問は、「我が国教学の現状に鑑み其の刷新振興を図るの方策如何」であった（上22）。これに対して直ちに発言したのは、阪谷芳郎《さかたによしろう》委員である。阪谷は、内閣審議会への諮問事項である「我国の現下の情勢に鑑み文教を刷新する根本方策如何」との関係を質し、松田文部大臣は内閣審議会の諮問の方が「少し広い範囲」であり、「此方は国体観念と日本精神とに則って西洋文化に向って再検討」する趣旨であるとし、大臣が両者の連絡を確保すると答えている（上22）。

続いて原嘉道委員が教学の語義を質し、三邊長治文部次官から教学は「教育学問」であり、教育には学校教育のみならず社会教育も含まれるとの返答を得て、さらに内閣審議会との関係を質している（上22〜23）。内閣審議会と教学刷新評議会で同様の項目を並行して検討しては重複や齟齬も生じうると指摘し、検討項目をもっと具体的に提示することを文部当局に求めたのである（上23）。さらに、小山松吉《こやままつきち》委員も同じく項目の具体的提示を要求し、漠然とした諮問では議論が百出してまとまらないとの懸念を表明している（上24〜25）。

開会に際して真っ先に発言した委員たちは、いずれも有力な私立大学を代表する立場にあった。阪谷は大蔵官僚・大蔵大臣を経て貴族院議員であると同時に専修大学総長であった。原は田中義一《たなかぎいち》内閣で司法大臣をつとめた弁護士・枢密顧問官であり、中央大学学長でもある。小山は検事総長の後に斎藤実内閣の司法大臣に就任し、この頃は貴族院議員であると同時に法政大学総長である。政界のみならず教育界においても有力な人びとである。

さて、ここで問題となっている内閣審議会は、岡田啓介内閣が同年五月一一日に設置したものである。この審議会は岡田首相を会長とし、副会長の高橋是清以下、斎藤実、水野錬太郎《みずのれんたろう》、伊澤多喜男《いさわたきお》、安達謙蔵《あだちけんぞう》、池田成彬《いけだなりあき》など政財界の重鎮一五名の委員で構成されていた。事務局は、前日の五月一〇日に設置された内閣調査局である。教学刷新評議会は教学関係者と各省次官を多数として構成されており、内閣審議会委員との重複はない。ただし、内閣調査局長官の吉田茂《よしだしげる》は評議会委員に入っており、発言はないものの第一回総会に出席と記録されている（上18）。内務官僚出身の吉田は内閣書記官長からの転任であり、戦後に内閣総理大臣を務めた吉田茂とは別人である。

昭和一〇年代の文教政策を追跡した長友安隆《ながともやすたか》は、「教学刷新評議会が国体明徴運動の圧力を回避する為に、思想国難の対応策を論議したのに対して、内閣審議会においては、国力の充実又産業・国防の見地から国策としての教育問題を審議しようとしたのである」と指摘している。[8] 他方、菅谷幸浩《すがやゆきひろ》によれば、内閣審議会の設置は「既成政党勢力との提携を摸索」しての試みであり、[9] 前代の斎藤実内閣と同じく、国政安定化に向けて岡田内閣が努力する現われであった。[10] それだけに、この重要な審議会との関係は委員として真っ先に確かめるべき案件であったわけである。

しかも、この関係には文部省としての重要な危機が隠されていた。審議会で「主として「文教」担当の幹事役[11]」をつとめた内閣調査局嘱託の石川準吉は、内閣審議会も内閣調査局も文部省に批判的であったと戦後に回想している。

「端的にいうと、内閣審議会、内閣調査局においては、文部行政を批判する立場がとられたのである。従って、教育哲学的な抽象論ではなく、国政の全般を概観し、他の重要政策と、その基調をなす客観的情勢を洞察し、実証的な資料に基づく展望の上に立って、国家百年の計として、文教国策を確立するために文部省的なるマンネリズムと全く別の立脚点に立って、教育問題を把握しようとしたのである[12]」。

石川は、文部行政は内務行政や司法行政とともに「人格行政」と呼ばれて、産業行政や事業行政とは異なった性格のものであったと指摘し、文部省が大学教員から小学校教職員までの監督に苦労していたと指摘している。[13]そのため文部行政は、「常に自ら謹厳を保持し、いやしくも、世の指弾を受けることのないような緊張を持続することを要請されるので、一面において保守退嬰《たいえい》に陥ることを免れることが」できず、「常に教育哲学論争的な弊に陥」らざるをえないとする。[14]この宿弊を打破するために、内閣調査局に文部省からは専任の調査官を入れず、文部省の教育調査部長と文書課長を兼任の調査官として資料を提供させ、内閣審議会で文教の刷新を検討していったわけである。[15]

石川は、「当初は、一種警戒的な気分もあり、ギコチなささを感じたが、内閣審議会の審議の進捗《しんちょく》につれて、その空気はしだいに緩和し、後には、真に円滑な快き協力を得」たとしている。[16]文部省は分かりやすく外されてはいたものの、教育へのてこ入れを首相経験者たちが推進すること自体は、特に財政的支援の面で期待が持てるはずであった。とはいえ、学校教育をはじめとする文教全般の改革の主導権を首相直轄の審議会に取られて、事務局からも排除される事態は、官庁として深刻に受け止めるべき状況であろう。

文部省としては、内閣審議会の推移を見守りつつ、教学刷新評議会を積極的に推進する必要があった。内閣審議会ではすでに、「文教刷新の根本方策」についての諮問案が第六回総会で提示されていたのである。[17]この総会は昭和一〇年一一月五日開催であり、斎藤実を委員長とする特別委員会が五名の委員で編成され、一一月一五日と二五日、一二月四日、一六日、二四日に開催されている。[18]教学刷新評議会が一二月五日に初めて開かれた時点で、すでに特別委員会は三回開催されており、原委員の指摘の通り、先行する上位の審議会に従って分担調整すべき段階にあったのである。

しかし、昭和一一年の二・二六事件がこの状況を破断させることとなった。高橋副会長と斎藤特別委員長が殺害され、岡田内閣が倒壊したからである。石川は、内閣審議会が「未完成に終わった」ことと、「文部省の手によって運営されず、むしろ当時の文部行政を批判する立場」での「一大教育会議」であったことが今日まで忘れられてきた原因であるとし、近衛文磨内閣での昭和一二年一二月からの教育審議会にその内容が取り入れられたと指摘している。[19]

中断するに至ったとはいえ、ここで岡田たちが示した政治的変革への意欲は真摯なものであったように思われる。首席調査官として内閣調査局の編成に尽力した松井春生《まついはるお》も、「当時の澎湃《ほうはい》たる革新の諸情勢に対処して」、内閣が「諸政の根本的革新を企画し、基本国策を設定する使命をもった内閣審議会と、その事務総局を兼ねた内閣調査局」を設置したにもかかわらず、特に「文教改革」の取り組みが中途で終わったことを残念がっている。[20] 石川によれば斎藤前首相が文教改革に最も熱心であり、[21] 変革への意欲は十分にあったのである。

とはいえ、内閣審議会の長老たちと内閣調査局の官僚たちが同じ方向の変革を目指したとは言えないであろう。当時を回想して石川は、「現状維持的政治勢力の代表的人物によって構成せられた内閣審議会と、その大多数が革新官僚と称せられた各省庁出向の調査官によって構成せられた内閣調査局とは、その考え方や、基本的な時局の認識において、へだたりがあった」と指摘している。[22] 石川によれば、「革新気運に乗じて、創造的企画を担当する内閣調査局」は、「枢密院とともに、各省の発案をむしろ押えるような伝統をもっていた法制局」とは異なる性格を有しており、[23] 一部の官僚たちの政治的変革への気運は高まっていたのである。

問題は、ここで文部省が排除されていることにある。文部省としては、刷新の意欲を示しつつ政策の継続性を確保し、内閣審議会と衝突せずに独自色を打ち出す必要があったのである。

第二節　日本と西洋と東洋の思想的関係

先に引用したように、松田文部大臣は、教学刷新評議会への諮問は「国体観念と日本精神とに則って西洋文化に向って再検討」する趣旨であると言明していた。これを承けて三邊次官は、「国体観念日本精神を基本としまして日本の文化の内容を検討しまして、特に外来思想、教学の刷新醇化と云ふことを精神としまして、教育学問の精神内容を主として刷新するの方法を講ずる」ことが本評議会の検討内容であるとし、幹事会での検討案を朗読させるとした（上24）。この「審議内容見込」では教学刷新の「指導精神の確立」、「方針の樹立」、「要綱の議定」が検討の大項目とされ、「指導精神の確立」では「イ、我が国体、日本精神の本義の闡明　ロ、西洋国家、西洋思想の本質の批判　ハ、東洋教学の本質の批判　ニ、現下我が国教学の精神及内容の批判」という小項目が挙げられている（上25）。

この審議項目を具体的に説明したのは、思想局長の伊東延吉である。繰り返し言及してきたように、伊東は昭和一〇年代に文部省が取り組んだ国体明徴政策を牽引した人物であり、文部省による政治的改革を目指した代表的な官僚であった。この評議会で委員の質問に答えて文部省の立場を説明したのも伊東である。伊東は、この審議内容見込は「根本から考へ」る姿勢で作成したものであり、「現在の弊害」や「認識の不足」

に重点を置けば議論も収束しうると説明している（上26）。

しかし、日本と西洋と東洋の関係を思想的に整理し、教学の指導精神を確立するということは、誠実に検討すれば至難の取り組みとなるはずである。実際、委員の意向や意見はさまざまであり、そもそも、この評議会で議論して決定すべき項目ではないとの強い意見も出ることとなった。しかし、伊東を中心として文部省は『国体の本義』の昭和一一年度内編纂を強行し、この方向に突出していくこととなる。第二章で指摘したように、国体の本義を決定することへの積極的な意欲を文部省は有していたのである。

この幹事案に対して直ちに発言したのは、やはり阪谷芳郎委員である。阪谷は、議会で政治問題となった天皇機関説問題に検討が限定されるのか、それとも学問的に西洋思想のみならず儒学や仏教と国体との関係も検討するのか、いずれかを文部大臣に質している（上27）。これに対して松田文部大臣は、宗教をここで論じるのは「大分困ることも出来る」としつつも、東洋の学問を論じることに何ら問題はないと答えている（上28）。『国体の本義』の緒言と結語に継承される文部省の立場を、松田は以下のように説明している。

「……それから私の今唱へる所の日本精神は決して固陋頑固のものではない、申し換へれば他の文明を排除するの意思は毛頭ないのであります、唯摂るべきものは摂り日本の国体とか民族性に合はないものは断じて摂らぬと云ふ操守と確信がなければならぬと云ふのでありまして、決して他の文化を排斥する所の意思は毛頭持って居ないのであります」（上28）。

この後は再び、原嘉道委員が発言している。原は、国体明徴は議会で議論された天皇機関説よりもっと大きな課題であるとし、文部省はこの評議会で憲法学説を論議する意向を持つかどうかを繰り返し質している

（上29）。これに対して松田文部大臣は、発言は自由であるものの憲法解釈を決定する権限は評議会にないと答え、原は文部省として検討を求める趣意ではないと理解すると強く釘を刺している（上29）。

阪谷と原が憲法論のための評議会ではないと確認し、文部大臣は外来文化の全面的排斥を目指すものではないと言明した。阪谷は貴族院議員、原は弁護士・枢密顧問官であり、さまざまな経緯を踏まえての確認であったと思われる。

ところで、阪谷はなぜ儒学や仏教を審議対象とするかを確認したのであろうか。阪谷は、昔は儒学や仏教が国体に反すると激しく批判され、放伐論や聖徳太子が論難されたりしたと回想する（上27）。それらは政治問題としては決着済みで蒸し返す必要はないとしつつも、「単に西洋の学説が国体に触るからと云ふことのみを論ずると云ふことは甚だ偏頗《へんぱ》なることである、やはり仏道、儒学まで遡って国体に反するものは之を除くと云ふことでなければ学問としては徹底致しませぬ」と文部大臣に迫るのである（上27）。

文久三（一八六三）年生まれの阪谷の父は、儒者の阪谷素《さかたにしろし》（朗盧《ろうろ》）である。朗盧は現在の岡山県、広島県で活動し、明治四（一八七一）年には東京に移住して明六社《めいろくしゃ》に参加した。[24] 山田芳則《やまだよしのり》は朗盧の思想的生涯を「朱子学より天皇への忠誠へ」と要約し、幕末には尊王開国の立場で教育に尽力し、明治期には民撰議院の設立を通じて「天皇を中心とした上下同治の国民国家にすべきであると主張した」としている。[25] 山田によれば、朗盧は長崎で見学したオランダ人軍医設立の病院の優れた点を率直に認めていた。[26] 根本を譲らず、しかし異質な文明に開かれた態度を示す人物だったのであろう。

さて、阪谷が言及したのは京都の儒者巖垣東園《いわがきとうえん》による批判ではないかと思われる。昭和一〇年一一月二七日に阪谷は、龍門社で国体についての講演を行なっている。第一回総会の直前である。龍門社は現在では渋沢栄一記念財団であり、阪谷は渋沢栄一《しぶさわえいいち》の女婿《じょせい》であった。そこで阪谷は、十八史略に付された東園の序文を幼時に読んだと回想し、その批判をすべては受け入れないとしつつも、日本の国体への透徹した理解を賞賛している。(27)なお、講演時には東園の養父である巖垣龍渓《いわがきりゅうけい》による序文としており、社会教育パンフレット版では東園に訂正している。(28)

東園の没年は嘉永二(一二月のため一八五〇)年である。パンフレット版では東園の文章は書き下ろし文で紹介されている。その訳文によれば、十八史略への序文で東園は、日本が「万国に冠絶する所以」は開闢《かいびゃく》以来、神道をもって人を教えて「尚義《しょうぎ》の俗」が形成されたことにあるとし、仏学儒学は「薬石《やくせき》」の如きものとして誤用を戒め、「上下分を守ること三千年」を誇りとすべきとしている。(29)また、八田知紀《はったとものり》著『桃岡雑記』への序文では、世事を論議する際に「漢籍に徴し、彼を本とし、我を末とすること、猶ほ僧徒の蛮仏を以て本地《ほんじ》と為し、国神を垂迹《すいじゃく》と為すが如き」として、「己が身の皇国に生れたるを忘るるなり」と警告している。(30)阪谷からすれば、天皇機関説問題は自身の受けた教育を踏まえて、江戸期との連続性で捉えうるものなのである。

阪谷はまた、大正期の思想的混乱を憂慮して大日本明道会を結成して会長となり、勤王文庫の編纂頒布に力を尽くしたことも回想している。(31)阪谷と同志たちは、「一　皇道の大義を闡明して国民教化の大本を樹立す。一　列聖の懿旨《いし》を宣布して国運発展の基礎を固成す。一　国体の精華を発揚して世界文化の開運に裨《ひ》補《ほ》す」ことを綱領とし、「教育勅語の註釈経典たらしむる」ために勤王文庫を全国の小中学校に寄贈する事業を展開したのである。[32] 大正一〇（一九二一）年に始まった寄贈には岳父の渋沢栄一をはじめ各界の有力者たちの支援を受ける一方、[33] 会の名前は朱子の白鹿洞書院《はくろくどうしょいん》掲示の一節から採ったとしている。[34] 父の朗盧が主宰し、芳郎が生まれた郷校興譲館《こうじょうかん》では、塾生が毎朝白鹿洞書院掲示を唱和して「教学の根幹」とした と西尾林太郎《にしおりんたろう》は紹介している。[35]

阪谷は儒者の家に生まれ、長じて箕作秋坪《みつくりしゅうへい》の洋学塾である三叉学舎《さんさがくしゃ》に学び、東京英語学校を経て東京大学文学部の政治学理財学科に明治一三（一八八〇）年に入学する。[36] 当時はまだ、帝国大学への改称以前である。朗盧と秋坪はともに儒者の古賀侗庵《こがとうあん》門下であり、秋坪の方針は、漢学による人間形成を洋学学修に必須とするものであった。[37] つまり阪谷は、東洋の学問と西洋の学問を学び、国体への信念に基づく教育を受け、自らも教育に尽力してきた人物であったわけである。その長年にわたる活動を踏まえて、改めて巖垣東園の問題意識を確認し、西洋文化の政治的排斥ではなく日本の学問の道を明らかにする建設的な方向性を求めたのかもしれない。委員最年長であった阪谷は、昭和一六年一一月に亡くなっている。[38]

阪谷の思想的な志向性は松田文部大臣の言明と一致するものであり、伊東延吉の主導する国体明徴政策の志向性とも文言としては矛盾しない。第一回総会で松田は、教学の「大本を確立すると共に、進んで外来文化の醇化摂取に努め」と述べ、三邊次官は「特に外来思想、教学の刷新醇化」の方法を検討すると述べていた。やがて昭和一一年一〇月二九日の第四回総会で決定された答申には、「教学刷新の実施上必要なる方針」の中で「特に久しく我が国文化の中にあって我が国風に醇化せられたる東洋教学・東洋文化の振作を図ること肝要なり」と記され、さらに、「益々欧米文化を摂取醇化し、我が国特有の博大なる文化の創造を目的とするものにして、欧米文化の排斥或は軽視に陥らざるを要す」との注意が付されることとなる（下451）。つまり、外来文化の摂取には醇化が必須であるものの、醇化すれば摂取に問題はないのである。

この立場は文部省が昭和一二年に刊行した『国体の本義』でも同様である。その緒言は編纂の趣旨として、「万古不易の国体を闡明し、一切の追随を排して、よく本来の姿を現前せしめ、而も固陋を棄てて益々欧米文化の摂取醇化に努め、本を立てて末を生かし、聡明にして宏量なる新日本を建設すべき」とし、その努力は「今や個人主義の行詰りに於てその打開に苦しむ世界人類のためでなければならぬ」として日本の「世界史的使命」を説くのである(39)。

ただし、第二章で指摘したように、『国体の本義』編纂は伊東を中心とする文部官僚たちによって拙速かつ強行に推進され、外来文化排撃へと傾斜する傾向を内在させるものであった。文部省の国体明徴政策は、異質な文明に開かれた態度を示す方向に積極的に誘導するものとは言い難いのである。

思えば昭和一〇年頃は、明治維新から七〇年近くが経過した時期である。急激に西洋化することによって日本は近代化に一応成功したものの、それは西洋化によって古い日本が失われ、日本が精神的に空虚になっていくことでもあった。優れた文明評論家であった夏目《なつめ》漱石《そうせき》は、「現代日本の開化」と題する明治四四（一九一一）年の講演の中で、日本人は「誠に言語道断の窮状に陥った」と述べ(40)、外発的な開化の弊害をすでに深刻に指摘している。

「ところが日本の現代の開化を支配している波は西洋の潮流でその波を渡る日本人は西洋人でないのだから、新しい波が寄せる度《たび》に自分がその中で食客《いそうろう》をして気《き》兼《が》ねをしているような気持になる。……こういう開化の影響を受ける国民はどこかに空虚の感がなければなりません。またどこかに不満と不安の念を懐《いだ》かなければなりません」[41]。

それでは、日本はどのようにすればよかったのか。国粋を保存し、日本文化を再評価しようとする思想と運動が存在した。仏教、あるいは儒学を振興し、それによって東洋文化を再興しようとする思想と運動も存在した。しかしそれらは、日本の西洋化路線を放棄させるに足る実績を示したり、説得力を発揮したりすることはできなかった。日本は西洋化路線を継続し、一貫して西洋文化を受容し続けたのである。

そうして日本国家が政治的・軍事的に強大化する一方で、日本人の精神的な空虚感は埋まらないままであった。江戸期の影響が薄れて西洋文化の影響が表面的に広まる中で、精神的な空虚さに心満たされない人びとが、あるいは、それに危機を感じる人びとが政治や宗教へと積極的に進んでいったのではないだろうか。しかも、古い東洋文化の中で生まれ育った世代がいなくなる昭和戦前期に、日本と西洋諸国の政治的対立は激しさを増し、政治的危機感が高まっていくのである。

西洋諸国との対立に際して、日本側の一部では、精神的な拠り所を求める気運が高まっていった。もちろん、力そのものに全面的に依存し、強大さを至上の価値と考えて満足できる人びとはいた。しかし、日本思想の精神的価値を高めていこうと考える人びともいたのである。そこで問題になったのは、日本文化と西洋文化と東洋文化の関係をどのように理解するか、ということなのである。

それゆえ、教学刷新評議会の議題設定それ自体は、当時の政治的対立を超えて、文明史的な意義を持ちうるものだったと言えるであろう。さらにまた、この議題設定は関係者に対して、自己の存在を問い直すものとなりえたはずである。それは各自に、自らの人生観・世界観を問い直すものでもあったのである。

ただし、ここでも委員の世代が重要となる。各界の有力者を集めた会議であるがゆえに、委員の平均年齢は高い。高野邦夫によれば、現役の官僚を含めて五六歳であり、最年長の阪谷は七二歳、最年少の平泉澄は四〇歳である。[42] 特別委員会では最年長の三上参次が七〇歳、最年少の牧健二《まきけんじ》は四三歳であり、平均年齢は五八歳となる。[43] 敗戦までに亡くなった委員は特別委員長の原嘉道、特別委員の長與又郎、渡邊千冬、三上参次、田中穂積、永井《ながい》柳太郎《りゅうたろう》、東《あずま》武《たけし》、発言があった委員では阪谷芳郎、石井《いしい》菊次郎《きくじろう》、西《にし》晋一郎《しんいちろう》、服部《はっとり》宇《う》之吉《のきち》、高楠《たかくす》順次郎《じゅんじろう》、古荘幹郎、西田幾多郎、上山満之進、入澤《いりさわ》宗壽《むねとし》が挙げられる。発足時の委員の四分の一以上が敗戦を見なかったわけである。

江戸期に近く東洋文化に近しい世代と、昭和期に近く西洋文化に近しい世代とでは、日本文化と西洋文化と東洋文化の関係を問う際の距離感が一般的には異なるはずである。もとより、距離感と好悪は別である。答申のまとめ役と推定される幹事の伊東延吉の距離感は、特に重要なものであろう。なお、伊東延吉は明治二四（一八九一）年生まれであるものの、昭和一九年に没している。

ところで『国体の本義』の緒言には、「夙《つと》に支那・印度に由来する東洋文化は、我が国に輸入せられて、惟神《かむながら》の国体に醇化せられ」たとあり、これに比べて西洋思想の醇化は不十分で、「現今我が国の思想上・社会上の諸弊」はその結果であるとの断言がある。[44] 教学刷新評議会の答申にも「我が国風に醇化せられたる東洋教学・東洋文化」との記述があった。東洋文化を醇化した実績は西洋文化を醇化しうる根拠として主張しうるものであり、阪谷の発言の主意は、東洋文化の振興を盛り込むことだったのかもしれない。実際、次節で検討する大東文化協会・大東文化学院の創立一〇周年記念大会で、阪谷は「漢学の研究を盛にすべし」と語っている。[45] 教学刷新評議会設立の三年ほど前、昭和七年一〇月一三日のことである。

第三節　東洋文化の醇化と天皇機関説批判

東洋文化の醇化という主題は、教育界においてどのような前史を持つのであろうか。大正一二（一九二三）年九月に設立された大東文化協会と大東文化学院の申請書には、醇化された儒学の振興を目指すことが明記されている。すなわち、鎌田栄吉《かまたえいきち》文部大臣宛の財団法人大東文化協会設立申請書添付の寄附行為には、「本会は東亜固有の文化を振興するを以て目的とす」として、「我　皇道に遵ひ及国体に醇化せる儒教に拠り国民道義の扶植を図る」とし、「本邦現時の情勢に鑑み儒教の振興を図り及東洋文化を中心とする大東文化学院を設立維持する」と定められているのである。[46] また、同じく文部大臣宛の大東文化学院設立許可申請書には、学則の第一条として、「本学院は本邦固有の　皇道及国体に醇化せる儒教を主旨として東洋文化に関する教育を施すことを以て目的とす」とある。[47] 大東文化学院は、現在は大東文化大学である。

ここに至る経緯について、和田守《わだまもる》は、「大東文化協会・大東文化学院は確かに帝国議会において三度にわたって可決された漢学振興建議案の趣旨を具体化するものとして設立された」ものの、第一次建議案を受けて設立された東洋文化学会が漢学者中心であったのに対し、第二次の建議に向かう過程で政界関係者の関与が強まったと指摘している。[48] ちなみに、漢学振興建議案は衆議院で大正一〇（一九二一）年、一一年、一二年と可決されている。和田はさらに、第一次建議の際から「議会側は学者側以上に「思想の悪化」への懸念が強かった」と当時の資料が伝えているとし、貴族院の議員有志が乗り出してきたことも「「思想統一問題」、つまり国民道徳論や国民教化論が強く押し出されてくる背景にあったといえよう」と指摘している[49]。

もとより、設立意義を国家有用のものとすることは、許可や支持者のみならず学生や補助金・寄付金を獲得するためにも必要なことである。その一例として、大正一四（一九二五）年一〇月二七日の官報に掲載された大東文化学院学生募集の広告文を紹介しておこう。

「本学院は第四四議会以来下院一致の建議と上院一致の賛成とに依り国庫の補助を得て設立せられたる専門学校にして皇朝立国の大義に基き現時世界の趨勢に鑑み本邦固有の皇道と国体に醇化せる儒学とを専攻し他日斯道《しどう》の碩学《せきがく》たるべき有為の人材を養成するを目的とす[50]」。

この「皇道に遵ひ国体に醇化せる儒教」の高等教育機関が設立されるに際して、特に議会側で尽力したのが衆議院議員の木下成太郎《きのしたしげたろう》である。木下は北海道選出で立憲政友会に所属した議員であり、帝国美術学校、現在の武蔵野美術大学の設立者でもある。『木下成太郎先生伝』によれば、木下は慶応元（一八六五）年但馬《たじまの》国《くに》豊岡藩士の子に生まれ、宝林義塾で漢学を学んで後、上京した。東京で英語を学び、東京大学予備門を病気中退する一方、一八歳で自由党に入党し、保安条例で追放され北海道に移住した、としている[51]。ただし、この経歴は資料で確認されたものではなく、古川隆久は、「幕末に武士の子として生まれ、漢学を学び、二〇歳代なかごろに厚岸《あっけし》に定住した」とのみ記している[52]。いずれにせよ、木下は衆議院の建議から大東文化協会、大東文化学院の設立に至る動きの中心的な人物だったのである。[53]

さて、大東文化協会の創設に向かっては、有志による会合が華族会館で何度も開かれていた。大正一一（一九二二）年一二月二九日開催の実行委員会で木下は、委員七名で鎌田英吉文部大臣を訪問し、「国民を代表する立法府の全会一致の建議」への対応を質したことを報告している。[54] さらに、その後に単独で赤司鷹一郎《あかしたかいちろう》文部次官と会見した江木千之から報告があり、貴族院でも建議に賛同の声が強く、文部省として対応が必要ではないかと意見を述べたとのことである。[55] 江木は嘉永六（一八五三）年に周防岩国《すおういわくに》藩士の子に生まれ、文部省、内務省を経て貴族院議員となる。江木は貴族院での動きの中心的な人物であり、特に皇道を強調すべきことをこの委員会で説明している。

「……木下君の申されたのは、我が国体に醇化せる儒教に依りとありますが、私も最初は斯う書いて見たが、是では足らぬやうであるから、私は皇道に依り及我が国体に醇化せる儒教に依りと書いたのであります、国体に醇化せる儒教に依りては少し狭いかと思ひますが、例へば山鹿素行《やまがそこう》の中朝事実《ちゅうちょうじじつ》の如き、あれで国民の道義を鼓吹《こすい》しなければならぬと思ふ、あれ等は醇化せる漢学とは言へない、漢文を以て皇道を説いたのである、漢文を以て皇道を説いたのが余程教育上に有効である……」[56]。

関係者の間では、漢学と儒学、東洋と大東などの言葉をめぐって複雑に議論が展開されたようである。いずれにせよ、このような動きの背景にあるのは国民精神弛緩への危機感であり、自己の受けてきた教育を振り返っての反省である。大正一一（一九二二）年七月五日開催の協議会では、江木千之の弟である江木衷《えぎまこと》が発言し、物質主義の思想が日本に特に顕著であることを指摘し、危機感をあらわにしている。江木衷は安政五（一八五八）年に生まれ、東京大学法学部を卒業して法学者・弁護士として活躍した。阪谷と同じく、帝国大学への改称以前の卒業である。

江木衷は、「私の一生涯に於て始めは漢学流の理想主義に養はれ大学の学生時代から欧州の物質主義に教育され最近代に至りて欧州の新理想主義に浴することとなった」とし、しかし「漢学流の理想主義の時代に生れ」て「今日に至るまでどうしても其頭が脱《ぬ》けませぬ」とする。[57] その上で、以下のように指摘している。

「然るに其後大学に入りますると極端なる物質主義に逆襲されたのであります、倫理も道徳も有ったものでない、而《し》かも夫《そ》れが当時の新思潮で東京大学は実に此物質主義を以て日本の思想を統一したもので国家の制度文物は皆な其源を此物質主義に取り更に其後に至りては「フクザハイズム」として全国に普及されたものであります[58]」。

こうして江木は、理想主義を物質主義に対置し、ヨーロッパではむしろ理想主義が復興しつつあるとして、東洋文化は二〇世紀の理想主義に大いに貢献しうると主張するのである。[59] 江木はまた、昔のヨーロッパは理想主義で「統一」されていたとし、物質主義は一九世紀の弊風であって、明治の日本がそれを輸入して弊害が大きくなったとする。[60] また、イギリスはこの弊風に屈さず、国民が動じなかったとも指摘している。[61] なお、江木衷はまもなく、大正一四（一九二五）年に亡くなっている。

物質主義の弊風に対する批判は、木下にも認められる。木下は大東文化協会理事として昭和九年九月に斎藤実首相に建白書を提出し、そこで西洋物質文明の弊害を指摘している。[62] この建白書には、物質主義が西洋文明と概括的に結び付けられる一方で、近代日本の閥族形成の元凶はこの思想にあるとの主張が記されている。その興味深い論理構成を以下に紹介したい。

「皇道政治は国体精神の体認を土台として始めて之を行ふを得べし。明治維新の諸豪は或は国学或は陽明学或は朱子学等に依り、直接間接国体精神を涵養体得し以て維新の大業を致せり。維新後の文教は御誓文《ごせいもん》の「智識を世界に求め大に皇基を振起すへし」とあるに基き、爾来駸々《しんしん》として欧米文化を招来し、其の長を取て短を捨て以て国体精神を培養し、為に東西文化の融合を致し大に皇基を振起したり。其の克く西洋文明の弊害に陥ることなかりしは、抑《そもそ》も国体精神の基礎の上に西洋文化を招来し、明治文化は燦然《さんぜん》として世界に日本帝国の精華を発揚せり。然るに其の後順次建国精神の弛緩を観、官僚閥族の台頭となり、此の間隙に乗じて西洋物質文明の弊害は漸く社会の上下に喰ひ入れり。明治二十二年我国が泰西諸国に倣《なら》ひ憲法を発動し、我国の憲法政治は皇道を以て運営せらる。然るに建国精神の陵夷《りょうい》と西洋伝来の物質主義・個人主義利己主義・形式主義は、藩閥・軍閥・官閥を形造し、朋党比周《ひしゅう》公器を壟断して私欲射利を事とせるに依り、其の弊害に憤激して政党の発達を見、遂に政党政治の実現を看たりしも、議会政治にも党派ありて私心の障隔を蒙り光明の道心を失ひ所謂党弊に陥れり。欧州戦後は如上の弊害一層甚だしく、共産制を以て皇国を世界万民の中に解消せんとする唯物論と、対蹠的に憲法政治を否認する独裁主義とを生じ、左右より大中至正の皇道を挟撃し、陰に陽に危矯過激を極め芟《か》れども芟れども竭《つ》きざる執拗性を観るに及んで、今や弊害の極点に近けり(63)」。

木下は、物質主義などの弊風が藩閥・軍閥・官閥を形成し、それらの弊害を批判した政党は党弊に陥り、今や左右から皇道は攻撃され、日本は深刻な精神的・政治的危機に陥っているとする。それは結局、「西洋物質文明の単なる模倣に走って、遂に国体精神の滅衰滅耗を来たし、精神生活を疎《うと》んで物質生活に惑溺《わくでき》し土台を喪《うしな》へる」ためであり、皇道政治と自称して「其の実は覇道《はどう》教育を行ひ」、至誠勤勉は「愚鈍」とされ、こうして「現在の文教は表に国体精神教育を掲げて実は物質教育の惨毒《さんどく》を受」けているとまで痛論するのである。[64] 木下は、三〇年前より精神教育の必要性を説いても十分な理解を得られなかったとし、今こそ「根本対策を樹立すべき」と斎藤に迫っている。[65]

翌昭和一〇年二月に始まる天皇機関説事件では、木下は立憲政友会による弾劾の党議決定を推進し、大東文化協会副会頭の山本悌二郎《やまもとていじろう》が衆議院本会議で政府を追及している。[66] 木下は、「日本政治学確立に関する建議案」を衆議院に共同提出し、同年三月二〇日に建議委員会でその説明を行なっている。そこで木下は、「一体我国の学界の一大通弊は異種の社会環境の中に胚胎《はいたい》し来った所の西欧の政治学の理論範疇を以て、直ちに我国の皇道を批判し、解釈し、それを論断致すが如き主客顚倒の心的態度」にあるとし、「近代西欧諸国よりも遥に高貴なる本質を有する我が国家の実践指導原理たる皇道の理論範疇を学問的に構成し確立」していくべきであるとする。[67] その上で美濃部達吉《みのべたつきち》の天皇機関説について、国民はこのような学説に共鳴していないが官吏はどうなのかと詰問し、文部省や内務省の官僚に文教刷新を担当する資格があるかと批判する。[68]

「然るに文部省の役人の頭はどうなって居るかと云ふと、高等文官試験を受けてさうして役人になる、而して其高等文官試験を受けるに付ては美濃部が国家試験委員になって居るから、其天皇機関説に阿附せざる以上は良き点が採れない、随《したがっ》て高等文官試験も落第すると云ふので、心ならずも此機関説を学ぶ、所が真の学問が無いからして学んで本に読まれて了《しま》ふと云ふやうな理屈で、どうも内務省及文部省の役人と云ふ者は、私共は昔から赤くなって居るやうに思ふ、是は独り私共ばかりでなく、多くの人がさう見て居ります、此人々が中学校或は専門学校乃至は小学校の先生の思想の改善と云ふものが出来、更に進んで師範教育の根本改善と云ふ所迄やって行けるかどうか、頗《すこぶ》る怪しむのであります」[69]。

強く詰め寄るこの発言に対して岡田啓介首相が答弁し、「私は軍人出身でありますから、其方から申しましても、機関説には反対であります」と言明するとともに、松田文部大臣は「私と同じ考」で文部省を運営していくので懸念は当たらないとした[70]。続いて松田が答弁し、国体の尊厳について「木下さんと私は同一意見」であり、「国体に醇化しない所の外国の文明を採入れた、日本の民族性に醇化しないやうな文明を採入れた、其事が今日の思想の動揺の原因になって居ると考へます」として、日本精神の涵養を「教育の政綱」の中に入れたことを強調する[71]。「私共は此精神を以て今教育の制度を改革したいと思って居ります、即ち制度の改革も此精神に依って改革したいと云ふことを考へて、今著々《ちゃくちゃく》教育制度の改善に全力を尽して居るのであります」とするのである[72]。

教学刷新評議会の第一回総会は同年一二月五日の開催であり、松田文部大臣は三月の答弁をきちんと実行したわけである。なお、この答弁で松田は、「私の日本精神は排他的な考はない」とも力説し、「科学であるとか、物質的のものであれば、其長所を採入れる、それから精神的なものにしても、我が国体に醇化し、我が民族性に醇化するものは採入れる」と言明している[73]。これも第一回総会での発言と一致している。

また、自分は高等文官試験で天皇機関説に反対の立場で答案を書いたが「理論が良い」として満点をもらったと述べ、文部省には「機関説を習ったから、赤である」というような役人はいないと答えている。[74] 司法官赤化事件や教員赤化事件の後であり、荒唐無稽とも言い切れない非難を受けての答弁である。なお、文部省幹部には内務省からの出向者が圧倒的に多く、[75] 東京帝国大学法学部出身の内務官僚が木下と松田の発言で主に想定されていたと思われる。ちなみに松田は、日本法律学校を卒業して弁護士、政党政治家として主に活動してきている。現在の日本大学の卒業である。

木下はさらに、四月九日に岡田首相宛に電報を発し、天皇機関説は「不逞反逆思想」であり「忠孝思想の片鱗も認むべき点なし」と断罪し、糊塗せず真剣に取り組むよう迫っている。[76] これは、内務省による美濃部達吉への処分が閣議の諒解も得て三著作の発売頒布禁止のみに止まり、二著作は字句の修正による改版発行を認めたことへの異議であろう。[77] なお、松田文部大臣は翌昭和一一年二月一日に現職のまま急逝し、教学刷新評議会の答申を見ることはかなわなかった。また、同年二月二六日には二・二六事件が勃発し、岡田内閣は三月九日に総辞職に至った。岡田内閣としても答申を受け取ることはできなかったわけである。

この間木下は、鈴木喜三郎《すずききさぶろう》立憲政友会総裁の内閣審議会への不参加方針を批判する意見書を政友会所属議員に五月に配付し、六月には「唯総裁あるを知て歴史を有する我が党の精神及伝統的国家主義を没却」する首脳部への憤りを岡崎邦輔《おかざきくにすけ》宛の書簡に記している。[78] 木下が支部長である立憲政友会北海道支部では、党内ならびに新聞諸社に対して昭和一一年二月一三日に檄文《げきぶん》を配付し、「近時或は独裁政治の台頭を誘致し立憲政治の後退を来さんとするの憂を抱かしむる」罪の一端は既成政党にあるとして、政党人としての深刻な反省を公表した。[79]「直訳的革新思想を鼓吹し、彼我国情の根本的差異を弁ぜず唯ファッショ政治の外輪に眩惑せらるる徒の錯覚」が後押しする運動であるとはいえ、「軍一部の言動」やこれに「便乗して勢威を張らんとする所謂新官僚の一類」が「傲然《ごうぜん》立法府を睥睨《へいげい》し政党を侮蔑するの態度に出でしめたるもの、時勢の力と謂はんよりも政党積年の余弊と其気魄の銷磨《しょうま》とに之が因を帰せざるべからず」と記した文書である。[80]

木下は北海道支部の緊急幹部会で、党内で「元の自由党の気分を喚起して行ったなら、大政友会の更生は決して不可能ではない」と説いたものの、[81]二月二〇日の総選挙で政友会は大敗した。その直後の二・二六事件では、木下が特に親しかった高橋是清が殺害され、[82]長年の同志である山本悌二郎も一二月に病没している。木下の没年は昭和一七年である。

木下が擁護しようとした立憲政治については、教学刷新評議会の答申にも言及がある。「第三、教学刷新上必要なる実施事項」の「三、社会教育刷新に関する実施事項」の「(一) 社会教育に関する事項」の項目ハである。

「我が国立憲制度の本義を明にし、西洋諸国に於ける制度と相異る点を闡明し、この根本精神の下に政治教育の内容を刷新し、その普及徹底を図り、以て我が国独自の立憲制度の健全なる発達を期する必要あり」(下465〜466)。

米山忠寛《よねやまただひろ》は、林銑十郎内閣が発足時に掲げた「我邦の独特なる立憲政治の発達を健実にし」との政綱について、この「日本独特の立憲政治」の主張が必ずしも「復古的な性格を意味するとは限らない」と指摘している。[83] 米山は、「議会勢力・政党勢力は、帝国憲法や明治天皇、五箇条の御誓文(「万機公論に決すべし」)などの豊富な正統性の根拠を持つことが可能」であったとするのである。[84]

答申は日本独特の立憲政治の本義を闡明にすることを求めており、これは木下も賛同する要求であろう。木下にとって、外来文化の受容には国体への醇化が必須の条件であった。長年にわたるこの思想的信念が、東洋文化にも西洋文化にも適用され、大東文化協会・大東文化学院の設立や天皇機関説弾劾の動きとなり、独裁政治への批判ともなったわけである。

教学刷新評議会の答申後、木下は答申の実行を求める意見書を林銑十郎首相はじめ閣僚たちに送り、旧態以前の帝国大学教授たちへの不信感をあらわにして、特に和辻哲郎委員の評議会での発言に敵意を示している。(85)天皇機関説事件をめぐる政治的駆け引きは複雑に進行し、立憲政友会による岡田内閣倒閣の動きと全般的には理解されているものの、木下にとって重要なのは、国体の自覚による日本国家の危機突破だったのである。

ちなみに、弟の木下三四彦《きのしたみよひこ》の回想によれば、木下成太郎には岡田内閣では鉄道大臣、林銑十郎内閣では文部大臣としての入閣依頼があったようである。(86)他方、平泉澄《ひらいずみあきら》は、父の平泉澄に入閣依頼があったのは林内閣であったと回想しており、(87)若井敏明《わかいとしあき》は文部大臣と推定している。(88)平泉は東京帝国大学文学部で国史学を担当し、教学刷新評議会に委員として参加していた。ただし平泉は、第二章でも紹介したように、第二回総会で国体を軽々しく定義することに正面から反対しており、文部省の『国体の本義』刊行の動きに賛同したとは思われない。

結局、林内閣は文部大臣に人を得られず、首相兼任として昭和一二年二月二日に発足し五月三一日に総辞職した。しかしこの時期に『国体の本義』の編纂・刊行・頒布が進められ、日本の教学刷新と文部省の国体明徴政策は重要な局面を迎えていたのである。それは専任の文部大臣が不在の時期であり、この局面は文部官僚主導で進められていたと考えられるのである。[89]

第四節　善く生きることへの欲求

大東文化協会の創設に向かって貴族院側で尽力したのは、江木千之であった。江木は、大正一二（一九二三）年九月に大東文化協会と大東文化学院が設立されて間もなく、文部大臣として清浦奎吾《きようらけいご》内閣に入閣する。公式の在職期間は、大正一三（一九二四）年一月七日から六月一一日である。

江木は明治七（一八七四）年に文部省に出仕し、二四（一八九一）年に退職して翌年内務省に入り、三七（一九〇四）年に貴族院議員となった。[90]その後、大正の末に文部大臣となった江木は、往事を想起して省内の雰囲気に失望を感じたと語っている。これは昭和八年刊行の『江木千之翁経歴談』中の回想である。

「三五年前の文部の吏員は、規則立った教育を受けたものは少なかった。又欧米の事にも現在の省員ほどに能く通じては居なかったのであるが、文政の実を挙げて、忠良なる国民を造り出さなければならぬ、又優れたる人材を輩出せしめなくてはならぬといふ意気込で、事に従って居るものが多かったのである。中には、自ら文政を双肩に荷って居るが如き意気を存して居る者もあったのである。是は勿論今日の時代に於て望み得べき事ではない。又望むべき事でもないのであるが、今日の僚属等には、如何にも抱負、意気が乏しく、純然たる事務官となって、唯だ機械的に動くの観を呈して居るものの少なからぬのには、驚いたのである。

……是は一には時勢の変化で、憲法政治になって以来の時勢の変化の然らしむる所もあるであろうが、又文部の僚属は、他の諸省同様、殆んど皆法律の専門家の集りであって、法律万能の弊が、斯く機械的に陥り、外部の整頓のみに汲々たるに至らしめた点もあるやうに感ぜられたのである。文部の僚属に、今少し教育学を心得た人が居ったならば、教育の徹底を図る方の施設にも意を用ひ、手を尽くしたのであったらうが、此の方面の学識才幹ある人に乏しかったのも、文部行政を斯の如くならしめた一原因であらうといふ感じを起したのであった[91]」。

江木は、教育への熱意ある人物を登用したいと考えて、将来は文部の行政官の三分の一を文学部出身者にしたいと「決心した」ものの、「次官以下法学者の集りであるから、其の実行は中々容易なことでは」なかった、としている[92]。そのため、若干の人事上の工夫に加えて、東京帝国大学文学部で教育学を担当する吉田熊次教授に兼勤を依頼し、教育の専門家が文部行政に関与するよう手配したとのことである[93]。吉田はその後も長く文部行政に関与し、教学刷新評議会でも委員を務めている。

それに加えて江木は、教育政策の継続性確保を目指し、審議会の創設に動いた。大臣が交代しても政策が継続される仕組みとして、朝野の有力者たちが率直に教育を論じる会議を設立しようとしたのである[94]。政党の領袖を歴訪して協力を依頼した江木は、犬養毅《いぬかいつよし》、床次竹二郎《とこなみたけじろう》、安達謙蔵、鵜澤總明の参加を得、渋沢栄一、平沼騏一郎、一木喜徳郎《いっききとくろう》他、各界の有力者を集めて文政審議会を始めることに成功した。総裁は内閣総理大臣、副総裁は文部大臣と委員からの一名であり、発足時には枢密院副議長の一木が就任している[95]。

江木は「自分単独で奔走」し、清浦内閣と対立する護憲三派の領袖たちも教育と政局は別であると協力してくれたと回想している。[96] 江木は「有力にして権威」ある「恒久的」な機関の設置を目指して奔走したのであり、[97] 実際、文教審議会は大正一三（一九二四）年四月から昭和一〇年一二月まで存続し、日本の教育史上重要な役割を果たすこととなった。これについて阿部彰《あべあきら》は、「江木は、文政審議会の機能を調査審議よりも各界の有力者に教育政策を周知せしめ、その施行上の協力体制をつくる」ことを重視したとしている。[98]

その上で阿部は、以前の「臨時教育会議のように白紙委任とはせずに原案提示形式」での諮問としたため、「審議会と時の政府・文部省との癒着を招来」したとも指摘し、内閣が交代して岡田良平《おかだりょうへい》が文部大臣に再任されるや、諮問一号案が直ちに撤回されたことを紹介している。[99] 議事設定の主導権は政府側にあり、政策がすべて継続されるというわけではなかったのである。

ところで、いわゆる高等文官試験による官僚の任用は、明治二六（一八九三）年の文官任用令によるものであった。清水唯一朗《しみずゆいちろう》は、これによって「官僚は専門性と同質性の高い集団」となるとともに、「官界は少なくとも人事のうえでは外界とは切り離された組織になった」と指摘している。[100] ただし、文部省幹部には内務省出身者が圧倒的に多く、教育の専門性について江木が疑念を抱いたのも無理はない。武石典史《たけいしのりふみ》によれば、明治三三（一九〇〇）年から大正一〇（一九二一）年の文部省の次官・局長の中で文部省入省者は二名、内務省入省者は七名、その他三名であった。大正一一（一九二二）年から昭和一八（一九四三）年には、それぞれ五名、三〇名、一名である。課長についても前の期間には四名・一六名・五名、後の期間には一六名・三一名・八名であり、武石が概括するように「内務官僚が教育行政を担っていた」のである。[101]

しかし、国体明徴政策に必要な専門的知識は、とりわけ日本思想史、国史学、国文学であろう。欧米の思想よりも日本の思想が求められ、法律よりも歴史学、文学、あるいは神道や儒学、仏教といった分野の方が重要となるはずである。実際、教学刷新評議会設置時に思想局長であった伊東延吉は、文学部出身者を活用して『国体の本義』の編纂を主導していった。国体明徴政策にとって有用なのは、通常は、法学部出身者よりも文学部出身者であったと思われる。

昭和一〇年代に文部省が取り組んだ国体明徴政策を牽引した伊東は、江木文部大臣に秘書官として仕えていた。[102] 伊東は昭和一六年刊行の『文部時報』で江木を追想し、文部大臣として文教審議会の設置に挺身して「委員の交渉等も、殆ど総《す》べて自らこれに当られ」たと記している。[103] 伊東は、「先生の志は常に一貫して忠君愛国を離れず、その歩まれた道は正を挙げ邪を排する不退転の一路であった」とし、その事業の中心は文教にあったとする。[104] 追想すれば「敬慕の情」と「限りなき慈愛」を感じると記す伊東は、「自分が先生から受けた感化啓発は真に限りない」と追想する。[105] 江木が没したのは昭和七年である。

木下や江木のような「皇道に遵ひ国体に醇化せる儒教に拠り国民道義の扶植を図る」大東文化協会設立の中心人物たちの思想は、教学刷新評議会の方針にも影響を及ぼしていたように思われる。外国の文明の摂取に国体への醇化が必須であることは、松田文部大臣の衆議院本会議での答弁で確認され、江木の思想と活動は伊東思想局長の追慕するところであった。教学刷新評議会答申でも『国体の本義』でも、醇化は必須の条件として特筆されているのである。

伊東には江木の志を継ぐ意志があったのではないか。東京帝国大学法科大学法律学科を卒業して内務省に入省したとはいえ、伊東が内務省にあったのは官歴二五年中最初の三年のみである。教育に熱意を持つ伊東は、東洋文化と同様に西洋文化を国体に醇化させることを課題とし、そのために国体の体得を国民に求めたのであろう。

ところで、江木の生涯を論じた土屋忠雄は、江木を「慨嘆断行型の行政官」と呼んでいる。[106] 土屋によれば、江木には「慨嘆から発して、他人の意見を自分の強い主張の裏づけに曲げて利用してしまう」傾向があり、「尊王愛国思想を基礎に徳育の優先を指示」する小学校教員心得の起草に際しても、知育より徳育を優先するのは欧米の教育学者も同じと一方的に主張して断行している。[107] この小学校教員心得は、明治一四(一八八一)年六月一八日文部省達第一九号として制定されたものであり、その第一条は以下の通りである。

「人を導きて善良ならしむるは多識ならしむるに比すれは更に緊要なりとす故に教員たる者は殊に道徳の教育に力を用ひ生徒をして　皇室に忠にして国家を愛し父母に孝にして長上を敬し朋友に信にして卑幼《ひよう》を慈し及自己を重んする等凡て人倫の大道に通暁せしめ且《かつ》常に己か身を以て之か模範となり生徒をして徳性に薫染《くんせん》し善行に感化せしめんことを務むへし」[108]。

土屋はまた、江木の尊王思想は「厚い」けれども思想的な深みがないと指摘している。[109] 素朴で常識的な尊王思想を抱く「江木から見て、常識的なものが世に行なわれなければ、それは世の乱れであり、また、権力の堕落」なのであって、「江木の「慨嘆」は、多くそこに発している」とするのである。[110] 江木の回顧談中にある「自ら文政を双肩に荷って居るが如き意気を存して居る者」というのは、おそらく江木自身の姿だったのであろう。

それでは伊東はどうだったのであろうか。教育評論家の藤原喜代蔵は、昭和一九年刊行の自著で伊東を

「思想家」と呼び、伊東が「人の知識は、綜合的渾一的《こんいってき》な所に躍動があり、生命がある」と考え、教育制度のみならず教育内容にまで踏み込んで改革を進めたと指摘する。[111] 伊東には独自の教育思想があり、官僚としては異例なほど、その実現に努力したと評価するのである。

この伊東の思想は、むしろ教育上の信念と呼ぶべきものなのかもしれない。伊東がおそらく教育の師と仰いだのは、鈴渓《れいけい》義塾の溝口幹である。溝口は伊勢神宮の御師《おし》の家に生まれ、知多半島小鈴谷村の名望家盛田《もりた》命祺《めいき》が村に設立した学校を託されていた。溝口は和漢洋の学問に広く取り組むとともに、近隣の先達である江戸期の儒者細井《ほそい》平洲《へいしゅう》を敬慕する人物であり、高等小学校の生徒たちの教育に全力を注ぐ有徳の人であった。[112] ちなみに、盛田家一一代目久左衛門命祺はソニー創業者である盛田家一五代目久左衛門昭夫《あきお》の高祖父である。

序章でも紹介したように、大正一四（一九二五）年刊行の『教育大家　溝口先生』で伊東は、恩師への限りない敬慕の念を書き綴っている。「小学校令に則って」鈴渓高等小学校という名になったものの、「溝口先生の塾に入る様な心持」で入学したと回顧する伊東は、「その人格の力によって、学校の教育も行はれ、生徒もそれによって特殊な感化を受けた」と記す。[113] 温順な風格で、学問を広く修め、「老成した大きい人格の人が、思想を以て教へ子に臨むといふ感じ」であり、現在も帰郷のたびに教えを受けているとしている。[114] 伊東の入学は明治三四（一九〇一）年であり、在校三年で卒業して二〇年ほど後の時点での回想である。

溝口は昭和八年に没した。伊東にとっての理想の教師は、まさに溝口のような人だったはずである。この小文の冒頭に肩書き抜きで「門弟　伊東延吉」と記した伊東は、「先生の内心の尊き修養と功利に動かされぬ精神的の安立」を敬慕し、功利を追い求める社会風潮を批判している。[115]これこそが、文部官僚として教育改革への情熱を燃やす思いの根底となる批判なのであろう。

伊東は、「今や世を挙げて功利を逐ふてゐる。社会の多くの人々の、唯一の目的は、地位と富とである」とし、「国民の思想動揺して、唯物的な機械的な思想の浸潤して来る勢に、識者の深憂するも亦煎じ詰むれば、物質的利欲の争と形式的地位へのあこがれとが、世人を支配して居るのに、其の大なる源を有して居る」として、思想問題の原因が「地位と富」への欲求にあると主張する。[116]それゆえ、個々人の人生観を変えることが思想問題解決の要諦であり、教育の意義もここにあるとするのである。

「若し人々にして内心の世界に着眼し、人格の尊貴を理解して、功利が畢竟枝葉のものであることを悟るならば、識者の憂ふる社会国家の百弊は、必ずここに根本的なる救済の力を見出し得ると思ふ。教育の要諦も亦ここに在るのであって、人をして各自の内心の世界に帰らしめ、心の修養によって、尊厳なる、又自由なる、人格を育成することが、人生第一の肝心事であることを教へねばならぬ[117]」。

しかし問題は、人格的感化を及ぼしうる教師を制度的に育成することの難しさである。さらにまた、「自由なる、人格を育成すること」と昭和一〇年代の伊東の政策志向性との関係も検討されるべき課題である。文部省の国体明徴政策は個人主義の否定を基本としており、西洋的・近代的な意味での個人の自由には敵対的であった。これは、善く生きることを求める伊東の考えに下支えされたものなのであろう。第四回特別委員会で長與又郎が、なぜ答申草案で「東洋教学・東洋文化を尊重し」と限定し、「もっと広く大きく世界を対象に」しないのかと問うた時（下22）、伊東は、「東洋思想は必ずしも知識偏重でない、道といふやうなことを考へますから、それには具体的な方面があります」と答えている（下25）。

伊東によれば、「近代の西洋文化といふものは大体に於て個人主義を基にした、知識、営利を主にした考へ方であり」、「抽象的」、「偏知的」、あるいは「理智第一と申しますか、さういふやうな形態に文化が発展して」おり、それが「近代的文化の特色」となっている（下25）。「さうした考へ方や学問がその儘《まま》日本に入って居りますので、色々の問題が起きる」として、伊東は、「当面の革正の問題は、東洋思想といふものを考へて行くといふことが余程重大な問題になる」とする（下25）。東洋思想には善く生きることへの探究と実践があるのであり、「道徳思想若《も》しくは哲学思想といふものを発揚して行くことは、確に今の西洋文化の欠陥を除いて行く上に於ては非常に有効なこと」である、とするのである（下25〜26）。

伊東にとっての自由な人格は、善く生きようとする人間たることであり、個人本位に生きる人間であることではなかった。ただ、善く生きようとする人間が国体への探究を真摯に行ない、その生き方で実践しようとしても、官庁の決定はそのような個人の創意工夫をも制度的に抑え込む機能を発揮する。伊東は、このような弊害についてどのように考えていたのであろうか。

第五節　思想的探究に優位する会議進行

伊東の思いを踏まえた上で、ここで改めて第一回総会に戻ろう。文部省の意向を質した原嘉道に続いて発言したのは、田所美治委員であった。田所は明治四（一八七一）年に生まれ、帝国大学法科大学を卒業して内務省に入省した。「試験制度を経た学士官僚の一期生」であり、委員の上山満之進は同期である。[118]明治三二（一八九九）年に文部省に移った田所は、岡田良平文部大臣に文部次官として仕え、貴族院議員となっている。この教育行政の重鎮が問うたのは、文部省が特に臨時教育会議の答申にどのように対応してきたのか、ということであった（上32）。第二回特別委員会で伊東が認めたように、臨時教育会議ですでに「国体を明徴にし国民精神を養ふ」という趣旨の決議が「大分出て居」るのである（上241）。

田所は、評議会への諮問が広汎であり、審議内容見込も「数年掛っても難しい」ほど広汎かつ深遠なものもあるとした上で（上29）、少なくとも臨時教育会議以来、今回の諮問に「大体に精神は答へられて居るやうに思ふ」と指摘する（上31）。それゆえ、審議を円滑に進めるために臨時教育会議の資料を配付したり、各局長から文部省の取り組みを説明させてはどうかと提案している（上32〜33）。臨時教育会議は大正六（一九一七）年から八年まで設置されたものであり、設立時の文部次官である田所は幹事長を務めていた。

これに対して三邊次官が対応を約束し、田所が了解した後に原が、審議内容には思想のみならず施設の検討も含まれるかと質している（上34）。これにも三邊次官が応答し、本旨は「精神内容の検討」であるものの「此為に制度等」を審議して差し支えないとした（上34）。原としては、天皇機関説問題に引きずられることなく教育を論じ、思想の検討のみで実行力のない提言に終わることのないようにしたかったのであろう。原は特別委員会の委員長に就任し、一一月一五日の第三回総会と一〇月二九日の第四回総会との間に委員会審議を進めていくこととなる。第四回総会で教学刷新評議会は終会である。

特別委員への付託については、第三回総会冒頭で阪谷芳郎委員が提案し、議長の松田源治文部大臣が引き取って総会の承認を得ている（上132～133）。その際松田は、委員の数と人員は議長一任と言い添えている（上133）。すでに第一回総会の冒頭で、議論の収束に懸念を抱く小山松吉委員から、小委員会を開いて委員と幹事で詳細に検討した方がよいとの意見が出されていた（上25）。阪谷も第一回総会の途中で小山に賛同する発言を行ない、委員会設置を促している（上39）。阪谷や小山が事前に文部省から議事進行を助ける依頼を受けていたかは不明であるものの、最年長委員である阪谷は提案者として適役であろう。

原が特別委員会委員長への就任をいつ内諾したかは不明である。昭和一一年一月二八日に文部大臣官邸で開催された第一回特別委員会の冒頭で、渡邊千冬委員の提案により、互選手続きを飛ばして原は特別委員長に就任する（上204）。特別委員会の議事を詳細に検討した高野邦夫は、その進行振りは「老練のやり手」のものであり、「誰の目からみても最適任とみられていたのだろう」としている。[119] 教学刷新評議会の議題設定について、第一回総会で原は繰り返し念入りに確認しており、評議会開会時点で特別委員長就任を内諾していたように思われる。

原の発言を区切りに松田議長が議事開始を宣言し、委員の意見が続いていく。まず鵜澤總明委員が審議内容見込にある「原則と方法と要綱」の検討の順序を質し、あわせて小委員会設置までにもう少し具体的な検討を行なうべきではないかとの意見を述べている（上34～35）。また、国体明徴のように根本的な問題を多数決で決めることには慎重であるべきと釘を刺し、「成るべく委員の方全体の意思の纏まるやうな慎重な審議」を求めている（上35）。鵜澤は弁護士で貴族院議員であり、この頃は大東文化学院元総長、明治大学総長である。なお鵜澤は、大東文化学院総長にさらに二度就任して名誉総長となり、また、敗戦後は大東文化協会会頭に就任している[120]。

鵜澤が項目に分けての審議を提案したものの、審議は委員付託での一括検討へと進んでいった。ただし鵜澤も特別委員に指名されて、二・二六事件後の苦境の中でも積極的に発言を行なっている。大逆事件や極東国際軍事裁判の弁護人であった鵜澤は、この頃には相沢事件の弁護人を引き受けており、そのため、陸軍上層部から反乱者との関係を疑われたようである。「感恩録」と題する鵜澤の日記によれば、昭和一一年三月二一日の憲兵隊本部出頭以来、実に一年五カ月に渡って取り調べに呼び出され、陸軍大臣が不起訴と決定したとの内報を得たのは昭和一二年八月三一日のことであった[121]。弁護人としての苦難である。なお、鵜澤の貴族院議員辞職は同年九月である。政治活動は控えるということなのかもしれない。

鵜澤が二・二六事件直前の第三回特別委員会で主張したのは、西洋の学問のみを学問とせず、東洋の学問を踏まえて国体を明徴にしていくべきである、ということであった（上345）。鵜澤は、法則を客観的に探究することがおおむね西洋の学問的方法であるとし、その意義を十分に認めつつも、それでは究明できないものを探究するところに東洋の学問の「苦心」はあったと主張する（上345）。西洋の学問や科学を排斥することを否定した上で、鵜澤は、「決して法律至上主義で我が国体の解決はつかぬ、畏《おそれ》多くも、単純に此法則のみに依って表はし得ざる天皇の御本体があらせられる」と指摘し、西洋の学問の限界に注意を促す（上345～346）。鵜澤は、評議会の審議は学問や教育のあり方を深く問いなおすものして、「官立の研究所さへ拵《こしら》へれば事足れり」と安易に考えるべきではないとするのである（上346）。

鵜澤はさらに、国体の「本義闡明、学問の体系確立」という根本問題に限定して議論を深めるべきと主張したものの、原特別委員長は消極的な返答で応じている（上352）。鵜澤は、日本と西洋と東洋の思想的関係に真摯に取り組んできており、思想的に深みのない提言では実行力もないと懸念したのかもしれない。しかし委員長としては、鵜澤が求める思想的探究よりも会議進行の方を優先したかったのであろう。特別委員会の開催はおそらく二・二六事件のために長期中断となり、九月に再開された時には内閣は交代していた。九月七日開催の第四回特別委員会では、この間に準備された幹事作成の答申草案が提示され、六月に専門学務局長兼思想局長になった伊東延吉が説明を行なっている（下18〜19）。これ以降は草案の文言の検討が逐条《ちくじょう》審議で進められていくのである。

教学刷新評議会終会の翌年、昭和一二年九月に鵜澤は『政治哲学』を刊行した。鵜澤は、政治とは「人類向上の生命活動として現はれる体系である」とした上で、「東洋には一貫した政治の体系があり、而して日本には、その体系の上に優越した独自の、他に追随を許さぬ体系がある」とする。[122]鵜澤によれば、周易《しゅうえき》（易経）こそは「聖王や聖人の幾代に亘る民生愛撫の至心から生まれた政治の意義体系」なのであり、[123]実は日本の国体こそは、抽象的な「周易の真の意義を照らし、学的究明の指帰《しき》を示して居る」ものなのである。[124]天皇に関する大日本帝国憲法の条規は、欧米諸国の憲法と形式が似ていても「意義は全く日本独自」であり、「我が日本の国体が政治の最も純真な意義を具現して居ることを了解する」には、欧米諸国の憲法ではなく「周易の象徴」を参照すべきである、というのが鵜澤の主張である。[125]

しかし、いくら真摯に考えていたにしても、鵜澤はあくまでも委員の一人にすぎない。文部省としては鵜澤だけを特別扱いするわけにはいかず、文部官僚たちが鵜澤の主張を理解できたのかどうかも判断しがたい。

さらにここには、そもそも多人数の会議で思想の内容を決定することが可能なのか、審議会形式で官庁によって作成される文書に思想はどこまで存在しうるのか、という問題が存している。大日本帝国憲法や教育勅語には、それを作成した人物の思想が認められる。作者の立場が強く出ているからである。これに対して、委員の多様な意見と事務方の意向とが組み合わさった官庁作成の公文書に、思想的一貫性や思想的深みを求めることはできないであろう。誰も作者とはならない文書が作成されるからである。

鵜澤の一貫する立場は、西洋の思想に一定の評価を与えた上で、日本の国体に適合的な東洋の思想を再評価しようとするものであった。あるいは、東洋の思想によって日本の国体の意義を明らかにし、それによってその世界的意義を明らかにせんとするものであった。これは、大東文化協会の思想的志向性の一例と理解してよいであろう。ただし、東洋の思想は多様であり、周易の再評価が協会の目標であったわけでは決してない。鵜澤と大東文化協会の志向性が一致しているのであって、思想の内容は鵜澤個人のものである。

この第一回総会直前に、鵜澤は「国体明徴と政府の任務」と題する一文を一〇月二八日付で草している。そこで鵜澤は、岡田啓介政権が徒らに「政治問題や人事問題」に国体明徴問題を矮小化して自己の任務を亡失していると批判する。[126]鵜澤は、憲法のヨーロッパ的解釈の限界を指摘し、政府が「国民の信念と学説との一致を求める」国民の声に正面から応えて、学説の検証に取り組むべきと主張するのである。[127]

「先づ学説としての問題を正視するがよい。日本憲法の制定に当り、当時の為政者は周到の準備を積まれたものがあらう。憲法学説に就いて欧羅巴《ヨーロッパ》大陸の学者にも、英吉利《イギリス》の学者にも意見を聴いたものがあらう。殊はアルブレヒト以下の国家法人説、カルテンボルン以下の国家有機体、スタール以下の法治国家説等何れも研究せられた所であらう。此れ等を研究しながら一層深く考慮し研究した所は、日本の古典、日本に影響もあり、日本の国体に醇化した支那の古典に現はれた思想文字等であったことであらう。現に欽定《きんてい》を経たる憲法の文字を一読して此の事情を推量し得るのである。我れ等が今大日本帝国憲法の第一条から第四条迄を読む時、我が国史は素より東洋経学の意義と相交渉するところ深きを看過し得ぬことを知ることが出来る。到底英語や独逸《ドイツ》語や又それらの翻訳語では意義の通じない文字語脈を知ることが出来る。国家法人説や国家有機体説や法治国家説それ等が欧米学説に示された儘では、憲法正条の解釈を適正に為し得ないことを知ることが出来る。日本の法律学は従来欧米法律学に依りて啓発せられ、指導せられた所は決して尠《せん》小《ママ》では無い。之れは何人も認めねばならぬのであるが、日本に於ける法律学の研究の進歩と共に、欧米の法律学説その儘では、日本の憲法を始め日本独自の発達に係る法律の解釈を適正に十分に為し得ないことも亦分明に為った。現前の国体明徴問題は此の事実を雄弁に物語る[128]」。

この小文を収録した『随想録』を、鵜澤は昭和一一年四月に大東文化協会から刊行している。文中で鵜澤が強調するように、日本の法律学の発達に欧米の法律学説は多大の貢献をしてきた。しかし、そのためもあって東洋の古典から法律学者たちは遠ざかった感がある。鵜澤の日記には、法学博士号の審査の際、東京帝国大学教授の穂積陳重《ほづみのぶしげ》がわざわざ来訪し、漢学を研究した経緯を確認したことが記されている[129]。明治四一（一九〇八）年のことであり、すでにこの時点で漢学の研究は不審がられたのであろう。

鵜澤は明治五（一八七二）年に現在の千葉県茂原《もばら》市に生まれ、第一高等中学校を経て帝国大学法科大学に進学した。ただし卒業時には、それぞれ第一高等学校、東京帝国大学と改称されている。鵜澤は、幕府廃絶後に帰郷して蘆村《ろそん》塾を開いた大田和齋《おおたわさい》に漢学を学び、帰郷のたびに和齋の指導を受けたと回想している(130)。鵜澤は日本の国体への信念を深く有し、東洋文化と西洋文化への造詣も深かった。弁護士として人権擁護に尽力するとともに、高等中学校時代に入信したキリスト教への信仰も篤《あつ》く、法律実務と学問研究を両輪に、信仰と信念を支えとして活動し続けたのである(131)。

老境の鵜澤は昭和二九年に生涯を回顧して、少年時から「東方聖賢の道に親し」むとともに「欧米を始め世界の学術の啓発を受け、殊に法律学を学び、民間法曹としての任務を使命として立った余には、法律哲学の研究、支那の礼法と欧米の法律との統観的比較は実に畢生《ひっせい》の事業と為らざれば已《や》まないものがあった」としている(132)。それは、法のあり方を翻訳以前の時点から根本的に問いなおそうとする問題意識である。

「明治初期の古い法律学者で博《ひろ》い研究を有した西周《にしあまね》が百一新論を書いて、和蘭《オランダ》語の、レーグト、を法と訳すべきか、礼と訳すべきか、考慮した。唯強制力のことを考へて、法の文字を採用したと述べて居る。漢学者中に礼を解説し、法を解説した者もあるが、現代法律学上研究の対象を為す問題として精確な研究を発表した者は、寥々《りょうりょう》たるものであらう。法も礼も広く又深い。法律哲学に於て人生共存の問題からも、世界平和の実現と云ふ考からも大きく取り上げなくてはならぬ。是れ決して法律学の範囲を拡張するものでは無い(133)」。

「八十二老」の鵜澤はここで、「余は民間法曹としての使命を行ふことと、法律学の学徒としての研究とは平行し得ると考へ、今猶此の方針を執って居る」とも記している(134)。この『法律哲学』の復刻に際して立石《たていし》龍彦《たつひこ》と土屋恵一郎《つちやけいいちろう》は、鵜澤は近代の法実証主義を批判して「「法」の観念を豊かに」しようとしたと指摘している。[135] 立石と土屋は、鵜澤が「法律を人間の経験がつくりだした文化としてとらえ」たとし、「鵜澤が生活世界の具体性と個別性のうちからつくりあげられた共同体の規範として法律を考えていて、そこでは理性と論理と強制ではなく、歴史と社会と共同体的生とがあらわれている」とするのである。[136]

さて、ここまで学術的に真摯に踏み込んだ議論が行なわれていたならば、教学刷新評議会の審議内容は、あるいは思想的に深い意義のあるものになったかもしれない。しかし、憲法学説を検証すれば政治的弾劾を惹起する危険性があり、審議形式も審議内容も政治的に安全な方向に調整されたように感じられる。議事の流れは総会でも特別委員会でも、内容を深めるよりも多様な意見をとにかく取りまとめる方向に導かれていくのである。

ちなみに昭和一〇年一一月刊行の原嘉道述『弁護士生活の回顧』に、鵜澤は一〇月付で序文を寄せている。そこで鵜澤は、原を「現代法曹の亀鑑《きかん》」と呼び、明治三五（一九〇二）年以来、「学問上の研究と法曹地位向上」を期して厚誼を得たことに感謝の意を表している。[137] 鵜澤はまた、原が田中義一内閣の司法大臣であった時に陪審法の実施を見たことを特筆する。[138] 実は鵜澤は、大正八（一九一九）年設置の臨時法制審議会で陪審制の立法化を検討する委員会の委員に任命されており、原や江木衷とともに美濃部達吉の導入反対論などと対峙していたのである。[139] 鵜澤は後の回顧で、原敬《はらたかし》内閣総理大臣兼司法大臣から陪審制度導入の決意を伝えられ、穂積陳重、平沼騏一郎と相談して原首相に臨時法制審議会を組織することを進言し、穂積審議会総裁・平沼同副総裁の下で陪審法制定の諮問を得て審議に臨んだとしている。[140] 鵜澤は年長の原特別委員長と長年の交際があり、陪審制導入でも法曹の地位向上でも同志的関係にあった。委員会では原の議事運営に従った鵜澤は、後日に自己の思想を著書として別に公刊した、ということであろうか。

なお三谷太一郎《みたにたいちろう》は、「政友会が人権擁護の制度的保障としての陪審制を追求した」のは「司法部の政治的台頭」による「政党勢力に対する政治的脅威」を実感したためであり、他方で、「司法への人民参加論」が「『デモクラシー』の制度的表現」とされたことで世論の後押しを受けたと指摘している。[141] この時に「政友会の陪審導入論の急先鋒」となったのが、後に立憲民政党所属となる松田源治衆議院議員であった。[142] ただし、松田と原嘉道や鵜澤の関係を筆者は把握できていない。

ところで、『日本文化団体年鑑』昭和一三年版によれば、田所美治は大東文化協会の監事であった。[143] もう一人の監事は、昭和一二年六月に文部次官を退任した河原春作となっている。河原は教学刷新評議会発足時には文部省普通学務局長として幹事の一人であり（上192）、昭和一一年六月の文部次官就任後は委員である（下234）。河原の前任の文部次官が三邊長治、後任の文部次官が伊東延吉となる。[144] 大東文化協会と文部省との関係は特に親密であったように思われる。

いずれにせよ、「東亜固有の文化を振興するを目的とす」として、「我　皇道に遵ひ国体に醇化せる儒教に拠り国民道義の扶植を図る」大東文化協会と、「教学の現状を検討し、克く本末を正し、醇化摂取の実を挙げ、以て大いに其の刷新と発展とを図るは、刻下緊切の要務」であるとして「我が国教学の現状に鑑み其の刷新振興を図るの方策如何」を諮問される教学刷新評議会とは（上22）、思想的にも人脈的にも近しい関係にあった。かつて東洋文化を醇化摂取したように、西洋文化を今醇化摂取することが、諮問に込められた課題となるのである。

とはいえ、大東文化協会の課題の延長線上にあるように思われても、教学刷新評議会はあくまでも、文部省が管轄する会議である。審議の流れを決める主導権は手続的には議長と特別委員長にあり、内容的には幹事たち、実質的には文部省の伊東にあったと思われる。ただし、伊東には鵜澤のような思想的深みは感じられないし、審議の過程で議論を掘り下げようとする姿勢も感じられない。伊東は委員ではなく幹事であり、その思想は幹事案の文言の中に含み込まされ、そこに委員たちの意見が散りばめられていくのである。

第六節　国体を明徴にするという課題

審議への委員の意見は、鵜澤の後にも続出していく。まず、上山満之進委員である。明治二（一八六九）年生まれの上山は、内務省から貴族院議員、台湾総督などを経て昭和一〇年一二月九日に枢密顧問官に就任する。[145] 第一回総会は同月五日の開催である。上山は「私は何も分りませぬので」お尋ねすると前置きし、国体明徴のための審議会であれば「国体とは何ぞやと云ふ問題」をまず審議すべきではないかと問いかける（上35〜36）。その上で、天皇機関説の正邪は国体の語義次第になると率直に発言している。

「国体とは何ぞやと云ふ極く幼稚な問題を先づ決めて、それから行かなければならぬやうに思ふ、機関説と云ひますけれども機関と云ふ意味が実ははっきりしない、其意味の決め方次第で非常に国体に反することもありませうし、意味次第では何も国体に触りのないこともあらうと思ふ、機関説と云ふのは触りのない方の意味であらうと思ふのでありますが、可なり全国の有識者の間に広まって居る、有識者でそれを信じて居る人が多い、私共知った人でも沢山にあります、国体の問題とか機関の問題は先づ国体の意義を明かにして――深遠なる学識を御《お》有《も》ちになって居る諸君が御集りになって居ることでありますから出来ることなら国体の説明を聞き、決議は出来るか出来ぬか知れませぬが、要するに多数の意見が国体とは斯う云ふものだと云ふはっきりした観念を御示しを願ひたい」（上36）。

天皇機関説に問題はないと思うとさらりと発言して、上山は委員たちの国体理解に合意があるならば最初に審議し確定すべきであると主張する。菅谷幸浩によれば、上山は一二月一五日に枢密院議長の一木喜徳郎を訪問し、おそらくは牧野伸顕《まきののぶあき》内大臣の意を受けて、辞任する必要はないとの覚書を一木に渡している。(146)上山は牧野と非常に近しく、(147)また、一木の推挙で枢密院に入ったようである。(148)その動きから推測すれば、美濃部達吉から一木へと標的が拡大する天皇機関説問題の鎮静化に、上山は向かっているはずなのである。

なお、同じく天皇機関説論者と弾劾された金森徳次郎《かなもりとくじろう》法制局長官もこの総会に出席している。昭和三三年公表の回想で金森は、「国体明徴《マ》審議会《マ》」での上山の発言に「正義未だ堕《お》ちずとの喜びを感じた」と記している。(149)金森によれば、金森を審議会の委員に入れるべきでないとの意見を聞く一方で、町田忠治《まちだちゅうじ》商工大臣や高橋是清大蔵大臣からは個人的に励ましを受けたそうである。(150)しかし金森は昭和一一年一月に辞任に追い込まれ、高橋は二・二六事件で殺害され、一木は三月に辞任することとなる。

上山の発言の意図は、国体を限定的に定義して政治的嫌疑の波及を止めようとするものだったのではないか。国体や機関の「意味の決め方次第」で、いくらでも政治問題化することが可能となるからである。第二章で紹介したように、後日の特別委員会にも上山は異例ながら委員外で参加し、国体の語義を無際限に拡大し、日常生活のすべてを覆うと主張する伊東延吉と第六回特別委員会で特に厳しく対立していた。ちなみに、伊東が主導した『国体の本義』は一五六頁におよび、「我が国の法は、すべて我が国体の表現である」との記述まであるのである[151]。

伊東が故意に問題を深刻化させようとしたのか、「教育、学問と云ふ問題は非常に広い」ため国体という言葉を広義で用いているとの説明（下220）通りであったのかは、判断しがたい[152]。上山は、国体を明徴にするための評議会であるから、「直截《ちょくせつ》簡明に国体の真義を即時に闡明」にすべきであり（下213〜214）、それは「四五行あれば宜」いと主張する（下218）。細かなことは「各自の研究に」委ねればよい、とするのである（下218）。しかし伊東はどうしても譲らず、上山は意見が違うのでここで止めるとする。すでに五時を過ぎており、特別委員ではない上山は、一時間ほどとの約束で例外的に発言を認められている立場だったのである（下213）。

ところで、やはり第二章で紹介したように、「単にこれを統治権の所在なる意味にのみ解すべからず」との答申草案の文言には、鵜澤も強い懸念を示していた（下39）。鵜澤は、統治権の所在は日本の国体にとって「一番大事なもの」であるとし、他の箇所とともに、文言をさらに「小委員でもお選びになって」精密に検討すべきではないかと苦言を呈するのである（下150）。その際鵜澤は、日本の統治権と外国の主権の語義は異なっているものの、「或は治安維持法に触れやしないかと云ふやうな虞《おそ》れがある為に」自分の意見を公表できていないとも述べている（下150）。国体の定義が治安維持法の適用に直結することに注意を促しているのであろう。

実際、すべての法律が「国体の表現」であるならば、法律の改正を目指すことは国体の変革を目指すことになりはしないであろうか。国体の語義を無限に拡大してしまうと、上山の言を借りれば、どこで「国体に触り」(上36)があるのか、誰にも予測ができなくなるはずである。[153] ちなみに、昭和三年に治安維持法が緊急勅令によって改正された際、司法大臣を務めていたのが原特別委員長である。[154]

上山は正義感が強く、政党に一切遠慮せず、時にやや率直に発言しすぎる人物であった。児玉識《こだましき》は、上山が大正一三(一九二四)年公表の論考で「皇室中心の漸進的社会改良論者」と自称したことを指摘している。[155] 児玉によれば、上山は「天皇を中心とする日本固有の一体感」を最重要視し、それを掘り崩す「新思想」の脅威を警戒する一方、「可能な限り穏便なかたちで新思想に対処しようとした」のである。[156]

実際、「思想問題の梗概《こうがい》と対応策」と題して『山口県教育』第二九二号に公表した論考で、上山は、「新思想の要領を理解」し、「現実社会の欠陥を自覚」し、「現在制度存立の理拠を正解」することが必要であり、その上で「(1)社会の進歩に順応して欠陥補正に努むること、(2)人類の性情を無視せる危険なる空想を排除すること、(3)以上の二者を率ふるに常に各国特異の事情に顧みること、就中《なかんずく》吾が国に於ては皇室の尊厳が国民幸福の淵源たることを牢記《ろうき》すること」を「新思想対応方針」にすべきであると提案している。[157] 上山は現在の山口県防府《ほうふ》市の出身である。前年末に虎ノ門事件、すなわち摂政宮暗殺未遂事件を起こした難波大助《なんばだいすけ》は近隣の出身であり、その家族と上山は長年の親交があった。[158] 危機感は切実だったのである。

その際上山は、教育家は「新思想と現実欠陥の大要を会得し、これに対応する穏健着実の志を定め、青年の思想を誘導してその帰趨を誤らしめざることを念とすべきである」とする。[159] 思想の動揺に際して、教育家が正面から誠実に対応することを求めるのである。また、「世間が真価以上に学者を崇拝するのが吾が国の通弊である」と指摘して、「世の現実に反抗する学者の全部が果してその専門学説以外に必要なる学識と経験とを兼有完備してゐる」のかと特に疑問を呈している。[160] さらに上山は、学校以外の公益機関による社会教育や宗教団体の活動に期待を寄せている。[161]

上山は、皇室への国民感情こそは「日本国の基礎たる大磐石」であり、[162] そこに立脚して社会問題に進歩的かつ理性的に取り組み、「国利民福を増進せねばならぬ」と主張する。[163]「新規の事物に動き易く親しみ易い」日本の国民性には「軽率」な面があるものの「慥《たし》かに進歩的」であり、その一方で「理性の力の強大なるもの」もあって、儒教も仏教もキリスト教も「日本化」して採り入れることに成功してきたとする。[164] そうして上山は、進取の気性を失わずに問題に取り組めば、必ず未来が開けると呼びかけている。

しかし、昭和七年六月七日の貴族院本会議での演説で、「今日の如く弊害が極端になるとは予想も致さなかった」と上山は述べざるをえなかった。[165] 上山は「政界の廓清《かくせい》」と「軍紀の振粛《しんしゅく》」が刻下の急務であるとし、[166] 政党の信用が「地に堕ちた」現状で、「思想善導」や「教育振興」がどうして可能であるかと批判する。[167] 政党政治への不信が国民の不安を招き、「青年学生の左傾」や「青年軍人の右傾」となっていると指摘するのである。[168]

上山はさらに、前月の五・一五事件を取り上げて「軍人勅諭に背いたもの」と断定し、軍人は「現役を退いて後に政治」に関与すべきと批判する。[169] さらに、前年の三月事件、十月事件などの内容を十分に公表しなければ国民の不安は収まらないとし、政党のみならず軍の誠実な対応も要求する。[170] 上山は明治維新の要点を「立憲政治に依る輿論《よろん》の尊重」と「徴兵制度に依る兵権の統一」にあるとし、両者が危機に陥っているとして斎藤実内閣の対応方針に質問を集中させている。(171) 二時間以上の大演説である。

上山の率直さは教学刷新評議会でも発揮され、伊東との対決にも迫力があった。しかし、昭和一一年一二月に病床に伏した上山は、(172) 一三年七月に没してしまう。なお、極東国際軍事裁判の日本側弁護団長を務めた鵜澤總明の没年は、昭和三〇年である。

第一回総会での上山の意見に対して松田文部大臣は、「国体、日本精神の本義の闡明」は審議予定であるとのみ返答している（上36）。議長として意見を承るという対応のみである。(173) 総会では委員からの意見が続き、それを幹事が整理して特別委員会での審議に活用されていく。答申草案の詳細な検討は特別委員会に委ねられており、上山は例外として、文部大臣が特別委員に選任しなければ答申への関与は著しく制限されるのである。

それでは、特別委員に就任する委員たちはどのように国体明徴という課題に向き合ったのであろうか。東京帝国大学名誉教授で国史家の三上参次は特別委員に選任されている。三上は帝国学士院会員勅任議員として貴族院議員であり、昭和一〇年三月二〇日開催の貴族院本会議で「政教刷新に関する建議案」賛成演説を行なっていた。この建議の発議者六人の中には田所と鵜澤が入っており、建議案は全会一致で成立している。(174) なお、賛成演説を行なった二荒芳徳《ふたらよしのり》も教学刷新評議会委員であるものの、建議関係者で特別委員に選任されたのは三上と鵜澤であった。

宮沢俊義《みやざわとしよし》は、この建議は天皇機関説批判のためではあるものの、院内の意見対立を調整して機関説と言及はせず、「政府は須《すべから》く国体の本義を明徴にし」との文言に落ち着いたとしている。[175] 美濃部達吉は当時、貴族院議員である。なお、文部省が『国体の本義』という書名で冊子を刊行したのは、この建議に応えてもいるということなのであろう。

建議案の賛成演説で三上は、「天皇機関説の如き」は「明治以来教育の誤ったる方針」の一つの現われであり、自国のことを学ばせない弊風のためであるとしている。[176] 日本の歴史よりも外国の歴史を学ばせ、「法律万能」で「古来の善政美風」を研究せず、入学試験や高等文官試験で国史を中心にすることもしていない。[177] その結果、「国史に基く所の我国の知識が足りないから」共産主義説や天皇機関説のようなものが出てきてしまう。[178] 学問の自由は重要であるものの、「国体の妨げを為すやうな人文科学」は政府が実効的に取り締まるべきであり、「国史、国語、漢文を基とした所の修身学」で「東洋道徳」を学んだ人間を養成しなければならない。[179] このように三上は持論を述べ、国史を学ぶことの必要性を力説している。

三上は帝国学士院第一部（文学及社会的諸学科）選出の議員であり、第二部（理学及其の応用諸学科）の自然科学分野とは学問の事情が異なるという主張である。[180] その上で、学問の社会的責任、より正確には国家的責任を重視する、ということでもある。この演説前年の昭和九年夏に三上は、新教育協会の夏期講習会で「日本精神と教育改造」を語っている。この講演で三上は、学校教育で英語や西洋歴史を重視することを批判し、「精神的文明の方面に至っては、最早日本独自の立場に立って自国の教育を施し延《ひ》いて世界各国を指導して行かなければならぬ」と教育者たちに呼びかけている。[181] そのためには国史学を基礎とする教学刷新が不可欠である、というのが三上の立場である。なお三上は、昭和一四年に没している。

東京帝国大学名誉教授で教育学者の吉田熊次も特別委員に選任されることとなる。長年にわたって文部行政に貢献してきた吉田は、この頃は国民精神文化研究所研究部長である。第一回総会で吉田は、アメリカの真似をした明治初年の師範教育の方針は転換されたとする一方で欠陥もあるとし、特に生徒の「社会観、人生観」の養成が弱く、これは教師の人格的感化との関係で検証すべき課題であるとする（上41～43）。それとともに吉田は、自身の長年の経験を踏まえて、教育改革には失敗も多く、解決策には慎重であるべきであると力説する。課題の発見と解決は別であり、改善のための取り組みが不首尾に終わったり、極端に走って無用の負担を児童に負わせたこともあると指摘するのである（上44～45）。

吉田はさらに、現に日本精神の重視と聞いて一部の教師は自然科学を放棄せんとしたりして、すでに極端に走る向きもあると懸念する（上45）。西洋や東洋が良い悪いと「早呑込」することを戒め、教育勅語や五箇条の御誓文に従い、「知識を世界に求め」る方針を堅持すべきである、というのが吉田の主張である（上45）。

吉田は昭和一一年二月刊行の『教育問題雑感』でも、極端に走る動きを警戒している。「近頃精神教育といふやうなことを力説する結果として、動もすると、智識的な教養を軽視せんとする傾向がある」と指摘して、吉田は、「是はどうも人類文化の進歩の上から見ても、我が国運の発展の上から見ても、由々敷《ゆゆしき》大事である」とする。[182] 吉田は、「偏智《へんち》教育」と一方的に非難して「従来の教育を排撃」すべきではないと戒め、[183]「智育」に適した学校の長所を活かしつつ、「性格の陶冶即ち情意の方面の陶冶《とうや》の充実」に社会全体で取り組んでいくべきとするのである。[184]

なお、この小冊子は日本文化協会での講演を収録したものである。荻野富士夫によれば、日本文化協会の創設に尽力したのは、内務省、司法省と「思想問題への協調的対応」の必要性を共通認識とした伊東の学生部であり、協会は「文部省および国民精神文化研究所の別働隊的な役割を果た」すものへと発展する。[185] そこでの講演で釘を刺すことで、吉田は文部省と教育関係者に行きすぎへの注意喚起をしたのであろう。

ただし吉田は、第三回総会で師範教育に再び言及し、「制度上規定上」は転換していても「思想全体の傾向」としては教員養成機関での「国民精神的、国体観念的な思想が確立して居らぬ」と補足説明している（上136）。知識を世界に求めるためには、日本の学術が「国体観念との連関を明白に」して「日本の世界観、人生観」を確立させ、それによって教師が批判的に外来文化を摂取し、学校教育で活用できるようにすべきであると主張するのである（上136〜137）。

その際吉田は、そのような「学問刷新の事業たるや委員会に於て決定し得らるべき性質のものではない」とし、「根本の指導原理」のみ決議して、「我国の官公私立の大学を初め」として「学問研究の機関の総動員」を行なうとともに、「特別なる研究機関」も必要であると力説する（上137）。そこで吉田が引合いに出すのが、第一回総会での作田荘一委員の意見である。

第一回総会で京都帝国大学経済学部教授の作田は、国体精神の貫徹によって「専制政治を免れ、又無産者解放が実現される」と主張していた（上47）。それを「強圧力」によらずに実現するには、諸学校での国民教育を徹底して国民の理解を深め、大規模な研究所を設置して研究環境を改善し、学界内での研究発表は自由として「研究の進歩」を図る方策が適切であると提案していたのである（上48〜51）。

作田は、大学の教員は学生への教育で疲弊しており、研究が困難な状況にあるとし、研究に専念する教授を研究所に配置することを提案する（上48～51）。その研究所は「出来るだけ広い包容力を」持つものとし、真剣な研究であれば「異端であると目されても」歓迎し、一般への公開は控えつつ学界内で検討して「学問の進歩」を実現させていくべきであるとする（上50）。作田は国民精神文化研究所兼任所員である。

作田は総会より少し前、昭和一〇年八月に『国民科学の成立』と題する書籍を刊行していた。ここで作田は、「国民団体を支持する国家を軽蔑する自由主義とこれを呪詛《じゅそ》する無政府主義とこれに面従腹背《めんじゅうふくはい》の態度をとる有産階級主義とこれを批難攻撃する無産階級主義」に日本の国民主義は「徹底的に反撃を加へつつある」とする。[186] 作田は、「共同的全体の中心たる全体意志」が「実体的」に「総持」される日本の国体では、左翼か右翼かの分類で「国民団体の実体的中心に即して階級解消を企図する思想方向」を理解すべきではないと主張するのである。[187]

その際作田は、思想問題の解決には「国民生活の何たるかを究明する」科学が必要であるとし、それを国民科学と名付けている。[188] 作田は、「信念は理論を得てその羽翼《うよく》を伸ばすことが出来る」として国民主義は科学的理論を持つべきであるとし、[189] 個人科学や階級科学では国民生活の真義を解明できないとして「国民意志の立場に在って研究する国民科学」の重要性を説く。[190] 作田は、「学問の領域に於ても一定の主張を示す所の旗幟《きし》を掲げる時代が来た」とし、「我が国旗を掲げる日本国民科学」に日本国民は取り組むべきであると呼びかけるのである。[191]

国体を明徴にするという課題について、このように委員からさまざまな意見が出た。しかし文部省としては、意見を参考にしてその一部を答申に取り入れるにしても、答申内容の主導権を委員に渡すわけにはいかなかったはずである。そのためにも、大規模な会議が必要だったのかもしれない。委員が多数になれば意見も多様となり、有力な委員が多ければ誰か一人の意見を特別扱いにすることはできない。大規模な会議は幹事にとって、答申草案を主導するのに有利な立場を与えもするのである。

もとより、議題への強硬な反対意見が出れば、幹事は苦境に陥ることになる。しかし、国体明徴という課題に正面から反対する委員はなく、懸念を抱く委員は慎重に発言しなければならない政治状況にあった。むしろ、国体明徴や教学刷新に熱心な委員の意見を、どのように取り込み、どのように取り込まないかが幹事側の難点となるのである。

本節で紹介した三上も吉田も作田も特別委員会に選任され、吉田と作田は翌年度に『国体の本義』編纂委員にも就任している。ただし、上山は特別委員会に番外で出席して発言し、三上は『国体の本義』編纂委員会に委員外で出席して発言している。それぞれの意見は信念や研究に基づいており、さまざまな形で協力を仰いでいる文部省として、決してぞんざいに扱えるものではない。それでも答申を文部省に有利に作り上げたことは、幹事である伊東の功績となるのであろう。

おわりに

教学刷新評議会の第三回特別委員会は昭和一一年二月二四日に開催され、第四回特別委員会は九月七日に開催されている。その間、二・二六事件の混乱は内閣審議会を中断させるとともに、陸軍内部の勢力図を一変させている。内閣総理大臣は岡田啓介から廣田弘毅に交代し、文部大臣は松田源治、川崎卓吉、潮恵之輔、平生釟三郎と交代する。それに伴って委員や幹事も交代するものの、伊東延吉は中心であり続けた。

昭和一二年六月に伊東は文部次官に就任し、引き続き教学刷新の国体明徴政策を担当していく。教学刷新評議会終会後には林銑十郎が内閣総理大臣兼文部大臣となり、その後、近衛文麿内閣総理大臣、安井英二文部大臣に交代してから伊東は文部次官となる。昭和一九年に若くして没さず、日本が敗戦を迎えることがなければ、文部大臣に就任することもあったのかもしれない。

さて、教学刷新評議会は議題設定に慎重さが求められる会議であった。天皇機関説事件は国体明徴運動へと発展し、貴族院と衆議院の全会一致の決議があり、さまざまな団体が猛烈な政治的抗議を行なっている最中の会議である。昭和一〇年六月一〇日には中国での軍事的緊張の高まりから梅津《うめづ》・何応欽《かおうきん》協定となり、八月一二日には永田鉄山《ながたてつざん》中将が相沢三郎《あいざわさぶろう》中佐に殺害される相沢事件が起きている。政治的に険悪な雰囲気の中で、政治的に炎上している問題を審議する会議となっているわけである。

本章では、この教学刷新評議会の議題設定について、関係者の思想的立場や思想史的文脈に注目し、第一回総会の議事を中心に検討してきた。ここで文部省が打ち出していたのは、外来文化の全面的排除ではなく、国体の明徴によって東洋文化を醇化して摂取したように西洋文化を醇化して摂取する、という論理構成であった。衆議院本会議での文部大臣による答弁や『国体の本義』編纂もこの論理構成である。こうすれば大東文化協会の思想的志向性と矛盾せず、天皇機関説を弾劾している協会関係者にも説明がしやすいはずである。

ただし、この論理構成が実際にどのような影響を及ぼすかは別問題であろう。国体に醇化していない外来文化を排斥することは必要とされており、それは西洋文化のみならず東洋文化についても同様である。実際、戦時体制の強化と戦況の劣勢化が言論空間を狭めるにつれて、言論の重点は摂取よりも排斥にますます傾き、国体は外来文化排斥の根拠として強く機能していく。いわゆる国内思想戦の主張である。縮小する言論空間では、競争相手を空間の外に押し出しやすく、また逆に、自分も押し出されやすいため、国体論で先手を打って他人を政治的に排除するのは効果的な手法であった。[192] このような手法を抑え込む政治的実力を文部省は有しておらず、外部から対応を迫られては守勢に回ることを繰り返していくのである。

しかも、文部省が思想の実質的内容に踏み込めば踏み込むほど、個人の自由な研究は阻害されやすくなる。それは、国体を真に明徴にしようとする研究についても同様である。官庁が国体研究の環境整備役に徹せず、自ら国体定義の主役に乗り出すことは、各人の国体への熱意を阻害するのみならず、治安維持法などとの関連で、国体について沈黙せざるをえない傾向を強めるはずである。しかし、内閣審議会との関係や審議会設置の事情があり、思想を主要議題に設定せざるをえなかったにしても、文部省が、とりわけ伊東延吉思想局長が、主役への乗り出しに意欲を有していたことは明らかである。

東京文理科大学教授の石山脩平《いしやましゅうへい》は、昭和一一年一月刊行の『教育学研究』で「昭和一〇年教育界の回顧」を行ない、以下のように記している。なお、この時点の評議会はまだ開かれたばかりである。

「教学刷新評議会そのものの業績は今の所全く未知数であるが、しかし巷間《こうかん》臆測するが如き単なる「申訳的」の設置に止まらずして、その標榜せる趣旨のままに行動せられたならば、既に倦《う》まれ初めてゐる日本精神運動を反動固陋の邪道より救ひ出して、（西洋文化にも十分の尊敬を示しつつしかも国民的自覚を失はざる）明朗闊達の一路を進ましめることが出来るであらう[193]」。

ここで石山が「申訳的」と記したように、陸軍の意向が強く働いて一〇月下旬に急遽委員会の設置に至ったことは、高野邦夫と荻野富士夫によって指摘されている[194]。ただし、二・二六事件によって陸軍の人事は一新されており、委員は古荘幹郎から新任の陸軍次官である梅津美治郎《うめづよしじろう》に交代し、幹事は山下奉文軍事調査部長から磯谷廉介《いそがいれんすけ》軍務局長に交代することとなる。この人事異動が審議に影響を及ぼしたかどうかについては判然としない。いずれにせよ、教学刷新評議会はたしかに「申訳的」とはならず、むしろ文部省の国体明徴政策にとって画期的なものとなった。しかし、「明朗闊達」という石山の希望には添えなかったように思われる。それは、文部省の政策内容のためであると同時に、官庁が思想を決定することの弊害のためでもあったのではないだろうか。次章では、特別委員会での答申草案審議を中心に、議事の流れを検討していくこととする。

第四章　教学刷新評議会の会議運営——議事進行と答申決定

はじめに

教学刷新評議会は、昭和一〇（一九三五）年一一月一八日に勅令によって設置された会議である。教学刷新評議会官制の第一条第一項には、「教学刷新評議会は文部大臣の監督に属し其の諮問に応じて教学の刷新振興に関する重要なる事項を調査審議す」とあり、第二項ではこの事項について「文部大臣に建議することを得」とされている（上181）。官制第二条第一項は、評議会は「会長一人及委員六十人以内」で構成されるとし、同第三条第二項は、必要があれば臨時委員も加えて、「委員及臨時委員は文部大臣の奏請《そうせい》に依り内閣に於て之を命ず」と定めている（上181）。巨大な会議である。

ただし、先行研究が指摘してきたように、この会議の設置は政治的に切迫した事情によるものであった。高野邦夫は、この審議会が「いわば政争の中から生まれた」ものであり、岡田啓介首相の主導で、官制公布の「三週間たらず前にあわただしく、その設置が決定された」と指摘している。[1] また、荻野富士夫は、高野の指摘を踏まえた上で、当初は省内の委員会を想定していた文部省が「官制にもとづく評議会に格上げ」して設置提案を行なったのは、「軍部からの圧力や岡田首相の意向があったとも考えられる」としている。(2)天皇機関説事件という「不祥事」に激発されて、国体明徴を要求する声が帝国議会や陸軍に高まり、政府としての対応が非常に強く求められていたのである。

この陸軍の要求に関しては、国立公文書館に「国体明徴の為政府の為すべき処置」と題する文書がある。昭和一〇年一〇月二四日付で軍事課と記載され、陸軍の用箋五頁に整然と記述されている。保管先は内閣総理大臣官房総務課である。(3)原田熊雄《はらだくまお》日記には、一〇月二二日に原田が岡田首相から、「陸軍大臣が機関説排撃といふか、国体明徴について何か特別の機関を設けてもらひたい、といふ希望を述べて帰った。自分は、文部省内に国定教科書再検討の機関でも置かうか、と内々考へてゐる」と聞いたとの記述がある。(4)陸軍省軍務局軍事課の文書は、口頭での「希望」を文書化して内閣総理大臣に提出したものではないかと推測される。

この軍事課文書では、要求する「希望」が五点に分けられて記述されている。すなわち、「一、国体研究機関を拡充して国体の本義に関する信念に科学的基礎を附与し国体明徴の規矩《きく》を確立す」、「二、教育制度並内容を刷新して国体の本義を明徴ならしむると共に国体観念を涵養せしむ」、「三、国体の本義に背戻《はいれい》し或は之を混迷せしむる虞ある著述を厳禁す」、「四、言論学説の取締り法規を厳にして邪説の台頭を阻止す」、「五、人事の全般を刷新して人心を一新す」である。各要求にはさらに細かな説明があり、「中等学校の教科書を国定となし其の内容を改善拡充して国体観念の涵養に資せしむ」は、二の教育制度への要求の中にある。(5)

図2　昭和10年12月5日文部省会議室での教学刷新評議会総会の模様。松田源治文部大臣の挨拶（『帝国教育』昭和11年1月号）

岡田首相が原田に言及した国定教科書の件は、この要求への対応なのであろう。

ただし、本文書の最後には、「六、以上は国体明徴の為に取《とい》敢《あ》へず実行せざるべからざる要項なるも国家の政治及社会組織並経済機構等の根本的革新と相俟たざれば完全なる効果は之を期待し難き所あるを以て此等に関しても亦漸《ぜん》を追うて適正なる革新を加ふるの要あるものとす」とある。(6) この「希望」を容れるのであれば、個別の案件への対応ではなく、「根本的革新と相俟」ちうる対応を実施する方が適切なはずである。原田によれば、岡田首相は原田に対して、一〇月二八日には「国体明徴に関して軍部大臣から注文があるが、文部省あたりにやはり何か設けたいと思ふ」と言明し、同月三〇日には「文部省に教学刷新の委員会を設けることにして、一一月五日の内閣審議会にかける。勿論その前日に閣議を開いて決定するつもりだ」と報告していた。(7) 原田は、元老西園寺《さいおんじ》公望《きんもち》の秘書である。

岡田としては、五月に設置したばかりの内閣審議会で国政刷新の検討を引き続き行なうとともに、新設の教学刷新評議会には陸軍次官を委員に入れ、陸軍の要求に積極的に応える形式を整えようとしたのであろう。内閣審議会は岡田を会長とし、副会長の高橋是清以下、斎藤実、水野錬太郎、伊澤多喜男、安達謙蔵、池田成彬など政財界の重鎮一五名の委員で構成されていた。これとは別に、文部大臣が責任を持ち、教育と学問の全般的な刷新と振興に取り組む会議を新設したことは、前記の要求項目にあった「言論学説の取締り」を議題から外すことを可能とするはずである。「言論学説の取締り」を担当するのは、内務省や司法省だからである。

しかも、全般的な刷新と振興に取り組むためには、各界の有力者を委員として広く意見を聞く必要がある。巨大な会議を編成し、多様な意見が多数出されていけば、陸軍の意見だけを尊重するわけにもいかなくなる。ただしそのためには、議事進行の主導権を文部省側が握っておかなければならない。それでは会議は、どのように運営されたのか。教学刷新評議会の議題設定を検討した前章に引き続き、以下では、議事進行と答申決定への会議運営について検証作業を行ないたい。なお、本章も前章に引き続き、『教学刷新評議会資料』からの引用は上巻二一〇頁であれば文中に（上210）と略記する。

第一節　委員の選任と構成

平成期に多数の審議会等に参加した森田朗《もりたあきら》は、それらの経験を踏まえて、「審議会の設置に当たって、委員の選任は最重要事項である」と指摘している。[8] 実際、教学刷新評議会でも委員の選任は最重要事項であった。政治的に険悪な雰囲気の中で、政治的に炎上している問題を審議する評議会となるだけに、委員の選任には慎重を期すことが求められるのである。

とはいえ、教学刷新評議会は突然に設置が決まった会議であり、評議会の編成には時日《じじつ》のない状況であった。官制第三条第二項には「委員及臨時委員は文部大臣の奏請に依り」と定められており（上181）、文部省として、委員の選任を的確に行なえるかどうかが会議運営の成否を左右することとなる。この委員選任に関連して、「石井、原両顧問官を教学刷新評議会委員に任命の件」と題する文書が国立公文書館にある。これは、昭和一〇年一一月九日付で松田源治文部大臣から枢密院議長一木喜徳郎宛に出された照会文書である。一二日には「差支無之候《さしつかえこれなくそうろう》」との返答が出されており、石井菊次郎と原嘉道の委員就任が内定したと考えられる。この文書には「極秘」との注意付きで、この時点での教学刷新評議会委員（予定）の一覧が添付されており、委員会の構成を理解するのに簡便である。[9]

委員予定者は六〇名である。一覧の順に役職のみ紹介すると、内閣書記官長、法制局長官、内閣調査局長官に続いて枢密顧問官三名、内務次官、陸軍三名、海軍三名、司法次官、文部省三名となる。委員の役職から推測すると、陸軍は参謀次長、教育総監部本部長、陸軍次官、海軍は軍令部次長、海軍大学校長、海軍次官である。なお文部省は、文部政務次官、文部次官、文部参与官である。次官級の会議ということなのであろう。

続いて帝国大学総長が六名である。この時点では名古屋帝国大学は設立されておらず、東京、京都、東北、九州、北海道、大阪の各帝国大学総長となる。東京文理科大学長、国民精神文化研究所長、慶應義塾大学長、早稲田大学長、國學院大学長が続き、その後に貴族院議員が八名、衆議院議員が二名である。さらに、東京帝国大学名誉教授が六名、同教授が七名、京都帝国大学名誉教授が二名、同教授が三名となる。広島文理科大学教授の西晋一郎、国民精神文化研究所員の紀平正美、肩書き不記載の宮地直一と山田孝雄で一覧は終了する。

この一覧によれば、政府および陸海軍関係者が一四名、東京帝国大学関係者が一四名、帝国議会議員が一〇名、京都帝国大学関係者が六名、枢密顧問官が三名、その他一三名である。ただし、枢密顧問官、衆議院議員、東京帝国大学教授の各一名が黒塗りで抹消されており、就任の内諾が得られなかったと推測される。また、一覧にある東京帝国大学法学部教授の穂積重遠ではなく、一覧にない東京帝国大学名誉教授の山田三良が委員となっている。開会時の山田は京城《けいじょう》帝国大学総長である。

穂積は前法学部長、山田は元法学部長であり、東京帝国大学法学部長経験者を入れる趣旨なのかもしれない。なお、この時点の法学部長である末弘厳太郎《すえひろいずたろう》の名前は一覧にない。美濃部達吉夫人と末弘夫人はともに菊池大麓《きくちだいろく》の娘であり、末弘からすれば美濃部は義姉の夫である。委員に入るには近すぎる関係である。なお、昭和一一年四月に末弘の後任として、穂積は法学部長に再任されている。いずれにせよ、内諾の得られた五六人に山田を加えて、教学刷新評議会は五七名の委員で発足している（上183〜191）。

衆議院議員では立憲民政党の永井柳太郎が委員となっており、内諾を得られなかったのは立憲政友会の議員であったと思われる。黒塗りの名前は画像では山本悌二郎と読めるように感じられるが、これは筆者の印象である。山本は、天皇機関説弾劾に真剣に取り組んでいた議員である。一覧の日付より後、一一月一八日に委員に就任した衆議院議員の島田俊雄《しまだとしお》は、同月二五日に文部大臣宛に辞任を申し立て、二九日に辞任となっている（上19）。[10] 島田は立憲政友会元幹事長であり、終戦時には衆議院議長となる重鎮である。

菅谷幸浩は、この頃は陸軍が在郷軍人会による天皇機関説弾劾運動の統制に乗り出す一方、立憲政友会は岡田内閣倒閣への動きを強めていた、と指摘している。[11] 昭和一一年五月一二日に委員に就任した衆議院議員の東武[12]は、当時の立憲政友会の方針について、同年九月一五日開催の第六回特別委員会で以下のように述べている。

「……前岡田内閣当時の岡田首相は、天皇機関説に対しては自分は全く判らぬ、是は学説であるからして判らぬと云ふやうな極めて曖昧の態度を終始採って居った、それが即ち延いて一波万波《いっぱまんぱ》を生じまして、遂に天皇機関説と云ふものが非常な国家の重要な国体論とまで転化致したのであります、其折に於て教学刷新の委員会を設ける、委員会を設けて之に対して総《すべ》て教学の刷新の実を挙げ、同時に機関論なんと云ふやうなものが世の中に在りとするならば、之を排除する、若《も》し是が国体に反する思想であるならば、之を抹殺すると云ふことの意味で教学刷新の委員会と云ふものが設けられた、国政全般の制度の改革や、或は従来の教育方針を矯正する為に此教学刷新の委員会が出来たのでせう、吾々は其当時教学刷新の委員会が設けられたと云ふことは、岡田内閣が責任を転嫁するものである、唯《ただ》一時責任を転嫁して世間の非難攻撃を「カモフラーヂ」するものである、斯う云ふ観方に依って吾々は此教学刷新と云ふ重要なる国体の本義を闡明すると云ふことに対する調査機関に対して委員を送らぬと云ふ態度を採って参った」。（下183～184）

東は、天皇機関説弾劾を推進した木下成太郎と同じく、北海道選出の立憲政友会所属の衆議院議員であった。東によれば、党としての不参加方針は廣田弘毅内閣の姿勢を受けて変更となり、教学刷新評議会に入ることとなった。東の説明は以下である。

「併《しか》しながら岡田内閣が彼の不祥事件に依って引退せられ、廣田内閣になりまして、廣田内閣は屢々《しばしば》此点に付て声明を出して居る、所謂庶政一新と同様に国体を明徴に致すと云ふことを中外に宣明を致し、さうして熱心に此点を高調力説致した為に、吾々の党派にも是非委員を出して呉れと云ふことがありまして、さうして廣田内閣は此教学刷新の委員会で全く真面目に帝国の日本精神を高調し、国体観念を益々明徴にする所の誠意ある方針であると云ふことを認めて、私共は委員の末席に列した訳であります」(下184)。

東は、昭和一〇年三月二三日の衆議院本会議での「国体に関する決議案」共同提出者六〇名の中に、島田俊雄とともに入っている。議事速記録によれば、印刷配布が間に合わないため案文を書記官が朗読し、立憲政友会総裁の鈴木喜三郎が代表者として趣旨説明を行なった。決議案の内容は、「国体の本義を明徴にし人心の帰趨《きすう》を一にするは刻下最大の要務なり政府は崇高無比なる我が国体と相容れざる言説に対し直に断乎たる措置を取るべし」という簡潔で攻撃的なものであり、満場一致で可決されている。(13)

他方、貴族院では「政教刷新に関する建議案」が同月二〇日開催の本会議において全会一致で可決されている。教学刷新評議会の委員には、発議者六名の中、田所美治と鵜澤總明の二名、賛成演説をした四名の中、三上参次と二荒芳徳の二名が入っている。(14) 三上は一覧では東京帝国大学名誉教授と記載されているものの、帝国学士院会員勅任議員として貴族院議員でもあった。

貴族院での建議当事者とはいえ、これらの人びとは教学刷新評議会で、天皇機関説弾劾よりも国体明徴の方に力点を置いて発言したように思われる。これに対して東は、教学刷新評議会の設置は天皇機関説の「排除」または「抹殺」のためでもあるとの認識を示している。実際、この後の東の発言は文部当局を厳しく追及するものであった。東はまず、天皇機関説を説く書籍やプリントについて、司法処分とは別に文部省として行政処分をどうしているのかを質し、さらに、天皇機関説から転向したとされる大学教授を文部省として監視しているのか、退職させることも考えているのかと問い詰める（下185〜186）。「カモフラーヂ」ではないことを証明せよ、と迫るのである。

これに対して平生釟三郎文部大臣は、設置は前内閣のため「詳しい事情のことは能《よ》く存じませぬ次第もありますが」と答え、文部省として調査を行ない、必要に応じて「内務省の方に注意」をしたり、「漸次に大学総長とも相談」をするとかわしている（下187〜188）。設置時の文部大臣である松田源治は、昭和一一年二月一日に現職のまま急逝し、その後の文部大臣は川崎卓吉、潮恵之輔と交代して、平生は開会以来四人目の文部大臣である。平生が詳しく知らないと答えるのは不自然ではない。なお、実業家の平生は甲南学園の創立者であり、その死後に甲南大学が設立されている。平生は、昭和二〇年一一月二七日に没している。

これに対して東は、「帝国議会でありませぬから、是は極く円満な委員会でありますから、余り追究した質問は致しませぬ」（下188）と述べつつも攻撃の矛先を鈍らせない。美濃部よりも危険な思想の大学教授が他にもいると指摘し、それを放置して「大学の国体思想を闡明する」というのは「余程誤った矛盾した点である」とする（下188）。東は続いて、明治四四（一九一一）年の南北朝正閏《せいじゅん》問題の際に帝国議会で奮闘し、教科書問題に取り組んだ思い出を語り、翻って、現在の高等小学校の国史教科書で北条義時《ほうじょうよしとき》・泰時《やすとき》父子の政治を過度に賞賛しているのはなぜかと文部省の国体への見識を糺《ただ》す（下188〜189）。さらに重ねて東は、「未熟な学問の研究が誤った思想となって」おり、大学の教員学生に最も深刻な懸念があるとして、現状打破への文部大臣の決意を問うのである（下193〜194）。

東の発言はさらに続き、国体明徴にきわめて真剣に取り組む姿勢がよく伝わってくる。ただ、その参加は昭和一一年九月七日開催の第四回特別委員会からであり、すでに幹事たち作成の答申草案が会議で配付される段階にあった（下17）。立憲政友会が不参加方針を採らず、島田ではなく東が第一回総会から参加していれば、議論の方向性は弾劾の方に強く傾いていたかもしれない。これに対して文部省の側からすれば、国体明徴による教学刷新という文部省本来の領域で、積極的な提案として答申草案を首尾よく作成できた、ということになる。森田朗は会議での答申原案の重要性について、こう指摘している。

「……それまでの議論と骨子等の文章化された材料はあるものの、答申には最終的な文章表現の余地が広いことから、最初に誰が草稿を執筆するかは、重要な問題である。「原案は七分の利」といわれるように、原案によって答申の具体的内容の大半が決まってしまい、それを書くことのできる者は大きな利点をもつ。もちろんあとから、他の者が、その者の抱いているイメージと異なるといって修正を求めることはできるが、それまでの手続からして大幅な方向転換は無理であり、修正の余地はかぎられている」[15]。

ところで、東はなぜこんなに真剣なのであろうか。東は、明治二（一八六九）年に勤王の志高い十津川郷士の子として、現在の十津川村で生まれた。明治二二（一八八九）年の十津川大水害で甚大な被害を受けた村民とともに、明治二四（一八九一）年に北海道へと率先移住し、農地を開拓し北海タイムス社を設立し、新天地で活躍の場を切り開いた立志伝中の人物である。[16]「南朝忠臣の裔《すえ》」である父の東義次《あずまよしつぐ》は十津川郷士として「洛に上り皇城を守護し、又高野山及五条の義挙に参与」して王事に尽力し、維新後に帰郷して「蚕桑植樹を業」とした。[17]これは大正一五（一九二六）年一一月三日付の東武による碑文である。五条義挙とは、文久三（一八六三）年の天誅組の変のことである。

このような歴史的・思想的背景を担って、東は国体明徴に尽力する。孝明《こうめい》天皇の勅命を受けて元治《げんじ》元（一八六四）年に設立された文武館（現在の奈良県立十津川高等学校）に学んだ後、東は東京法学院（現在の中央大学）を卒業して北海道に移住する。昭和九年一一月九日付の「文武館創立七〇年記念碑」で東は、南朝を支えて「正統を擁護」し、明治維新に尽力した「祖先の遺烈を懐」うことを説いて文時勢に及ぶ。[18]「謂へらく教育の大本は徳器を成就するにあり、才学ありと雖《いえども》徳性に欠くるあらば則ち殆《あやふ》し、国家元気の興衰は一に健全なる士気の消長にあり、方今詭説世に蔓《はびこ》り、国民思想混乱す、忠孝の大道動もすれば陵夷に陥らんとす、我十津川の士民復《ま》た将《まさ》に天下に率先して剛健の気風を発揮し、報効の至誠を披瀝し、以て思想の廓清を図るべきの秋なり、斯の如くんば則ち、文武館創立の精神厳として天地に存し、荒僻《こうへき》の邑《ゆう》永に湮《いん》没に帰せざるべし[19]」。

忠孝の美風が国体の精華であり教育の淵源である、というのは教育勅語の思想的立場である。東は特に徳器の成就を重視し、「詭説」が蔓延《はびこ》り国民思想が混乱する状況を憂慮している。衆議院議員の小久保喜七《こくぼきしち》は、長年の政治的・思想的同志である東を「皇室中心主義の熾烈な国士」と呼んでいる。[20]南北朝正閏問題の際には、犬養毅による桂太郎《かつらたろう》内閣弾劾に党を超えて同調し、東と小久保は山本悌二郎、中村敬次郎《なかむらけいじろう》、戸水寛《とみずひろ》人《んど》とともに南朝正統のために闘ったと追想するのである。(21) ちなみに、その際に敵視された歴史家の一人が、特別委員会に出席している三上参次である。

天皇機関説事件において東は、木下成太郎、山本悌二郎とともに衆議院での機関説弾劾に尽力した。山本は佐渡島に医師の子として明治三（一八七〇）年に生まれ、品川弥二郎《しながわやじろう》の支援によって一七歳でドイツに留学し、農学で博士号を取得して八年後に帰国している。(22) 廣田弘毅内閣の外務大臣である有田八郎《ありたはちろう》は弟である。(23)

さて、危機感を持って長年国体問題に取り組んできた東にとって、天皇機関説事件は明治以来繰り返される由々しき事態であった。天皇機関説弾劾と立憲政友会による倒閣運動が連動していたにせよ、東、木下、山本に関しては、年来の思想的立場が政局よりも重要であったように思われる。山本に親炙《しんしゃ》した伊坂誠之進《いさかせいのしん》は、山本も東も「遊泳術の如きは極めて下手」であったと回想し、しかし「哲学がない」現代政治家にはない「深み」があったと追慕している。(24) 彼らは弾劾に真剣であり、それだけに、もしも委員に入るならば文部省として手強い相手なのである。なお、東は昭和一四年九月三日、木下は一七年一一月一三日、山本は一二年一二月一四日にそれぞれ没しており、誰も日本の敗戦を見ることはなかった。

文部省としては、陸軍への対応を重視しつつ、他の委員にも気配りをして、まさに円満に答申をまとめたかったはずである。その意味では、立憲政友会の不参加方針は会議運営の打撃にならず、むしろ円滑な議事進行のために都合がよかったのではないだろうか。なお、貴族院議員の鵜澤總明は立憲政友会の重鎮であり顧問であるものの、[25] 独自の立場を保持していたのであろう。

他方、枢密顧問官や貴族院議員の人選では、文部省との関係が上手に活用されていたように思われる。以下では、委員の社会的立場に加えて、文部省との関係について把握できる限り紹介しておこう。

枢密顧問官は石井菊次郎、原嘉道の二名である。辞退した一名の名前は確認できていない。元外務大臣の石井菊次郎は外交界の重鎮である。養子の石井勗は小川義章の親友であり、教学局の初代企画課長に就任する。原嘉道は弁護士で元司法大臣であり、委員任命の時点で中央大学学長であった。原は法曹界の重鎮、元司法大臣であるとともに、有力な私立大学の学長でもあったわけである。第三回総会の後、原は文部大臣の指名によって特別委員長に就任することとなる。なお、石井と原は帝国大学法科大学（現在の東京大学法学部）の同期生である。[26]

貴族院議員は二荒芳徳伯爵、渡邊千冬子爵、郷誠《ごうせい》之助《のすけ》男爵、阪谷芳郎男爵、上山満之進、田所美治、鵜澤總明、小山松吉の八名である。二荒芳徳は少年団日本連盟の大正一一（一九二二）年創設時からの理事長であり、文部省と関係の深い社会教育協会の理事でもあった。[27] 社会教育協会の会長は、後述の阪谷芳郎である。渡邊千冬は元司法大臣であり、文部大臣が監督する宗教制度調査会の委員を設立時の大正一五（一九二六）年から昭和一四年まで務めていた。[28] 男爵の郷誠之助は任命時には日本商工会議所会頭で、文部大臣を会長とする実業教育推進委員会の委員に六月一八日に就任したばかりである。

男爵の阪谷芳郎は、社会教育協会会長として文部省の社会教育に長年貢献するとともに、専修大学総長であった。上山満之進は元台湾総督であり、教学刷新評議会開会直後に枢密顧問官に就任する。現在の山口県防府市の出身であり、文部省所管の維新史料編纂会委員である。[29] 田所美治は教育行政の重鎮であり、元文部次官である。鵜澤總明は弁護士であり、この頃は大東文化学院元総長、明治大学総長である。貴族院議員の小山松吉は元検事総長、前司法大臣であり、法政大学総長である。

つまり、枢密顧問官と貴族院議員として予定一覧に掲載された委員には、中央大学、専修大学、大東文化学院（現在の大東文化大学）、明治大学、法政大学の学長、総長、元総長が入っていたわけである。慶應義塾大学塾長、早稲田大学総長、國學院大學学長も委員に入っており、東京帝国大学名誉教授として掲載された委員でも、高楠順次郎は東洋大学前学長、服部宇之吉は京城帝国大学元総長にして國學院大學前学長、京都帝国大学名誉教授の小西重直は同大学前総長である。委員としては国立大学の現職の総長が七人、東京の私立大学の現職の学長または総長が七人、学長または総長経験者が現職を除いて三人となる。学長または総長が、実に現職元職合わせて一七人に達している。この人びとは、それぞれ過去または現在に大学の運営や経営に責任を有し、文部省との関係が特に強くあるはずである。

東の就任まで委員中唯一の衆議院議員であった永井柳太郎は立憲民政党の元幹事長であり、以前に辞退した島田俊雄は立憲政友会の元幹事長であった。幹事長級で委員を出すということだったのかもしれない。ちなみに松田文部大臣は、立憲政友会から政友本党を経て立憲民政党の衆議院議員であり、立憲民政党の前幹事長である。[30]

なお、永井にも大学との関係がある。永井は財団法人として再出発した関西学院の創設理事であり、その在任期間は昭和六年九月から一九年一二月の逝去に及んでいる。[31] 関西学院大学の設立認可は昭和七年である。永井は明治一四（一八八一）年に生まれ、関西学院を卒業して東京専門学校に進んでおり、早稲田大学と改称した母校で教授を務めたこともあった。逝去時の永井は大日本育英会の初代会長、大日本教育会の会長であり、葬儀委員長は藤野惠文部次官である。(32)

他方、九州帝国大学総長の松浦鎮次郎は元文部次官、京城帝国大学元総長、貴族院議員である。さらに、師範学校系の東京文理科大学長である森岡常蔵《もりおかつねぞう》、文部省直轄の国民精神文化研究所の所長である関屋龍吉《せきやりゅうきち》は元文部官僚である。文部省三人に田所元文部次官を加えると、文部省関係者は実は七人となる。

文部省として、関係のある有力者を委員に入れようとするのは自然な動きであろう。そのような人びとは、徹底的に文部省を糾弾するよりも、積極的な提案を行なっていってくれると期待できるからである。ただし、委員選任の理由をこのような事情に求めることは、想像にすぎない。教学刷新評議会の研究で先駆的な役割を果たした高野邦夫は、関係者の逝去によって遺憾ながら選任理由を直接確認することはできないと指摘している。(33)

そのため高野は、委員の社会的立場の検討を行なう必要性を強調している。「教刷評という、きわめてイデオロギー色濃厚で特異な組織を対象とするためには、どうしてもまずそれを構成した人間を問題にし、それをおさえふまえた上で、その発言や提出された文書を問題にしていかねばならない」からである。(34) 教学刷新評議会は利害関係の調整や制度の変革ではなく、まずもって思想を対象とする会議であり、それゆえその研究にとって、委員の思想的立場はきわめて重要な要因なのである。

ただし本稿では、教学刷新評議会の会議運営を検証するために、あえて選任の理由を推測しようとした。

ちなみに、委員発令の辞令は国立国会図書館憲政資料室所蔵の『鵜澤總明関係文書』に残されている。差出人は文部省思想局長伊東延吉であり、発令者は内閣である。辞令の日付は一一月一八日であり、封筒裏面の日付けは二二日となっている。[35] 文部省内では思想局が事務を担当し、思想局長の伊東が会議運営の責任を実質的に負っていたのであろう。それでは、会議はどのように運営されていったのか。次節では、特別委員会の設置へと至る議事の進行を追跡していきたい。

第二節　特別委員会への議事進行

教学刷新評議会の議事進行は、教学刷新評議会議事規則に基づいて行なわれる。教学刷新評議会官制第六条は、「議事に関する規則は文部大臣之を定む」としており（上181）、議事規則は官制が定められた三日後に文部省訓令として公布されている。

議事規則の第二条には、会長である文部大臣は「会議の議長と為り議事を整理す」とあり、第六条には、「発言せんとする者は議長の許可を受くべし」とある（上182）。文部大臣は議事進行の主導権を有しており、それは特別委員会の設置についても同様である。議事規則の第八条には、「会長必要と認むるときは委員及臨時委員の中より特別委員を選定し審査を為さしむることを得」とあり、第九条第三項には「特別委員会には本則の規定を準用す」とある（上182〜183）。多人数の会議でよくあるように、この会議でも途中で特別委員会が設置され、答申の詳細が具体的に詰められていくこととなる。それゆえ特別委員長の選任は、会議の実質を決定する重要性を持つわけである。

会議での座長の重要性について、森田朗は、「座長は会議の趣旨を充分に理解し、さまざまな意見をもつ委員全員の合意を取り付け、答申を権威ある形でまとめる力量のある人物でなければならない」と指摘している[36]。教学刷新評議会の場合であれば、議長である文部大臣は職権を有しており、特別委員長の原嘉道はまさに力量ある適任者であった。二・二六事件による中断や陸軍内部の混乱があったにせよ、答申の採択へと会議は順調に進んでいくのである。

さて、昭和一〇年一二月五日開催の第一回総会において、まずは文部省の伊東延吉思想局長が議事規則の確認と予定委員の交代を説明している（上19）。その上で松田源治文部大臣が会議の主旨を説明し、文部省の田中義男思想課長が諮問内容とその説明を読み上げ、委員からは教学刷新評議会の議題設定などについての質問があった（上19〜25）。その後、幹事作成の審議内容見込が田中課長によって読み上げられ、伊東局長から審議内容見込の補足説明が行なわれている（上25〜27）。

これに対して委員から重ねて議題の確認などがあり、鵜澤總明からは議事規則上の多数決の取り扱いについての要望が出された（上35）。議事規則の第七条では、第一項で「議事は出席の委員及臨時委員の過半数を以て之を決す」とあり、第二項では「可否同数なるときは議長之を決す」とある（上182）。これに対して鵜澤は、議題の性質上、特に慎重な審議を求めたのである。

「何を偖《さ》て措いても今日特に教学刷新の評議会を御設けになったと云ふ理由は、今日世間に問題となって居る国体観念の明徴と云ふことを全然離れて、唯学問的にのみ或は委員会的にのみ此処で決議をすると云ふ意味ではなからうと思ふのであります、やはり是等の問題の根本に触れた御審議をせられる、之に依って此会の意向が多数決で決められると云ふことに付ては私は少し異議があるのであります」(上35)。

その上で鵜澤は、「成るべく委員の方全体の意思の纏まるやうな慎重な審議を仰ぎまして御決定になると云ふことが宜しくないかと思ふのであります」と述べている(上35)。鵜澤は練達の弁護士であるとともに、大東文化協会の活動などで国体明徴問題に長年真剣に取り組んできた。その鵜澤からすれば、教学刷新評議会の決議が単に理論的あるいは形式的に終わらせられること、端的に言えば、それでお茶を濁されることを警戒したのであろう。

他の委員の発言が続いた後、貴族院議員の二荒芳徳と陸軍次官の古荘幹郎が鵜澤に賛同し(上38~39)、古荘が「出来るだけ全般の議を纏めまして、尚ほそれでも纏らぬ場合には、少数の意見も少数の意見として、答申にははっきり載せて戴きたい」と強く要望する(上39)。ここで松田文部大臣が応じて、「成《なる》べく私は多数決と云ふことにしたくないのでありますけれども、規則の上から決定しなければならぬ事項は多数決になります、少数意見は少数意見として附けて差支ないと思ひます」と答えている(上39)。

二荒はまた、「此処で率直に申上げましたことが直ちに外に出て片言隻句《へんげんせきく》を捕へられまして、何か国体的に色々疑義を持って居る者の如く世間から思はれ」ては支障が出るとして、時には秘密会にして欲しいと要望している(上38)。これに対して松田は、新聞記者は入れないので大体は秘密会であると答えている(上39)。

しかし、二荒の懸念は的中した。第三章で言及したように、評議会での和辻哲郎委員の発言を木下成太郎衆議院議員が問題視し、林銑十郎内閣総理大臣他の大臣に送付した「教学刷新の実施に関する意見書」で厳しく弾劾したのである。[37] 木下の伝記はこれを昭和一二年二、三月頃としている。木下によれば、和辻は講義や著述で「美濃部達吉博士等の法学上の謬論に比し一層矯激《きょうげき》なる暴論を吐露せる」人物であり、「聞くところに依れば教学刷新評議会の席上、委員として教学刷新の主旨に反対するか如き口吻《こうふん》ありしと言はるるもまた当然の事」と意見書に記しているのである。[38]

さて、鵜澤の意見は利害関係の調整や政治的な妥協を行なうための会議でない以上、もっともなものである。本来ならば国体の明徴は、審議の時間を十分に取って、真剣に討議し慎重に検討すべき議題だからである。しかし会議運営側からすれば、有力者を頻繁に招集することは難しく、六〇人近い委員の意見を集約できる見込みも立ちにくかった。文部大臣としては、出席者の多数による決定は譲れない原則であり、それを前提として慎重に審議を進めることは約束する、という対応なのであろう。つまり、多数決の方針に変更はない、ということである。少数意見を答申に記載して意味があるかどうかは、答申を受ける側の判断に委ねられるはずであり、多数決を否定しない古荘の意見は、文部省への助け船のようにも感じられなくもないのである。

この方針は、会議運営側の都合によるだけのことなのかもしれない。しかしここには、思想を会議で決めることの限界も現われているように思われる。一体、多人数の会議で国体の内容を定義することはできるのだろうか。もしも定義するのであれば、できるだけ簡潔に、必要最小限での定義で合意を形成すべきであろう。実際、そのように主張する意見が、複数の委員から出るのである。あるいは、できるだけ早く実務的な議題に移り、国体明徴の方法を議論すべきであろう。その方が議論もしやすく、答申も作成しやすいはずである。こちらも、そのように主張する意見が、複数の委員から出ることとなる。

いずれにせよ、答申の作成という目標に引きずられて議事進行が安易に流れることへの懸念は理解できるものである。しかし文部省としては、他に重要案件も抱えており、この評議会のみに専念するわけにはいかなかった。この頃の文部省は、宗教団体法案の作成という懸案も抱えていたのである。

宗教に関する基本法の制定は明治以来何度も挫折し、宗教団体の運営に限定した宗教団体法が帝国議会でようやく成立したのは昭和一四年のことであった。[39] その一つ前の試みが、昭和一〇年の宗教団体法草案である。小川原正道《おがわらまさみち》は、松田文部大臣がこの法案成立に特に強い意欲を示し、神戸新聞の報道によれば、同年一〇月に三邊長治文部次官および高田休廣《たかだやすひろ》宗教局長と協議して宗教制度調査会への諮問を決定したと指摘している。[40] 宗教制度調査会への諮問は一二月一〇日である。

松田文部大臣が調査会に諮問したのは、「「宗教団体法案要綱」とその参考たる「宗教団体法草案」（いわゆる「松田案」）」であった。[41] 宗教制度調査会の開催は、実に昭和四年一月以来である。この調査会は大正一五（一九二六）年の宗教制度調査会官制によって設立され、教学刷新評議会と同じく文部大臣の監督下にあるものであった。渡邊千冬、田所美治、高楠順次郎は、こちらの委員でもある。その開催は慌ただしく、一二月一〇日に第一回総会、翌一一日に第二回総会が開催され、ここで特別委員会への付託が決議されて、以後一二月と一月に七回の特別委員会が開催されている。その後は二・二六事件をはさんで一二月まで開催されず、最終的に近衛文麿内閣の木戸幸一文部大臣によって諮問が撤回され、法案は立ち消えとなってい

る。(42)

文明協会発行の『日本と世界』誌に掲載された概要によれば、第一回総会には平沼騏一郎会長をはじめ四十余名の委員が出席し、文部大臣の演説と文部次官による説明の後、質疑応答に移っている。翌日の第二回総会でも質疑応答が続き、やがて委員の動議で特別委員会への付託となっている。(43) 誌面には主要な質疑応答が簡略に紹介されており、発言者名はないものの、議事の概要を把握できる情報が公開されている。同誌の発行日は昭和一一年一月一〇日である。

教学刷新評議会はもとより重大な議題を取り扱いはするものの、宗教制度調査会の久しぶりの開会も重要な案件であった。そのため文部省の年末年始は、会議が慌ただしく開催され続けることとなる。すなわち、一二月五日には教学刷新評議会第一回総会、一〇日には宗教制度調査会第一回総会が開催され、一一日に調査会第二回総会、一二日、一六日に調査会特別委員会、一九日に評議会第二回総会、二〇日に調査会特別委員会の開催となる。さらに翌昭和一一年一月には、一一日、一三日、一四日に調査会特別委員会、一五日に評議会第三回総会、一七日に調査会特別委員会、二八日に評議会第一回特別委員会が開催されている。評議会は主に思想局、調査会は宗教局と担当が分かれていたにせよ、関係者は議事録の取りまとめや公開情報の精査などの業務に追われたことであろう。この直後、二月一日に松田文部大臣は急逝するのである。

ところで、宗教制度調査会は二日連続の総会で直ちに特別委員会への付託に移っている。これに対して教学刷新評議会では、三回の総会の後に特別委員会への付託となる。それだけ慎重に審議したということであろうし、それでも、この程度しか審議しなかった、ということである。特別委員会は一部の委員のみによって構成される小委員会である。

教学刷新評議会での小委員会設置に向けては、第一回総会で早々に委員から要望が出されていた。開始からさほど経たずに、小山松吉は、議題が漠然としており、多数の委員が多様な意見を述べていてはまとまらないとして、速やかに小委員会を設置して幹事側と詳細に検討してほしいと要望したのである（上24〜25）。これに対して鵜澤總明は、まずは委員の意見をしっかり聞いて、見通しを立ててからにすべきではないかと主張する（上35）。他方、阪谷芳郎は小山に賛成し、小委員会の設置を急かしている（上39）。結局、松田議長がもう一回か二回総会を開きたいと述べ、田所美治の賛同も得て、総会を締め括ったのである（上52）。

第二回総会の最後では、松田議長から委員に対し、もう一回総会を開催するかどうかの意向確認があった（上92）。上山満之進がすぐに応じ、一回と限らず続けてほしいと答え、古荘幹郎も賛同して「成るべく早く続いてやって戴きたい」としている（上92〜93）。松田がやや迷っていると、小山が助け船を出した。小山は、これまでの議論が多様であるとして、「大体議場内の皆様の御意見が分りますと委員になった方もやり易いだらうと思ひます」とする（上94）。特別委員会設置までにもう一回総会を開くとの意見であり、松田もこれに賛成して会議を締め括っている（上94）。

第三回総会では冒頭で、阪谷芳郎から特別委員会設置の動議が出された（上132）。時間がかかっても総会は本日限りとし、特別委員会の「委員の数並に氏名は議長に一任致したい」との動議である（上132）。松田文部大臣がこれを受けて、委員に諮って了承を得た（上132〜133）。これによって総会は今回限りとすることで決着がつく。委員の意見表明は延々と続くものの、実質的な審議は特別委員会に委ねられることとなり、その委員の選任は議長である文部大臣の専権事項であることが確認されたのである。

これによって、議論の主導権は特別委員に移ることとなった。逆に言えば、特別委員に誰を選任するかで議論の行方が左右されることとなったのである。阿部彰によれば、文政審議会でも同様に、「総会につづいて特別委員会に付託し、そこでの検討を経て再び総会を開き議了するのが通例」であった。(44) 大正一三(一九二四)年四月一五日に官制が公布され、昭和一〇年一二月二九日まで設置された文政審議会は、非常に長期間にわたって、さまざまな教育改革に関与し、日本の教育史上に重要な意義を有した会議である。(45) 文政審議会官制には、この審議会が内閣総理大臣の監督に属し、内閣総理大臣に建議することができ、二名いる副総裁の一人として文部大臣が参加することが定められている。(46) 教学刷新評議会よりも、言わば格上の会議なのである。

この会議での特別委員の選任について阿部は、議事規則によって総裁たる内閣総理大臣に権限があるものの、「実際には副総裁たる文部大臣および幹事長の文部次官がその実権を握っていたものと見られる」とし、総会で「諮問案に批判的態度を示した委員は、特別委員の人選から意識的に除外されている傾向が見られる」と総括している。(47) ただし阿部は、批判的な委員も時に特別委員に入り、特別委員会の議論が活発になったことがあるとも指摘している。(48)

阿部はまた、文部省が陸軍との交渉を重視する傾向があり、貴族院の要求に対応した前例もあったとしている。(49) 文部省のこのような姿勢は、おそらく、教学刷新評議会の運営にも継続していたと思われる。なお、阪谷芳郎、田所美治、鵜澤總明は文政審議会で長く委員を務め、特別委員に複数回就任したのみならず、阪谷と田所は特別委員長にも就任したことがある。幹事長を務めたことのある松浦鎮次郎とともに、この人びとは文部省による会議運営に特に通じた委員であったと言えよう。[50]

ところで、文政審議会の廃止は教学刷新評議会の開会とほぼ同じ時期であった。この廃止について、内閣書記官長が法制局長官宛に発出した廃止勅令案の文書には、「内閣審議会及内閣調査局設置の趣旨に鑑み廃止の要あるに依る」との理由が記されている。[51] 他方、東京文理科大学教育学会が昭和一〇年一二月に発行した『教育学研究』誌には、内閣審議会の答申を得た後に文部大臣を会長とする教育審議会が新設されるとの情報が掲載されている。[52]「教育界消息」の欄である。内閣審議会の答申が出るまで審議会の設立を待つということなのであろう。

同誌はまた、「国体明徴に関する具体的方策と併せて日本精神を発揚し、且我国固有文化の発達向上を計る方案を講究する協議機関」が設置されるとの情報も掲載している。[53] 教学刷新評議会官制制定のために文部大臣が発出した閣議請議の文書には、その理由として、「国体観念、日本精神を根本として現下我が国の学問、教育刷新の方途を議し文政上必要なる方針と主なる事項とを決定し以て其の振興を図らんが為新に教学刷新評議会を設置するの必要あるに由る」と記載されており、「協議機関」が教学刷新評議会となったと推測される。[54]

さて、教学刷新評議会の検討に戻ろう。第三回総会での発言で、特に議事進行に関して意見を述べたのは京都帝国大学法学部教授の牧健二である。牧は、「本当に議論しやうとするならば、どうしても是は多人数のものが斯う云ふ風な半ば公開の如き席上に於て話すと云ふことは私は不可能かと考へます」と主張する

（上145〜146）。牧は「反省なくして国体の問題を考へることは不可能」であるとして、秘密会の開催を要求し、あわせて「議会に於ける委員の発言と同じく会の外に於ては責任を有つ必要がない」よう発言の自由を保障する工夫を求めるのである（上146）。

昭和一〇年三月刊行の『日本国体への反省』で、牧は、「皇室を中心とした国家生活といふ所に一切の理想の基礎を置いて居る」ことが「日本の国体の精神である」としていた[55]。牧によれば、日本の国体は「長い歴史の錬磨を経て来」たものであり、「東洋及び西洋の政治の方法を同化し得る弾力性があるところに日本の国体の価値がある」のである[56]。その上で牧が求めるのは、「皇室を中心として理想の国家の建設に邁進するといふ、我が大日本帝国の国体の本義の顕現発揚」に今取り組むことである[57]。そのためには、「国民の生活を一層完全ならしめる所の理想を実現しようといふ道徳的な、精神的な情操的な内容」を含み持つ日本の国体を深く反省し、そこから国難の解決方法を見出していかなければならない、としている[58]。

この小冊子は文部省内の思想問題研究会の編纂によるものであり、牧の主張は文部省として賛同できる穏当なものであろう。実際、牧は特別委員に選任されている。しかし、そのような文部省との信頼関係があっても、牧が発言の流出に懸念を抱くほどに国体明徴は政治問題として白熱化していたわけである。

第一回総会でも、二荒芳徳が牧と同様の要求を行なっていた。先に紹介したように、二荒は「時には秘密会を御開きを」願いたいとして、会議での発言が外部からの攻撃を招くことに懸念を表明していたのである（上38）。この要求に対して松田議長は、会で決議をすれば秘密会は不可能ではない、新聞社に発表することもあるが発表を止めることもできる、と答えている（上39）。ただし、この松田の応答には、真摯さよりもむしろ問題を故意に軽く扱おうとする姿勢が感じられてならない。そのためであろうか、二荒は第三回総会でも発言し、「尊王の名に於て自らの生活を稼ぐやうなものが沢山出来て居る」として、重ねて、言論状況の悪化に憂慮の念を表明している(上149)。

「今日至尊《しそん》のことを申上げることは非常に恐ろしいことである、うっかり触はれないやうな状態になって居るのであります、我々は此の忌むべき現情に目を蔽ふと云ふことは唾棄すべきことだ、断じて許されないことだと思ふ」(上149)。

旧皇族を夫人とする二荒にして、この懸念の深さである。文部省がはたして、どこまで委員を守ろうとするのか、その覚悟に不安を感じるのも当然であろう。あるいは、このような意見も踏まえて伊東は、『国体の本義』編纂委員会では速記録を残さないようにしたのかもしれない。

なお、第一回総会の最後で松田は、「本日の会議の内容は幹事から新聞に発表致すことに致しましたから、御諒承願ひます」と述べている(上52)。実際、昭和一一年一月一〇日発行の『日本と世界』誌には、宗教制度調査会の議事概要と同様に、教学刷新評議会の議事概要が掲載されている。[59] また、同年二月発行の『教育学研究』誌にも、やはり教学刷新評議会の議事概要が掲載されている。[60] この雑誌は、東京文理科大学教育学会が編集するものであり、同大学の学長である森岡常蔵も委員の一人である。

両誌の内容はおおむね重複しており、発言者名一覧と意見概要一覧が、別々とはいえ公表されている。もとより、情報がまったく公開されなければ、臆測の流布や取材の過熱を招いてしまうかもしれない。しかし、意見の内容から発言者を推定することは不可能ではない。文部省による情報の公開の実際を筆者は把握できていないものの、この政治的に炎上している問題の審議において、会議情報の発信は委員の率直な発言を抑制する効果をもたらしたのではないか。少なくとも、文部省が公表内容の主導権を握っている限りは、その公開の仕方が委員への牽制になりうるはずである。

二荒は発言の最後で、特別委員会の審議では特に真剣に国体の明徴に取り組んでもらいたいと要望している。二荒が師事する筧克彦は特別委員に就任したものの、二荒自身は特別委員に就任していない。「今後特別委員会に付託するやに聞きますけれども、若し此の刷新の委員会と云ふものが唯々の研究報告に済んでしまひましたならば、是は委員会自身が我日本の全体の国民を欺くことになり、我々委員会の一委員として選ばれたものも亦重大な責任を道徳的に感ずることになるのであります、どうぞ十分なる徹底する指導精神を御立てになることに極力御力を注がれむことを希望致して已まないのであります」(上153～154)。

この意見もまた、鵜澤と同様に、教学刷新評議会の決議が中身のない文言でお茶を濁すことへの警戒であろう。他方で、文部省が国体を定義するという方向性に反対する意見、西洋文化を醇化すると安易に宣言することを懸念する意見も総会で出ていた。第二章で言及したものの、特別委員会での審議の検討に入る前に、ここで改めて紹介しておこう。

第二回総会で幹事作成の審議内容見込に真っ向から反対したのは、東京帝国大学文学部教授の平泉澄である。平泉は国体明徴に際立って熱心な国史家であり、それゆえに文部省の姿勢に深刻な懸念を有していた。平泉は、審議内容見込にある「我が国体、日本精神の本義の闡明」等の項目は「此評議会に於て審議するに相応しいものではないと思ひます」と断言する(上76)。「我が国体、日本精神の如き広大なるものを狭く小さく議定すると云ふが如きことは却て我が国体を傷け日本精神を損ふことになりはしまいか、是等は学者各自の研究に任せ此評議会に於ては深く立入らざることを善しと考へるのであります」とするのである（上76〜77）。

平泉は「直ちに教学の刷新其ものに向はねばならぬであります」とし、文部省が「明治維新の大精神」を真に理解しているのか疑問に感じる点を具体的に指摘していく（上77〜79）。しかし、次年度予算で『国体の本義』の編纂出版に向かっていく文部省としては、これは都合の悪い意見であろう。ちなみに平泉は、特別委員にも『国体の本義』編纂委員にも就任していない。

第三回総会で異例の発言をしたのは、京都帝国大学文学部名誉教授の西田幾多郎である。欠席した西田は同じく名誉教授の小西重直に意見の代読を依頼していた。これに対して松田議長は、どの総会でも欠席者の意見を代読したことはないと不服そうであったものの、田所美治と二荒芳徳が代読に賛成し、総会が許可したということで渋々発言を認めている。

西田はこの意見書で、「我国の学問は基礎的研究に於ては、未だ幼稚の域を脱せないと思ふ」と断言し、特に精神科学は劣るとして、将来、「我国に於て独特の学問的基礎」を確立できるよう優秀な学者の養成を目指していくべきであるとする（上157〜158）。逆に言えば、西洋文化を醇化する基盤が「幼稚」であり、簡単にできるものではないとの警告である。西田はまさに、東洋文化と西洋文化を踏まえて日本発の哲学を創造していった哲学者であり、醇化の難しさと重要性とを身をもって示してきた人物である。

この西田の発言を補足するように、京都帝国大学文学部教授の田邊元と東京帝国大学文学部教授の和辻哲郎が連続して発言している。田邊は哲学、和辻は倫理学を担当し、ともに西田との関係が深く、高野邦夫は「連係プレー」と表現している。(61) いずれも、西洋文化の醇化を安易に考えるべきではないとの主張である。しかし、これらの意見もまた、文部省としては都合の悪いものであった。国体の明徴を即刻実行していくことが、当時の文部省に政治的に要求された課題であり、まじめに取り組んでいく時間的余裕はないのである。

なお、西田幾多郎が委員に就任したのは、三邊長治文部次官の依頼によるものであった。昭和一〇年一一月一〇日付の山本良吉《やまもとりょうきち》宛書簡で、西田は、「三辺より再三懇願し来り固く断りましたが中々思ひ切らずそれでは私は度々出る訳にゆかず且つ私は文部省と反対の意見を有するものだが　それでもよいかと云ったがそれでもといふ事にて話が定まりました様です」と記している。(62) また、一二月一日付の和辻哲郎宛書簡では、「次官の三辺といふのが四高出で知って居るもの故情誼からつい断りきれませぬでした」と書き、(63) 一二月五日付の堀維孝《ほりいこう》宛書簡では、「あんな連中のあんな目的の会の中に出ても私など何の意見も通るものと思はれず固く辞したのですが是非といふのでとにかく一、二回出て見ます」としている。(64) 三邊は、西田が第四高等学校教授をしていた時の教え子だったのである。(65)

三邊の懇請が、評議会の議論の質を高めるためであったのか、極端な意見に対して平衡をとるためであったのかは不明である。森田朗は、一般の委員の選任に際しては「役所の考え方に近い」人物で多数を固めようとするにせよ、「審議の公正さと客観性を担保し、結論の権威を高めるためには、もちろん異なる意見をもっている人物も候補とされる」と指摘している。(66) あるいは、教学刷新評議会の学問的権威を高めるためであったのかもしれない。

さらにまた、三邊が文部省内にどの程度の影響力を持っていたかは不明である。三邊は東京帝国大学法科大学卒業後、内務省に入省して山梨、徳島、岡山、宮城、愛知の県知事などを歴任し、昭和九年八月に文部次官に就任している。(67) 昭和一一年六月に退官後は東京市助役、大阪府知事となっている。内務官僚が文部省の要職に就くことは当時の通例であるものの、文部次官の時期以外に三邊が教育行政に関与した形跡は見当たらない。委員の選任にはもちろん関与できるにせよ、評議会での議事進行は幹事の伊東延吉思想局長が主役であったと判断すべきであろう。

なお、西田、田邊、和辻も特別委員に就任していない。指名されなかったのか、指名されても受諾しなかったのかは、他の委員と同様不明である。

第三節　特別委員会での議事進行

特別委員会の設置決定によって、教学刷新評議会の会議運営には一区切りがついた。昭和一一年一月二八日開催の第一回特別委員会には二〇名の特別委員が集まり、会長の松田文部大臣、番外の三邊文部次官、幹事たちとで会議を進めている（上203）。

特別委員の内訳は以下の通りである。法制局長官、内務次官、陸軍次官、海軍次官、司法次官。これに加えて東京帝国大学、京都帝国大学、早稲田大学の各総長。枢密顧問官では原嘉道、貴族院議員では渡邊千冬子爵と鵜澤總明、衆議院議員は永井柳太郎。東京帝国大学では名誉教授の三上参次、筧克彦、吉田熊次、山田三良、文学部教授の宇野哲人《うのてつと》。京都帝国大学では法学部教授の牧健二と経済学部教授の作田荘一、東北帝国大学元教授の山田孝雄である。特別委員長には渡邊の提案で原が選任されている（上204）。

専門分野から見ると、文学部系では三上が国史学、吉田が教育学、宇野が支那哲学、山田孝雄が国語学であり、法学部系では筧が憲法、山田三良が国際私法、牧が日本法制史である。作田は経済学である。なお牧は、昭和一〇年七月に文部省の憲法講習会で「帝国憲法の歴史的基礎」について講演し、それを思想局が編集して一二月に日本文化協会から刊行している[68]。文部省として牧は、憲法の研究者という位置付けでもあったのかもしれない。

東京帝国大学総長の長與又郎は医学部、京都帝国大学総長の松井元興《まついもとおき》は理学部、早稲田大学総長の田中穂積は商学部でそれぞれ教えたことがあり、大学の学部としては文法経商医理の関係者が特別委員に入っていることになる。国体明徴と天皇機関説問題という課題を反映して文学部と法学部に重点が置かれるものの、学問分野としてはおおむね適正な幅広さであろう。

他方、文部省直轄の国民精神文化研究所としては、研究嘱託で研究部長の吉田、兼任所員の作田が入っている。所員で事業部長の紀平正美、兼任所員の西晋一郎、研究嘱託の河野省三は外れているものの、翌年に文部省が編纂した『国体の本義』編纂委員には吉田、作田、紀平、河野が入っている。この委員には山田孝雄、和辻哲郎、宮地直一も入っており、一四名中七名が教学刷新評議会委員との兼任になっている[69]。

さて、特別委員会の委員として文部省に難しい注文を付けそうなのは、陸軍次官の古荘幹郎、渡邊、鵜澤、筧であろう。逆に言えば、対応に困りそうな委員はほぼ選任されていない、ということである。しかも、親疎は不明であるものの、特別委員長の原は渡邊、筧と同じ長野県の出身である。また、原は鵜澤と長年の交際があり、第三章第五節で言及したように鵜澤は年長の原を深く尊敬していた。おそらく、原を特別委員長にすることによって議事進行の主導権は十分に確保できると判断されていたのであろう。

さらに、対応が最も難しそうな古荘について、その人物に好意的な口述を原田熊雄が残している。原田によれば、細川護立《ほそかわもりたつ》侯爵から古荘は「よく物の判る男で、何を話しても大丈夫だから」との保証があり、原田自身も以前から面識があって、昭和一〇年一一月四日の夜に会合を開いたようである。[70] なお、古荘は熊本県の出身である。この会合で古荘は、以下のように嘆いている。

「自分は次官就任以来既に三四箇月経つが、次官らしい事務をまだ一つもしたことがない。在郷軍人の国体明徴問題で朝から晩まで忙殺されている。在郷軍人といふのは、大体元来早く罷《や》められて不平をもつてゐる者が多い。さうして年配は上だし、現役当時は所謂上官であった者が多いから、ひどく言はれるし、下手に理屈を言へば乱臣賊子呼ばはりされるし、まことに困ったもんだ[71]」。

原田は、「いろんな話をしてみるとまづ非常によく判った人で、なかなか質実な男だから、久しく会はなかったが大体安心して別れた」としている。[72] たしかに、このような人物であれば、会議運営にとって重大な支障とはならず、実務的に協議していくことも可能であったろう。なお、古荘は二・二六事件後に次官を退任し、昭和一五年七月に没している。ちなみに、プロレタリア演劇運動で活躍した千田是也《せんだこれや》は古荘の義弟である。千田は、実家の伊藤家には古荘のみならず陸軍の荒木貞夫や社会主義者の片山潜《かたやません》も出入りしていたと晩年に回想している。[73]

ただ、おそらく文部省の想定外であったのは、特別委員に選任されなかった上山満之進委員が特別委員会を傍聴し、第六回と第七回では発言を許可されたことであろう。第二章第一節と第三章第六節で紹介したように、国体明徴に真剣な上山は、おそらくは深刻な懸念を抱いて敢えて発言に乗り出し、国体の語義を無際限に拡大しようとする伊東思想局長と対決したのである。

しかし、特別委員ではない上山の立場は弱く、ある程度の配慮を得ることで議論を止めざるをえなかった。本来であれば徹底的に議論すべき問題も、特別委員ではない立場による制約と会議運営の時間的制約とによって制限されざるをえないのである。各回の会議時間も答申提出までの期間も、あまり長くするわけにはいかない。森田朗が指摘するように、審議会への諮問事項は通常複雑であり、すべての論点について「丹念に議論をして結論を出す」時間はないのである[74]。

それゆえ、第一回総会でまず包括的な審議内容見込が幹事案として提示されたものの、昭和一一年一月二八日開催の第一回特別委員会で古荘から「審議内容の修正案」が提出され、委員会での承認を得て、論点がより簡潔かつ実用的に整理されることとなった（上235）。古荘の提案は、「我が国体、日本精神の本義を闡明し、且之が学問の体系を確立する為更に如何なる施設、機関、方策を必要とするや」を第一の議題とし、その上で「学問研究」、「学校教育」、「社会教育及之に関連する事項」での国体明徴に関する施策を審議していく、というものであった（上235）。

特別委員会で古荘は、「単に抽象的なる答申を以て満足せずして、更に進んで具体的の成果を得ることに努め」るという趣旨であると説明している（上207）。委員たちが基本的に賛同する中で、国体明徴を天皇機関説問題に狭く限定する意味ではないことを三上が古荘に確認し、古荘が、三上と「私共は同じに考へて居ります」と答えている（上227〜228）。陸軍の意向が額面通りであることの念押し確認であろう。

久保義三は、斎藤実内閣が昭和八年四月に設置した思想対策協議委員に提出された陸軍省の危険思想対策案が、教学刷新評議会での陸軍の提案内容になっているとする。[75] たしかに、この委員会の幹事であった陸軍の山下奉文は教学刷新評議会でも幹事であり（上192）[76]、古荘提案の背景には陸軍の総合的な改革案が存在していたのであろう。ただし、危険思想対策案には「教育の機会均等」や「文部大臣の実質的地位の向上と其の権限拡大」、教育と宗教の振興を文部省と内務省、陸軍省で所管することも盛り込まれており[77]、教学刷新評議会での提案内容はこれに比べればごく部分的なものである。あるいは陸軍としては、実効性のある成果を早く確保したかったのかもしれない。

なお、伊東は学生部長として思想対策協議委員であり、陸軍の意向を十分に把握していたはずである。教学刷新評議会が文部大臣所管であることを利用して、文部省が主導権を確保できるように伊東が当初の幹事案を作成したようにも考えられるのである。

いずれにせよ、二月一三日開催の第二回特別委員会で「第一・二・三回総会意見要綱」が資料として配付されることとなる（上241）。この要綱では委員の意見が五項目八一個に整理され、二三頁で本文六五〇〇字強に要約されている。[78] なお、昭和一〇年の『文部省職員録』によれば、教学刷新評議会書記には思想局属官の内山良男と北浦静彦《きたうらしずひこ》が任命されている。[79] 議事の記録はおそらく文部省思想局で整理され、作成された記録の一部が議事概要として公開されていったのであろう。総会で出された多様な意見は、ここで、発言委員名を記載せず、委員の思いの強弱深浅に頓着せず、ずらりと一列に並べられたわけである。

しかもその際、意見は言わば角が削られ、議事録よりも無難なものに加工されている。例えば平泉澄の意見であれば、「審議するに相応しいものではない」とか「却て我が国体を傷け日本精神を損ふことになりはしまいか」といった表現は消され、個人名も消されて、「国体・日本精神の本義の闡明」という「重大なる問題を本評議会で一気に決定することは反って国体・日本精神の広大を狭く小さく規定することになる」とされている。[80] しかもその隣には本義の闡明をすべきという意見が並べられ、両論併記の中に平泉の思いは埋没するのである。

もちろん、委員の意見を対等に扱うことは事務局として当然の措置である。また、意見の要約による整理は、事務局として必要な作業である。ただ、それによって委員の意見は多数の中の一つの意見へと小さくされてしまう。森田朗は、論点整理はそれまでの大量の情報を集約し、「多様な見解をもつ発言者の意見を網羅的に拾い上げ、機械的に整理し並べたものにみえるが、当然、多くの発言内容の中から、どれとどれをピックアップし、どのように要約するかについては、作為の余地がある」と指摘している。[81] 多様な意見が多数出てきて、それを最終的に取りまとめなければならないという事情は、事務局の意向を答申に強く反映させるための追い風ともなりうるのである。

そうするためには委員の選任や特別委員会への移行が、会議運営上、特に重視すべき要点となる。しかし、国体明徴という重大問題を通常の議題のように、しかも性急に取り扱っていくことは、そもそも適切な対応だったのだろうか。国体明徴に熱心な委員からの懸念は、文部省による国体明徴政策の政策としての評価にも及ぶ重大なものだったのではないか。このような疑問を感じさせることもなく、昭和一一年一月から二月にかけて特別委員会が三回開催され、審議は急いで進められていくのである。

この特別委員会での審議経過について、最後の第四回総会で委員への説明が行なわれている。まずは議長の平生釟三郎文部大臣からの説明である。

「一二月五日の第一回総会に諮問案を提出致しました、三回総会が開かれまして後に委員付託となりまして、第一回の特別委員会は一月二八日に開会せられました、原嘉道さんが特別委員長になられ、三回特別委員会が開かれた後に幹事に於て案を整理作製すると云ふことになりました、それが出来上がりまして、九月七日に案の作製後第四回の特別委員会が開かれました、三回特別委員会がありました後に再検討の案の作製を幹事に命ぜられまして、其後更に三回特別委員会が開かれましてお手許に差出してありますやうな答申案が出来ました次第であります」（下388）。

平生に続いて原嘉道特別委員長から報告があり、九回の特別委員会では「時々懇談会の形式を以て腹蔵なき意見の交換を致しました」と述べている（下389）。この懇談会は速記中止にして、議事録に記録を残さなかった部分である。また、古荘幹郎陸軍次官の提案により、第一回委員会で審議方針を修正したことも報告されている（下389）。陸軍の意向を尊重した審議結果ということであり、それによって委員たち、さらには陸軍の異論を抑える意図もあったのかもしれない。

原はさらに、「答申案の各項は総て全会一致を以て可決されたものであり」多数決によるものは一つもないと言明する（下390）。これは、特別委員からの異論を抑える意図もあっての確認であろう。全会一致の決議の責任は特別委員も連帯して負うはずであり、実際、この総会での答申案への質疑では、幹事のみならず特別委員も説明役に回っているのである。

それでは特別委員会で、全会一致への要望はどのように出されていたのであろうか。第二回委員会で貴族院議員の渡邊千冬は、評議会の決定は重大なものであり、「世人をして又後世に亘って疑義を挟むの間隙なからしむる」ため、特別委員会でも総会でも全会一致を切望している（上245）。この回に配付した資料で渡邊は、「会議は進歩の母」であり、「言論と思想の自由」に応じて会議は発達すると指摘する（上280、282）。その上で、日本では議論を悪とし少数意見を力で抑え込むことが議会でも行なわれていると批判し（上286）、議論による合意形成を尊重する精神の普及を説くのである。

これに東京帝国大学総長の長與又郎が賛同し、合意可能な問題に審議を限定してほしいと希望している（上270〜271）。長與は第五回委員会でも全会一致での議決を求め、総会でも全会一致になり、天下の識者が読んで納得するものにしたいと発言している（下140）。また、第六回委員会では宇野哲人が満場一致による決定を希望し、委員間で意見が分かれる論点については答申の文言を敢えて曖昧にすることを提案する（下172〜174）。さらに、この委員会での上山と伊東との激しい国体論争を受けて、原委員長も「成べくならば全会一致で可決を願ひたい」とし、修正案の作成を幹事に指示している（下224）。

特別委員会では筧克彦が、独自の教学刷新提案を繰り返し行なっていた。西田彰一《にしだしょういち》によれば、古神道、神ながらの道を説く筧は、皇族が信仰の問題に関与することを高松宮《たかまつのみや》に説く一方、委員会では斎神教学を担う神祇府の新設を提案していた(82)。この頃の筧は、内務省の「神社制度調査会では神社を明確な国の宗教

＝国教に位置づけることを主張し」、文部省の教学刷新評議会では「皇族が天皇を助け、ともに祭祀を執り行うための機関として斎王府の設置を提唱」していたと西田は総括している。[83]

しかし、筧が第二回委員会で提出した「神祇府は斎王府神祇官及び神祇会議より成り斎神教学の最高府とす」との私案も（上300）、第五回委員会で提出した答申案修正意見も（下157）、幹事や他の委員からの積極的な賛成を得ることはできなかった。他方、第四回委員会で筧は、国体明徴のための中心機関を文部大臣の下に置くとの幹事作成の答申草案に対し、憤激して反対意見を述べている。学問は神聖なものであり、本当の意味で「自由」なものであるとして、筧は、「極く安きに就いて、自分の手の下にすっと出来るといふことのみ御尽力になることはどういふことかと思ひます」と発言している（下31）。この件はたしかに、唐突に幹事から出てきた案であり、筧が「委員抜きの案」と詰め寄るのも当然であった（下31）。

とはいえ、筧の提案が大きすぎるものであることは、第五回委員会で山田三良が筧に配慮しながら指摘している。国際私法学者の山田は憲法学者の筧と法学部の元同僚である一方、日蓮への信仰篤く、大正三（一九一四）年に同志とともに法華会《ほっけかい》を設立して敗戦直後まで会の運営に当たっていた。[84] 山田は、筧の理想が実現することを望むとするものの、その提案には評議会の答申案としては賛成できないと明言している（下117〜118）。

全会一致による希望が繰り返し出されているため、委員としては自己の意見を押し通すというわけにもいかない。森田朗は、審議会の「答申を権威あるものにするためには、全員一致であることが望ましい」と指摘し、それはまた、「全員一致を原則とすることで、合意への圧力を作り出す仕組が作られている」ことでもある、としている[85]。特別委員会でも、答申を権威あるものにしなければならないとの思いが合意を後押ししたのであろう。

ただし、筧が憤激した中心機関の提案は、委員にとっては不意打ちと言えるものであり、伊東が強引に仕掛けたと推測される。荻野富士夫は、研究所を想定していた議論が答申草案では「すりかわってしまった」と指摘している[86]。

答申草案では第一の項目として「教学刷新の中心機関の設置」が掲げられ、「文部大臣の管理の下に、有力なる機関を設置し、特に我が国教学の根本精神の維持発展を図り、又教学の刷新振興並に監督に関する重要事項を掌理《しょうり》せしめ」とある（下65）。同じ項目中に、「本機関の設置と共に、国体・日本精神を本とする学問的研究機関の整備を図り」とあり（下65）、中心機関は明らかに研究機関と区別されているのである。

第一回委員会での古荘提案では、機関の検討はたしかに議題の第一項目の中に挙げられていた（上235）。また、早稲田大学総長の田中穂積は、「何千万と云ふ大衆の徳育方面を司る」機関が文部省になく、陸軍の教育総監部や海軍の教育本部と比べて思想局などは小規模すぎるとし、「文部省の内に此事に当るべき立派な機関」を作ることを提案していた（上209）。田中は、外国のように宗教の力に期待できない日本では、多額の経費を使ってでも「大きな立派な国民を作る」べきであると主張したのである（上226～227）。

第二回委員会では作田荘一も賛同し、「国民性格の鍛錬、国民精神の涵養」という意味の国民教育は大学にまで及ぶと主張する一方、思想局や国民精神文化研究所は小規模で「到底話にならない」とする（上265）。作田はさらに、国民精神文化研究所には設立以来図書費が一円もないとその窮状を訴えている（上266）。第三回委員会では吉田熊次が、現在の国民精神文化研究所では予算も人員も足らず、大学などとの連携も不十分であると実情を説明している（上328）。作田も吉田も国民精神文化研究所の所員である。

吉田は、国体明徴にはあらゆる研究機関の「総動員」が必要なのであり、そのためには「詔勅に現はれたる国体観念」に基づく教学刷新に限定して実行すべきであるとしている（上328〜329）。これは、国体論の多様性を尊重し、それらを無理に統一することに反対する立場からの主張であり（上321〜322）、研究機関が無理なく協力できるよう工夫しようとの提案である。

しかし、第四回委員会では文部大臣管理下の中心機関なるものが出現した。この提案について伊東は、「文教の総ての制度から申しましても、文部大臣の下でやるといふことが非常に効果の上から言っても宜いといふことを考へました」結果であると説明している（下25）。これに対して吉田が中心機関について繰り返し質問し、伊東が「教学刷新の行政的中心機関」であり、この機関は「一般的重要事項」を掌理すると答えている（下28〜29）。中心機関は行政機関なのである。

先に述べたように、筧克彦の憤激も強く、教学の内容は行政の下にあるものではないとして、文部大臣による管理に異議を唱えている（下30〜31）。鵜澤總明も同様の懸念を表明し（下37）、作田は文部省の「量的拡大」ではないものにすべきとの注文を付けている（下48）。さらに吉田が発言し、研究機関なしの中心機関には「大に疑義を抱く」と伊東に激しく反論し、「本機関内に於ける」研究機関と答申草案を修正すべきとの提案を行なっている（下51〜53）。しかし伊東は、「広義に於ける行政機関」との説明で押し通し（下54）、答申の文言は紆余曲折の末に、中心機関と研究機関と参与機関の「三機関をして一体となりて、合成的効果を挙げしむべし」となっている（下447）。中心機関と研究機関は別のままである。

委員の反発を受ける中心機関について、伊東は第五回委員会では、「文部省の部局」を想定していると答え（下149）、第六回委員会では「少くも外局を欲する」と初めて言明している（下202）。立憲政友会所属の東武が、部局程度ならば「私共反対であります」と断言したのを受けての言明である（下201）。

東に続いて山田三良も懸念を表明し、文部大臣下の中心機関では「実際の成績を挙げ得る」のは「非常に困難である」と指摘する（下203）。山田は、そのような答申を出すことは委員の責任に反するとし、さらに、内閣審議会が廃止された現在、「教育制度の根本までも審議し得るやうな有力なる機関を政府に於て設けられると云ふことを答申するのが吾々の責任であらうと思ひます」と主張する（下204）。山田は昨年一〇月に内閣審議会委員の斎藤実と会った際、内閣審議会は「教育の根本」を担当し、文部省の方では「教学刷新と云ふ実際の方面」を担当してもらうとの説明を受けたとも発言している（下204）。

山田は、機関の管轄は政府の決定に委ねて、「文部大臣の管理の下に」との文言は削除すべきであると断言する（下206）。「文教の事は一国務大臣の勝手に出来るやうな簡単な問題ではない」とし、「教育制度を濫《みだり》に変更しますることは、其害毒は恐るべきもので」あるとして、文部大臣が教学刷新を取り仕切ることに猛反対するのである（下205）。

それではなぜ、答申の文言は最終的に「文部大臣の管理の下に、有力なる機関を設置し」となったのであろうか。実は山田が、第七回委員会でこの文言への再修正を提案している。速記中止となった懇談の後で、「別に附帯決議で審議機関を設けると云ふことに建議すると云ふことになりましたから、茲には純然たる行政機関ですから元の通り」に再修正すると提案したのである（下256）。詳細は不明であるものの、協議の結果、答申と決議とで別々の機関を提案することになったようである。建議の文言は以下である。

「政府は我が国内外の情勢に鑑み、教学の指導並に文政の改善に関する重要事項を審議するため、内閣総理大臣統轄の下に、有力なる諮詢機関を設置せられんことを望む」（下477）

最後の第四回総会で審議した際、中心機関の提案には委員の懸念が集まったようである。田所美治は外局であるから有力とは言えず、内閣に置く方が有力であるように思われるのに、なぜ文部大臣の下に置くのかと問い質している（下395）。これに対して河原春作文部次官が、教育を担当する文部大臣の管理下に置くのが「実際上適当だらうと考へます」と答えたものの（下397）、続いて発言した二荒芳徳は、教学は今日では「国家の全面的の大問題ではないか」と厳しく批判している（下398）。二荒はさらに、以下のように踏み込んで発言しつつも、特別委員会の議決を尊重して文部省に釘を刺すに止めている。

「極く平坦な時の教学刷新の機関と云ふやうなものならば所謂今迄の役所のやり方で宜いと思ふのでありますが、此思想非常時の際に於て、只諮詢機関を置いて重大なことは諮詢するとか、斯う云ふ機関に研究をさせると云ふやうなことでは、私は此委員会を置かれた趣旨から見ても少し足りぢやないか、斯う云ふ感を持つのであります」（下401）。

異論は多々あるにせよ、特別委員会が決議した答申案は総会で尊重され、答申案本文は微修正の上で多数決によって、建議案と前文は満場一致で決定された（下439）。修正内容は、「創造」の上に「涵養《かんよう》」など適切な文言を加え（下408〜409）、「建国」を「開闢《かいびゃく》」とする（下412）、という二点であった。もとより、教学刷新評議会は諮問機関であり、決議したから実行を確約してもらえるわけではない。文部省が答申と決議の文言を活用できる可能性を手中にした、ということなのである。

第四節　議題設定や答申草案への委員の懸念と異論

これまで二章にわたって教学刷新評議会の議事を検討してきた。この評議会は、議題設定も会議運営も文部省、とりわけ伊東延吉が主導してきたと考えられる会議である。ただし、その円滑な運営のためには特に陸軍省の意見を聞き、委員たちの多様な意見を一部は尊重する必要があった。そうして無事に、答申と建議の決定にたどり着いたわけである。

しかし、決定に至ったことは委員たちが納得したということではない。委員の懸念や異論を押し切って、決定にたどり着いたということである。国体の定義の仕方や中心機関の設置に関する議論はすでに紹介した通りである。最後に、委員たちの他の懸念や異論を追跡してみよう。

一三回に及ぶ会議の中で、最も率直に議題設定批判を行なったのは筧克彦であったように思われる。筧は第五回の特別委員会で、前回に幹事が提案した答申草案の前文を批判する。「我が国の教学」は「国体の精華を発揚することをその本務とす」として、前文の草案は以下のように続いていた。

「然るに明治初年以来欧米の文物・制度の輸入盛にして、模倣追随の弊またこれに伴ひ、その馴致《じゅんち》するところ外国文化崇拝の念漸く人心を支配し、欧米の教育学術を以て唯一のものとするの謬見を生じ、ために維新当初の洪謨《こうぼ》に明示せられし我が国教学の根本方針は、忘却せられんとするに至れり。

ここに於て教育に関する勅語の渙発《かんぱつ》あり、教学の根本これによって昭示せられ、爾来この大詔の遵奉に努めたりと雖も、時勢の然らしむるところ、欧米文化の無批判的輸入は依然としてやまず、その影響するところ漸く広く、延いて思想混乱の因由となり、教学の欠陥を招来するに至れり」(下63)。

これに対して筧は、この二段は削除すべきと主張し、教育の欠陥を「他所事のやうに」時勢云々のせいにするのは不適切であるとする(下98)。

「之に付ての責任は文部省当局の方々及び我国の最高学府に於てさう云ふ事に与《あずか》り又研究して居る人ではないですか、而も煎じ詰めますと文部省に於ける方々は最高学府の教育を受けた方でありますから、殆どさうでありますから、どうも最高学府と云ふものがもっと何とか責任を負うてどうにかしなければならぬと云ふことになって参るだらうと思ふのであります」(下98)。

筧はこう述べて、文部省と大学、とりわけ大学の責任を明言もせず、「他所事のやうに、西洋と交通して色々な事が盛に入って来たから遂ひ斯うなったなど」と書くべきではないとする(下98)。その上で筧は、「文部省が教学の本であるなどと」間違って考えている人が世間にいるものの、日本の教学は「天皇様の大権」に属し、文部省は「事務として行政の方面に於きまして御輔翼《ごほよく》申上げておいでになる」とする(下98〜99)。拝外も排外も「大変な間違ひである」と確認し、内外の状況の変化に応じて教学を刷新する、と言うだけでよいとするのである(下99)。

おそらく幹事としては、文部省に責任があると書くわけにいかず、時勢や西洋に「思想混乱」の責任を転嫁する文言となったのであろう。筧の修正提案は容れられず、結局、筧の文言の一部を取り込む形で、ほぼそのままに当初案が答申の本文に入れられるのである。

しかし、西洋に責任を転嫁するならば、西洋文化排撃の傾向を助長する危険性が高まるはずである。醇化して摂取するとの基本的立場を文部省として堅持していても、西洋文化に本質的な危険性があるのになぜ摂取するかと問い詰められもしよう。実際、以下に引用する『国体の本義』の緒言では、西洋思想が「我が国の諸種の改革に貢献」し「固陋な慣習や制度の改廃にその力を発揮した」と認めた上で、教育勅語渙発以後の弊風を強調し、今日の混乱の原因が西洋思想にあるとしている。(87)『国体の本義』の刊行は教学刷新評議会終了後である。

「然るに欧米文化輸入のいきほひの依然として盛んなために、この国体に基づく大道の明示せられたにも拘らず、未だ消化せられない西洋思想は、その後も依然として流行を極めた。即ち西洋個人本位の思想は、更に新しい旗幟の下に実証主義及び自然主義として入り来り、それと前後して理想主義的思想・学説も迎へられ、又続いて民主主義・社会主義・無政府主義・共産主義等の侵入となり、最近に至ってはファッシズム等の輸入を見、遂に今日我等の当面する如き思想上・社会上の混乱を惹起し、国体に関する根本的自覚を喚起するに至った(88)」。

また、『国体の本義』の結語では、近代西洋思想の根柢には「個人主義的人生観」があり、その弊害が西洋において社会主義・共産主義やファッショ・ナチス等の運動を生じさせたとしている。(89)これに対して日本では、「真に個人主義の齎《もたら》した欠陥を是正し、その行詰りを打開するには、西洋の社会主義乃至抽象的全体主義等をそのまま輸入して、その思想・企画等を模倣せんとしたり、或は機械的に西洋文化を排除することを以てしては全く不可能」である、というのが文部省の立場となる。[90]「今や我が国民の使命は、国体を基として西洋文化を摂取醇化し、以て新しき日本文化を創造し、進んで世界文化の進展に貢献するにある」とするのである。[91]

特別委員会では第三回委員会で新任の川崎卓吉文部大臣が挨拶に立ち、「凡そ智識を世界に求むることは言ふ迄もなく我国の一大国策であって、将来と雖も益々努むべきことは勿論であります」とする一方、「外来智識の輸入に当っては、具《つぶ》さに其本質を明らかにして、所謂摂取醇化の態度を以て之に臨み、以て皇基を振起し奉る働きに於て欠ける所なきを期せねばならない」としていた（上314）。五箇条の御誓文に基づき、西洋文化の摂取醇化を説く内容である。

さらに第四回委員会では、やはり新任の平生釟三郎文部大臣から挨拶があった。平生は、明治以来の学者や教育者の努力を多として「今日の文運の発展」に感謝しつつも、教育学問の欠陥は「明治以降外来文化の輸入に当りまして、批判醇化の余裕を欠き、所謂外来文化の不消化に胚胎した所が最も大なるものであると信ずる」と発言している（下17）。

たしかに、文部大臣の挨拶は醇化を説いて排外を説くものではない。『国体の本義』も同様である。それにもかかわらず、教学刷新評議会では排外的傾向を助長しないかとの委員からの懸念が絶えなかった。第二回総会では平泉澄が「外国の学問」の排斥に反対してその批判的吸収を説き（上79）、筧克彦も「外国の本当の精神」をその国に教える覚悟で「研究をもっと旺盛にしなければならぬ」と説く（上91）。二人ともヨーロッパでの研究経験があり、ドイツ語に特に堪能で、ヨーロッパの学問への造詣がきわめて深い。

第三回総会では田邊元が、「東西洋の文化を綜合」する「日本の歴史的使命」のためには、西洋の学問を「軽視、或は無視」することを警戒すべきと説いている（上159）。西田幾多郎と和辻哲郎も同意見であろう。

特別委員会では第三回で鵜澤總明が、西洋の学問や科学を排斥せず、むしろ深く広く研究して、それだけでは足りないものに思い致すべきと発言している（上346）。第五回では筧が再び排斥を否定する。「神社、神典は外国の宗教とは違ひまして排斥的のものではありませぬ」として、筧は世間に誤解があり、それは「神職等の行動」によるとする（下101）。筧は、ここで幹事作成の答申草案を全面的に修正する提案を行なっており、以下もその一部である。

「皇国体神社並神典の闡明及敬神尊皇愛国の修養は其の性質の超越的中心的なるに応じて、少くも対立的排他的萎縮的に非ずして、包容的、歓迎的、拡張的なるを要す」（下101、158）。

この文言について筧は、外国を深く知らなければ「我国の国体、神社、神典を明にすることは出来ない性質のものであると思ひます」と述べ、外国を排斥して「修養」はできないとする（下102）。その上で、文部省の内向きの方針を批判するのである。

「外国の善い所を入れるとか醇化するとか云ふことは文部省の教学刷新として御発表になる事には、或は又御実行になる事には少し見窄《みすぼ》らしいと思ふのであります、中外の美化です、外国を善くしてやらなければならぬのでありますから、外国に於て混乱があるならばそれは斯うしたら直ると此方から指示しなければならぬのであります」（下102）。

しかし、外国との関係は文部省の権限を超えており、神社は内務省神社局の管轄である。会議の議題は文部省が管轄する日本国内の教育と学問に設定されており、伊東として、筧の提案を積極的に取り入れるわけにはいかなかったであろう。とはいえ、それで国体明徴は本当にできるのであろうか。文部省のための国体明徴ではないはずである。文部省の責任を反省し、国体明徴のための教学刷新を行なうのであれば、そもそも文部省内で対応すべき政策課題、対応できる政策課題ではなかったのではないだろうか。

いずれにせよ、このような根本的な疑問を立ち止まって問いなおすこともなく、会議は進行していく。その結果、国体明徴の中心的な行政機関も文部省に置かれることになり、文部省のための国体明徴になってしまったと言えなくもない。他方、大学に対して伊東は高圧的である。答申草案には、「我が国の大学は国家の重要なる機関として、学問・教育を以て国体の本義を闡明し、教養ある指導的国民を養成するを以て本質とす」としているのである（下72）。

大学の本質をこのように定義することについて、提案のあった第四回委員会で牧健二が直ちに懸念を表明している。牧は、大学令第一条の尊重を前提とした上で、これでは「少しく偏狭に失する虞はないか」と問い質している（下34）。ちなみに、当時の大学令第一条には「大学は国家に須要なる学術の理論及応用を教授し並其の蘊奥《うんおう》を攻究するを以て目的とし兼て人格の陶冶及国家思想の涵養に留意すべきものとす」と定められている。

これに対して伊東は、「従来の知的研究」に限定せずに学問を問いなおすべきではないかとした上で（下35）、素っ気なく以下のように答えている。

「総て吾々の実際生活で或は学問を研究致しますのも、日本の国体の発展といふことを考へて行くべきものではないか、実質的に国体を考へます時にはさういふやうになるのではないか、さういふ点を考へまして学問、教育より国体の本義を闡明することが所謂大学に於ける国家といふ意味であり、人間を養ふといふことの意味であるといふやうな訳で「国体の本義を闡明し」と書いたのであります、さういふ意味に御諒解を願ひます」（下35〜36）。

伊東は会議で、この文言は広い意味であるとか実質的に考えてのものであるというように答えることが多い。しかし、文言に明記されていなければ、そのような説明は遁辞《とんじ》にすぎない。文言はそのような説明抜きに、官庁の文書として流通していくからである。実際、他の委員たちもこの説明に納得せず、これ以降の審議でも異論や懸念が表明されていく。

第五回委員会では京都帝国大学総長の松井元興が、大学の本質は「斯う云ふものではない、と私は断言致したい」と発言し、大学の使命は「学問の研究」であり「真理の闡明」であるとする（下128）。松井は、日本では国体の「尊厳を害するやうな学説なり、思想なりを大学で以て研究せらるべきでないことは明かでありますす」とした上で、例えば自身の専門である化学の研究にしても他の「理科系統の学科」にしても国体の明徴に資することは少ないと指摘するのである（下128）。

松井は、漢学が盛んになった時にも同様の問題は生じたとし、「昔々、大昔から斯う云ふ思想の混乱と云ふものは」あったと指摘して、その憤激は止まらない（下129）。

「其偶々《たまたま》さう云ふことが起ったと云ふことに吾々が狼狽致しまして、事の本質を見誤り、学者と云ふものは凡てどんな学問をやっても国体の闡明にばかり思ひを注がなければならぬと云ふやうなことを言ふのは、是は学問に対する了解の足らないものと考へてもいいと思ふ、学問と云ふものは純理から申しますれば、全然自由に何等の制肘《せいちゅう》もなくその研究に進むべきものでありまして、斯くてこそ始めて宇宙の真理と云ふものが発見されます。……吾々は如何に教学と云ふものを刷新しなければならぬ必要に迫られて居るとしても、其為に学問の研究と云ふものを無意義ならしめるやうなことに進みたくないのであります」（下130）。

松井に続いて牧も発言し、「国体の本質を心得て居ること」を前提に、「真理の研究」を疎《おろそ》かにして「皇国の発展の為に却て弊害を生ずる」ことになってはならないと主張する（下131）。牧はまた、欧米思想の輸入への反省のみならず「国家非常時」の自覚を持つことが重要であるとし、「社会的な問題」も深く考慮して教学刷新しなければ実効性は期待できない、としている（下136〜137）。ただしこれは「感想」であり「希望」であるとしており（下137〜138）、伊東も特に返答していない。

牧に続くのは長與又郎東京帝国大学総長である。長與は「本質」という文言が不適当であり、大学の本質は「真理の研究と、学生の指導」にあるとする（下142〜143）。長與は伊東の答弁に納得できない所があるとし、特に自然科学は「精神科学に対しその任務と限界とを明にし」との答申草案の文言は、学問間の対立を招くものであると批判している（下142）。なお、この文言は「その任務と分担」に修正されて、答申の本文に入れられている（下281、453）。

第六回委員会では吉田熊次も、大学令改正の意図があるならともかく、本質の定義は必要ないとする（下180）。これに対して筧克彦は、第五回委員会で文言の主意に問題はないと発言し（下146）、第六回委員会では

「極く具体的に大学令の精神を」述べたものであり、無用の文言ではないと主張している（下210～211）。

第六回では上山満之進と伊東の論争もあり、原特別委員長が委員に諮って答申草案の修正案を作成するよう幹事に指示することとなった（下224～225）。第七回委員会に提出された修正案では、該当項目は「我が国の大学は国家の重要なる学府として、国体の本義を体して学問の蘊奥を攻究し、教養ある指導的国民を養成するを以て本分とす」とされている（下282）。第七回以降は答申案の逐条審議となり、この項目は第八回委員会で審議されることとなった。その結果、「体して」を「体し、以て」に、「国民」を「人材」に文言修正して、修正案は議決されたのである（下328）。

大学への敵意を感じたためか、長與は伊東に対して、第八回委員会で問題は高等学校の方にあるのではないかと詰め寄っている。答申草案修正案では、大学では学生の教育に際して「現下動もすれば陥らんとする誤りたる自由主義・功利主義を排除するに努むべし」となっていた（下284～285）。ちなみに修正前の答申草案では、「現下動もすれば陥らんとする誤りたる自由主義・功利主義を排し、退嬰遊惰《ゆうだ》の風を芟除するに努むべし」である（下75）。大学には「退嬰遊惰の風」があると断定するような文言である。

第三回総会で二荒芳徳が、ドイツもイタリアもソ連も真剣に「指導精神を青年に植えて居る」のに、日本は「一種の自由主義」で、盛り場で遊んでいる学生がいると憂慮していた（上150～151）。答申草案は、この発言を取り入れての文言なのかもしれない。これに対して長與は、第五回委員会で大学への偏見を助長すると抗議し、功利主義の気風は大学教育ではなく「入学難、就職難、国民生活の不安定」によるものであると指摘している（下144～145）。第八回委員会では自由主義や功利主義は「高等学校で大部分出来ます」と指摘し、人格を作るのに「高等学校が訓育の中枢」であるはずなのに、答申には「高等学校のことが一つも書いていない」と疑問を呈している（下331〜332）。

これに対して伊東は、「高等専門学校」という文言が実は高等学校、専門学校の意味であると答えている（下332）。松井元興も、高等学校の教育を刷新しないと「大学の刷新の実は挙らない」と指摘するものの、伊東はそれなら中学校の刷新も入れねばならず複雑すぎると抵抗している（下333）。結局、修正案に変更はなく、高等学校という文言を小学校などと同じ項目の中に加えての答申となった（下456〜457）。大学を狙い撃ちにしたようにも、高等学校を小学校と同分類に格付けしたようにも、高等学校を矢面に立たせないように配慮したようにも感じられる幹事提案である。

筧克彦は、これに限らず細かすぎる注文は不要ではないかと伊東に苦言を呈している。答申には「根本の要点」を書くべきとするのである（下330）。

「大学あたりには余り世話をお焼きにならぬ方が本当ぢゃないかと思ひます、その代り色々の科目などに付て必要なことは俺が援助してやる、文部大臣が援助をしなければいかぬ、予算を取る責任があると云ふことを評議会で云ふのは宜いと思ひます、さう云ふ方面に関することは評議会に於てちゃんと決議して置くことは宜いけれども、他の遣り口のことに付て余り細かいことを云はれると云ふことはどうか」（下331）。

それでも、伊東は修正に積極的ではない。第七回から第九回の特別委員会では逐条審議の形式を採り、延べ一六時間の審議で前文から順次決議が重ねられており、変更は最小限にしたかったのであろう。なお、決議後の再検討を認めないのは、森田朗が紹介する平成期の審議手続と同様である。「段階を区切ってその段階ごとに、議論を尽くし、合意事項を確定し、それを積み重ねていくことによって、最終的な合意に達するという方法」であり、「後から前の段階について疑義を述べ、議論を蒸し返すことは原則として許されない」のである。[92]

まず議題が設定され、委員の意見を聞き、論点を整理して議論を進め、時にフリートーキングで意見を調整し、答申の骨子案を作成して検討を重ね、それを踏まえて答申を作成し決定する。[93] 森田が「効率的に合意を得る」ための「合理的な手順」とするこの審議手続を教学刷新評議会も実践していたわけである。[94] その際、特別委員会を編成して文言の詳細な検討を行なったため、最後の第四回総会は修正提案を行ないにくい雰囲気となっている。それでも多数決での決定となったのは、重大な異論が一部の委員にあったためである。

特別委員長の原嘉道は、答申の前文、「教学刷新の中心機関」、「大学の本質」について特別委員会で特に活発な議論があったことを総会で紹介している（下388）。総会でも活発に意見が出たものの、特別委員からの説明もあり、軽微な文言追加一個所のみで原案は決定されている。なお、総会では二件の修正提案が諮られて、いずれも否決されている。

第一の修正提案は湯澤三千男内務次官によって行なわれた。第二章第一節で言及したように、湯澤は答申案第四（二）ニの「地方教育行政官吏の任用」方法を改善して「文部省の管轄に移し」との文言に猛反発し、特別委員会欠席時に一方的に決められたと憤激している（下417～419）。これに対して委員提案による修正であると原が説明し、複数の特別委員から現状への厳しい批判があって（下419～425）、湯澤の修正提案は起立採決で否決されている（下434〜435）。修正賛成者は一名のみであり、おそらく湯澤であろう。なお、委員の吉田茂内閣調査局長官は、内務大臣による地方行政の管理に改善が必要とはしつつも、慎重に考えるべきとして、この点のみは賛成を留保すると言明している（下425〜426、438）。吉田は元内務官僚であり、元内閣書記官長である。

第二の修正提案は田所美治の意見を踏まえたものである。田所が深刻な懸念を抱いたのは、答申案第三(二)リの「国語科については、我が国民性を具現せる国語国文の特質を会得し、その深き精神を理解せしむるに努め、又国語を尊重しその愛護醇化に意を用ひ、外国語濫用の近時の浮薄なる傾向を排除することを要す」の後半部分である（下459〜460）。田所は、濫用批判に異論はないものの、わざわざ排除と書く必要があるのか、書いて具体的にどうするのかと批判する（下427）。二荒芳徳も懸念を表明し、何が外国語なのか、「ラヂオ」は駄目なのかと問い質す（下429）。これに対して伊東は、濫用に歯止めをかけたい趣旨であると説明し（下430）、二荒は「浮薄な人は外国語を使はなくても浮薄な人間なんです」と反論する（下432）。天皇はテンノウかスメラミコトかなど、重大な問題も生じてくるとも二荒は指摘している（下432）。

ここで山田孝雄が、国語学者で特別委員である立場から発言し、国語学では外国由来の言葉も国語と呼んでおり、決して外国語を排斥する趣旨ではないと説明している（下432〜433）。ただ、醇化を純化、純粋化の意味で理解するならば、排外的な印象を読者に強く与える文言ではある。また、西洋文化排撃の傾向を答申の文言が助長する危険性は、先に言及したように以前から指摘されていたことでもあった。第八回の特別委員会に至っても、牧健二が、「欧米文化の排斥或は軽視に陥らざるを要す」との文言に加えて、「驕慢に陥るが如き嫌なきことを要す」との文言を入れてはどうかと提案しているほどなのである（下320〜321）。

牧は、「嘗《かつ》て我国などでも日本は神国であると云ふ思想の下に外国を軽視したやうな思想が見えたことがあるのですが、それと相似たことが繰返されて、さうして日本を良く言ふ為に他を軽視し蔑視する」考えから「延いては驕慢心を惹き起す」のではないかと憂慮する人があるとし、「私も同感」であるとする（下320〜321）。「欧州大戦前の独逸」はそのために「意外の結果を招いた」として、深刻な懸念をきわめて用心深く表明するのである（下321）。

これに対して伊東は、「外国文化を排斥しないと云ふ意味はこの案全体を貫いて居ります」とし、懇談の後に牧が諒解して文言追加の提案は撤回された（下322）。ただし、速記中止のため懇談の内容は不明である。いずれにせよこの問題は、伊東がどこまで本気で排外的傾向を懸念していたのかにかかっている。伊東は、日本の「思想混乱」の責任が西洋にあり、それは近代西洋思想の根柢に「個人主義的人生観」があるためである、と単純に信じていたように思われるのである。

第二回の特別委員会で渡邊千冬は、「知識偏重の欧米教学」という松田源治文部大臣の開会挨拶に異議を唱えている（上251）。松田は、「個人本位外国の文化は、我が国の中和の道を損ひ、知識偏重の欧米教学は、我が国の徳行を重んずる精神を昏うし、其の影響の及ぶ所、現下の思想の混乱を招来し」と述べている（上20）。これに対して渡邊は、知育と徳育を対立させて前者を軽視する方針かと文部省の立場を問い質し、知識偏重と断言されては「欧米人の多数は決して首肯しない」と指摘するのである（上250〜251）。

第五回委員会で渡邊は、答申草案前文に対する筧の批判に賛同し、外国文化の排斥に反対する（下109〜110）。

ここで渡邊は、智育を尊重すべきであり、「我国のみが古来徳育の先輩国であるが如く考ふること」には反対であると改めて発言している（下110）。その際渡邊が深刻に懸念しているのは、「外国の文化を拒絶することが教学刷新の有効なる方法であると」文部省が考えているのではないか、ということである（下110）。「恰も赤化思想でありますとか左傾思想でありますとか云ふやうなものは欧羅巴の文化の総てであるが如く考へられるやうな、欧羅巴の文化を採用すれば赤化の虞あり、之を拒絶すれば其心配はないと云ふやうな、思想悪化の原因を単に欧羅巴の文化が我国に移って来るや否やに依ってのみ決せられると云ふやうな見方は、余りに単純であって間違って居る考ではないかと思ふのであります、之には社会上の原因もあり、思想上の原因もあり、経済上の原因もある、若し文部省の御考へになって居るやうなことでありますならば泰西諸国と云ふものは総て赤化して居らなければならないのでありますが、欧羅巴必ずしも左様ではないのでありまして、欧羅巴にも各種の思想がありますから此第一頁に書いてあるやうな事を文部省の当局として余り御強調にならぬことが私は宜いのではないかと思ふのであります」（下110）。

渡邊は東京帝国大学法科大学を卒業してフランスに留学し、ヨーロッパ諸国やアメリカに渡航した後、実業界に入り、衆議院議員となり襲爵《しゅうしゃく》して子爵となり貴族院議員となって、晩年には枢密顧問官であった。(95) 昭和一二年二月に渡邊が刊行した『外交・政治・教育に関する私見』には、この時の批判がさらに詳しく掲載されている。この小冊子は、昭和一二年一月二一日の貴族院本会議での質問演説の記録である。

渡邊は貴族院本会議で、文部省の立場に公然と疑問を提示する。すなわち、知識偏重の欧米教学と主張する文部省は、欧米でのキリスト教の影響をどのように考えているのか、西洋の大衆の道徳を知識が支えていることをどのように考えているのか、「欧米の教学を採用したから共産思想が入って来た」とするのは「論理の飛躍」ではないか、日本の従来の教学はすぐに壊れる程度のものだったのか、といった疑問である。(96)さらに渡邊は、日本精神と科学はともに国家の発展に重要であり、「邪教淫祠《いんし》」が流行する現在、文部当局は「今日以上に科学精神・合理的精神を鼓吹」してほしいとの希望も表明している。(97)

ところが、渡邊への答弁がないままに廣田弘毅内閣は二月二日に総辞職し、陸軍の林銑十郎による組閣となって、文部大臣は林が兼任した。渡邊は二月一五日の本会議で改めて質問し、林から「欧米の教学を軽んじようと云ふ考は勿論持って居りませぬ」、科学は「十分に尊重し、研究する必要がある」との答弁を得ている。(98)それでは伊東は、本当はどのように考えていたのだろうか。

おわりに

文部省が作成した伊東の経歴を見る限り、欧米での生活経験はなさそうである。伊東は東京帝国大学法科大学を卒業後、内務省と文部省に勤務し、昭和四年に学生部長となり九年に思想局長となっている。思想に関心を持つ人物であったと思われるものの、西洋思想を本格的に研究したようには思われない。伊東は、西洋思想風の日本の思想を調査研究しただけだったのではないか。

伊東は第四回委員会で三上参次の質問に対して、今日の日本の「共産主義とか無政府主義といふやうなものは大体西洋から参ったものであるやうに考へて居ります」と答えている（下20）。また、長與又郎の質問に対して、「近代の西洋文化といふものは大体に於て個人主義を基にした、知識、営利を主にした考へ方である」と答え、「日本の考へ方から」すれば「抽象的」、「偏知的」、あるいは「理智第一と申しますか、さういふやうな形態に文化が発達して居ることは事実である」としている（下25）。さらに伊東は、東洋思想には「道といふやうなことを考へますから」「確に今の西洋文化の欠陥を除いて行く上に於ては非常に有効なことであると考へます」ともする（下25〜26）。

しかしそれでは、西洋文化流入以前の日本に、個人主義はなかったのであろうか。伊東の想定する個人主義は、私利私欲を重んじる個人本位の功利的な考え方のように思われる。そのような意味での個人主義、より正確には利己主義は、室町時代や江戸時代の日本になかったと主張するのであろうか。他方、欧米の個人主義が知識や営利に重点を置くとするのは、キリスト教との関係や公共性への関心、理想への欲求を度外視するものであり、あまりにも表面的な理解であろう。

日本で利己主義という意味での個人主義が流行したのは、西洋の影響よりも日本の精神的空虚さのためではないか。竹山道雄《たけやまみちお》は昭和戦前期の日本について、その精神的空虚さを戦後にこう総括している。

「外には満洲事変がはじまっていた。内には経済の不調や思想の混乱や社会の動揺がつづいて、センセーショナルな危機感が来る年ごとに叫ばれた。緊迫した反面に弛緩《しかん》した、異様な変調な雰囲気がみなぎっていた。関東震災を一つのエポックとして、それまでは思いもよらなかったあたらしい社会相が現出した。突如としてひらけた近代生活に対しては、むかしから日本人がもっていた良識や節度はふしぎなくらい無力だった」[99]。

竹山はまた、以下のようにも総括している。こちらは敗戦から間もなくのものである。

「国が変った」。それが決定的に行われたのは大正の末から昭和のはじめのことだったが、あのころに日本人は大変化をとげた。魂の底で、目に見えないところで、あやしむべくおどろくべき変貌《へんぼう》が行われた。むかしからの日本の文化・道徳精神はあのころついに命数がつき、もはや創造的原理としてははたらくことができなくなってしまった。残っているものはただ過去の遺産にすぎなくなった。あるいは、悪しき残滓《ざんし》として、ただ人間性の欠陥に特殊な形をあたえるものにすぎなくなっていた。日本人の精神は新しい段階に入って、過剰なエネルギーをもてあましながら、それを有意義に結晶さすべきいかなる積極的な目標もなく、前後十年ほどのあいだ、文化において混沌たる無様式の状態を、モラルにおいて乱脈痴呆の状態をつづけた」[100]。

竹山が振り返った日本の道徳感覚の危機を、同時進行で深く憂慮していたのが折口信夫《おりくちしのぶ》である。関東大震災での日本人の蛮行に衝撃を受けた折口は、文学と信仰を活性化させ、それによって日本社会の道徳感覚を活性化させることを目指していた。それが折口の国学であり、文学と神道に対する深い思いだったのである[101]。

それでは伊東には、どのような思いがあったのだろうか。教学刷新評議会での文部省の基本的方向性は、日本の危機の責任を西洋に転嫁し、文部省の責任は語らず、大学を始めとする教育現場の取り組みを一方的に要求するものだったように思われる。実際、議事進行でも答申でも、創造的な意欲よりは文部省主導への意欲の方が全体として強く感じられるのである。

答申の本文は、「第一、教学刷新の中心機関の設置」を最初に掲げ、これに続いて「第二、教学刷新の実施上必要なる方針」と「第三、教学刷新上必要なる実施事項」を列挙している（下443〜444）。第二は教学刷新の基本方針であり、第三はそれに基づく教育と研究への要求事項となる。文部省はこの答申を根拠として、基本方針がきちんと実施されているかどうかを監督する権限を主張できるのであり、おそらく答申の読者は、文部省が設置する「中心機関」がこの監督を担うと理解することであろう。

ただ、文部省のための会議として成功であったにしても、これで国体明徴に本当に貢献しえたのであろうか。本来、教学刷新評議会は国体明徴のための会議であったはずである。議事内容を先駆的に紹介し、議事を詳細に追跡した高野邦夫は、昭和一一年九月以降の審議の急進行について、二・二六事件による遅延と昭和一二年度予算申請の期限という事情を挙げている。[102] 実際、特別委員会の開催は二月二四日から九月七日まで飛び、一〇月二九日の総会で審議は終了している。官庁の会議として政治状況に配慮し、予算を念頭に置いて運営が行なわれること自体は不思議ではない。

とはいえ、文部省主導の国体明徴政策を提言することにした以上、伊東も文部省も、それが本当に国体明徴に貢献することを実証していかねばならないはずである。これは次章以降での検討の課題である。

第五章　国体明徴政策への疑問点

はじめに

　第一章でも指摘したように、文部省は強い立場の官庁ではなかった。教育や学問を担当する官庁である文部省は、昭和戦前期の文教政策の主役であったと言い切るのが難しい立場にあったのである。

　明治期から昭和戦前期にかけて、日本の教育政策は文部省が専断的に決められる、というものではなかった。久保義三は、「教育に関する重要な勅令は、実質的に明治三三（一九〇〇）年以降すべて枢密院の審査対象になった」と指摘し、[1]「教育に関する重要な事項が、憲法発布後法律によらず勅令によって規定されるようになった」嚆矢《こうし》として、明治二三（一八九〇）年の小学校令を挙げている。[2]久保は、この「いわゆる教育における勅令主義」を以下のように分析している。

「その背景には、教育政策の決定は国家統治上きわめて重大である、したがって、議会民意の政治的な干渉掣肘を排して、天皇大権を輔弼《ほひつ》する文部大臣の責任において施行されなければならないとする、行政府官僚による教育支配の論理が貫徹していたのである。この論理は、政治的な干渉掣肘を教育から排除するという名目によって、かえって天皇制国家の教育の政治支配を可能にする道を拓いたということができる。この教育における勅令主義の慣行化は、教育政策が枢密院における重要な審査対象となることと相まって、天皇制国家の権力的教育支配を系統化するとともに、逆に教育によって天皇制国家が補強されるというルートが確立されたことをも意味するのである」[3]。

それゆえ文部省は、昭和一〇年代にも枢密院を尊重しなければならなかった。しかしまた、帝国議会への対応も重要である。文部大臣はほぼ貴族院議員か衆議院議員であったし、貴族院には教育関係の長老や教育問題に熱心な人物が在職していた。大正一三（一九二四）年から昭和一〇年まで存続した文政審議会について、阿部彰は、その「全期間にわたる審議を通じて最も目立つことは、貴族院に籍をおく元文部大臣、文部次官、局長の経歴をもつ元文部官僚グループの活躍である」と指摘している[4]。この審議会は内閣総理大臣を総裁とし、文部大臣を副総裁の一人とするものである。

他方、政党政治の発達に応じて、衆議院は次第に有力なものとなっていた。久保義三は、「大正末期以降政党やジャーナリズムから」提唱された教育制度の法律化の流れに沿って昭和一二（一九三七）年一月に義務教育法案が作成されたと指摘し[5]、その意味と経緯に注意を促している。

「広田弘毅内閣は、義務教育年限二年延長案は、単に小学校令の改正だけでなく、法律案として帝国議会の協賛を得ることが議会政治尊重の精神からも当然であるという結論から、同法案を提出することにしたのである。これに対して、枢密院は同法案を黙認することはなかった。この法案が帝国議会に送付される直前に、枢密院は、政府に警告を発し、当然枢密院の「御諮詢」を奏請すべきことを要求したのである。政府は、直ちにその手続きをとったが、審議開始以前に広田内閣は総辞職するにいたり、同法案は挫折せざるをえなかった。こうして、教育制度の法律化は、実現することはなかった」[6]。

しかし、このような枢密院の抵抗があったにせよ、文部省として帝国議会を尊重する姿勢は必要であった。文部省は官庁として決して強い立場にはなく、常に四囲に配慮せねばならなかったのである。

文部省は、大蔵省、外務省などとともに内務省より早くに設置されたものの、内務省によって人事的に支配され、その幹部の多くが内務省出身者となっていた[7]。同じ中央官庁である内務省の下風に文部省は立っており、その官界での立場、政界への立場は決して強いものではなかったのである。そのため、教育行政の経験のない内務官僚が部内を統率することも異例ではない、というのが実情であった。

これに加えて、国体明徴問題では特に陸軍の意向を尊重する必要があった。陸軍の政治的存在感は昭和戦前期に急速に増しており、国体明徴問題に熱心な陸軍軍人、元軍人は多数存在した。つまり、文部省は内閣総理大臣の方針に従いつつ、枢密院、貴族院、衆議院、内務省、陸軍などに配慮せねばならない文教政策の「主役」だったのである。

とはいえ、教育や学問の「不祥事」の責任は、文部省が問われるのが通例であった。荻野富士夫は、昭和一桁後半に文部省への不平不満が高まったにもかかわらず文部省が存続できた理由として、不祥事への対応を官庁としての好機に転換したことを指摘している。

「逆風にさらされつつも文部省解体論が現実化することを免れえたのは、第一に文部行政の実際を担当し、各段階の学校教育を統制する権限を有していることの絶対的有利性を持っていたことである。第二に、一九三〇年代の思想悪化の危機という情勢をテコに、教育の理念と実態を国体観念、国民精神の涵養・明徴の方向性に固定し、文部省をその担い手としての役割と機能に収斂《しゅうれん》させていったということである。それは、思想悪化への対応策、国体観念の涵養・明徴という大義名分が「伝家の宝刀」となったからである[8]。

文教政策の弱い主役である文部省は、思想を旗印に逆風を追い風に転じることで主役の座を確保しえた、ということである。それでは、このような文部省に思想を担いうるのか、このような文部省に政治的変革は可能なのか。本章では、これらの疑問点について検討してみたい。

第一節　文部省は思想を担いうるのか

文部省が国体明徴政策を推進するに際しては、国体明徴を推進した文部官僚たちの真意を知る必要がある。しかし、官僚たちが何を考えていたのかを知ることは、困難である。中心人物である伊東延吉が戦後まで生存し、例えば内政史研究会によるインタビューを受けていたりしたら、その真意への手がかりを得られたかもしれない。

いずれにせよ、伊東に教育への情熱があったことは、たしかである。伊東は大正五（一九一六）年に東京帝国大学法科大学を卒業して内務省に入省し、間もなく文部省に転じることとなる[9]。すでに紹介したように、大正一四（一九二五）年に刊行された『教育大家　溝口先生』で伊東は功利を追い求める社会風潮を批判し、恩師溝口幹から鈴渓高等小学校で受けた人格的感化に深く感謝している。これはおそらく、文部省に奉職する伊東の情熱の底にある思いなのであろう。「地位と富」を求めて青年は都会に移り、「物質的利欲の争と形式的地位へのあこがれとが、世人を支配して居る」ことが「国民の思想動揺」につながり、学校への「極端なる入学難」にも「無自覚な功利思想」が働いているとの批判である。[10]

ちなみに、この小冊子は愛知県知多郡小鈴谷村で編集発行されており、一般に広く頒布されたものではないと思われる。ここに記されたのは伊東の心中の思い、古稀を超えて健在の恩師に向けて語りかけた教育への抱負なのであろう。同書冒頭に掲載された「溝口先生小伝」には、「輓近《ばんきん》西洋科学の進展につれ、我国にも此の外来の悪思想に浸潤せられ、一部には浮華軽佻の思想風習を見、往々極端なる過激悪風あるの今日、本村近郷一帯には、この傾向を蒙《こうむ》らざるは、是れ実に先生の高潔質実にして、信念強き、人格感化の効果なりと、深く信ずる次第なり」とある。[11] 記名がなく編者の細見京之助《ほそみきょうのすけ》の筆によるかと思われる。伊東の思いと通じ合う認識である。

同書で伊東は、功利思想を利己主義として批判している。伊東は「功利を逐《お》ふ」という言葉を財産や立身出世を求める意味で用いており、そのような利己主義を国体明徴による教育によって打破せんとしたのであろう。その際、この利己主義批判は個人主義批判に結び付けられることとなる。

ちなみに『国体の本義』の結語には、西洋思想の根柢には「個人主義的人生観」があり、そのような思想が国家を軽んじ個人を重んじる考え方となり、自由主義とともに経済的利己主義を蔓延させて階級闘争の原因となり、普遍的真理を抽象的に夢想させてきたとの批判がある。[12] 個人主義の功績として「個人能力の発揚を促したこと」が挙げられるものの、個人主義は「畢竟個人と個人、乃至は階級間の対立を惹起せしめ、国家生活・社会生活の中に幾多の問題と動揺とを醸成せしめる」ものとして弾劾されるのである[13]。

しかしここで、個人主義と自由主義などとの関係が思想的に深く掘り下げられるわけではない。国体を明徴にして諸問題を解決していくとの目標が宣言され、解決への意欲が表明されるのみである。実際、伊東自身がどこまで深く考えていたのかは、判然としない。この頃の文部省の動きについて、哲学者の西田幾多郎は昭和一三年二月九日付の書簡で以下のように記している。

「併しどうも今の文部の内務の落武者的役人にはさういふ事が分るまいし　又多少成程と思っても御説の如く内務や陸軍の鼻息を伺って居るといふ有様にて思想問題に対しても統一せる不動の方針あるのでなく　右に聞き左に聞きその時々動き居るといふに過ぎず　何ともなさけなきことなり[14]」。

この書簡は、親友で私立武蔵高等学校長の山本良吉に宛てたものである。山本と西田は、文部省を批判するやり取りをしていたようである。しかし伊東としては、外来思想を国体によって摂取醇化する方針で揺るぎなく進めているつもりであったと思われる。前田一男は、教学刷新評議会の審議と答申、ならびに『国体の本義』の編纂には、「初等教育（教育）と高等教育（学問）との分離された「知」のあり方を、国体理念で貫かれる「知」に「融合」していこうとする再編成」が「具体的に表現されている」と指摘している[15]。前田は、そのような「「教学刷新」の設計者」として伊東の名前を挙げ、長期的な教学改革を視野に入れての動きであったかもしれないとも推測するのである[16]。

もとより、文部省の主役としての弱さからすれば、西田たちが頼りなく思うのももっともである。また、西田が同じ書簡で、「自由主義排撃といふも自由主義個人主義といふ実に幼稚な抽象的な考へ方にて　あれは少し頭ある青年は服せまいと思ふ」と記すように、原則論以上に踏み込んだ思想的創造を伊東たちが行なっていたようには感じられない。(17)西田書簡中の「落武者」が伊東であるのか、排撃者が文部官僚なのか国民精神文化研究所関係者なのかはともかく、西田としては、伊東とその関係者に特段の方針も思想も感じられなかった、ということであろう。

ただ、第二章で検討したように、伊東とともに教学刷新を担当した文部官僚たちには共通の政策志向性があったように思われる。少なくとも、『国体の本義』編纂時の思想課長である小川義章と督学官で昭和一七年に教学局長になる近藤壽治には、左右両翼から迫る政治的危機を教育と学問の刷新によって前進突破する、という政策志向性に合意があったのではないだろうか。西洋思想と東洋思想、マルキシズムと国家主義、左翼と右翼、陸軍などに対して、文部省として教学の主導権を確保しつつ、国難を率先して突破せんとする志向性である。ただ、文部省の実力不足のため、外部からは右顧左眄《うこさべん》していると見られても不思議ではなかったであろう。

ところで、昭和戦前期の文部官僚の幹部の多くが内務省出身者であったことは先に指摘した通りである。その内務官僚の多くが東京帝国大学法科大学・法学部の出身であり、(18)教育学を専門的に学んだわけではなかった。長尾宗典《ながおむねのり》は、大正六（一九一七）年に芳賀矢一《はがやいち》が法科万能を批判し、多大の反響があったことを紹介して、「文部省内の局長クラスの大半が法科出身者で占められるようになった点も「法科偏重」批判の底流にあったと考えられる」としている。(19)ちなみに芳賀は、東京帝国大学文科大学の国文学の教授である。

それでは、『国体の本義』の編纂を担当した文部官僚たちはどうであろうか。法科大学卒業の伊東とは異なり、小川は東京帝国大学文科大学哲学科卒業であり、近藤は東洋大学と京都帝国大学文科大学哲学科の卒業である。小川は第五高等学校教授、東京帝国大学学生主事を務め、近藤は台北帝国大学事務官兼教授などを務めている。ちなみに、『臣民の道』も編纂した志水義暲は、東京帝国大学文科大学哲学科（社会学専修）卒業であり、高知高等学校教授、大阪外国語学校生徒主事兼教授などを務めている。[20]

教学刷新を担当した彼らは、翻訳書や単著の出版も行なっており、官僚であると同時に知識人としても把握されるべき人びとであったと思われる。[21] これは現在の文部科学省の官僚の多くとは異なる特徴であろう。また、国体明徴政策の内容は、日本の思想、歴史、文学を学ぶことに重点が置かれるはずであり、これらは、西洋志向の法学部でよりも、文学部でこそ学びうるものである。なお伊東は法科大学の卒業であるものの、政策内容への関心は自己の内面に発するものであると考えられる。

ところでこの国体明徴という課題には、文部省内のみならず日本全体の法科万能の風潮を突き崩す可能性があったのではないだろうか。昭和一七年度と一八年度のいわゆる高等文官試験では、昭和一六年の高等試験令の改正によって国史が必須科目となっている。[22] 合格を目指して国史を勉強することで、受験者の国体観念の確認がなされることを竹内洋《たけうちよう》と長谷川亮一は指摘しており、[23] 試験制度が長く続いていれば、その影響がきわめて深いものになったかもしれない。法学部で学ばない分野が必須科目となることは、法学部の優位に対する重大な脅威となるからである。

とはいえ、昭和一〇年代の文部省内で内務省・法学部系幹部の優位は崩れたわけではなく、しかも敗戦を契機に国体明徴政策全般が停止し、官僚選抜での国体理解重視も終了することとなる。その一方で、GHQの意向による内務省解体によって内務省の優位は消えていき、文部省と文部官僚の自立がもたらされる。ただし、昭和五〇年入省の寺脇研《てらわきけん》によれば、戦後教育改革の後の文部省は「教育の量的拡大」を支える「事業メンテナンス官庁」となり、政策官庁を目指すようになるのは寺脇の入省の頃からであった。(24)

ちなみに寺脇は、昭和五九年に中曽根康弘首相主導で臨時教育審議会が設置され、この審議会の衝撃と提案が省内の雰囲気を変えて、企画立案の雰囲気がキャリア官僚に広がったと回想している。(25) これ以降であれば、文部省・文部科学省の思想を問うて政策を検証することも可能であるのかもしれない。

さて、文部省内に思想を担う意欲を持つ官僚がいたにしても、官庁として思想を政策化するためには会議を通す必要があった。会議を活用して政策を進めることは、明治以来、現在に至るまで文部省・文部科学省が行なってきた方法である。実際、教学刷新評議会の答申作成も会議を経て進められている。序章で紹介したように、田所美治はこの方法を日本の教育の普及発展の理由の一つとし、「教育制度改革等に関しては政府は独断専行に出でず会議に諮り其の答申に依り施設せしこと」を高く評価している。(26) 田所は元文部次官で貴族院議員であり、これは文部省設置七〇周年を記念する昭和一六年七月刊行の『文部時報』に掲載されたものである。

ここで田所は、明治二九(一八九六)年の高等教育会議設置以来、「或は内閣直属の会議とし或は文部省のものとして凡そ十有余の会議機構が間断なく交互に設置」され、論争による停滞はあったものの、「畢竟は教育の国策を建つる上に於て大過なく且つ政府独自では解決し能はざりし難件をも終に克く審議決定し得たことは此等の会議の大いに与って力ありしことと云はねばならぬ」と顕彰している。[27] 田所は、多くの会議に参加してきた教育行政の重鎮である。

国体明徴政策の推進にあたっても、文部省はさまざまな会議を運営していく。教学刷新評議会、『国体の本義』編纂委員会、教育審議会などである。なお、諮問機関として設置された評議会や委員会、審議会などの総称として、ここでは会議という言葉を用いることにしたい。

さて、教育行政における会議の活用について、平原春好は、大正六（一九一七）年設置の臨時教育会議から昭和一二年設置の教育審議会までを一つの時期に区分し、その特徴を昭和五〇年に以下のように総括している。

「この段階では、審議会に各界の代表者（とはいえ政・財界、政府・軍関係の代表者であるが）を集め、強力なものたらしめ、そこに教育改革に関する審議を依頼し、その答申が尊重され実施される……。もっとも、審議会の事務局には各省から次官や局長クラスを数多くあつめ、強力な幹事団を組織し、審議をリードするなど、政府の方針を追認させる傾向が強かったとはいうものの、それは行政側による審議会の引きまわしというほどのものではなかった。結局、審議会にもとづく教育行政が行なわれた段階だとして特徴づけてよいであろう」。[28]

平原は昭和五五年にも審議会の歴史を論じ、上記の段階では「強力な幹事団をつくって審議をリードしたり、政府の方針の追認を求める傾向が強く、審議会が相対的な独立を保ち得る状況にはなかった」とする一方、それ以前の会議の不活発さとは明らかに異なるとしている。[29]

それでは国体の内容は、会議で決定することができるのであろうか。教育制度や教育財政の改革は、会議での議論や決定に馴染《なじ》みやすいものである。しかし、国体明徴のための教学刷新の前提となる国体の定義は、会議の議題に馴染みにくいものであろう。実際、教学刷新評議会の第二回総会で平泉澄は、伊東幹事が説明した「我が国体、日本精神の本義の闡明」という議題について、「審議するに相応しいものではない」との強い意見を述べている。(30) 先に引用したように平泉は、「却て我が国体を傷け日本精神を損ふことになりはしまいか」とまで述べ、「学者各自の研究に任せ此評議会に於ては深く立入らざることを善しと考へるのでありますと」とするのである。(31)

平泉は昭和七年公表の「橋本景岳《はしもとけいがく》」で、越前藩の教育改革を橋本が担い、「十分漢学に通じ東洋の倫理思想確立した者でなければ洋学を学ばせない」方針を藩学明道館幹事として採った上で、「洋学を開いて科学を奨励し、実用を主とした」事績を特筆していた。(32) その際平泉は、橋本が国是を議論する必要なしと断言し、国是は定まっており「忠義の精神と尚武の気象」が「皇国の皇国たる所以」であると喝破したことを「国体観の透徹」と高く評価する。(33) 昭和一〇年の評議会での発言は、その延長線上にあるのであろう。なお、この議題については他の委員からも意見表明があり、積極的な伊東と総会や特別委員会で対立する場面も生じることとなった。

とはいえ、会議で決定する際に、一委員の意見は簡単には通らないものである。とりわけ、個人として参加している学識経験者の意見は、その思いの深浅にかかわらず一つの意見として、言わば公平に取り扱われざるをえない。実際、教学刷新評議会答申と『国体の本義』は、ともに事務局の意向を基軸に、委員たちの意見を継ぎはぎして文言が作成されている。誰かを特別扱いにするわけにはいかず、のりとはさみで文章が組み合わされていく。そこには帝国憲法や教育勅語と異なり、「作者」が感じられないのである。

『国体の本義』編纂に際しても、編纂委員の意見は簡単には通らず、意見の対立に結論を出すことも難しかった。第二章でも紹介したように、土屋忠雄は、昭和一一年二月開催の編纂委員会で「和辻哲郎委員は、自己の提出した修正案が、必ずしも十分に理解されず、また、記・紀の取扱いに不満を抱き、憤満の言を吐き捨てて去った」との関係者の証言を紹介している。[34] 意見の対立は他にもあり、専門家の見解の相違が会議で簡単に埋まるはずもないのである。[35]

この土屋論文で、『国体の本義』の「基本原稿の執筆者」が国文学者の久松潜一であり、弟子の志田延義が「助手」であったことが明言されている。[36] 久松は東京帝国大学文学部教授であり、志田は国民精神文化研究所助手である。『国体の本義』の作者については、かねて国体明徴に積極的な知識人、とりわけ著名な知識人の名前がいろいろと取り沙汰されてきたところであった。それでは、久松と志田が作者なのであろうか。

志田は、『国体の本義』の作成に際しては、教育現場の意見や希望も聴取した上で草案を作成し、編纂委員に呈示して意見を聞き、志田と小川義章思想課長を中心に修正を重ね、年度内刊行に間に合わせるよう強行日程で作業を行なった、と回想している。[37] 編纂作業は無難な文言への調整が主となり、専門家を集めての編纂委員会は実質二月の二日間のみの開催であった。それでいて三月三〇日付で刊行とされているのである。

それゆえ、『国体の本義』の著者は誰かと問われれば、文部省であると答えるのが穏当であろう。伊東の意見も専門家の意見も組み合わせて、会議の形式を採って事務局で作成されたものである。官庁の刊行物として、誰か特定の人物の思想のみを反映することは、教科書の場合と同様に不適切であろう。しかも、官庁の事業であるがゆえに、年度内に刊行しなければならず、その期日に拘束されて突貫作業が共同で進められていく。しかし、国体を明徴にするのに必要なのは、人の心を動かす思想、人を現実に動かす思想である。はたして、そのようにして作成された官庁刊行物に思想はあるのであろうか。それを読む者に感動を与えるようなものが創造されるのであろうか。

憲法学者で国体科学を提唱した里見岸雄《さとみきしお》は、『国体の本義』には「文部省の教科書的読本たるの感深きものがある」とし、「この文章ならば誰れに読ませても差支へるところがない」と皮肉って以下のように批判している(38)。なお、里見の執筆時期は昭和一七年一一月から二〇年四月までの間と推定される(39)。

「然しそれ故に、この文章は春の日和《ひより》の窓下に慈訓《じくん》を聞くにも似て、あまりに長閑静穏、時に睡魔と闘はざるを得ざらしむるものがある。それは何故であるか、この文章が余りに多数の人々の篤実なる注意と警戒と修正とによって漸くにして定まったものだからである。この種の著作に最も必要な、迫力といふものがこの文章のどこからも洩れる気配さへない。それは文章に個性の力が殆んど失はれ、その代りに唯合議のみが生み出す一種の重厚さが全面に掩ひかぶさってゐるからである(40)」。

さらに里見は、文部省の姿勢への違和感も記している。東京帝国大学法学部教授の憲法学説が悪いのであれば、「当然文部省の責任」があるはずなのに、『国体の本義』は「よそから批判し慨《なげ》いてゐる貌《かお》である」と指摘するのである。

「つまり、不心得な個人の学者や教育家、乃至国民を比較的穏やかにではあるが叱ってゐる貌で、毫《ごう》も文部省自身の反省や責任に就て公明な態度を示すものがない。斯様《かよう》な態度は、心ある読者をして何か割切れぬものを感ぜしめるところはないであらうか。国体明徴に反する過去の事を論ずる限りは、そこにもっと率直な清浄潔白なる態度を示すべきであって、惟ふにかかる超越的、第三者的態度をとっての説諭的批判こそは、最も悪い意味での官僚主義として、文部省自体、清明心を以て清算せねばならぬ点であり、それがむしろ国体明徴への一つの最も有力なる捷径《しょうけい》ではないであらうか(41)」。

もとより、官庁としては政策の根拠、政策の実績が必要であり、責任を認めてしまうと文部大臣の進退が問われるはずである。文部省の存続と発展のためには、不利なことは言わず、国体明徴政策を展開するための根拠、国体明徴に取り組んでいる実績を作り出していかなければならない。しかも、政治的に切迫した状況の中で、一刻も早く、なるべく無難なものを作り出さなければならないのである。

しかし、そのような事情を勘案しても、文部省が思想を決める、それも会議で決めるというのは無理がある。文部省は国体明徴への意欲を示しはしたものの、思想を深く掘り下げる姿勢は認められず、会議で決定された文書を政策の柱とし、予算の申請や執行の日程に縛られて政策を推進している。官庁としては通常の業務方法であっても、これでは思想の担い手たる資質に疑問を感じざるをえない。それでも無理を承知で取り組んだのか、それほど難しくないと判断して政策を進めたのか、いずれかを当事者に聞くことはもうできない。これが第一の疑問点である。

第二節　文部省に政治的変革は可能なのか

第二の疑問点は、何のために国体を明徴にするのかである。国体明徴政策は、主に教育と学問を通じて国民を精神的に革新し、その結果、政治的変革を実現させるはずのものである。教学刷新評議会の答申では、「国家各般の刷新」には「制度・施設」を「運用する人並に一般国民の思想・精神の刷新」が必要であり、教学の刷新によって「政治・経済・産業等の刷新の基礎を確立せんとする」と宣言しているのである。[42]

それでは、そこに現実的な変革可能性はあったのだろうか。教育を通じて国民を精神的に革新することは、国家的な危機が深刻になれば決して不可能ではないだろう。また、長期的な影響を発揮して、政治的変革を実現していくことも決して不可能ではない。ただしそのためには、組織の自立性と影響力の強さ、時間的余裕が必要である。しかし、文部省にその実力があったとは言い難い。

昭和一三年一月刊行の『学士会会報』に、黄口《こうこう》教師の「我国の教育刷新に対する歴代政府の根本的誤謬に就て」と題する批判が掲載されている。これは教学刷新評議会の答申が出て、『国体の本義』が刊行され、教育審議会が設置された後の時点での批判である。

ここで黄口教師は、政策の優先度を問い、政府および文部省が教育人材の養成を軽視していると厳しく批判する。「小学教員より大学教授に至るまで教育者は全く倦み疲れてゐる」として、教育関係者の沈滞を指摘した上で、黄口教師は文部省の「萎靡《いび》無力」を指摘するのである。[43]

「文部省自体も教育の府たるの自負と気魄とに乏しく、一切の教育上の重要問題に対して他からの提唱に追従してゐるばかりで何等他を傾聴せしむる様な専門的、指導的意見を示した事が無い。近年盛んに唱へられる教育改革案、刷新案が……凡て学制の改革、教育方針の一新（西洋思想の是正、国体明徴など）と云ふ事のみに終始して居りそれ等の基礎となる可き文部官吏及び教育者全般の人的要素の改善向上と云ふ問題を軽視してゐるのは、明かに教育改革の唱導が教育界の実情を知らざる人々の側からなされた事を示すものであり、又世論に呼応して色々の案を発表する内閣当局も文相も結局教育界の真相を知り之を救はんとの熱情から自発的に立案提唱するものでない事が判る」[44]。

こう批判して黄口教師は、教育現場への実効性ある支援の必要性を力説する。すなわち、政府および文部省が教育現場の改善に意欲を持ち、人事を刷新して待遇を改善し、意欲ある人材を助け、時局認識に真に有用な知識を教員に提供し、教育者精神を育成して教育者の士気と連帯を強めていくための政策を実行するよう求めるのである。[45]

実際、伊東の心を深く動かしたのは、高等小学校の恩師による人格的感化であった。教育で「人的要素」が最も重要であることは、伊東自身もよく分かっていたはずである。それでは伊東は、文部省幹部として「学制の改革、教育方針の一新」を推進するに際して、人的要素をどのように考えていたのであろうか。

前田一男は、一九三〇年代の「知」の再編成の特色は、明治中期以降「学問」と「教育」との別々の論理で考えられてきた関係が、思想問題を契機に教学刷新路線が強化されていくに従って、国体原理に基づいて新たに「融合」されようとした点にある」とし、この「「教学刷新」の設計者」として伊東を位置付けている。[46] その際前田は、就任挨拶に来た伊東文部次官に東京帝国大学総長の長與又郎が釘を刺したことを紹介し、「学問・教育区分論は簡単には解消」されず、どちらかと言えば「融合しきれなかった」との評価を下している。[47] その上で、「国民学校から中等学校の児童・生徒が錬成され成人していく頃には、ある程度の「融合」がなされてゆく」という長期的な見通しを伊東が持っていた可能性に言及するのである。[48]

たしかに、伊東が制度の力を活用して、長期的な政治的変革の実現を目指したとしても不思議ではない。しかしそのためには、国体明徴政策の実行部隊となる教育現場の強化が不可欠であり、それを支える教育人材の養成や施策実施のための財政的裏付けが必要である。

伊東は、教育審議会第一〇回総会で第二回答申が可決された直後に文部次官を退任している。総会は昭和一三年一二月八日であり、退任は同月二三日である。[49] この答申は、「国民学校、師範学校及幼稚園に関する件」についてのものであり、「皇国の道の修練を旨として国民を錬成」する国民学校へと初等教育を再編成し、「凡そ教育は第一に教師其の人を得るを以て要諦とす」として師範学校の教育を刷新することなどを内容としている。[50]

『資料 教育審議会（総説）』の解説によれば、「答申が強く求めた国民学校教員俸給の国庫負担原則については、一九四〇年三月制定の義務教育費国庫負担法により」俸給の半分が国庫支出となり、大正期の臨時教育会議以来の懸案への取り組みにようやく一歩が踏み出されることとなった。[51] また、さまざまな改革によって国民学校教員の待遇は「中等学校教員と同等の扱い」を受けるまでに大きく改善されていく。[52] 教育現場の強化は少しずつ進んではいたのである。

ただし、これを国体明徴政策のみの実績とすべきではないであろう。総力戦遂行のための国家総動員政策との合流によって、このような成果は収められたからである。清水康幸《しみずやすゆき》は、皇国民の錬成という教育目標へと至る契機が二つあるとして、以下のように分析している。

「一つは総力戦体制構築へと向う社会的・政治的動向であり、戦争の拡大に比例した軍・官一体の国民動員・国民統合の進行という契機である。もうひとつは、「教学刷新」の動向であり、いわゆる思想問題を軸に学問・教育の全般的再編へと向う、いわば教育界に内在的な契機である。これらはいずれも国家総力戦の重要要素たる思想戦ないし精神動員の課題と関わるものである」[53]。

こうして国体明徴政策の目的は、総力戦の戦士の育成となる。ただ、そうなると教育よりも戦争の都合が優先されがちになるはずである。文部省編纂の『国体の本義』が、言わば陸軍省新聞班発行の『国防の本義と其強化の提唱』の下風に立つかのようになってしまうのである。

『国防の本義と其強化の提唱』は昭和九年一〇月に発行された小冊子である。そこでは、「国防力構成要素中第一義的重要性を有する」ものとして「人的資源」が挙げられ、その「培養」のために「建国の理想、皇国の使命に対する確乎たる信念を保持」し、「国家を無視する国際主義、個人主義、自由主義思想を芟除《せんじょ》し、真に挙国一致の精神に統一すること」などが求められている[54]。

文部省とは異なり、陸軍は組織の自立性と影響力の強さを有し、第一次世界大戦以来、総力戦についての研究を行なってきた。国家革新の担い手としての実力は十分にあり、戦争の長期化によって自己の要求を強く打ち出すことがますます可能となっている。もちろん、陸軍が戦争を長期化させて、さらなる戦争へと進んでいるのが実情である。

この陸軍と比べて、文部省の力はいかにも弱い。それでも教育評論家の藤原喜代蔵は、昭和一九年刊行の著書で、伊東が率先して「皇国の道に則る教育の「内容的体系」を考案創作」し、国民学校制度という「外国流」ではない「我が国独自の学制」を創設したことを高く評価している[55]。義務教育年限延長を目指す文部省の動きの中で、伊東が、教科の統合再編にまで踏み込んだことを賞賛するのである[56]。

「年限を延長したり、制度を変革しても、内容を改善しなければ、たいした効果はない。折角義務教育年限を延長するなら、それと同時に教育内容の全面的大改革をも断行すべきである。否、寧ろその方が、制度の変革よりも急務である、といふ建前から、彼れの次官時代に始めて教育内容の大改革の問題を取上げたのである。しかして、遂ひに国民学校制度を創定し、昭和教育大維新の全面的基礎を確立することに成功したのだ。此の意味に於て、伊東は昭和教育大維新の大功労者であり、其の名は恐らく不朽に伝はって行くであらう[57]」。

しかし、敗戦とアメリカによる政治的変革の中で、国民学校制度は昭和一六年度から二一年度の間のみで廃止となった。文部省の国体明徴政策も根本的転換を余儀なくされ、文部省による「昭和教育大維新」の試みは挫折したのである。

ただし、教育審議会による七つの答申が具体的な政策目標を多数提示し、その一部が実現に至ったことは、国体明徴政策の実績として指摘されうるであろう。教育審議会は委員六五名、臨時委員八名という大規模会議として発足し、昭和一二年一二月から一六年一〇月までの間に一四回の総会、六一回の特別委員会、一六九回の整理委員会を開催するほど活発なものであった[58]。『資料　教育審議会（総説）』の解説は、その「教育改革構想がすべて「高度国防国家」建設に焦点づけられ、「皇国の道」への帰一と皇国民錬成を最高目的とする教育理念に固く結合されている」ことを指摘し、その前提の上で、それらが「臨時教育会議以降の教育改革上の諸問題に一定の「解決」を与え、さまざまな改革案を集大成した側面」をもち、さらには、「二〇世紀の世界教育史的な普遍的課題に対して日本なりの対応策を提示する」ものとなったと総括している[59]。

文部省の国体明徴政策は、総動員体制構築のための政策に合流することによって追い風を得ることができた。しかしそれは、後者の政策に依存することであり、その要請を拒むことができなくなることである。実際、教育年限を短縮することも学徒勤労動員をさせることも、文部省として断ることはできなかった。それでも、国体明徴政策を長期的に推進することができれば、教育を通じての文部省による政治的変革も不可能ではなかったのかもしれない。しかし、戦争の追い風を受けて走るとなれば戦争による制約を受けざるをえず、文部省として戦争を指導できない以上、どうしても受け身の姿勢にならざるをえないのである。

ところで、「国体」という言葉は、日本ネイションへの特別のこだわり、日本ナショナリズムの強い自己主張を示すものとして用いられてきた[60]。戦争の視点とは別に、ここでナショナリズムの視点から文部省による国体明徴政策を検討してみよう。

米原謙《よねはらけん》は、この言葉が「幕末の政治危機において、まず尊王攘夷的なナショナリズムを表現するキーワードとして普及し、明治維新以後は天皇を中心とした政治体制の正統化原理となった」とし、それゆえ「国体論は近代日本の政治的言論がつねに意識せざるをえなかった心理的機制となり、体制への危機意識が強まると、国体論が高唱されることになった」と指摘する。[61] 昭和一〇年代は、まさに国体論高唱の時期である。

なお、Nation の日本語訳は国民、民族、国家とさまざまであり、日本語では多様な語感を統一する言葉がない。そのため、ここではネイションという言葉を用いることとする。それでは日本ネイションとは何かと問えば、「日本」であるという奇妙な返答にならざるをえない。同様に、日本ナショナリズムをあえて日本語訳しようとすれば、日本主義が最も無難な訳語である。[62] ネイションとは何かを問うても、ネイションと呼ばれるものとしか答えようがないのである。

ネイションと呼ばれる人間集団の存在感は、特に一九世紀以降、他の人間集団よりも急激に増大し、現在に至るまで多くの人間の意識と生活を作り上げている。そうして歴史的に形成されたネイションは、その内容を一部変化させながら現在も形成され続け、ネイションが滅びない限りは、未来にも形成されていくものである。日本でも、多様な人間集団の中から「日本」ネイションという集団の単位、あるいは、「日本」ネイションという共同性が重視され、生活の枠組みを作るようになっていった。昭和戦前期の日本ネイションのあり方は、この日本ネイションの歴史の中で、日本へのこだわりがとりわけ強く広くなった時期であり、「国体」という言葉がそのこだわりの主要な核となったのである。

このネイションへの肯定的なこだわりこそが、ナショナリズムと呼ばれるものの実態である。このこだわりは愛着にもなれば執着にもなる。貢献を促しもすれば依存を促しもする。一人一人の人間がネイションを自己の存在を支える共同性として把握する時、それが具体的にどのような意識となり、どのような行動を生み出すかは多種多様である。昭和戦前期でも、国体への自覚を強めた際の、あるいは、国体の自覚を求められた際の人間の反応はさまざまであった。

ドイツの歴史家フリードリヒ・マイネッケは、明治四〇（一九〇七）年刊行の『世界市民主義と国民国家』で、ネイションと人間の関係を以下のように説明している。

「人間は、それによって自分を支えてもらうために、また自分の中に生きているものをその中に運び入れるために、共同体を必要とする。そして、自分自身が自律的になり個性的になればなるほど、人間は、ますます広くそして大胆に、自分に影響を及ぼしてほしいもの、またその中で自分の能力を発揮することを望むものの範囲を定め、この生活圏は、それだけいっそう豊かな内容とくっきりした輪郭とを与えられることになるであろう。そして、人間がその中に身を置くことのできる、比較的大きなあらゆる生活圏の中で、ネイションほど直接に全部の人間に話しかけ、全部の人間を強く支え、その自然的＝精神的な本質全体を忠実に再現するものは、またネイションほどに巨大人間であり強化された個体であるもの、もしくはそれになりうるものは、多分他にないであろう[63]」。

この説明は第一次世界大戦以前のものであり、楽観的な気分がかなり強いものである。この後、第一次世界大戦の経験を踏まえて、マイネッケはネイションとナショナリズムへの警戒の念を強めることとなる[64]。このような警戒の念は、日本では第二次世界大戦の経験を踏まえて、言論の大幅な自由化の中で戦後にきわめて強く表明されるようになるのである。

それでは、昭和一〇年頃の日本のナショナリズムはどのように批判されていたのであろうか。昭和九年公表の「ニッポン・イデオロギー」で戸坂潤《とさかじゅん》は、「日本精神主義なるものが、如何に理論的実質に於て空疎で雑然とした」ものであるかと批判している。[65] 戸坂は、日本主義者によって「日本精神（之が日本の本質な筈だった）が何であるかは、合理的に科学的に、遂に説明されていない」と指摘し、[66] 自己の信念を披瀝するのである。

「ただ一切の本当の思想や文化は、最も広範な意味に於て世界的に飜訳され得るものでなくてはならぬ。というのは、どこの国のどこの民族とも、範疇の上での移行の可能性を有っている思想や文化でなければ、本物ではない。丁度本物の文学が「世界文学」でなければならぬのと同じに、或る民族や或る国民にしか理解されないように出来ている哲学や理論は、例外なくニセ物である。ましてその国民その民族自身にとってすら眼鼻の付いていないような思想文化は、思想や文化ではなくて完全なバルバライに他ならない」[67]。

しかし、定義できないことはネイションの特徴であり、雑然としていることはネイションの内容の豊かさを示している。ネイションへの問いが活発であるかどうかが重要なのであって、そこに自発性と主体性が強ければ強いほど、共同体への欲求と活動への意欲は満たされていく。そうすることによって人間は、近代的な生活の基盤を確保し、近代国家の民主主義的な運営の可能性を手に入れてきたのではないか。だからこそ、ネイション形成に失敗したソ連やユーゴスラヴィアは、国民の支持を失って滅亡したのではないだろうか。国体へのこだわりには、人間を支え、人間がそこで活動できる共同体への欲求も働いており、政治的発展の動力ともなりうるものである。

他方、ネイションとナショナリズムの政治的危険性は、世界各地で現在も問題になっている。とりわけ、ネイションへのこだわりが排他性や優越欲に傾斜して連帯性や共働性を従属させること、あるいは、政治権力がネイションの内容を上から強制的に一元化させることには顕著な弊害が認められる。日本の場合、国内の「敵」の排撃に国体という言葉が用いられたことは特に前者に、文部省による国体明徴政策は特に後者に該当し、それぞれの視点から批判的に検討されることが必要となる。実際、文部省が『国体の本義』を刊行した結果、当初は批判があったものの、国体解釈の政府決定版であるかのような印象を与えることとなった。また、教育現場に組織的に流通させることによって、言わば組織の力で、思想的影響力を確保することになったのである。

官庁と国体の関係について、昭和三九年公表の「戦前における日本の右翼運動」で丸山眞男は、「「国体」がまさに日本帝国の信条体系であった」がゆえに「あらゆる国家機関は天皇の機関であり、あらゆる官吏の権限は天皇から神聖性を分与されていた」ことの政治的意味を強調している。(68) 拙著『丸山眞男と平泉澄』で指摘したように、丸山は、日本主義のナショナリズムとしての袋小路をここに見出し、維新が有司《ゆうし》専制に行き止まって、右翼のラディカリズムが不発に終わる秘密を解き明かさんと欲したように思われる。(69) 弱い官庁であるとはいえ、文部省もまた、民間人に対して国体の威を背負える立場にはあった。

「結論的にいえば、右翼運動のなかには、このようにラディカリズムを醗酵させる諸条件はいつも伏在していたけれども、それが寄生的側面を圧倒して国家主義運動を支配するほど強力になったことは一度もなかった。それはたかだか支配機構の上層部に「ショック」を与えて上からの全体主義化を押しすすめる役割を演じたにとどまった。過激分子が必死となって道を「清め」たあとを静々と車に乗って進んで来るのは、いつも大礼服に身をかため勲章を一ぱいに胸にぶらさげた紳士高官たちであった」[70]。

国体明徴もまた政治的変革の夢の一つであった[71]。しかし、維新は明治維新しか成功していない。明治以降に政治的変革が実現されたのは、アメリカの占領によるもののみである。それがなぜなのかは日本における政治的変革の問題として、現在も問われるべき課題である。さてそれでは、文部省による国体明徴政策は、政治的変革の夢を官庁として引き受け、実現させていくほどの覚悟を持って進められたのであろうか。

文部省は、自己の監督下でナショナリズムを盛り上げようと試みてはいた。昭和一一年九月に文部省訓令で設置された日本諸学振興委員会について、『戦時下学問の統制と動員』は、「行政が主体となって、禁圧的統制と誘導的統制を組み合わせながら国家有用性という観点から学問研究の内容を構成しようとする」試みであったとし、その方法を「構成的統制」と呼んでいる[72]。文部省はこの委員会を発展させ、研究者を統制しつつその主体性発揮へと誘導し、ナショナリズムを盛り上げていこうとしたのである。

しかし、官庁による国体明徴という政策課題の難しさは、変革の夢を示してナショナリズムを盛り上げつつ、下への統制を確保する必要があるところにある。しかも、国家革新の担い手たるには文部省の力は弱く、教育による長期的変革に言及はするものの、真剣に戦争に取り組む以上のことを実現する可能性は実際には乏しかったように思われる。文部省にはナショナリズムを下から盛り上げ、国民の自発性と主体性を積極的に奨励し支援しようとする意欲が見出せない。むしろ、従順な臣民を育成して上から管理する意図の方が、未来を作り出すはずの政策の中に強く感じられるのである。

ただ、陸軍も含めて他の官庁も、夢よりも現実へと、すなわち下への統制優先へと傾斜していったのが戦時の実情であった。大東亜共栄圏の夢も短期間に終わっている以上、文部省のみが低く評価されるべきではないのかもしれない。

おわりに

近代国家は国民の主体性を必要とする。国家は、住民との間に心のつながりを作り上げることでネイション・ステイト、いわゆる国民国家となり、国民の主体性を自己の存続と発展の動力として活用できるようになる。国民国家建設は近代国家にとって必須の課題であり、主権国家の建設とともに、その強大化の理由となるものである。

日本においても、国民国家の建設は明治期以降の必須の課題であった。それゆえ、国体と呼ばれる思想が日本国家と住民との間に心のつながりを作り上げることができるならば、それは十分に国民国家建設に貢献しているのである。他方で、近代化の成功は近代国家の権力を増殖させ、強大化した国家間の競争は、かつてないほどの規模と激しさで行なわれるようになった。それとともに国家が思想に求めるものも変わっていき、思想には国民の主体性を動員することが期待されるようになる。大正期以降の総力戦の時代において、国家は思想を道具として活用する傾向を強めていくのである。

山之内靖《やまのうちやすし》は、「総力戦体制においては、一国の経済的資源のみならず、人的資源までもが戦争遂行のために全面的に動員されなければならなかった」と指摘し、それゆえ総力戦体制は、「近代社会がその成立期いらい抱え込んできた紛争や排除のモーメントに介入し、全人民を国民共同体の運命的一体性というスローガンのもとに統合しようと試みた」と総括する。[73]労働者や少数民族、女性のように劣位に置かれた人びとを社会的に統合することで[74]、国家が、社会の機能主義的な再編成を進めていくのである。[75]

「「強制的均質化」は、戦争遂行という非日常的で非合理的な状況によって促されたのであるが、しかし、それだけに止まったのではない。それは、人的資源の全面的動員に際して不可避な社会革命を担ったという点で合理化を促進した。この「強制的均質化」を通じて、社会のすべてのメンバーは戦争遂行に必要な社会的機能の担い手となること、このことが期待されたのであった。総力戦体制は、社会的紛争や社会的排除(=近代身分性)の諸モーメントを除去し、社会総体を戦争遂行のための機能性という一点に向けて合理化するものであった[76]」。

このような動員のための国民的一体化に際して、日本では人的資源の社会的統合に国体への信仰が活用された。清水康幸は、「個人に内在する資源を超えた次元にまで「資源」概念が拡大されることで、国体や日本精神もまた「資源」の仲間入りを果たし、それによって今度は、その体得なしには人的資源の資格を得ることができないという一種の倒錯論理が成り立」ったと指摘している。[77]

さて、思想がそれほど貴重な資源であるのならば、国家はその真正性を傷つけてはならず、自らが真正性を保証するためには、国家もまたその思想に拘束されざるをえないはずである。はたして思想は、巨大な権力装置を動かしうるのであろうか。それとも巨大な権力装置の中で、思想は道具にすぎないのか。思想に基づく国家を建設したソ連では、独特の制度設計と国民への思想的教化が政治的反対者への排除とともに行なわれた。それではマルクス・レーニン主義は、ソ連国家をどの程度動かし、ソ連国家によってどの程度活用されたのか。思想は権力を指導しうるものなのだろうか。

戦後の回想で近藤壽治は「軍部の浅見」を批判していた。内局となった教学局の局長であった近藤によれば、昭和一九年に富山県高岡市の瑞龍寺《ずいりゅうじ》の屋根を剝いで、その鉛を軍事用に使うとの命令が首相からあり、それを止めたとのことである。(78) 他にも、神社仏閣のお守り札の廃止や吉見百穴の破壊工事、三保の松原の伐採工事など、日本の歴史や自然に頓着のない陸軍や海軍の要求を止めるのに奔走したとしている。(79)

日本の歴史や自然をすべて犠牲にすることは、文部省の考える国体の本義に基づくと主張しうるものではある。しかしまた、それらを尊重し国民の士気を高めることもまた、国体明徴に必要なことであろう。近藤は回想の中で、これらを国体明徴政策を推進する文部省として軍部に「抵抗」した実例としている。ただしそれが、文部省なりの「抵抗」であったにせよ、軍部への受け身の姿勢が顕著であったことは否めない。時流に乗ったのには思想的な根拠があり、決して便乗したわけではなかったとはいえ、文部省の思想も行動も、権力を指導するだけの気魄と実力を示すものとはならなかったように思われるのである。

第六章

文部省と国体明徴政策に対する外部評価

はじめに

昭和一〇年代文部省の国体明徴政策について、これまで政策の歴史的な位置付け、政策関係者の政策志向性、会議の議題設定と運営、政策の疑問点の検討を行なってきた。ここでは政策企画への外部評価を試みてみたい。とはいえ、昭和一〇年代の文部省の政策は、基本的にはすべて国体明徴に関係するものとなっており、そのすべてを検討することには著者の力が及ばない。そのため本書では、検討の対象を教学刷新評議会の運営から『国体の本義』の刊行を経て教学局の設置に至る時期、勢いがついた出始めの時期に検討を集中している。評価の重点を昭和一〇年頃に置いているのである。

さてそれでは、現在の日本では政策評価はどのように行なわれているだろうか。令和六（二〇二四）年四月一日時点の総務省HPによれば、行政機関が行なう政策の評価は、平成一四（二〇〇二）年施行の「行政機関が行なう政策の評価に関する法律」（政策評価法と略称）に基づいて行なわれている。[1] ただし、この制度の導入については、国民からすれば唐突の感があるとの指摘が施行直後に山谷清志《やまやきよし》によって行なわれている。(2) さらに、運用に際しては誤解や混乱などがあり、現在も評価制度の見直しは進行中である。(3) つまり、政策評価は試行錯誤しながら進んでおり、方法が確立しているわけではないのである。

現行の政策評価法の第一条には、「政策の評価の客観的かつ厳格な実施を推進しその結果の政策への適切な反映を図るとともに、政策の評価に関する情報を公表し、もって効果的かつ効率的な行政の推進に資するとともに、政府の有するその諸活動について国民に説明する責務が全うされるようにすることを目的とする」とある。本書での政策評価も、政策としての必要性などを価値的にではなく客観的に評価せんとするものである。

もとより、昭和一〇年代の文部省の政策には、このような意味での評価の発想はなかった。国民への説明や情報の公開は想定されておらず、何らかの評価が省内や省庁間で行なわれたにせよ、その実際は断片的にしか知ることができない。なお、現在の政策評価法の規定する行政機関には文部科学省も含まれており、その求めるものは、基本的には行政機関による自己評価である。これに対して、本書で行なう政策評価は現在用いられている観点のいくつかを転用し、外部評価を試みるに止まる。具体的には、必要性、優先性、有効性の観点による検討である。

第一節では政策立案の必要性・優先性、第二節では政策目的達成への有効性について、同時代人による評価を参考としつつ検討を進めていく。いずれも基本的に昭和一〇年前後の時期に限定している。強まる言論統制にもかかわらず、この頃であればまだ批判の公表も不可能ではなかったためである。必要性、優先性、有効性という観点については、政策評価の手法等に関する研究会が平成一二（二〇〇〇）年に行なった「政策評価制度の在り方に関する最終報告」の定義を転用する。この研究会は総務庁行政監察局の研究会として開催されたものであり、その報告は政策評価のガイドラインや政策評価法にも取り入れられている。(4)

同報告は評価の観点として「必要性」、「効率性」、「有効性」、「公平性」、「優先性」を挙げ、それぞれの一般的基準を具体的に説明している。必要性は、「政策の目的が、国民や社会のニーズに照らして妥当か、上位の目的に照らして妥当か」および「行政の関与の在り方から見て行政が担う必要があるか」である。有効性は「政策の実施により、期待される効果が得られるか、又は実際に得られているか」であり、優先性は「他の政策よりも優先的に実施すべきか」である。(5) 以下の二節では、政策の特性や資料的制約に鑑みて、この三つの観点に限定して検討を行なう。

続く第三節では、文部省の政策担当能力への外部評価を行なう。官庁として弱い文部省に対しては、国体明徴政策を担当しうる能力について同時代人から多くの疑念が寄せられていた。文部省がどのような点で外部から酷評されたのか。なぜ前途を見放されるほど酷評されたのか。特に行政機構としての問題点について検討を行なう。

ところで政策評価法の第三条第一項は、「当該政策に基づき実施し、又は実施しようとしている行政上の一連の行為が国民生活及び社会経済に及ぼし、又は及ぼすことが見込まれる影響」を政策効果と呼んでいる。行政機関はこの政策効果の把握を基礎として「当該政策の特性に応じて必要な観点から」政策を評価するものとし、同条第二項第一号では、「政策効果は、政策の特性に応じた合理的な手法を用い、できる限り定量的に把握すること」としている。

しかし、国体明徴政策が「国民生活及び社会経済」に及ぼした影響を「定量的に把握すること」は難しい。国体の明徴という政策目標は人間の内面を主たる対象とするものだからである。また、国体の明徴は、文部省のみの政策課題であったわけでもない。ここでは、「当該政策の特性に応じて必要な観点から」評価するために、伊東延吉による自己評価を手がかりに国体明徴政策の特性の把握を試みてみたい。

以上の方針で、文部省の国体明徴政策を政策として検証することが本章の目的である。もとより、はるか後世の人間が当時の状況を推測するものであり、現在のような政策評価を行なうことはできない。そのため、基本的に同時代人による外部評価に基づき、文部省内部では伊東の自己評価に基づいて、この検証作業を進めるものである。

第一節　政策立案の必要性と優先性

国体明徴政策の企画立案は、当時の状況でどれほど必要であったのだろうか。また、他の政策に優先されるべきものだったのだろうか。本節では、「政策の目的が、国民や社会のニーズに照らして妥当か、上位の目的に照らして妥当か」および「行政の関与の在り方から見て行政が担う必要があるか」という必要性の視点から検討を行ない、それとの関連で、「他の政策よりも優先的に実施すべきか」という優先性の視点からの検討を加えることとしたい。

さて、昭和一〇（一九三五）年の政治状況について、教育関係者はどのように把握していたのだろうか。同年一二月一日発行の『帝国教育』で、為藤五郎《ためとうごろう》は、「昂奮より鎮静への昭和十年」と題して一年を回顧している。為藤は大正一四年に『教育週報』を創刊し、教育週報社長として活躍するのみならず、社会民衆党・社会大衆党で政治活動を行なって当時は東京府会議員であった(6)。

為藤は、「天皇機関説即ち国体明徴に関する問題」が「最も質的に多量に新聞紙を賑はした」としつつも、教学刷新評議会の設置で問題は落ち着くかに見えたと指摘する。しかし、政友会が評議会への委員参加を断って追及を続け、政府は議会の解散を考えているとの観測を紹介している(7)。「国体明徴は国民挙《こぞ》って力《つと》めなければならないことではあるが、一派のこれに対する策動は、余りに執拗であり、陰険であることに、愛想を尽かして居る傾向は、多分に国民一般の頭に湧いて来て居るからである」(8)。

為藤は、軍人や国体明徴に長く取り組んできた少数の学者は別として、「尻馬に乗って騒ぎまはる」人びとを強く非難し、特に政友会が美濃部達吉を貴族院の勅撰議員に推薦した過去を取り上げて批判する(9)。他方、式日に御真影《ごしんえい》を拝し教育勅語を奉読してきた教育界に懸念はないとして、国体明徴について教育者が「最も努力して来た」と主張する(10)。為藤は、文部省にはもっと自信を持ってもらいたいと注文を付け、「少くとも初等中等の学校に於て、この種の問題を深憂する何等の必要はなかった」とする一方、内閣を強化するために教学刷新評議会を設置することには「或程度の理解を有たなければならないことと思ふ」としている(11)。為藤は、国体明徴に政府や文部省が取り組むことに理解を示しつつも、政友会への批判を鮮明にするのである。

実際、昭和一一年一月二一日の解散による二月二〇日の衆議院議員選挙では、立憲政友会が大敗して第二党に転落し、立憲民政党が第一党に躍進した。菅谷幸浩は、この選挙では立憲民政党に加えて社会大衆党にも政府が資金援助を行なっており、それぞれ、西園寺公望と迫水久常《さこみずひさつね》が便宜を図ってのことであったと指摘している。[12] いずれにせよ、二・二六事件が政治状況を一変させてしまう直前のことである。

この回顧で為藤は、昭和一〇年の時事問題として国体明徴問題に加えて選挙粛正問題、中等学校制度の改革問題、永田鉄山軍務局長暗殺事件などに関連した粛軍問題、産業組合問題、労働組合問題を挙げている。[13] 興味深いのは、選挙粛正問題で為藤が教育の意義を強調することである。「根柢の深い選挙の腐敗」を改善するには選挙民の自覚によるしかなく、「取締の徹底よりは公民教育、政治教育の徹底」、つまりは「法律万能主義」から「選挙教育主義」への転換が必要であると説くのである。[14]

「今回の選挙粛正運動に、従来その独占事務の如く考へて居た内務省が、親しく文部省に呼びかけ、その協力を求めて居るのは、内務省の一つの自己懺悔でもあり、法律一徹主義が教育主義に助力を求めて来たことにもなる。教育者は、この点に深く留意すべきである。従来の選挙運動は、教育者を疎外した。教育者も亦それを安全とした。しかしその結果が今日の如き選挙界の腐敗、政党の腐敗、政界の腐敗であったとするならば、政界の行詰りの責任のその一半は、法律主義の内務当局が、他の一半は逃避主義だった文部省、その麾下《きか》にある教育者が負はなければならないと思ふ[15]」。

とはいえ為藤は、政党を否定する立場ではない。「国民は、今は著しく政党を呪詛して居る。政党を悪罵することが、国民の常識とさへなって居る傾がある」としつつも、政党解消も独裁政治も革命主義も国民は望んでいないとする。[16]為藤の観測によれば、近年の昂奮は鎮静化に向かっているのである。なお、明治二〇（一八八七）年生まれの為藤は昭和一六年に没している。

ここで、昭和一〇年に政治腐敗の問題が深刻であると認識されていたことを確認しておきたい。政治の腐敗、選挙の腐敗、政党の腐敗である。政友会が国体の明徴を主張しても、腐敗の問題がその主張の説得力を傷つけていたことは想像に難くない。しかし政府としては、国体明徴要求それ自体には細心の注意で対応する必要があった。国体の明徴とは日本ネイションの本質確認であり、文部省による国体明徴政策の具体的な目的は日本国民による日本的な人生観・世界観の体得、ひいては日本国家のさらなる発展に他ならなかった。実際、ナショナリズムが盛り上がっている国民にも本質確認の欲求があったはずであり、国体の明徴は現在の日本よりもはるかにニーズが高かったと推定されるのである。

非西洋文化圏の国家と住民が、西洋化・近代化による変容を受ける時、自分たちの存在根拠やアイデンティティを問いなおすことは重要なことである。「政策の目的が、国民や社会のニーズに照らして妥当か、上位の目的に照らして妥当か」という視点からして、国体明徴政策は当時もそれ以前も、あるいは、国体と呼ばなければ現在でも必要なことと言えるであろう。もとより、それを具体的にどのように行なうかで政治的にも思想的にも道は分かれてくるはずである。

ところで、政治腐敗への危機感と国体明徴への欲求は、思想的には利己主義への批判を媒介として関連付けることが可能である。実際、文部省による自由主義批判は利己主義批判とつなげて考えられている。他方で、天皇機関説事件を契機としたこともあり、文部省としてこの問題は、担当部局的には高等教育での思想問題の延長線上に位置付けられることとなる。文部省で国体明徴政策を推進した伊東延吉の職階が、学生部長から思想局長、思想局長兼専門学務局長、文部次官へと上がっていったことは、この関連性を端的に示しているであろう。

ただし、思想問題の対象は学生生徒や教員のみならず卒業生や国民へと拡大し、それと関連して、政策の目的は不祥事対応という消極的性格から国民思想の刷新と建設という積極的性格を強く持つようになっていった。(17) それとともに、伊東が深く関与した会議は規模を拡大し長期化していく。学生思想問題調査委員会から教学刷新評議会を経て教育審議会へと委員数が増加し、検討期間が長期化していくのである。その流れに乗って伊東は、文部次官として昭和一二年一〇月からの国民精神総動員運動に尽力し、国民教育の刷新という政策課題を小学校に代わる国民学校制度の創設という形で実現していくこととなる。

それでは文部省は、昭和一〇年の政策課題をどのように把握していたのであろうか。為藤の回顧と同じ『帝国教育』には、文部省督学官《とくがくかん》の龍山義亮《たつやまぎりょう》による「昭和十年の教育界の回顧」が掲載されている。個人名の執筆であるものの、文部省の認識を示すものであろう。

龍山はまず、かねて検討してきた教育制度の全般的改正は内閣審議会の協議を待つことになったとし、続けて新設の青年学校制度の説明を行なう。(18) さらに、「国体明徴に関する事件」ではなかなか「世論喧しくて収まらず」、政府も文部省も対応を重ねているとし、政府の国体明徴声明や教学刷新評議会の設置に言及する。(19) 他にも、実業教育の振興、選挙粛正のための公民教育の徹底、宗教的情操の陶冶による道徳教育への動きが紹介され、日本主義の立場での教育論が多く公表されたことも指摘されている。[20]「種々の問題が世間をにぎはし、特に学制改革問題が教育界に対して大なる刺戟を与へた」とはいえ、「尚結着を見ずして来年に繰り越さるることとなった」というのが龍山の総括である。[21]

これに対して教育学者は、昭和一〇年をどのように回顧したのか。東京高等師範学校教授の石山脩平は、昭和一一年一月刊行の『教育学研究』で「昭和十年教育界の回顧」を公表している。石山は新進の教育学者であり、当時の『教育学研究』は東京文理科大学教育学会の編集である。

石山はまず国体明徴問題を挙げ、数年来の「日本精神昂揚」の運動が具体的になったものの、為藤と同様に、政争の具とする不当を「健実な国民の常識はよく知ってゐる」と批判する。[22]その一方で石山は、教学刷新評議会がその設置趣旨に真剣に取り組み、「日本精神運動を反動固陋の邪道より救ひ出して、(西洋文化にも十分の尊敬を示しつつしかも国民的自覚を失はざる)明朗闊達の一路を進ましめる」ことを期待するともしている。[23]

石山はまた、日本の教育者は「これまで最も明徴に国体観念を把持し最も忠実に日本精神を宣揚し培養して来た筈である」として、教育者に国体や日本精神を説くことは、「他の方面への当てつけや弁明を、教育者に聴かせてゐるといふ感がある」と不満を表明する。[24]為藤と同様の不満である。

次に石山は「公民教育と選挙粛正其他」を取り上げ、府県会議員選挙での選挙粛正運動が公民教育に刺戟を与えたにもかかわらず、教育運動として「私は注目すべき具体的業績を見出し得ない」と慨嘆する。[25]石山は、国体明徴運動と公民教育は「関係の深いものと思はれるのに、公民教育論者は抑々何をしてゐたのであるか」と憤り、憲法解釈や議会制度、言論の自由が問題となっている状況に対して提言が出ないことに物足りなさを感じるのである。[26]

石山はさらに、「教育制度改革問題」への文部省の熱心な取り組みは「出直し」に終わったとし、問題の慢性化でその重要性よりも「至難性が常識となってしまった」とする。[27] 他方、「教員俸給不払問題」は深刻さを増し、臨時国庫補助の打ち切りを図る大蔵省に文部省が抵抗してようやく予算が復活する有り様であるとしている。[28] さらに「宗教教育問題」を取り上げ、「偏智教育を排して人格教育を高調し、唯物的思想を警《いまし》めて宗教的情操を涵養すべきことは、ここ数年来の教育標語である」としつつも、文部省の取り組みが腰の引けたものであることを指摘している。[29]

このように、昭和一〇年においては国体明徴と政治腐敗、粛軍の問題などがあり、教育界では教育制度改革と公民教育、道徳教育、教員俸給不払いの問題などがあった。政治腐敗は公民教育に、宗教教育は道徳教育に関係し、思想的にはすべて国体明徴に関連付けることが可能である。すなわち、利己主義を排して政治腐敗を打破し、国民道徳を再建し、国体明徴と宗教団体を連動させるという関連付けである。

実際、昭和一〇年に着手した宗教団体法制定の試みは挫折に終わるものの、文部省は昭和一四年には宗教団体法の成立に成功し、宗教団体の法人化に際して監督を強化することに成功した。[30] 宗教に関する基本的な法律は明治以来一度も成立しておらず、文部省はここでようやく長年の懸案を突破できたのである。また、教員俸給問題に昭和一二年設置の教育審議会が取り組んでいったことは、第一章で紹介した通りである。ただ、現に生活に困る教員たちからすれば、優先されるべきは不払い問題の方であろう。

先に引用した『帝国教育』の同号でも、教育評論家の渡部政盛《わたなべまさもり》が、小学校教員の給料不払いが悪化している現状では「思想善導も国体明徴もあった話ではあるまい」と痛烈に批判している。[31] 渡部は在野の教育評論家であり、子息によれば、東京帝国大学教授の学説も文部官僚の学説も遠慮なく批判し、文部官僚からは「渡政（わたしょう）」と呼ばれて「非常に嫌」われた、とのことである。[32]

なお渡部は、斎藤実内閣と岡田啓介内閣で「官界政界の粛正」が行なわれ、「それがひいて教育界にも波及し、いかがはしき教員は首にされ、情実や悪弊は次第に改められた」と高く評価している。[33] ただし、それとともに教育界には「よく言へば「教権の確立」であるが、悪く言へば官僚気分の台頭」が生じ、「教育者は社会から遠ざからうとする傾向を見せ」たとも批判している。[34]

いずれにせよ、政治状況からしても日本国家としても、国体明徴の必要性自体を否定することはできないであろう。問題は、何をどのようにして明徴にし、どのような政策効果を目指すのか、ということである。また、行政として積極的に取り組まずに、民間の国家主義団体や一部の在郷軍人に主導権を握られるわけにはいかないはずである。文部省としては、外部の介入から教育界を防衛するためにも国体明徴に率先して取り組む必要があったと思われる。「行政の関与の在り方から見て行政が担う必要があるか」という視点からすれば、政治的に必要であったことはたしかである。ただし、やはりそれをどのように担うのかで道は分かれてくることとなる。

さまざまな懸案が山積する中で、それでは「他の政策よりも優先的に実施すべきか」という優先性の視点からは、どのように外部評価できるであろうか。渡部が指摘していたように、眼前の生活の優先度は高いはずである。ただし、文部省が国体明徴政策に他の政策課題を取り込んでいき、教育審議会も活用して懸案を打破していったことも事実である。国体明徴政策の流れに乗せれば、政府の決定や予算の獲得で少なくとも不利にはならないと思われる。もとより、その代わりに他の政策課題は、国体明徴に関連付けられて変容させられることともなるのである。

文部省の国体明徴政策にはずみが付く頃に、それを酷評した人物として留岡清男《とめおかきよお》が挙げられる。留岡は昭和一三年七月刊行の『教育』で、文部省の近年の動きをこう批判している。『教育』は岩波書店が発行し、留岡はその編集に当たっている。

「……昭和一〇年に内閣審議会、教学刷新評議会、昭和一二年に文教審議会、教育審議会が矢継ばやに設置されたり廃止されたりしたが、それらの根底に存する所の革新的要請は、満洲事変を契機として展開した我国の国策に即応する所の文教の根本的刷新であった。従来最高教育会議の度毎に標榜された年限短縮、知育偏重、人格陶冶の外に、新たに国体明徴と日本精神宣揚のスローガンが加へられなければならなかった。併し乍ら、矢継ばやに設置されたり廃止されたりした所の最高教育会議が審議した所のものは、国体明徴と日本精神宣揚との観念に過ぎなかったのであって、而もこの観念は、必ずしも従来の最高教育会議が伝承した所の教育問題の中心問題が何であるかを見定めるものでもなかったし、又従来教育改革が必要とされるに至った所以の欠陥乃至弱点が如何にして補強されるかといふ方策を案出するものでもなかったのである[35]」。

留岡は、国体明徴を優先して従来の懸案に取り組まず「徒らに精神復興の観念を弄ぶに過ぎない」会議よりも、平生釟三郎文部大臣が取り組んだ高等小学校義務制化の提案の方がはるかに実行力を示していると評価する。[36]なお、文中の文教審議会は短命の林銑十郎内閣で設置されたものの、一度も開催されずに廃止された会議である。

為藤五郎は昭和一一年一月刊行の『現代教育家評伝』で留岡を評して、「昨今の教育指導原理に担ぎ上げられてゐる『日本精神』を抽象的偶像視して、その指導的無力さを皮肉」り、制度的な「過去の形骸」を脱して「教育は社会の中に、或は産業団体、協同組合の中に移り、自主化されねば駄目だ」と主張すると評している。[37]留岡は東京帝国大学文学部心理学科を卒業して教育の研究と実践を行ない、為藤によれば両者の結合を目指して『教育』の編集を行なっていた。[38]留岡は同じ号の編集後記で、文部省の青年学校制度を「何の変哲もない、極めて微温的な現状維持的なもの」と酷評しており、文部省の革新意欲のなさに憤りを感じてやまなかったようである。[39]

留岡は論考で、「退職年齢の平均が三十代という教員生活の短命」を、「二四万三千人の小学校教員の教師生活の実情を、局長連は知って知らぬ振りをしてゐる」と断罪する。[40]国体明徴や日本精神が抽象的観念的であり、しかも文部省幹部の「私的言動は悉《ことごと》く之に背反」しており、教育問題の元凶は「文部行政とそれに寄生する所の俗吏の根性にある」と非難するのである。[41]

留岡は、「今日の教育の衰退は教員養成の不備や教師の教養の欠陥などに原因するよりも、より多く視学制度の不備と教育調査に即せざる教育政策の気まぐれとに原因するのではないか」と文部省首脳に質問した際、その首脳は素直に肯定するのみで、二〇年来奉職する自己の責任に気付いていなかったと痛憤する。[42]翌一四年一月刊行の『教育』で、留岡はこの首脳が伊東次官であったと明記し、荒木貞夫文部大臣にその更

迭を求めるに至っている。(43)

教育科学研究会の中心人物の一人である留岡は、科学よりも思想に傾斜するように見えた文部省に対して批判的だったのであろう。やがて留岡は、昭和一七年末の日本出版文化協会文化局次長就任を経て翌年三月に日本出版会理事に就任し、総務部長となる。(44)日本出版文化協会は発展的に解消されて特殊法人日本出版会となったのであり、留岡は出版統制の実施機関の首脳となったわけである。出版業界の論客である帆刈芳之助《ほかりよしのすけ》は、留岡の就任に際して「本年四六歳、前警視総監留岡幸男《とめおかゆきお》氏の令弟」であり、「大正一二年東大文科卒。前翼賛会青年部副部長、前翼壮年団総務」であると簡潔に紹介している。(45)兄の留岡幸男は内務官僚であり、東條英機政権初期の警視総監であった。

革新意欲が強く実践を重んじる留岡は、大政翼賛会や日本出版会に参加し、総力戦体制の構築に参画していった。文部省と競合しうる政治権力に手がかかっていたのである。なお、教育科学研究会と『教育』編集の中心人物である城戸幡太郎《きどまんたろう》は、自身も含めての大政翼賛会への参加は「教育の生活主義と科学主義を標榜する教育科学運動を推進したいし、推進することができると信じたから」であり、昭和一四年頃からの思想弾圧の激化に対するカムフラージュのためではなかったとしている。(46)これは昭和五三年の回想である。

法政大学教授であった城戸は、「国民精神の作興とか、八紘一宇《はっこういちう》の宣言ではどうにもならないと考え」、「国民生活を犠牲にする利権政治を革新する政治」を目指した、とも回想している。(47)同志の留岡にも同様の思いがあったと思われるものの、その真意を断定することはできない。いずれにせよ、間もなく城戸は大政翼賛会から排除され、昭和一九年には留岡とともに治安維持法違反で検挙されることとなるのである。

留岡は、文部省には教育の刷新も日本政治の革新も期待できず、その国体明徴政策に有効性がないと判断したのであろう。次節では、この有効性の問題を検討することとしたい。

第二節　政策目的達成への有効性

文部省の国体明徴政策は、「政策の実施により、期待される効果が得られるか、又は実際に得られているか」という有効性の視点からどのように評価されうるであろうか。昭和一〇年一一月二五日の『帝国大学新聞』に河合栄治郎《かわいえいじろう》は、「教学刷新と学生改革」と題する論考を公表している。河合は東京帝国大学経済学部教授であり、社会政策学者であると同時に自由主義者であった。河合はここで、国体の明徴に「日本国民の内の絶対多数」は異論がないとしつつも、直接関係のないことを国体明徴の名で押し通さないことを求め、どのようにして国体明徴を教育に注入するのかに注目している。(48)

河合は、日本の教育、とりわけ大学教育に指導原理がなく、学生に人生観を与えてこなかったと指摘し、マルキシズムの魅力は「特異の人生観を提供した」ことにあったとする。(49) それゆえ、人生観を与えるための教学刷新であれば、「正に必要事に適中したるもの」であるとし、それだけに「精神主義なるもの」では「実行不可能な迂遠架空の旗印たるに止まるであろう」と釘を刺す。(50) この時点では、教学刷新評議会の設置は決まっているものの、第一回総会は開催されていないのである。

河合は、日本精神の存在と排外の愚かさとを認める一方、「偏狭固陋にして自己を大ならしめる」ことを拒絶し、さらに「事実を直視せよと教える科学的精神と背反して、指導原理と智識との矛盾の泥沼に、若き学生を駆り立てるに過ぎ」なくなりはしないかとの懸念を表明する。(51)「科学を認めて而《しか》も之を唯一のものと為さず、人生観のために路を開いて、そこに批判検討に堪え得る人生観を提立すること、之が教学刷新評議会の使命である」(52)。河合はこう述べて、それは官庁の会議では無理であると断言する。政策目的と政策形成方法との不適合の指摘である。

「だが私の数年の官僚生活と僅少ながら持った政府調査会との経験からすれば、政府の委員会は到底かかる大業を果たすに適しない。所詮之は政治事項でもなく行政事項でもない、思想界、学界の仕事であって、思想家、学徒が個々的に努力して、その業績を思想界、学界に提起して、生存競争に打ち勝って略々《ほぼ》大勢の定まれるを俟《ま》って、始めて行政機関の問題とすべきであった。今日突如として政府の事業とするは事の順序を無視するものであると思う(53)」。

たしかに河合が指摘するように、大規模な官庁の会議で日本的人生観を短時日で定義することには無理がある。教学刷新評議会で、定義に対して複数の委員から異論が出た所以である。河合は、評議会の設置が決まった以上、議事内容を積極的に公開して「輿論の注意を喚起し」、「一般識者の批判を誘引」して、そこから「輿論の共鳴と援助」を獲得していく戦略を採るべきであると提言する。(54)

「若しも一気呵成《いっきかせい》に粗雑なる教育原理を作製し、之を政府の権力を以て強行せんとするならば、啻《ただ》に教学刷新の重要意義を理解せざる証明となるのみならず、その提唱するかの如く思われる精神主義は、却って化して暴力とならざるをえないであろう(55)」。

しかし伊東延吉を推進力として、評議会とは別に文部省は、『国体の本義』の編纂刊行を昭和一一年度事業として実施し、輿論を喚起して参加を求めることはせず、大急ぎで政策を推進していった。文部省主導で、教育原理の提供が短期間で可能であると判断したのか、政治的に最優先で実行しなければならないと判断したのか、その詳細は不明である。

河合が指摘したのは、国体明徴政策のための教学刷新は人生観を提供できるものとならなければならない、ということであった。そのためには、参加と共働のプロジェクトを立ち上げ、日本ナショナリズムを下から盛り上げていくべきである、としたのである。河合は、会議で人生観を一方的に決定していては「期待される効果が得られ」ないと判断していたのであろう。

河合は東京帝国大学法科大学を卒業後、農商務省に勤務し、文部省では昭和六年から翌年にかけての学生思想問題調査委員会に委員として参加していた。しかし、昭和一三年には著書が内務省によって発売禁止処分となり、一四年には東京帝国大学を休職処分にされている。出版法違反による裁判では第一審で無罪判決を勝ち取ったものの、長期の裁判闘争の末に一九年に没している。(56)

河合によれば、委員への就任は文部省からの依頼によるものであり、「マルキシズムを学生界から克服したい」との趣旨で説得され、法学部の蠟山政道《ろうやままさみち》教授も委員に入るとの条件で引き受けた、とのことである。(57)これは、第一審公判での陳述である。公判で特別弁護人を努めた木村健康《きむらたけやす》は、恩師と文部省の関係について昭和二三年に以下のように記している。なお、木村は河合の処分に抗議して経済学部の助手を辞職し、昭和二一年に助教授に復帰した門下生である。

「満洲事変以前のマルクス主義極盛期には、河合教授は文部省にとっても全国の学校当局にとっても最も好ましく穏健な思想家であった。しかし満洲事変以後マルクス主義が退潮の傾向を濃くするにつれて、文部当局や学校当局は次第に河合教授に反対を感ずるやうになり、昭和九年以後には当局者はすでに河合教授を危険思想家と目するにいたってゐた。それ故に学生たちが自主的に河合教授の招聘を企画したとき、少なからぬ場合に学校当局は計画を阻止しようと試みたやうであった。しかし学生たちの熱心な希望は姑息な阻止手段などではばまれるほど根底のないものではなかった。学生たちは一切の反対をのり越へて教授の形容に接することを望みかつ敢行したのである」[58]。

田中紀行《たなかのりゆき》によれば、河合が編集した『学生叢書』全一二巻は、マルクス主義退潮後の教養主義の復活を支えた「最も重要な著作」であった[59]。この叢書は昭和一一年から一六年まで刊行され、一七年に情報局の指示で印刷用紙の配給が中止され刊行不可能となり、中断する[60]。田中によれば、著者たちの多くが「単なる博学ではなく、学問的知識を相互に有機的に関連づけ、さらにはそれらを人格のなかへ統合して創造的なものに高めることとの必要性」を強調していた[61]。ただしその一方で、叢書は簡便な「ディレッタント的文化消費」のマニュアルとしても活用可能であったし、さらには、戦争での死を前にしての説得力に弱さがあったとも指摘している[62]。

文部省の側からすれば、国体明徴のために教学刷新を行ない、日本的人生観を体得させようとする時に、河合が競合する動きをしていた、ということになる。河合は公判で、国体明徴に賛成であるものの、国体や日本精神を教育原理とすることには無理があると述べている[63]。河合によれば、「あらゆる問題が解決でき、あらゆる問題を指導し得るもの」、「複雑な現代社会のあらゆる問題」を「いちいち片付ける」ものを原理と呼ぶべきであって、国体の卓越性や日本精神の特殊性を主張してもそのような原理としての機能を果たすことはできない、とするのである[64]。これは、昭和一五年五月二日の第四回公判での言明である。つまり、国体明徴と教学刷新を直結させるという前提自体が誤っており、「期待される効果が得られる」ことはないと河合は主張するのである。

昭和一二年四月の東京帝国大学での講演で河合は、教学刷新評議会が答申で国体明徴、日本精神の宣揚を「教育の指導原理」として提出したことは、高等教育を担う大学の「自由への「怠慢」であり大学の「重大なる危険」であるとしている[65]。また同年一月には『改造』で、国家主義は「軍人とか官吏殊に外交官」にはともかく、「一般民衆の日常の生活」には役立たないと主張している[66]。河合によれば、たしかに日本の教育は科学を偏重して人生観を閑却してきており、日本人の生き方の実際は立身出世主義でしかないものの、国家主義は人生観を提供できるようなものではないのである[67]。強国を目指す国家主義には立身出世主義と「一抹の共通性を持つとさへ云へる」とまで批判して、河合は、自己の提示する理想主義の人生観こそが「全教育を貫く原理」として立身出世主義を打破できるものであると主張する[68]。なお、これまで引用してきた河合の論考は、すべて内務省が一三年に発禁処分とした書籍中に収録されたものである。

文部省と河合とは、マルクス主義を批判し、教育に人生を導く原理を求める点は共通していても、求める第一の原理が異なっていた、ということである。そのため学生思想問題調査委員会でも意見が対立し、河合と蠟山は調査会とは別に『学生思想問題』と題する書籍を刊行するに至った。そこでは言論の不自由が「反対思想に盲信を抱かしむる」と批判され、言論の自由が擁護されているのである。[69]

ところで、国体や日本精神は人生観を提供する原理に本当にならないのであろうか。立身出世主義への批判を共有した上で、私利私欲よりも国益公益を優先し、個人本位ではなく国家本位日本本位で生きるべきであるとの主張も可能であろう。その場合には利己主義と個人主義と自由主義とが結び付けられ、これらに対抗することが国体明徴と教学刷新に求められるわけである。個人本位の自由主義に否定的な文部省、とりわけ伊東の論理構成はこのようなものであったと考えられる。国体明徴が教育の原理となって「期待される効果が得られる」と主張する立場である。

それでは時代状況はどうであったろうか。昭和一〇年代には総力戦体制の構築が、現実に戦争を遂行することと併せて進行していた。一二年七月には支那事変とも呼ばれた日中戦争が始まり、一四年九月にはヨーロッパで第二次世界大戦が始まって、戦争はますます身近になっていく。日常生活が戦時体制化し国家的危機が切迫して感じられる中で、戦争や危機に応える人生観が求められ、それとともに文部省の立場の有効性が高まっていくように思われるのである。

こうして国家本位日本本位の立場が説得力を増す一方で、戦争の遂行と勝利には科学技術の発展がますます不可欠となっていた。昭和一二年九月刊行の『現代学生論』に寄せた文中で、マルクス主義者の戸坂潤は、学生課が思想局となり教学局となっても「反学生的な学生対策の流儀は恐らく変るまい」とその「思想警察」ぶりを批判しつつ、「最近やや意外な方面から、この教化主義的学生教育に、横槍が這入った」と指摘する。[70]「軍需工業に於ける生産力の拡大」とともに、「技術教育の尊重といふ教育の新しい課題」が重大化してきた、とするのである[71]。

「この新しい動向の要点は、国体明徴教育や徳育的教化教育につらなる日本の師範教育に対して、相当徹底的な不信任を表明した処に存する。最近この師範的教育の観念が、国体明徴講座や文理大の生長（実質は師範大学）を通じて、大学にまで及んで来たのであり、大学生にとっても決して他人ごとではなくなったのであるが、それが意外の方向から制肘を受けざるを得なくなった。勿論師範教育者達は、師範主義的学制改革案を独自に提出して応戦してゐるが（茗渓会案）、社会の生産的必要に由来するこの必然的な動きを、ただのイデオロギッシュなマンネリズム伝統で、喰ひ止めることは出来ない筈だ。処が又他方、この師範主義的教育こそ、非常時的教育のために改めて強調されねばならぬ当のものなのだから、教育の方針は全く相撞着《どうちゃく》する二つのものへと離ればなれに分裂せざるを得なくなって来たわけである」[72]。

たしかに、戦争の追い風を受ける文部省の国体明徴政策が、科学技術の発達を不可欠とする戦争に支障をもたらすわけにはいかない。しかし、国体の明徴と自然科学との間に緊張感があったことも否めない。『近代日本の科学論』で岡本拓司《おかもとたくじ》は、教学刷新評議会では「国体や日本精神の擁護は科学と両立しない」という意見があり、答申ではやや緩和されたものの、精神科学に対しての自然科学の「任務と分担」という表現で警戒感が盛り込まれたとしている[73]。

岡本はまた、第二次近衛文麿内閣の基本国策要綱に「国体の本義に透徹する教学の刷新と相俟ち自我功利の思想を排し国家奉仕の観念を第一義とする国民道徳を確立す尚科学的精神の振興を期す」との文言があるにもかかわらず、公開された文言には「尚科学的精神」以下が削除されたことに注目し、この経緯には科学振興と日本科学との路線対立が関係していたのではないかと推測している。(74) 文言の閣議決定は、昭和一五年七月二六日のことである。

岡本は、「企画院と関わりの深い人々」が「国粋的・非合理的傾向を牽制しようとする意図」で科学的精神という文言を組み込み、「科学の日本化」を目指す橋田邦彦文部大臣がこれに反発したのではないかと推測している。(75) マルクス主義に対して「科学という普遍を標榜する知の性格は人間の固有性が決定するという論理で抗したのが日本科学論」であり、その「国体や日本精神を強調する声」が、結局は、「日本人の精神と生活を科学化しようとする動き」に対しても優位に立った、とするのである。(76)

いずれにせよ、文部省としては内閣の最重点政策が戦争の遂行と勝利に向けられている中で、自己の国体明徴政策が戦争に有効であると主張せねばならないはずである。こう主張するに際しては、国体の明徴を日本独自の資源の活用と位置付ける動きを活用することも可能であったろう。

清水康幸は、陸軍の『国家総動員に関する意見』でも資源局の「国家総動員準備の概要」でも、「道徳を資源」と位置付けて動員対象としたとし、これらは「単なる教化運動とは異なる」と指摘している。(77) 前者は大正九（一九二〇）年、後者は昭和一二年五月の公表文書である。清水は、「総力戦が要求する高度の軍事力、労働力を支える身体的・科学技術的能力の育成は、国体や日本精神を核とする道徳と結びつくことが絶対条件」とされ、「そのような意味での道徳的主体こそが日本の総力戦を担いうる人的資源だとみなされた」と指摘するのである。(78)

清水はまた、「一九三〇年代中ば以降簇生《そうせい》した各種「国策」の中で求められた科学的合理的諸能力と、他方で同時に進行した「国体明徴」以降の非合理的精神主義の要請とは、「矛盾」というよりはむしろ不可分の関係」にあったとし、日本ではまず第一に「総力戦を担うに足る道徳的主体の確立」が求められたと指摘している。[79] 国体明徴は、日本独自の資源の活用として位置付けられえた、ということなのである。

国体を明徴にして教育と研究に原理を与え、戦争にも貢献できる。文部省としては自己の政策の有効性をこう主張しなければならないはずである。しかし、「期待される効果」が「実際に得られているか」を検証することは難しい。教育や学問に関する政策の効果は定量的に評価しにくく、本来は長期的にしか把握しえないからである。実際、昭和一六年九月刊行の『日本教育』で志水義暲は、以下のように国民学校制度創設の意義を述べている。当時の志水は文部省教学局普及課長であり、『日本教育』は文部省が唯一の国民学校綜合雑誌として創刊させたものである。[80]

「国民学校は将来の皇国民を錬成するのであって、その結果は十年二十年後に於いて初めて現実の姿となって現はれる。現在の国民の間に於ける幾多の欠陥は之を過去の教育にその由って生じた原因を見出すべく、現在の教育は将来の国運に至大の影響あることは言ふ迄もない」[81]。

とはいえ文部省としては、今後期待される効果のみならず、現在の時局に対する有効性も力説しておく必要があった。志水は、「国体の本義に徹して国民生活を確立し、臣民の道を具現せしむることは一日の遷延《せんえん》を許さぬ喫緊の事項となっている」とし、支那事変から満四年を経て、国民が「これ迄の自由主義的自己本位の生活様式を改め、困難を困難と」しない「勇猛心」を奮《ふる》い起こさねばならないとしている。[82]

志水はここで、「過去数十年、欧米の文化摂取に伴って個人主義や自由主義が浸透し、功利主義や唯物主義が人間生活の原理であるかのやうな風を馴致し国体や日本精神を過去の遺物と見る者」が生じたことを批判し、「自我功利の思想が物心両面に瀰漫《びまん》し、自由主義的個人主義的言動をなす者も少くなかった」とした上で、しかし今や「英米ですら強力な統制下に置かれて」おり、「世界は挙げて総力戦体制を確立しつつある」と指摘する。[83] それゆえ、「高度の国防国家体制を確立し、超非常時を突破する所の国民精神の振起」のため、日本国家と日本国民のあり方と自己の生き方を「国体の本義に透徹」し、「臣民の道」を実践することによって「体得」しなければならない、と説くのである。[84]

この一文の最後で志水は、教学局が『臣民の道』を編纂刊行したことを告知している。その際に志水は、同誌の読者たる国民学校の教員などに向けて、一般の国民への教育効果も発揮してほしいと呼びかける。教育者が「真に臣民の道を自ら実践して以て将来の皇国民を錬成すると共に広く一般国民の精神作興に努力奮闘せらるること」を希望するのである。[85]

『臣民の道』の刊行は教学局版が昭和一六年三月三一日付で、内閣印刷局から実際に発行された版は七月二一日付であった。昆野伸幸は、伝統的・自然的な『国体の本義』に対して『臣民の道』は意志的・主体的な記述となっており、そこには昭和一〇年代の国体論の対立も現われていると指摘している。[86]

ただし、文部省の側からすれば、編纂時の内閣の基本政策に従う必要があり、とりわけ日中戦争以前と以後とで状況が変わったことも重要であろう。学生思想問題や天皇機関説事件という「不祥事」対応から、現に進行している戦争への積極的貢献へと編纂の趣旨が変わっていたのである。また、『国体の本義』とは異なり、『臣民の道』の編纂会議には軍人が参加しており、その意見を積極的に取り入れる必要もあった。昭和一五年一二月一四日に文部省で開催された「国民道徳解説書編纂に関する懇談会」には文部省外から一二人が参加し、内四人が陸海軍の軍人であった。[87] とりわけ、内閣情報局情報官の鈴木庫三《すずきくらぞう》陸軍少佐の参加が重要であるように思われる。

佐藤卓己《さとうたくみ》によれば、『臣民の道』には「鈴木の持論「国防国家体制の確立」の一節」が含まれている。[88] しかも鈴木は、会議と同時期に『教育の国防国家』を刊行しており、その大胆な教育改革の提言は教育界に衝撃を与えてもいく。[89] 鈴木はこの頃、国防国家論を多数公表し、「北海道から九州まで駆け回った講演旅行の肉声とともに、「国防国家」を人口に膾炙《かいしゃ》する流行語」に押し上げていた。[90]

鈴木は陸軍軍人であるとともに、日本大学では夜間に、東京帝国大学文学部では派遣学生として教育学・倫理学を真剣に学んだ人物であった。[91] 教育科学運動を担った阿部重孝とは「教育制度の階級制、不平等性を打破すること」で志を同じくし、[92] 親しい阿部の没後に刊行した『教育の国防国家』に序文を寄せたのは吉田熊次であった。[93] 東京帝国大学の教育学者たちと交流の深い鈴木は、国防国家実現のための合理的な教育制度を構想していたのである。[94]

その鈴木が国内の敵と目したのが、個人主義、自由主義、利己主義などであった。鈴木の昭和一四年元旦の日記には、「インテリ層の個人主義、自由主義の思想を打破して、全体主義、国家主義、家族主義を徹底することが必要」であるとし、「財閥や企業家、資本家の個人主義、利己主義を戒めて国家主義に導かねばならぬ」との意気込みが記されている。[95] 教育に熱意を燃やし教育学を学んだ陸軍軍人に対して、文部省ははたして自省の政策の有効性を主張しえるのであろうか。あるいは、文部官僚は本当に、教育行政の担当者として鈴木を超える能力を発揮できていたのであろうか。

実際、同時代人の論評には、文部省の政策担当能力への疑念が多々記されている。文部省は企画能力を持たず、教育現場を知らず、腰が重すぎるとの深刻な批判である。東京朝日新聞社の関口泰《せきぐちたい》は、新設の教学局は「何もしないでゐる事一年」と昭和一三年三月に記している。[96] 他方、法政大学教授で『教育』編集部主任の城戸幡太郎は、文部省主催の日本諸学振興委員会第一回哲学会に出席して、「二十分位の時間で国民としての正しき人生観世界観を説明せよといふ註文に無理がある」とあきれ気味に指摘している。[97] 城戸は、この事業の趣旨自体が理解できないと批判するのである。

日本諸学振興委員会第一回教育学会に出席した鈴木庫三も、文部省の姿勢に危惧の念を抱くこととなる。佐藤卓己は、「鈴木大尉はそこで展開される非合理な精神主義に辟易《へきえき》している」と指摘し、昭和一一年一一月五日付の鈴木の日記を紹介している。[98] 佐藤は、日記で批判されているのは国民精神文化研究所の小野正康《おのまさやす》と文部省督学官の近藤壽治であると推定している。[99]

「堂々たる博士や国民指導の地位にある人々が極めて偏狭な熱狂的な主観的独断論を振りかざして大衆教育者に呼びかけて居るが実に危険千万だ。その影響する所は恐しいものがある。自分達は忠義のつもりでやって居るかも知れないが、大なる不忠となるかも知れない。要するに文部省は陸軍よりも一歩遅れて居る様だ。二・二六事件前の思想よりも更に遅れて居る様だ。本日で研究会は終る。文部省方面の空気を知って軍隊教育上参考となる点が多かった[100]」。

このような文部省の政策に対する不信感は、文部省への不信感に基づいていたり、あるいは文部省への不信感をもたらすものとなる。次節では、文部省の政策の内容から政策の主体たる文部省へと視点を移動させ、そこから国体明徴政策への評価、とりわけ教学局の設置趣旨について検討することとする。

第三節　文部省の政策担当能力

国体明徴政策を推進するに当たって、当時の文部省はどのように論評されていたのか。前節の最後に述べたように、文部省は企画能力を持たず、教育現場を知らず、腰が重すぎると酷評されていた。以下で同時代人の論評をいくつか紹介しておこう。

朝日新聞社の関口泰は、昭和五年に『公民教育の話』、一〇年に『教育国策の諸問題』、一四年に『時局と青年教育』、一五年に『興亜教育論』を刊行し、二〇年一〇月に文部省社会教育局長、辞任後の二一年に教育刷新委員会委員、二五年に横浜市立大学学長に就任して教育評論・教育行政に大きな足跡を残している。関口は東京帝国大学法科大学を卒業して台湾総督府に勤務し、大阪朝日新聞社に転じて後には東京朝日新聞社に入り、健筆を振るったのである。[101]

「教育計画の必要」と題する昭和一三年六月の論説で関口は、教育は時局に流されるべきでないとはいえ、「文政当局の永年の心構へが消極的で、文部省では大きい予算はとれないものと観念してゐる嫌ひがないではない」と批判する。[102] 関口からすれば、この消極性は文部省に組織としてのまとまりがなく、企画能力がないためである。

「それには文部行政組織にも欠陥があるのであって、文部省内の局課が普通学務、専門学務、実業学務といふやうに分れてゐて、全体としての教育計画を立てるべきものを持たないのである。例へば中等学校の実際化とか、青年学校の義務制とかいふ場合に、同じ学校年齢階級にある者が、高等小学、中学校なら普通学務局、実業学校なら実業学務局、青年学校だと社会教育局、七年制高等学校なら専門学務局といふやうに分れてゐる。それが教員養成の場合にも同じで、帝大や文理大に於て教員養成をしてゐるのは専門、高等師範なら普通、実業教員は実業、青年学校教員は社会といふことになる。これでは文部省としての統一した計画は立ち難いし、制度改革の場合などは、省内各局間の関係から、文部省としての議が纏らず、何年たっても文部省が独自の案を立て得ない理由もあるのである(103)」。

企画ができずに腰も重くなり、時局に対応できない。関口は、「教育が社会の進歩に伴はない」と指摘し(104)、「現代教育が明治初年の遺物」であり「或意味からいへば依然として森有礼《もりありのり》文部大臣に支配されている」とする(105)。それぞれ、斎藤実、岡田啓介内閣時の指摘である。さらに、第一次近衛内閣時にも同じ指摘を繰り返し、軽々しい追随を戒めつつも、むしろ「教育が政治を導く気概」を持てと呼びかけている(106)。

「明治時代の欧米文化追随は寧ろ急追撃とも云へる程の速度であったのであるから、その中央集権的であり、全国画一的であり、官尊民卑、法律万能的傾向を辿ったのは、その当時の必要に応じたものであったに違ひないのであるが、それが大正となり昭和となると、明治時代のままの教育制度では、その時代の社会の需要との間にチグハグな所が生じて来らざるを得ない。そこに国策に沿ふ教育の要求の基礎がある。それは一面から云へば、教育国策樹立の要望でもあり、教育の計画化の要求でもあって、計画性を失った教育行政への警鐘でもあったのである」[107]。

関口は、文部省のように「固定した制度の機械的運転に任せて、興行的に多量の生産を続けてゐる」だけでは社会の需要に合わず、逓信省、商工省、農林省などは専門的な人材養成に自ら乗り出さざるをえなくなっているとし、文部省が「自発的に教育制度全般の改革を試みるのは無理である」と断言する[108]。これは昭和一三年五月の言明である。

「明治の教育が指導者速成教育であったことが、時代の変った大正昭和にまで引つづいて来たことに、教育の行詰りが生じ、教育改善・革新の要求を生じたのである。教育されたる指導者を社会に迎へ入れる余地をもってゐた内はよかったのであるが、学校で作る指導者の質が悪くなり、指導される社会の方が進んで、両者の距離が近づき、ややもすれば社会の方が学校よりも進んでしまふと、学校教育全制度の改革をしなければ、教育がその職能を果すことが出来ないのみか、社会の需要に合しない教育の弊に社会が耐へられなくなる」[109]。

関口はさらに、文部省幹部が教育現場を知らないことを問題視する。関口によれば、「一般的に行政が予算や法規で縛られて、形式が整へば実際はどうでもよい」という風潮にも「法律的事務官」の優位の原因があるとし、この風潮に風穴を開けるために文部省の局長課長と教育現場との「人事融通」を行なえば、「教育行政の実際化」によって「沈滞した教育界の空気」も刷新されると説く[110]。昭和一一年の論考である。

それでは国体明徴への文部省の積極的な動きは、どのように評価されるのであろうか。当時の文部省では教育研究の内容を国体の明徴に収斂させていくことが企画されており、教学局もそのための事業を担当する組織として作られたはずであった。しかし、教学局を省内上部に設置して司令塔としたわけではなく、外局としての設置は本省の実質的な部局再編を必要とするものではなかった。ただし、国体明徴路線は明治以来の小学校制度を国民学校制度へと「自発的に」改革することを成功させており、明治以来の制度を突破する実績を上げてはいたのである。

なお関口は、初代長官の菊池豊三郎が教学局設置に反対であり、そのため組織は動かず、「或は動かさないで二年を経た」と昭和一五年に書いている。[111]ちなみに関口によれば、文部省内の派閥争いで批判を受けた関屋龍吉社会教育局長が国民精神文化研究所に追い払われて、昭和九年に初代所長に就任したとのことである。[112]このような文部省幹部のまとまりのなさも踏まえて、関口は、帝国大学の尊重を呼びかける。「国家思想の涵養」は国家全体の使命なのであり、日本の学問の振興は帝国大学に任せるのが本道であって、わざわざ国民精神文化研究所や教学局を別に作る必要はないとも批判している。[113]

同様の指摘は、岩波書店発行の『教育』誌上にも現われていた。留岡清男は昭和一二年三月の「文部省をあばく」で、「他省の役人連中は、文部省の役人を御殿女中の如きものであると嗤《わら》ってゐる」とし、「文部省の萎靡沈滞」は「法科万能」のためというよりも優秀な人材が入らないためであるとする。[114]留岡によれば、文部省も教育一般も社会の「関心乃至信頼」を失っており、それは「社会の動きの中にみられる懐疑も要望も、何もそこに反映されることがない」からなのである。[115]四〇年以上の歴史を持つ農林省系統の産業組合が実業補習学校の設置申請をしても、営利団体のため不認可とされたのが昭和六年のことであったと憤るのである。[116]

城戸幡太郎も昭和一一年一月の教育時評で、宗教的情操の涵養を説いて哲学概論の授業で宗教を教える迷案を出したり、国体明徴も「軍部から号令され、叱咤されて漸く動き始めるやうな醜態を暴露」したりすると文部省を非難する。[117] 教学刷新をするならば内閣審議会に委員を推薦すべきであり、「教学刷新のために各大学総長及び教授を集めて審議せしめる位ならば、むしろ各学校に教学刷新の評議会を設置せしめ、教授全体の協力によって刷新を期するが有効ではあるまいかと思はれる[118]」。発足したばかりの教学刷新評議会を城戸はこう批判し、頼りない文部省への懸念をあらわにするのである。

この昭和一一年一月号の編集後記には、岩波書店から関口の『教育国策の諸問題』が刊行されたことが紹介され、関口のことを「吾国言論界の雄」、「卓絶した意見の持主」と賞賛している。[119] なお、同年四月には平生釟三郎文部大臣との会見に留岡と岩波茂雄《いわなみしげお》が出向き、岩波が文部省の「人事の刷新」を直言している。[120] それほどまでに文部省幹部は信頼を失っていたのである。

この大臣会見記と同じ号に、五月に開催された「教育改革」座談会の記録が掲載されている。岩波、城戸、留岡が迎える形で、関口や帝国議会議員など一〇名が参加している。この座談会の趣旨は阿部重孝東京帝国大学教授の提出した「学制改革私案」の検討にあったものの、阿部は急病で欠席となった。

教育行政の改善点として立憲民政党の山桝儀重《やまますのりしげ》衆議院議員は、府県の学務部長に問題があると指摘し、教育に関心のない人物が就任し短期間で交代すると批判している。[121] 二荒芳徳貴族院議員は教育か行政のいずれかを補充的に学んでから学務部長に就任することを提案し、立憲政友会の安藤正純《あんどうまさずみ》衆議院議員は学務部長を内務省から文部省の系統に移すべきとする。[122] 欠席した阿部は後日に小文を寄せ、人材の登用に加えて地

方に教育局と教育評議会を設置し、実情を踏まえて輿論《よ》も取り込んで教育改革を行なうべきと主張している。(123)

「今日の如く、中央に文部省だけがあって、地方に手足をもたない組織では、中央官庁に於ける人事の刷新さへも望むことは出来ません。この点は陸海軍のもつ機構並にその人事行政等に学ぶ所があって然るべきやうに考へてゐるのです(124)」。

実質的に中央しかない教育行政の現状に対して、阿部は、陸海軍の中央地方関係を参考にできるとするわけである。なお座談会では、、城戸が「ソヴェートの組織のやうに考へられるんぢゃあないか」としている。(125) また、社会大衆党の亀井貫一郎《かめいかんいちろう》衆議院議員は、現場の教員が「見兼ねる位おづおづ」しており、教員の地位を高めることも考えておくべきと発言している。(126)

内務省は地方行政を明治期以来取り仕切り、他省庁の不満と反発を受けても権力の牙城を必死に守っていた。そのため、文部省の幹部の多くが内務省出身者であるだけでなく、府県で教育行政を担当する学務部長は内務官僚であり、通常は法学部出身者であった。座談会で二荒は、「法学部出身の人は直ぐに学務部長になって、先輩を顎で使ふ」傾向にあると憂いている。(127) 教育の専門知識を持たず、場合によっては教育に関心さえ持たない人物が、地方教育の実質的な責任者に若くして就任する弊害の指摘である。

それでは当時の文部省内には、この現状を打破しようとする動きはなかったのであろうか。東京帝国大学法学部を卒業して昭和四年に文部省入りした劔木亮弘は、この頃省内の有志で勉強会を行なったと回想している。高等文官試験に合格していた劔木は兵役の後、敢えて文部省に入ったため将来の出世が不可能な状態であった。採用試験もなく、高等文官への任官制度もなかったからである。[128]

劔木によれば、「文部行政は内務省の仕事の一部、という旧態以前の体質を打破しよう」という動機で、同じ境遇の同僚数人と教育行政の勉強会を週に一回行ない、幹部たちからも高く評価されたようである。[129]その後、昭和一〇年に劔木は地方視学官として香川県の学務課長となり、文部省から内務省関係に出て異例ながら任官されることとなる。[130]香川県では内務官僚の中に一人入ったため、学務部長からは顔を背けて指図され、食堂では課長たちの輪から外されたようである。[131]ただし、仕事を評価されてからは公私ともに対応が一変したと回想し、高松時代は「愉快な思い出のとき」と語っている。[132]

劔木は戦後に文部事務次官、参議院議員、文部大臣となっており、平成四（一九九二）年に没している。劔木が特に尊敬した上司は菊池豊三郎実業学務局長、赴任時の香川県知事は藤野惠であり、二人は劔木の回想にたびたび登場している。菊池も藤野も教学局長官となり、文部次官となる人物である。なお劔木は、香川県赴任時の文部省には「内務省の派閥の文部省持込み」によって幹部間に対立する二つの派閥があり、「両派に属せず比較的中立の立場」の菊池に対応を相談したと回想している。[133]対立の原因が外にあっては、文部省がまとまらないはずである。

それでは教育現場から、文部省はどのように論評されたであろうか。明星中学校長の児玉九十は昭和一一年六月刊行の『教育評論』に、「学制改革実現せば」と題する一文を寄せている。児玉は東京帝国大学文科大学を大正三（一九一四）年に卒業し、同九年に成蹊中学校長、一二年に明星実務学校理事、昭和二年に明星中学校長に就任した教育家である。為藤五郎は昭和一一年に、「生徒の自治と実践とを重んじ」、「寄宿教育を重視」する教育の「創始者」と児玉を呼び、その教育方針に注目している。[134] 児玉は戦後には教育刷新委員会臨時委員、日本私立中学高等学校連合会理事長、中央教育審議会委員などを務め、昭和三九年に明星大学初代学長となり、平成元（一九八九）年に没している。[135]

児玉は、「入学準備狂争」が生徒の身心に悪影響を与えているとし、「近年青少年の体質が年々悪化する一方である事は壮丁検査にも証明せられ、陸軍省に談判を持ち込まれ」たり、内申書の点数のために「小学校五年頃から児童がカンニングをする事が流行し出している」と憂慮する。[136] 小学校以来の受験競争によって「我利我利《がりがり》の人間がふえ毎日のように高官名士が刑務所に引かれる様な結果も」生じているとして、児玉は、「功利思想を矯める事が根本」であるものの、制度改革も直ちに行なうべきであると主張する。[137]

児玉の提案は、「知育偏重、即ち詰め込み教育、暗記教育」を緩和して「知情意の陶冶」による「全人教育」の実現を目的に設定し、教員には「学術の理解の上に、更に身を持って指導する実践躬行力《きゅうこうりょく》」を求め、「教科内容の一大革新と教育行政機構改革」を行なう、というものであった。[138]「雑然たる継ぎはぎ教科組織を一掃し、且つ翻訳臭を一洗して独創的に内容を確立」するとともに、文部省が「地方教育局」を設置するべきとするのである。[139]「文教不振の一大原因」は、文部省が「小中学教育、社会教育等、本国教育の九割以上を占める大部分については立案、計画をなすのみにて、その実施を府県、市町村に委任して、自ら何等責任を執らざるところに」あるとするからである。[140]

児玉は昭和九年六月刊行の『体験教育』で、同年五月に開催された全国中学校長会議での「教育行政の改善」決議の内容について補足説明を行なっている。この決議は斎藤実内閣総理大臣に提出され、一般にも公表されたものである。[141] 決議はまず第一に、文部省や文政審議会には担当能力がないとして「教育国策樹立の為に一大機関を設置する事」を要望する。[142] 第二に、「伴食大臣」と揶揄されないよう文部大臣には「大人物」を配してほしいとし、第三に「法科万能主義を訂正」して教育の実務経験ある人材の登用を求めている。[143] 文部省内では「教育事務」のみで累進し、地方では学務部長に「高等官になり立ての若手が任ぜられ、警察部長の練習所扱いにされて居る」現状への批判である。[144] 児玉は、この決議は「恐らく心ある国民の言わんと欲する事を遺漏なく述べ尽して居ると思う」としている。[145]

児玉はさらに、昭和一一年六月刊行の『帝国教育』でも教育改革の必要を説いている。「内閣審議会公表の文教刷新の目標を評す」と題して児玉は、四月二八日公表の報告書の内容を論評する。内閣審議会は二・二六事件によって機能を急停止し、五月に廃止となる会議である。報告書について児玉は、「指導的気魄と独創的精神の欠如由々しきもの」と評している。[146] 意欲的に検討された改革案は未完に終わり、一応の報告書は無難な文言となったのであろう。

児玉は教学刷新が必要になった原因として、「教育行政機構の不備と教育蔑視の弊風」を挙げている。[147] 文部省が高等教育のみ「立案実施共に任に当り」、それ以外は「法令の制定」のみで地方に委ね、地方官は教育への理解乏しく、教育者の「良心の自由活動を束縛」し「教育の進展を阻害」すると指摘するのである。[148] 国家がこのような現状を改革し、さらに「教育尊重の精神作興」を講じて「教育者尊信の念」を厚くさせなければ、文教刷新は果たしえないと説くのである。[149]

このように、昭和一〇年頃の文部省は各方面から政策担当能力を酷評される状態にあった。国体明徴政策の必要性や優先性が高かったにせよ、これほど酷評される官庁にはたして重要な政策を担当させるべきなのか。当時の人びとが強く疑問を感じて当然である。

しかしそれゆえに、文部省としては国体明徴政策に積極的に乗り出し、教育界を防衛しつつ自己の存在意義を防衛する必要があったように思われる。文部省幹部の中では、少なくとも伊東延吉はそう判断し、政策を軌道に乗せるために企画立案を行なっていったのであろう。

伊東の河合栄治郎への態度はたしかに首尾一貫せず、冷淡なものである。また、大学の自治にも冷淡であったと感じられる。ただし、昭和一〇年前後に帝国大学批判が猛烈に喧伝されたにもかかわらず、東京帝国大学法学部は存続した。京都帝国大学法学部と東京帝国大学経済学部は組織として破綻し、美濃部達吉名誉教授は失脚させられても、竹内洋の指摘する通り、「官僚的・大学的対応」として「後退戦」の「落としどころに冴えを」見せたのである[150]。

もとより、これは関係者全体の動きの結果である。また、文部省の国体明徴政策の有効性を証明することは、粛正とは別の課題となる。文部省が教育界であれ自分自身であれ長期的に外部に対して防衛していくためには、政策の有効性を主張し、証明していくことが欠かせない。とはいえ、この政策の政策効果は、そもそもどのようにすれば測定できるのであろうか。

城戸幡太郎は昭和一四年一月刊行の『教育』で、「教育は我国国策の枢軸をなすものと云ふべく、随って教育は常に綜合国策に立脚して非凡の経綸《けいりん》を行ふべき責務に於て他の官省の比ではない」とし、教育に「道義の振興」を社会が求めるのであれば、「観念の遊戯」に痛棒を加え、「国策に基調する国家の教育政策に覚めしむるに非ずんば不可能な事であらう」と批判している。[151]

「社会の道義陵夷し、公人として、私人として徳操の頼むに足らざる者多き結果、人物の養成は社会の標語となり、社会は教育に対しては特にその廓清と奮起を促しつつあること深刻なるものあることは吾人の切に了とするところであるが、従来学校教育で説かれつつある抽象的なる道徳論や人物養成論が果して幾何《いくばく》の効果を奏しつつあるかに就て深く反省するところがなければならぬ」。[152]

たしかに、社会が腐敗したのは従来の国体明徴教育の失敗であり、文部省の失政であると言えなくもないではあろう。しかし、近代化に伴って考え方や生活様式が変わるのは一般的な特徴であり、資本主義でも社会主義でも私利私欲が腐敗を招き寄せることに変わりはなかった。いずれにせよ、腐敗の深刻さは国体明徴政策が必要であり優先されると主張する根拠になりえたのであり、国策に立脚して「観念の遊戯」にさせないと保証した上で、十分な政策効果が期待できると主張することは可能なのである。

実際、教学刷新評議会答申の最後には、「本答申の企画するところは国体・日本精神の真義に基く教学の内容の刷新により、独り教学のみならず政治・経済・産業等の刷新の基礎を確立せんとするものにして、教学そのものが皇国発展の基本なることの信条に由り答申したるものなり」との主張が披露されている。[153] さらにその前には、「教学の刷新は独り教育・学問のためのみならず、実に現下諸方面の刷新の根本をなすものなり。凡そ国家各般の刷新には、制度・施設等の改善固より忽《ゆるがせ》にすべからずと雖も、更に根本的には、これらのものを運用する人並に一般国民の思想・精神の刷新を必要とす」とある。[154] この決意表明を受ける形として、文部省は国体明徴政策を推進していくわけである。

なお、城戸は今回の批判を秋津豊彦《あきつとよひこ》の筆名で行ない、執筆者紹介も本誌編集部としている。[155] 弾圧を用心してのことであろう。城戸の批判に続いて留岡清男が、「荒木文部大臣に与ふ」と題する一文を実名で公表し、伊東延吉を弾劾している。留岡は、文部省の次官局長たちと文教の刷新を話した際、彼らが「今日の教育が衰微し、教師がなってゐないことを嘆」くものの、「その発言は畢竟、一旦身を役所の高座から引き降ろして、民草《たみくさ》の一人となって、国を憂ひ国民を心配する」ものではなく、「どこまでも事務的に、行政的に事績の挙らないのは、自分達にではなく、教員と教員の養成とに欠陥があるんだといったやうなもの」であったと批判する。[156] 伊東次官を詰問しても、文部省批判の指摘を受け入れるだけで、二十年来奉職してきた自己への「反省も責任も感じてゐない」と痛言し、敵意をあらわにするのである。[157]

荒木文部大臣が伊東を更迭したのは昭和一三年一二月二三日であり、弾劾が掲載されたのは翌一四年一月号である。後任の文部次官は内務官僚で北海道庁長官の石黒英彦であり、留岡の兄で内務官僚の留岡幸男は石黒の下で総務部長であった。[158] ただし石黒は、独自の神道を考案した憲法学者の筧克彦門下であり、きわめて精神主義的な人物である。[159] 昭和一四年六月号の教育時評で城戸は、「内務畑で忌避され」る石黒は「我儘《わがまま》一徹で、軽率事を処する」と酷評し、その就任を明らかに歓迎していない。[160] 石黒の就任の経緯は不明である。

城戸は、石黒の人事で退官した菊池豊三郎、山川建《やまかわたける》、鹿児島県知事に転出した藤野恵といった文部省幹部を冷評する一方で、彼らの後任に内務官僚を配置した石黒の見識も信用していない。[161] 内務官僚が突然文部次官と教学局長官に就任する状況は昭和一五年一月まで続くこととなり、退官した伊東の影響力がその間はかなり失われていたと想像することはできる。しかしそれが、国体明徴政策に実質的な影響を及ぼしたのかどうかは、筆者には確認できていない。

第四節　国体明徴政策の特性

本章の最初に紹介したように、政策評価法の第三条第一項は、「当該政策に基づき実施し、又は実施しようとしている行政上の一連の行為が国民生活及び社会経済に及ぼし、又は及ぼすことが見込まれる影響」を政策効果と呼んでいる。行政機関は政策効果の把握を基礎として「当該政策の特性に応じて必要な観点から」評価することが求められているのである。

それでは文部省の国体明徴政策は、政策効果をどのように把握しうるものなのであろうか。「国民生活及び社会経済」に国体明徴政策が影響を及ぼしたことはたしかであるものの、それを「定量的に把握すること」は難しい。国体明徴政策は人間の内面を主たる対象としており、それがどの程度達成されたのかを量的に把握することは困難だからである。日本国民の多くが戦争の現実に順応したとはいえ、それが文部省の政策によるものなのか、何人がどれほど深く国体を体得したのか、判定ができないのである。

竹内洋は、文部省の国体明徴政策によって授業科目のみならず入試科目も変化していくと指摘し、それに合わせた模範解答が受験参考書に出ていることを紹介している。[162]ただし試験は、話を合わせる技法の紹介で対策できるものであり、受験生の内面の変化を必須とするものではないのである。

つまり、文部省が熱心に国体明徴の旗を振っても、その政策効果の実態は摑《つか》みにくいということである。もっともこれは、陸軍でも長年の懸案となっていたことであった。広田照幸《ひろたてるゆき》は、「軍隊教育における精神訓話」の目標が日露戦争以降は公式に、忠義や勇敢など軍人勅諭の「個々の徳目の形成から、訓話を通した世界観の形成」へと転換したと指摘する。[163] しかし、将校の能力の不足とともに、兵卒への政策効果の検証ができないことが、この目標にとって障壁となっていたのである。[164]

「私の見るところ、精神教育を徹底しようとする努力にとってもっとも大きな問題点は、実際に兵卒がどの程度国体観念を内面化したかを測る手立てが存在しなかったということである。何をどう教えるかについての議論や工夫は、限りなくだされていったものの、教え込みの効果を測る具体的な手段については、(1)外形に表われる態度や行動の中に「精神」を読み取るか……あるいは、(2)教え込んだことを記憶したかどうかを確認するか、のどちらかのやり方しか考案されなかった[165]」。

広田は、兵卒たちに「語らしめる」という「〈告白〉の手続きこそが、身体への攻囲を超えて内面への攻囲を可能にするはずであった」とし、軍隊ではそれが禁圧されて内面化への手がかりが失われ、その代わりに思考停止による服従と規律が獲得されたとする。[166] これに対して文部省は、まさに昭和一〇年代に教育勅語の「個々の徳目の形成から、訓話を通した世界観の形成」へと強く踏み出していったように思われる。軍隊教育とは時間差があった、ということである。

なお、高橋陽一《たかはしよういち》が指摘するように、昭和一〇年代には「皇国の道」という文言が使われるようになり、教育勅語の「斯《こ》の道」という文言と接続されて、より包括的に国民動員を行ない、対外的により強気な態度を取る教育勅語解釈を行なういうるようになっていた。[167] 総力戦の遂行と大東亜共栄圏の建設への流れに合流することによって、教育勅語の解釈にも変化が生じつつあったのである。

この解釈の変化は昭和一〇年代の国体明徴政策が想定する日本的な人生観・世界観と連動するものであった。ちなみに藤原喜代蔵は、昭和一九年刊行の著書で、文部次官の伊東が国民学校案について省内で検討会を行ない、「斯の道」は「皇国の道」であると断定して案を作らせたと記している。[168]「伊東の頭の中には、既に確乎不動の革新原理があり」、その教示と指示に従って原案が作成されたと断言しているのである。[169]

そのため本節では、企画立案者と推定される伊東延吉の自己評価から「当該政策の特性」を把握することとしたい。この政策が想定する日本的な人生観・世界観の中に、伊東の思想が深く入っていると推定するからである。

ただし伊東は、国体明徴政策の基本的な枠組みを作ったと推定されるものの、昭和一三年一二月に文部次官で退官し、その後に省内人事は一新されている。退官後も教育審議会の委員は継続し、一六年六月には国民精神文化研究所の二代目所長に就任したとはいえ、特にこの間の政策に対する伊東の個人的影響力は定かではない。いずれにせよ伊東は、政策の特性を強調して政策効果を説明する中で、自己の思想を語るはずである。

さて、国体明徴政策の政策効果を定量的に把握することは、完全に不可能ではない。思想問題に関係する検挙件数、検挙人員、転向者数の推移は、政策効果の数値的根拠として活用可能である。ただし、当時の法律の適否は措くにしても、その法律に基づいての摘発が適正なものであり転向が真実のものであった、という条件付きでのことである。また、数値が減少すれば政策効果が確認しうる一方、そうなれば政策の必要性が弱まって権限が削られかねないという官庁としての事情もあり、潜在的な脅威が強調されがちともなる。しかも、これらは内務省や司法省が管轄し、その政策の方に直結する数値なのである。

これに対して文部省では、どのような数値を独自に活用できるであろうか。まず初めに思い浮かぶのは、文部省が開催する国体明徴のための講習会や研究会の開催数および参加者数である。しかし、参加者がそれによってどの程度、国体を理解できたのか、また、将来にわたって体得したのかを客観的に数値化することは難しい。参加者の内面の変化や未来への影響を客観的に測定することができないためである。ちなみに内面や未来への影響は、現在でもアンケート調査などの実施によって「測定」せざるをえないものである。

あるいは、学生の思想状況調査や読書傾向調査も政策効果の数値的根拠として活用可能であろう。しかし、これらに関しても、文部省の政策によって変化がもたらされたのかどうかを確定することは難しい。満洲事変の成功による国民世論の変化、日本共産党幹部の転向の影響、警察による取り締まりへの警戒、言論統制の強化など、さまざまな要因が変化の原因となっていると思われるからである。そもそも、国体の明徴に内閣を挙げて重点的に取り組むことは、昭和一〇年代の日本国家の基本方針となっていた。その中で、文部省の政策効果だけを見つけ出すというのは難しい。

とはいえ、政策効果を数値で説明することは、当時においても行なわれていた。国民精神文化研究所の一〇周年に際し、所長の伊東延吉は昭和一七年一〇月刊行の『国民精神文化』誌で、研究所の活動内容を紹介している。ここで伊東は、研究所設立の経緯をまず語っている。

「当時の思想界の混乱に対して、識者はその赤化思想が所謂教養ありと称せられる社会層、就中、教員・学生・生徒等を盛んに浸食しつつある事実を眺め、又マルキシズムが少くとも理論的基礎の上に立てる点に想ひを致して、当面起りつつある事件への個々の処置対策は固より時の急務としてこれを為さねばならぬが、それのみでは決して此の蕩々《とうとう》たる思想防圧の根本的対策たるに足らずと痛感したのである。即ち期せずして我国本来の精神を明らかにし、真に正しき道理を闡明して皇国の学を樹立し、以てこの思想問題の根本的解決を図らねばならぬとの結論に到達したのである。本研究所は此の要求に即して成立したものであって、我国精神文化の精髄を明らかにし、これを基礎として思想問題を終熄せしめ、進んで我国本然の学問教育の生成を図り、これを国民に植ゑ付け、又在来のものの醇化を図るを目的とし任務として設立せられたのである[170]」。

国民精神文化研究所は昭和七年八月に新設された文部省直轄の研究機関であり、伊東は学生部長として、その設立に尽力していた。引用文中の識者とは、学生思想問題調査委員会の委員たちのことであろう。ただし前田一男は、発足時に所長代理兼研究部長に就任した伊東学生部長の方針は、マルキシズムに対抗しうる理論体系の建設という答申の文言に忠実ではなく、これを機会に学問の抽象的・非実践的なあり方を打破せんと踏み込むものであったと指摘している[171]。

たしかに伊東は、昭和八年六月刊行の『国民精神文化研究所所報』第一号で、理論体系の建設などは「末に趨《はし》って本《もと》を見ないもの」であり、国体の闡明によって「マルキシズムの如きは求めずして批判せられ、清算せらるるであらう」としている[172]。このような答申への態度は、国体明徴政策を主導した伊東の思想が研究所の企画立案に深く入っている、ということである。

国民精神文化研究所が設立されてから一〇年後に、伊東は研究所の研究部と事業部は「多大の成果を挙げ得たと信じてゐる」と自己評価し、その成果を列挙している。[173] すなわち、研究部は四九冊の研究紀要を始めとして出版物を多数刊行し、講演会などを多数開催するとともに、中等学校教員の再教育事業では延べ一二七〇名の受講終了者、左傾学生生徒の指導矯正事業では延べ七四名の修了者を出し、さらに高等教員への研究指導事業も本格化してきていると紹介するのである。[174]

昭和一二年三月版の『国民精神文化研究所要覧』には教員研究科研究員の肩書きと氏名が掲載されている。[175] 研究員たちは全国から集められており、言わば国内留学によって相互の交流を深め、戦後も交流は続いたと推測される。この教員再教育事業の思い出を、所員で国文学者の志田延義がはるか後に記している。「事業部教員研究科」では「紀平正美事業部長の下で、初期は師範学校教諭を六箇月間ずつ研究員として受け入れ、次第にその範囲を中学校・高等女学校・実業学校に拡大した。一期半年というゆとりがあったので、時には東京へ妻子を携えて出た人々もあって、学習も落ち着いた趣があった。科外講義の外、クラブ風に弓道・書道・茶道等に親しみ、宮中拝観や関屋所長の日本青年協会の葛飾《かつしか》農場での一週間の実習等に出かけ、修了間際には一泊研究旅行を催すなどした。期末には指導の所員もしくは研究嘱託に研究報告を提出した。比較的若い研究員もないではなかったが、多くはこれから教頭に進んで然るべきかと思われる人材が多く推薦されていたので、帰任すると学校内での活動の外に地方の国民精神文化講習所その他で指導的な役割を果たすようになった人が多かった。事業部長の命名になる同窓会で同志会的な組織志同会が成立して、連絡を取り合うようにもなった。戦後の地方の国立の新制大学の教育学部は、昇格後の師範学校が吸収されている関係もあって、やがてそれらの教官となった人々も少なくない。山梨大学時代、日本教育大学協会の委員会や教育学部長会議などで前研究員を名告《なの》って挨拶されることがしばしばであった」[176]。

志田は昭和一四年一二月には教学局教学官を兼任し、戦後は山梨大学教育学部長、鶴見女子大学文学部長、国語審議会委員等を務めている。[177] なお、『国民精神文化研究所所報』第一号には座談会、茶話会、帝国議会傍聴や警視庁見学の実施が記載され、研究員の所感が多数掲載されている。[178] 現代風に言えば、アンケート調査の実施報告である。

ただし、これらの成果は数が多ければよい、というものではない。それらはすべて、伊東が考える「正しい」思想に基づくものでなければならないのである。文部省の国体明徴政策は思想に基づく政策であり、その特性は、思想の正しさに政策効果がかかっているところにあった。思想が国体を明徴にする力を持たなければ、研究や事業をどれほど積み重ねても実質的な政策効果は認められないからである。

それでは伊東の考える正しい思想とは、どのようなものであろうか。伊東は昭和一七年に、学術は「深き道理の根柢を持ち、しかも現実への溌剌たる指導力と企画力とを有しなければならぬ」として、「政策の真の力は必ず深き原理の研究に基くべく、原理の活躍は即ち必然的に国家、世界の生きた部面への現実的の構想となって現はれるべきもの」であると主張していた。[179] 伊東によれば、この原理は日本の歴史の中にあり、「我々は其の中から敬虔なる心を以て真の「教」、即ち正しき学術を見出して来なければ」ならないのである。[180]

伊東からすれば、この「真の「教」」を見出すのに必要なのは、知性の働きによる認識ではなく、実践を伴っての体得となる。伊東は昭和八年に、西洋と異なる日本の思想の特徴として、個と全体を一体として「相離るべからざる関係」とすることを挙げ、個人生活と国家生活とは一体であり、「身を修め、国に奉ずる実行を離れたる学問はない」としている[181]。その上で、頭脳に頼る「分析や抽象の方法を超ゑて、人の持つ深き、又高き洞察体認の力」を発揮し、「形式的理論の奥に潜む人性の本体、現象の奥にひそむ事物の本質を把握する」ためには、本質の把握を「実に即して為」し「行によって得」ることが必須であると説く[182]。国民精神文化研究所ではこのような研究方法で「国民精神、国体観念の把握」を行なうのであり、そこに研究部に加えて事業部を設置する理由がある、とするのである[183]。

「この意味に於て研究所に於ては研究部と共に事業部が存在することは大なる意義を持つ。即ち事業に即して研究があり、研究に即して事業がある。研究のみにてはともすれば抽象的知識の詮索となり、事業のみの研究所は指導精神を欠くものとなる。両者を離れて研究所は存在することなく、両者相俟って一体となって進むところに研究所の真面目《しんめんもく》があり、真の意義がある[184]」

伊東にとって学問とは、現実を指導するものでなければならなかった。西洋の学問を模倣するだけのものでも、現実に対して無力なものであってもならなかった。そのためには、研究所内で研究部と事業部が連動するのと同様に、日本国家において思想と政策とが正しく連動する必要がある。伊東にとって文部省は、学問教育分野の主管官庁として、正しい思想に基づく学問と教育を政策的に実現していく使命を有するものだったのである。

はたして一〇年間の活動で、国民精神文化研究所の学問は現実を指導するものとなったのであろうか。昭和一七年の伊東は本当に、研究所と文部省の実績を誇ることができたのであろうか。同年五月に教学局から国民精神文化研究所に転出した土屋忠雄は、藤野恵教学局長官から「精研の人達の中には学問の本筋からはずれた方に走っている人が非常に多い」と説明され、あなたは「どうかわき道にそれず」に努力してほしいとの忠告があったと回顧している。(185)精研は、国民精神文化研究所の略称である。

海後宗臣門下の土屋は、東京帝国大学文学部を卒業して昭和一六年四月に海後の推薦で文部省に入っている。配属は教学局普及課であり、志水義暲課長をはじめ一三名中九名が文学部同窓で、「東大文学部の研究室の延長のような気分で、なかなか愉しかった」と回想している。(186)勤務して最初の仕事は『臣民の道』の校正であったものの、『国体の本義』は読んでおらず、同僚から注意されたとのことである。(187)

しかし、国民精神文化研究所で急に人が必要となり、伏見猛彌《ふしみたけや》所員の要求で転出することとなる。「伏見さんばかりでなく、精研の所員の元気のよい独走」は教学局で問題視されていたと土屋は記しており、それが藤野の忠告にも現われたのである。(188)なお、国民精神文化研究所は昭和一八年一一月に国民錬成所と合併して教学錬成所となる。行政整理の一環である。伊東は間もなく、教学錬成所長の現職のまま翌年二月に没している。

教学局と国民精神文化研究所の疎隔は、国体明徴政策の特性によってかえって収拾がつかなくなったように思われる。国体明徴政策は思想の正しさを前提とし、正しい思想に基づくがゆえに政策効果を発揮するはずのものである。しかし、その正しさはどのようにして保証されるのであろうか。国民精神文化研究所は、さらには昭和一〇年代の国体明徴政策は、伊東が言う「真の「教」」をいつ見出したのか。それが「真の「教」」であるとの証明は、どのようにして行なうのか。また、誰がそう判定するのか。これは、政策の特性によって生じる課題、思想の質保証という課題である。

しかも伊東は、「原理の活躍は即ち必然的に国家、世界の生きた部面への現実的の構想となって現はれるべきもの」と述べている。このように、思想と政策のつながりを必須とすることは、伊東の思想的な特徴であろう。思想の正しさを前提とするとともに、政策の正しさが思想の正しさを証明するという関係になる。

しかし、「現実的の構想」が複数出て激しく対立した場合、どのように対処すればよいのだろうか。伊東によれば、現実を正しく動かすことのできない学問は、学問として失格であり、それは正しい思想に基づいていないからということになる。逆に言えば、現実を正しく動かすことができている学問は、正しい思想に基づいていると推測可能なはずである。学問に実質的な政策効果が認められる場合、それによって思想の質も保証されるということでる。

この思想の質保証の問題は、昭和一〇年代の国体明徴政策の企画立案に際して、十分に考えられていなかったのではないか。日本の歴史を虚心坦懐《きょしんたんかい》に見つめて日本人の道を見出した研究であると本人が主張したとしても、その研究がすべて真正のものであると確認できるであろうか。さらに、同様の主張をする他者と意見が対立した場合、どちらが正しいのであろうか。また、現実に働きかける具体的な方針や構想で対立が生じた場合、どちらが正しいのであろうか。それを所長が、あるいは文部省が裁定するのであれば、決定権限の根拠は思想に求められるのか、管理責任に求められるのか、どちらに求められるのだろうか。

この対立に関して前田一男や昆野伸幸は、国民精神文化研究所の一部所員と文部省、陸軍との間に疎隔があったことに注目している。前田は、昭和一五年頃から文部省を手ぬるいと批判する所員たちと彼らを「矯激で行過ぎている」と批判する文部省との対立が激しくなる一方、自由主義経済の立場からマルクス主義を批判してきた山本勝市所員の著書『計画経済批判』が昭和一六年に絶版を命じられ、そこに陸軍の意向が働いたとしている。[189] 他方、昆野は、『国体の本義』の内容に対する不満を所員の吉田三郎《よしださぶろう》や伏見猛彌等が表明し、文部省教学局の小沼洋夫や図書局の竹下直之《たけしたなおゆき》との間で「「皇国史観」の相剋」を生じさせていたとし、その内容を以下のように総括している。[190]

「即ち、現状維持を拒み、教育体制の全面的改革を目指す吉田・伏見らは、『国体の本義』『国史概説』に自足して「皇国史観」を捉え、日本精神主義的教育論に傾斜して観念的に国体を強調する小沼、竹下らとは一線を画しているといえる。彼らは、互いに「皇国史観」という共通の語を使いながら、その解釈の正当性を争うことで国体論・興亜論のヘゲモニーを握ることを画策していたのである[191]」。

このような対立について、伊東はどのように考えていたのか。伊東は昭和一七年に、「教学は此の大きな「教」そのものの中から学術として顕現し、教育として具体化せしめらるべき」として、学問と教育を一元的にその「根原」から把握することを主張している。[192] 伊東が構想した国体明徴政策では、教学の刷新の重点は教育と学問の一致不一致にではなく、根源を確認して両者を再出発させることにあったのである。[193]

しかし、このような想定で政策が企画立案されたのであれば、国体の明徴に意欲的な人びとの間で教育や学問をめぐって対立が存在する場合、それは根源へと遡って国体観の対立とならざるをえない。根源との直結は教育や学問での対立を正誤の争いに、すなわち明徴と不明徴の争いに深刻化する危険を常に有してしまう。どちらかが国体の敵となりかねないのである。

しかも、伊東の主張のように原理と政策が直結されてしまうと、政策の対立も正誤の争いに、すなわち明徴と不明徴の争いに深刻化する危険を常に有することとなる。そうなれば結局、政治的に勝利した人間の思想が正しいものとならざるをえないであろう。例えばソヴィエト連邦やヒトラー時代のドイツはそうであったし、中華人民共和国もそうである。これに対してアメリカ合衆国の場合には、選挙による政権交代の可能性があり、建国の理念の中に思想的柔軟性が組み込まれている。対立を許容するあそびを組み込まずに思想的政策を設計すれば、対立を収拾するために権力的一元化に頼るしかない。しかも対立は、人間の共同生活にも国家の運営にも不可避の現象なのである。

対立を先鋭化させずに国体明徴を活性化させるためには、文部省は、皇室本位・日本本位という思想的原則の確認に自制すべきだったのではないか。あるいは、国体と国体から派生するものを区別して、ごく簡潔な国体の定義に自制すべきだったのではないか。それぞれ、教学刷新評議会で平泉澄委員、上山満之進委員が表明した意見である。[194] しかし伊東は、委員たちの意見を受け入れようとしなかった。伊東は、正しい学問と教育は真の「教」に立脚し、それゆえ人間の生を指導し現実に有用である力を持つはずであり、この教学刷新は短期間で実現可能であると想定して政策を推進したように思われてならないのである。

もとより、緊急に対応が求められている状況で、文部省幹部がそのように主張することは不思議ではない。官庁として弱い立場にある文部省としては、予算を確保し発言力を高めるために、かえって強気の主張を打ち出す必要があるであろう。ただ、政策を主導的に推進する伊東が本気で、短期間で容易に「教」を明らかにできる、国体を闡明できると考えていたのであれば、企画時の想定に根本的な疑念が生じざるをえない。闡明できなければ政策効果は期待できず、政策効果を主張するには闡明したことを証明しなければならない。文部省が国体論の内容に踏み込めば、政策的にも思想的にも責任を問われる、ということなのである。

結局、各自が日本への問いを発するように環境整備をするのではなく、日本への問いに文部省が解答を与えようとするのであれば、その政策効果は文部省の政治権力の強さに依存することとならざるをえない。皇室本位・日本本位という原則の確認以上に認識や実践の内容に踏み込めば踏み込むほど、国体の明徴は政治的な権力闘争へと近付いていくからである。

そもそも、伊東が語る研究所設立の趣旨に鑑みれば、わずか一〇年で事業目的達成の目途《もくと》が立つはずもない。「我国本然の学問教育の生成」は、予算を付ければすぐ達成できるという事業ではないし、達成できそうな人物を抜擢して国家の学問教育を一任させることのできる政治権力を文部省は有していない。長期的に人材を養成していくべきとする西田幾多郎たちの意見も、教学刷新評議会では結局、実質的に取り入れられることはなかったのである。[195]

伊東は一〇周年を迎えた研究所員の研究について、創設の精神に基づいて実施されているとしている。しかし以下の説明は、思想と政策の一致を正しい学問の特徴とする一方、研究所の方針に所員が従うよう要求しているようにも見える。なぜ以下のような「合致」が生じるのか、伊東が説明しないからである。

「申す迄もなく、学術は単に原理の研究にのみ終始すべきではない。原理の研究は必ず具体的な経綸に生かされ、経綸は又当然に深遠なる原理に立脚せねばならぬのである。この原理と経綸との一如をなせる学問こそ、我国の学の真諦《しんてい》であって、これを真の意味に於て発揚することが西洋近代個人主義の抽象的学問の弊を脱却して、以て我国の学術を樹立することともなるのである。即ち所の「研究精神」に於ては深く自己の本体を窮め、これと自己の研究題目、科の研究目標、所の研究精神並に皇国の歴史と現状、世界の歴史と現実との合致を求め、これを以てよく皇道を闡明し、皇道信念の確立を期している」[196]。

国体の闡明とは日本ネイションの本質を規定することであり、国体をめぐる争いは日本ネイションの本質をめぐる争いである。この争いに官僚として踏み入った伊東は、国体の自《おの》ずから発揮されるはずの威力を前提に政策を企画立案したのではないか。つまり伊東は、国体の正しさが研究と教育を経て政策にまで反映されるはずであるとの前提に立って、さまざまな反対意見を押し切って、国体明徴政策を企画立案したように思われるのである。

しかしこれは、伊東が国体に自己の願望を投影していた、ということではないだろうか。第五章で引用したマイネッケの指摘のように、伊東もまた、自己を支え、自己が活躍できる共同体として日本ネイションを切実に求めていたのではないだろうか。

正しい思想が政策を正しく導くはずであり、国体明徴政策の特性はこの正しさにある、とするのであれば、その政策効果は正しさ次第とならざるをえない。その正しさは正当性でも正統性でもなく、正誤の正という意味であり、争いが生じればどちらかが誤であり、すなわち悪であるとなってしまうものである。答えを探究することを重視せず、問えば正解があると信じて、伊東は突っ走っていったのではないだろうか。

おわりに

伊東延吉が昭和一九年二月に亡くなった直後、中央報徳会発行の『斯民《しみん》』三月号は、報徳経綸協会常務理事・研究部長であった伊東への協会関係者による追悼文を掲載した。そこで東京商科大学教授の上田辰之助《うえだたつのすけ》は、伊東の日本的学問への強い情熱を振り返る一文を寄せている。上田は経済学者・経済思想家であり、当時は報徳経綸協会常務理事であった。

「伊東氏の印象で特に鮮やかにわたくしの脳裡に残ってゐるのは経綸協会の組織準備委員会数次の会合を通じて氏が終始極めて熱心に執られた指導的立場である。平素好んで聴き役に廻られた氏が、あの時ばかりは著しく積極的に意見を開陳し、衆議を纏めこれに方向を授けられた。とりわけ日本的学問の樹立には異常の関心を示し、みづから筆を執って経綸協会のよって以て立つべき基本原理を闡明せられた。そこに区々たる賛否を超えて人々の魂に触れる信念の力といふものをわたくしは見た。これが伊東氏の持味である」[197]。

報徳経綸協会はその前身である報徳経済学研究会とともに、中央報徳会が設立したものであり、前二者の会長も後者の理事長もすべて一木喜徳郎である。中央報徳会は二宮尊徳《にのみやそんとく》の思想を普及実践する教化団体であり、岡田良平と一木喜徳郎兄弟の父である岡田良一郎《おかだりょういちろう》は二宮尊徳の高弟であった。報徳経綸協会常務理事で総務部長の中川望《なかがわのぞむ》は、追悼文中で伊東が報徳経済学研究会の「生みの親」でもあったと回顧している。中川は元内務官僚で貴族院議員である。

「憶《おも》へば昭和一一年初秋の比《ころ》、君は一日中央報徳会理事長一木喜徳郎先生を訪《おとの》うて大要次の如き進言をせられたのである。即ち「今日の欧米の経済学説は既に行詰りの状態に陥って居る。何となれば其の学説の原理は人間欲望の満足を基点とするが故に個人主義であり、自由主義であり、随って個人の間に於ても将《ま》た国際間に在りても、相互の利害衝突は免れざる所であって、斯くては世界の平和は百年河清を待つが如きものである。依って経済道徳の調和を主眼とせる報徳原理を研究して日本経済学の樹立を期し度《た》きものである」との事であった(198)」。

昭和一一年初秋であれば、伊東は専門学務局長兼思想局長であり、『国体の本義』の編纂を進めている頃である。教学刷新評議会の答申は一〇月二九日に決定されており、あるいは、その成立の目途が立っての訪問だったのかもしれない。その後、報徳経済学研究会は同年一二月に設立の運びとなり、第一回研究会が翌年二月一九日に開催されている(199)。

この頃の一木は美濃部達吉、金森徳次郎とともに、天皇機関説の主唱者と決めつけられて政治的弾劾の対象となっていた。それでも一木は昭和一三年まで枢密院議長を務め、昭和一九年一二月に没している。昭和九年以来、兄の岡田良平を引き継いで大日本報徳社社長でもあった。

一木は追悼文で、報徳経済学研究会ならびに報徳経綸協会への伊東の尽力を讃え、「聞く所によれば、一元より開闢して今日の興隆を致した皇国発展の様相に則り、研究部門を政治、経済、文化に分つも、之を皇道一元の展開として整理し、その範を報徳生活に求めて一体的生命の発達をなさしめんとしつつあった」と記している(200)。伊東の意欲は衰えず、二宮尊徳の報徳思想に強く惹かれていた、ということであろう。

ただし中川によれば、昭和一八年九月の報徳経綸協会創立総会を伊東は当日欠席せざるをえなくなり、一二月からは病床にあったようである。[201] 常務理事で錬成部長の佐々井信太郎《ささいしんたろう》は、伊東が文部次官の多忙の中でも教育審議会に熱心に出席して、国民学校を「皇道に基く人物錬成の一途に帰一」させた「企画の伊東君に負ふ所大なるものある」と述懐している。[202] 佐々井は大日本報徳社副社長である。

専任幹事の矢部善兵衛《やべぜんべえ》は、伊東の思想が報徳経綸協会創立以降さらに進み、報徳経綸研究書の刊行よりも人の養成に重点を移すべきとして、部門ごとの研究の指針を口授した、と証言している。[203] 国民精神文化研究所が教学錬成所に再編されたのは昭和一八年一一月のことであり、伊東はその前後で所長であった。文部省の国体明徴政策を推進してきた伊東は、研究活動の重点を国民精神文化研究所からこちらに移そうとしていたのであろうか。

伊東は、正しい国体思想の闡明を帝国大学に付託しなかった。文部省の意向に従うとは限らない帝国大学にではなく、文部省が統御できるような研究所をわざわざ新設し、そちらに付託したのである。しかし、その国民精神文化研究所を文部省は統御できず、研究所と文部省の関係は険悪化していった。両者の対立が研究所の再編によって収拾されたのかどうかは著者には確認できていない。しかしいずれにせよ、伊東の発想には思想的にも行政的にも不具合があったのではないだろうか。

さらにまた、伊東が「今日の欧米の経済学説は既に行詰りの状態に陥って居る」と本当に言ったのであれば、それはあまりにも浅薄な素人談義であろう。牧野邦昭《まきのくにあき》は、経済学者で社会学者の高田保馬《たかたやすま》がこの頃に日本的学問という要求を批判し、「日本の経済学の水準の低さを嘆いていた」と指摘する。[204] 昭和一一年一一月六日の九州帝国大学新聞で高田は、学問は万人に通用せねばならず、日本的な思考方法の存在が日本的学問の存在を保証しないと断言しているのである。

高田は、「日本の学問の発達のための何よりの急務は、対等の水準にまで高まり上ること」であり、「まづ世界的水準に高まらずしては、真の意味に於て、日本的なものは出来ない」とする。[205] 西田幾多郎の教学刷新評議会での意見と同じ主張である。学問の世界的水準を踏まえて、それを超えるものを目指していくために、二人は苦心を重ねてきたのである。なお高田の注記によれば、この文章が草されたのは同年一〇月一六日である。教学刷新評議会の答申案がほぼ固まっていた時期である。

牧野はまた、高田が昭和一〇年代に世界の経済学を踏まえた優れた教科書を刊行し、高等文官試験の社会学や経済学の試験委員も務め、経済学の学問的水準の高さを維持し続けた努力を高く評価している。[206]「結局のところ合理性を追求する行政官に要求された経済学や、実際の経済政策の検討において「道具」として用いられた経済学は、一般均衡理論を含む西洋の経済理論であり、「日本経済学」「政治経済学」などは入り込む余地はなかった」と牧野は総括している。[207]

政策の企画立案者たる伊東の認識がこのような水準であったのならば、国体明徴政策の有効性には深刻な疑念を抱かざるをえない。経済学に限らず、伊東は国史学の平泉澄の意見にも哲学者の西田幾多郎の意見にも、教学刷新評議会で真剣な考慮を払わなかったのである。しかし、国体明徴政策は思想の正しさをその政策効果に必要とする。政策の主たる担い手と想定された教学局の設置や思想の重点となる自由主義批判が、思想の正しさを保証したり有益な効果を思想に与えられなければ、政策はその特性に応じて低く評価されることとなる。次章では、この二点に課題設定と工程表という論点を加えて、それぞれの批判的な検討を行なうこととしたい。

終章　国体明徴政策の企画立案に対する批判的検討

はじめに

国体明徴政策の検討の最後に、本章では文部省の政策企画に即して現在からの批判的検討を行なう。文部省による国体明徴政策に対しては、国体明徴それ自体を批判する立場からも、国体明徴を推進する立場からも、さまざまな批判が寄せられてきた。ここでは、当該政策の目的を達成するためには、どうすればよかったのかという視点から批判的検討を行ないたい。なお本書では、第六章第一節で言及したように、文部省による国体明徴政策の具体的な目的とは、日本国民による日本的な人生観・世界観の体得であり、ひいては日本国家のさらなる発展であったと把握している。

文部省、あるいは伊東延吉が描いていた政策の見取り図は以下のようなものだったのではないだろうか。すなわち、教学刷新評議会の答申を根拠に、内閣総理大臣の下に有力な教育会議を設置し、文部省が事務局となって教育政策の抜本的改革を企画決定していく。同じ答申を根拠として、文部省内に教学刷新の中心機関を新設し、国体明徴の司令塔として機能させる。中心機関は研究機関を活用して文部省内と教育界を指導し、ひいては国民全員を指導し、日本的な人生観・世界観を体得させていく。指導に際しては、『国体の本義』をはじめとして、文部省が編纂刊行する国民再教育の教材を活用する。他方、文部省主導で学問の拝外的風潮を矯正し、日本的人生観・世界観に基づく学問が真の有用性を発揮するよう積極的に支援していく。このような教育学問の刷新によって国体の明徴を実現し、それによって日本社会の腐敗を打破する。日本社会の腐敗は利己主義的な人生観に由来するものであり、この人生観は個人主義・自由主義であって西洋由来のものである。日本での社会主義、共産主義、自由主義、民主主義の思想は西洋由来であり、これらを国体に即して批判し、摂取すべきでないものは摂取せず、摂取すべきものは醇化して摂取する。そうすることによって皇国の道は活性化し、新日本文化が創造されて日本国家はさらなる発展を実現していく。こうして政策目的は達成されていく、という見取り図である。

しかし、文部省は初等教育改革を実現させたものの、新設の教学局は有力な中心機関と呼べるものにはほど遠く、主たる研究機関たる国民精神文化研究所を統制することさえできなかった。日本的人生観・世界観を日本国民に体得させた達成度については、国民が戦争を支持したとして成果を主張しうる一方、戦争という現実が国民の人生観・世界観を転換させたとの反論も可能であった。戦争と言論統制は学問活動に根本的な影響を与えており、その変化が文部省の政策によるものであると証明することは難しい。さらに、より根本的な批判として、外来思想を国体に醇化して摂取した実績が不明であり、文部省が新日本文化の創造に成功した形跡が見当たらないことが挙げられる。政策が当初の見込み通りにならないのは通常のことであるものの、企画立案に問題があったとすれば、それはどこにあったのだろうか。

批判の第一点は機構改革である。教学局の外局としての新設は、政策目標達成のための適切な手段ではなかったのではないか、という批判である。第二点は思想理解である。自由主義批判の実質が個人本位の利己主義的な生き方への反発にあり、自由主義思想を利己主義として理解したことが一面的ではなかったのか、という批判である。第三点は課題設定である。利己主義を批判するのであれば、個人の利己主義のみならず組織の利己主義、とりわけ官庁の利己主義も批判すべきだったのではないか、という批判である。第四点は工程表である。外来文化を醇化して摂取することを求めるのであれば、具体的にどのように行なえばよいのかを明確に示すべきであった、という批判である。

文部省のための国体明徴でないのであれば、文部省が国体明徴を取り仕切らなければならない理由はない。それでも文部省が国体明徴を主導したいと意欲するのならば、外局ではなく省内の上部に担当部局を設置し、実質的に全省を指導監督できるよう抜本的な組織改革をすべきだったのではないか。他方、自由主義を政治的に排除しようという発想は、自由主義思想を個人主義、利己主義、立身出世主義、ひいては社会全般の腐敗の元凶と考えることに支えられている。それは個人の言論を萎縮させる根拠となる一方、官庁の不和や専横を止める根拠とはならなかった。社会全般の腐敗は解決すべき重要課題であるものの、言論の萎縮は官庁の専横を助長する方向に働き、官庁の不和には組織の利己主義も原因となっていたはずである。さらに、国体によって醇化するという原則論のみを提示して、その方法を探究しようとしないのは、課題の難易度をあまりにも軽く考えていたということではないだろうか。以下で順次検討していこう。

第一節　教学局設置という政策実現手段

批判の第一点は機構改革であり、具体的には教学局の設置である。教学局の外局としての新設は、政策目標達成のための適切な手段ではなかったのではないか、という批判である。

教学局は外局として昭和一二年七月二一日に設置され、その官制第一条には、「教学局は文部大臣の管理に属し国体の本義に基く教学の刷新振興に関する事務を掌る」とある。教学刷新評議会の答申が「教学刷新の中心機関の設置」を提言し、「一層教学の精神・内容を重視し、国体・日本精神に基く教育的学問的涵養創造のために」政府は力を尽くすべきとして、「政府は文部大臣の管理の下に有力なる機関を設置し、特に我が国教学の根本精神の維持発展を図り、又教学の刷新振興並に監督に関する重要事項を掌理せしめ、関係各方面との密接なる連繫の下に事業の遂行に当らしむべし」とした成果である。(1)

それでは教学局は、どのような発想で組織されたのであろうか。昭和一六年六月二七日開催の教育審議会諮問第一号特別委員会第三回整理委員会（教育行政及財政）で、藤野恵教学局長官が詳細な現状説明を行ない、それを受けて伊東が設立の趣旨を以下のように説明している。

「実は其の当時私に色々御尋ねになった方もありますので、内部に於ては御答へして居ったのでありますが、斯是はやはり国体精神に基いて日本教学を振興すると云ふことは文部省として全体的に必要なことである、斯う云ふ御意見があった訳であります、それからそれに伴って、実際の仕事をして行く上に於て色々考慮を要するぢゃないか、斯う云ふ御意見もあった訳であります、それに対して先程藤野長官が言はれた通りに、実際今日の此の時勢の要求を考へて見ると、やはり斯う云ふ特殊機関を設けて、さうしてそれが十分に、色々の日常の事務に煩はされずに能率を発揮する必要がある、殊に国体、日本精神を中心にして刷新に付て建設的な仕事をして行くと云ふことは容易ならぬことである、時代に必要なことである、又大事業でもあるから、やはりどうしても特殊機関の力を借りなければ出来ないと云ふのが吾々の考へでありましたし、又当時の委員全体の御考へであった、随て特殊機関と云ふ言葉は今私は初めて使ふのでありますが、大体さう云ふ意味に於て、文部本省に対して教学局がさう云ふ立場から色々必要な仕事をしてそれを供給して行くと言ひますか、浸透して行くと言ひますか、或は又或る時は共々に仕事をして教学に於ける其の面を発展させて行く、斯う云ふものとして考へられ、決議せられた訳であったのであります」[2]。

しかし、中心機関として設置されたものを特殊機関と呼ぶことには、違和感を感じざるをえない。荻野富士夫は、教学局の不振が多方面から批判されていたと指摘し、伊東が特殊機関という防衛線で弁明せざるをえなかったことに注目している[3]。伊東は、「特殊の時勢の要求に応じて特殊の機関として生れ」たものの、「尚ほ暫くはどうしても必要であると私は思ふ」と発言して、現在はまだ教学局が必要であると主張するのである[4]。

伊東は所用のため発言後に退席し、休憩後の午後一時に再開された委員会は三時三五分まで継続される。再開後間もなく、佐々井信太郎委員が発言する。佐々井は大日本報徳社副社長、中央教化団体連合会理事であり、この頃には伊東、中川望と三人で報徳経済学研究会常任委員を務めていた[5]。ちなみに、伊東への追悼文中で佐々井は、思想局長室で伊東と語り合ったことを回想している。

「思想局長になられた頃、左翼思想が教育界にも波及した事実に関し、何回か局長室を訪問し、思想対策としての思想としては皇国の大道に決定して居るのであるが、大道に関する諸説は様々であって、特に眼前農工商、官吏教育乃至諸職業の日常の職域、或は家庭に於ける日常の生活に於て、如何にすれば大道の顕現となるかといふ問題に当面しては遺憾なき能はずと、談話はそれからそれへと発展して止まる所を知らず、漸く局長の要務に支障を来すことに気付いて次の機会を約して辞去したことさへあった。唯我を忘れて憂国談を交ふる機会を恵まれたことは全く忘れ難いことである[6]」。

この会話は、昭和一〇年代後半の『家の本義』、『勤労の本義』編纂事業の一つの淵源となったのかもしれない。『家の本義』は昭和一八年度、『勤労の本義』は一九年度事業として編纂が進められ、刊行に至らなかったものである[7]。前章で紹介したように、河合栄治郎は国家主義が日常生活の指針にならないと主張したのに対して、伊東は「皇国の大道」を指針にしようと考えていたことになる。

さて、佐々井は休憩前の伊東の発言を踏まえた上で、国体の本義の研究に終着点はなく、「根本的の闡明が大体に於て終結すると云ふやうなことは一寸短い期間の事柄では考へられない」として、教学局設置の事情は現在も重視すべきであるとする[8]。ただしそれに続けて、「どうも外にあるやうな恰好の行き方でない方が宜いのではないかと思ふ」とし、内局か外局かを再検討し、国民精神文化研究所と教学局の研究上の関係を確認しなおす必要があるのではないかとも発言している[9]。

この後に委員たちからの発言が相次ぎ、一時二六分から三時一〇分までは懇談会に入る。速記が止められて会議録に記載がなくなるのである。しかし第一章で言及したように、大臣官房文書課長で幹事の有光次郎の日記に、懇談時の発言の要点が記載されている。この記録によれば、商工省等とは異なり外局は文部省には不適当ではないかと後藤《ごとう》文夫《ふみお》が発言し、赤間信義が他省と異なり文部省では本省と「連絡してゐる」仕事を外局が行なうため、特に連絡の改善が必要であると述べている(10)。後藤は元内務官僚・内務大臣であり、赤間は前文部次官である。

これに続いて松浦鎮次郎が、国民精神文化研究所が「教学局より先にできて居たので、その仕事を教学局で取上げる事にも行かず、又教員再教育等も研究所に委任しおれり」と経緯を説明し、赤間が「所と局との関係は必ずしも明確ならず」として、河原春作が「この際、判然せしむるを可とす」と発言している(11)。松浦は元文部次官・前文部大臣であり、河原は元文部次官である。

その後、堀池英一幹事の「外局だが、書類は皆内局へまはす」との発言があり、河原が「学校の形でわける局と、仕事でわける局と併立して居るから厄介なり」と指摘する(12)。堀池は内務官僚であり、この時点では教学局企画部長である(13)。このように、教学局の外局としての設置が不適切という方向での率直な発言が懇談会では続いていく。永井《ながい》浩《ひろし》幹事は、「文部省の機構は縦系、横系の交錯がむつかしい」とし、事業局でない教学局は「性質上内局」にすべきであって、「人事の資格等の関係から外局になってゐるに非ずや」とまで発言している(14)。

「教学局につきては、文部省は学問を日本的ならしめねばならぬが、法経にしろ、もとになるものがない。学問に根ざして居る所がない。大学と文部省とが密接になっていない。之を教学局で考へるのがよい(15)」。

ただし、この永井の発言も含めて、以上はすべて有光による要約であり、発言内容を詳細に確認することはできない。とはいえ、議論の雰囲気は忠実に伝えてはいるであろう。永井は内務官僚であり、この時点では専門学務局長である。[16] 永井の発言は伊東の発想を根本的に否定するように思われるものの、その真意を確認できないため、紹介するに止めておく。ちなみに、この会議に出席した幹事は、留岡清男の兄である留岡幸男以下六名全員が法学部出身である。

堀池も永井も外局としての存置が適切と発言せず、歴代次官の意見も総じて否定的である。もとより、文部大臣や文部次官が次々と交代し、しかも内務省から幹部が急に転入してくるという人事の事情も、教学局の不振には関わっていたことであろう。しかしそれでも、やはり外局という選択に無理があり、教学局と文部本省との関係の難しさもあって、文部省の幹部たちの理解さえ得られなかったのではないだろうか。

伊東自身は両者の関係について、教学局が「国体、日本精神を中心にして刷新に付て建設的な仕事をして」、その成果を文部本省に「供給」し、あるいは「浸透」させ、時には「共々に仕事をして」発展を期せしめようとしたとする。しかし、教学刷新という変革の担い手であるならば、外ではなく上に位置付けるべき組織であるし、供給するという発想自体が安易だったのではないか。

教学刷新評議会の答申は「文部大臣の管理の下に」としており、これを根拠に政府が文部省の上部に中心機関を作ることはできず、教学の主導権を文部省が失うことは回避された。しかし、文部省内に中心機関を作って、それぞれ来歴や軋轢のある各局を上から指導させるほどの政治力を、おそらく伊東は持っていなかった。そのため外局として中心機関を設置することが現実的な選択肢として選ばれたのであろう。

ただしその際、荻野富士夫が「斬新な「教学刷新」の具体的構想も展望も持たないまま創設されたことは、明らかである」と評したように[17]、新設後の事業計画で画期性を打ち出すことはできなかったように思われる。伊東は文部次官の激務にあり、教育審議会の運営もあるため、教学局に深く関与することが困難となったことも大きいと推測される。

しかしそれ以上に、思想の供給元という発想そのものがやはり安易すぎたのではないだろうか。国民精神文化研究所で国体や日本精神を闡明にするという発想は、言わば正しい思想を外注するものである。それは、正しい思想を決定する主導権を外注先に奪われかねない危険な発注である。実際、前章で紹介したように研究所の所員の一部と教学局とは険悪な関係にあった。とはいえ、発注しないのであれば国民精神文化研究所が行政整理の対象となっても不思議ではない。

これに対して、文部省や教学局が国体や日本精神を主導的に闡明にするのであれば、国民精神文化研究所の業務の一部を文部省に移管し、帝国大学など各方面の協力を仰ぐ案も考えられる。しかしその場合、文部省が協力先に対して正しい思想を決定する主導権を確保しておかねばならない。それは国民精神文化研究所との関係以上に難題となるであろう。結局、文部省幹部が国体や日本精神の専門家となるか、国体や日本精神の専門家が文部省幹部となるか、いずれかでないと困難である。はたしてそれは、行政官庁に可能なのであろうか。

官庁では人事異動が頻繁に行なわれ、文部省幹部の大半は法学部出身の内務官僚である。また、国体や日本精神についての深い見識を持つ人物に、行政能力があるとは限らない。教育勅語の起草に際しての井上《いのうえ》毅《こわし》や元田永孚《もとだながざね》のような存在となることを官僚たちに期待するのは無理がある。伊東が佐々井と語り合った際に、「大道に関する諸説は様々」としたように、文部省はある程度の幅を許容して、諸説あることをむしろ肯定すべきだったのではないだろうか。

国体科学の確立に生涯を尽くした里見岸雄は、昭和一一年二月刊行の『国体明徴と憲法正解』で、国家の根本事業として国体明徴のための中央機関を設立すべきであると提案していた。[18] この機関は天皇直属の内閣から独立した審議会とし、広く人材を集めて十分な研究の上で公定学説を定めさせ、必要に応じて学説を改訂する柔軟性を持たせつつ、公私の機関を指導させるべきである、とするのである。[19]

里見は、教学刷新評議会の経費が少なすぎると指摘し、予算をはるかに増額させて本当に本格的に取り組むべきと主張する。[20] しかし文部省としては、自らが主導権を持って推進できる枠組みでの国体明徴を求めていたのであろう。教学刷新評議会の答申と建議によって教学局と教育審議会が設置される流れは、前者が文部省の外局という行政機関、後者の幹事長が文部次官という枠組みで設定され、他に主導権を渡さないようにされたのである。

それでは教学局の設置は、教学刷新評議会でどのように提案されたのであろうか。第四章ですでに検討したものの、ここで改めて審議の流れを検討しておこう。

昭和一一年九月七日開催の第四回特別委員会で、伊東は幹事作成の答申草案を説明している。[21] それを受けて吉田熊次が、そこに盛り込まれた「教学刷新の中心機関の設置」という文言の意味を問い、伊東が「行政的中心機関」であると答え、それとともに整備すべき「学問的研究機関」として特殊な機関、具体的には国民精神文化研究所の名前を挙げている。[22] 帝国大学とはしない、ということである。その際伊東は、行政機関に「学問の研究を入れることはどうかと思ひます」とし、両者の「密接な関係」を目指すとしている。[23] 吉田は、東京帝国大学名誉教授で国民精神文化研究所研究部長の教育学者である。

これに対して吉田が、文部省内での「中心機関」の位置付けを問い、伊東は文部省全体が教学刷新に取り組むことを前提に、その「一般的重要事項」を担当するとしている。[24] 箕克彦は行政機関の新設という提案に不満を表明し、[25] 鵜澤總明は管理や監督以上に重要なものがあるのではないかと問うている。[26] また、作田荘一は単なる「量的拡大」ではないものにすべきとし、研究機関と行政機関と参与機関とが一体になって相互に「反対に動くやうなこと」がないようにと釘を刺す。[27] まさに後年、作田が懸念する事態となったわけである。ちなみに、箕は東京帝国大学名誉教授で憲法学者、鵜澤は明治大学総長で弁護士、作田は京都帝国大学教授で経済学者である。

吉田は再び発言して「中心機関と学問的研究機関との関係」に深刻な懸念を表明し、中心機関は行政機関であるとの伊東の説明に「大に疑義を抱く」とまで踏み込んでいる。[28] 単なる行政機関であれば新設は不要であり、「教学刷新の根本的な基礎」がないのであれば研究が最重要となる。[29] それゆえ、中心機関の中に研究機関を設置するべきであるとするのである。[30] 駒込武は、吉田が「思想・学問の内容にかかわる「指導」」は官僚ではなく学者でなければ不可能と考え、伊東の構想に反対したと指摘している。[31]

早稲田大学総長の田中穂積は、中心機関の設置は自分の出した意見であるとした上で、原案にある中心機関には研究機関も含む意味であるかを確認する。[32] 伊東はこれを肯定し、中心機関は「教学の根本精神を維持し、発展する」ことを担当するものであり、広義の行政機関であるとする。[33] 委員からの意見はさまざまに出て、実に適切な批判が多くあったものの、文言の一部修正のみで答申となり教学局設置へと進んでいくこととなる。

しかし、国体明徴のための行政機関新設は結果として、中途半端な改革となったのではないだろうか。思想的政策を担う行政機関が思想の正しさを判定できないのであれば、思想的な主導権を握れない。その行政機関が本省の各局を上から指導できないのであれば、政策的な主導権を握れない。国民精神文化研究所が「先にできてゐたので、その仕事を教学局で取上げる事にも行かず」という松浦鎮次郎の回想する事情があったにしても、大胆な機構再編に踏み込まなかったことが禍根を残したように思われる。

国体明徴政策を推進する意欲を強く持つ伊東は、文部省に実現可能な行政組織をとにかく急いで立ち上げようとしたのかもしれない。国体明徴は歴代内閣の急務となり、それゆえ推進の好機でもあったからである。ただし米田利彦《よねだとしひこ》は、すでに昭和一五年夏頃には閣議や大蔵省、法制局の文書の中に教学局を廃止対象とする案が記載されていると指摘している。[34] 教学局の存在は早々に官界の批判の対象となっていたのである。教学局の設置は政策目標を達成する手段として、やはり適切ではなかったのではないだろうか。

第二節　利己主義としての自由主義という思想理解

批判の第二点は思想理解である。自由主義批判の実質が個人本位の利己主義的な生き方への反発にあり、自由主義思想を利己主義として理解したことが一面的ではなかったのか、という批判である。『国体の本義』の結語には、個人主義と自由主義と利己主義と階級闘争という考え方はつながっており、このつながりが日本の敵、国体の敵であるとの見解が示されている。これが、昭和一二年三月時点での文部省の公式見解であり、敗戦後まで続く文部省の思想的立場となる。『国体の本義』は改訂されることなく、公的に流通していったからである。『国体の本義』の結語はこう述べている。

「個人の自由なる営利活動の結果に対して、国家の繁栄を期待するところに、西洋に於ける近代自由主義経済の濫觴がある。西洋に発達した近代の産業組織が我が国に輸入せられた場合も、国利民福といふ精神が強く人心を支配してゐた間は、個人の溌剌たる自由活動は著しく国富の増進に寄与し得たのであるけれども、その後、個人主義・自由主義思想の普及と共に、漸く経済運営に於て利己主義が公然正当化せられるが如き傾向を馴致するに至った。この傾向は貧富の懸隔の問題を発生せしめ、遂に階級的対立闘争の思想を生ぜしめる原因となったが、更に共産主義の侵入するや、経済を以て政治・道徳その他百般の文化の根本と見ると共に、階級闘争を通じてのみ理想的社会を実現し得ると考ふるが如き妄想を生ぜしめた。利己主義や階級闘争が我が国体に反することは説くまでもない。皇運扶翼の精神の下に、国民各々が進んで生業に競ひ励み、各人の活動が統一せられ、秩序づけられるところに於てこそ、国利と民福とは一如となって、健全なる国民経済が進展し得るのである[35]」。

他方、教学刷新評議会の答申には、学生の教育に際しては「現下動もすれば陥らんとする誤りたる自由主義・功利主義を排除するに努むべし」ともある[36]。ちなみに、昭和一〇年の講演で伊東は、宗教が求めるような「個我の繋縛《けいばく》を脱離して本当の自由を得る」という意味での自由ではなく近代西洋文化の特色である「個人主義的自由」を問題視し、「大きい意味の国利民福的功利」ではなく「個人主義的功利」を問題視している。[37]「誤りたる自由主義・功利主義」とは個人本位の自由や功利ということなのであろう。

伊東はこの講演で、個人本位の考え方は「科学主義、理智主義」を発達させる一方、[38]思想と生活を乖離させて人格を高めず、「大きな具体的統一生命そのものが全一に発展」することを忘却させて日本国家発展の原理を見失わせたと批判している。[39]伊東はまた、現在の日本は明治期と異なり、「国民精神、国体観念が実生活の中に入って之を動かさうとして居る」と指摘する。[40]「日本精神に依る経済の改革とか政治の改革と云ふことが考へられる」現在には、「只国体精神、国体観念と云ふやうなことだけを申しても唱へても、今の人は最早満足しない」のであり、「もっと実生活に深く徹して国民精神、国体観念を生かさなければならぬ。即我国の道にたがはぬ実生活とならねばならぬ」とするのである。[41]

それではなぜ、経済や政治の抜本的改革が必要になったのであろうか。伊東はおそらく、思想問題は生活問題に他ならず、思想の混迷は社会生活の堕落にあると考えていたのではないだろうか。

昭和八年六月刊行の『国民精神文化研究所所報』第一号で、伊東は、共産主義の危険性のみならず「青年学生乃至は知識階級の一般の思想状態」に注目して思想問題を考えるべきであるとする。[42]「個人主義的傾向、之を基とする自由主義的傾向之と密接に連関する功利的物質的傾向」が「全体的意識」も義務も責任も忘れさせ、「ただ自己の利益のみを逐ふに至り、真面目なる、素朴なる心はうせて浮華軽薄の風のみ流行する」現状をもたらしたと批判し、「只管《ひたすら》富と名との為に日夜狂奔する」生き方を断罪するのである。[43]これは、幼少時の恩師を慕う伊東の以下の文章の延長線上にある見解であろう。所報は文部省学生部長名で書かれているのに対して、大正一四（一九二五）年一〇月の恩師への一文には「門弟」とのみ書かれている。再三の引用となるが、ここで改めて伊東の思想を確認しておきたい。本書が、伊東の基本的立場の表明と考える一文である。

「今や世を挙げて功利を逐ふてゐる。社会の多くの人々の、唯一の目的は、地位と富とである。青年が漫然農村を捨てて、都会に趨き、随所農村人無しの嘆を聞くのも、一面に於ては功利の弊の現われである。国民の思想動揺して、唯物的な機械的な思想の浸潤して来る勢に、識者の深憂するも亦煎じ詰むれば、物質的利欲の争と形式的地位へのあこがれとが、世人を支配して居るのに、其の大なる源を有して居る。中等学校、高等諸学校、大学等の極端なる入学難の如きも、亦無自覚な功利思想に其の原因の一面と存じて居る。然しながら元来人の尊さは、其の地位や、その富の尊きが故にあらずして、内心の修養の尊く、人格の尊きが故である。今の世に最も必要なるは、自覚したる人である。若し人々にして内心の世界に着眼し、人格の尊貴を理解して、功利が畢竟枝葉のものであることを悟るならば、識者の憂ふる社会国家の百弊は、必ずここに根本的なる救済の力を見出し得ると思ふ。教育の要諦も亦ここに在るのであって、人をして各自の内心の世界に帰らしめ、心の修養によって、尊厳なる、又自由なる、人格を育成することが、人生第一の肝心事であることを教へねばならぬ(44)」。

ここには伊東の素朴な反発がある。伊東は、日本国民が利己主義、立身出世主義に流れて内心や人格を忘れ、その結果、社会も政治も腐敗し、思想問題も国体不明徴も生じた、とするわけである。その打開のために伊東が求めるのは国体の自覚と体得である。伊東が推進する国体明徴政策は、日本国民が日本的な人生観・世界観を体得することを目標とし、外来思想の摂取には国体への醇化を必須と定める。外来思想を摂取して偉大な日本を作るべきであるものの、摂取の際は国体に馴染むよう十分に消化して吸収しなければならない、という主張である。

その際伊東は、利己主義と功利主義、個人主義、自由主義を思想として結び付け、富と名を求めることを功利と呼んでいる。立身出世のみを人生の目標とし、自己の利益を最大限に実現することのみを追求する人間こそは、伊東の敵なのである。

ところで昭和八年九月刊行の『帝国教育』に、明星中学校長の児玉九十が「功利主義・利己主義教育の破産」と題する一文を寄せている。児玉はここで五・一五事件の被告たちの主張に言及し、「政党、財閥、特権階級の腐敗」が「世間周知の事」にまでなった「大部分の原因は明治以来の功利主義の思想」にあるとする。富国強兵のために「欧米の物質文明」を輸入し、教育も「功利主義に基く智育のみに」走って徳育を忘れた、とするのである。[45]

「此の富国強兵という国全体の為めに計りし功利主義も逐次、変転し、後には私利私欲を事とする利己主義となって国家という観念は各方面の実際社会には全く消滅したかとさへ思われる程薄れてしまったのである。即ち政党は党勢拡張、党員増加、政権獲得の為めには手段を選ばぬ有様となり、財閥又は私利の為めに全力を以て政党を左右し、政党を殆んど其の支配下に置くという形になってしまった。斯くの如き積弊が、今回の如く一部国民をして、直接行動の外、国家建て直しの道なしと迄思いつめるに至らしめたのである[46]」。

ここで児玉は、功利主義が利己主義に堕したことを批判し、これは教育家や宗教家に怠慢の責があるとして、「抜本塞源式の社会革新としては、斯く、先づ以て、全国民の人心を正しくせしめ、個人の幸福は国家の繁栄に依る外なき事を固く信ぜしむる精神教育の徹底の外に、根本の方法はない」とする。[47] 当時の先進的な教育者もまた、腐敗を憂慮し、利己主義を教育によって打破することを目指したのである。

児玉は昭和一七年に行なったNHKでの放送で、従来の日本教育は「個人主義、功利主義を根柢と」して、「すべて個人の名利を第一とし立身出世主義の教育となってしまった」とし、[48] 昭和二四年の講話では、「明治以来の修身科中心の教育は修身が身を立て名を挙げの「立身出世主義」という横道にそれてしまった」としている。[49] 利己主義と立身出世主義が日本の教育の宿弊とされたのである。

日本人が利己主義、立身出世主義に流れて内心や人格を忘れ、その結果、社会も政治も腐敗したとの伊東の指摘は、教育現場にいる児玉も痛感する問題であった。個人本位の利己主義的な生き方が蔓延しており、それを教育によって正していこうとする意欲においては、両者は共通していたのであろう。

ただし、児玉が教育家や宗教家の責任を認め、従来の教育を反省するのに対して、伊東は責任を西洋に転嫁しているようにも見える。たしかに、立身出世主義に西洋化の印象はあった。丸山眞男は「日本の思想」で、「田舎書生の「進化」の目標は、まさに「日本の中の西洋」である東京に出て大臣大将への「段階」を上昇することにあった」とし、「欧化は日本の「立身出世」であり、立身出世は書生の「欧化」である」と指摘している。[50] 伊東はこれを生き方の歪みとして、そこに西洋思想の影響を見出すのである。

文部省の国体明徴政策では、功利主義・利己主義・立身出世主義への批判よりも個人主義・自由主義への批判の方を前面に出し、これを西洋的な生き方と断定していた。つまり、腐敗の根本的な責任は日本にではなく西洋にあり、反省すべきは西洋思想に拝跪《はいき》した人間であって文部省ではない、としていたように感じられるのである。

実際、文部省発行の『国体の本義』では、日本と西洋の根本思想が相反することが力説されている。日本の根本思想に個人主義・自由主義はなく、利己主義は厳重に戒められてきた、と断定するのである。同書によれば、個人本位の西洋の考え方と異なり、日本の没我の精神は個人を否定せず、「大なる真の自己に生きる」ことを可能とし、異質なものの長所を採って「他を同化する力」を生じさせる特質を有している。(51) この特質を発揮できていないことが、現在の危機と混乱の原因であるとされるのである。

「人が自己を中心とする場合には、没我献身の心は失はれる。個人本位の世界に於ては、自然に我を主として他を従とし、利を先にして奉仕を後にする心が生ずる。西洋諸国の国民性・国家生活を形造る根本思想たる個人主義・自由主義等と、我が国のそれとの相違は正にここに存する。我が国は肇国以来、清き明き直き心を基として発展して来たのであって、我が国語・風俗・習慣等も、すべてここにその本源を見出すことが出来る。

わが国民性には、この没我・無私の精神と共に、包容・同化の精神とその働とが力強く現われてゐる。大陸文化の輸入に当っても、己を空しうして支那古典の字句を使用し、その思想を採り入れる間に、自ら我が精神がこれを統一し同化してゐる。この異質の文化を輸入しながら、よく我が国独特のものを生むに至ったことは、全く我が国特殊の偉大なる力である。このことは、現代の西洋文化の摂取についても深く鑑みなければならぬ(52)」。

この「肇国以来」の日本の心は利己主義を決して許さず、それゆえ現在も許すことはない。もしそうであれば、なぜ利己主義が日本社会に蔓延しているのか。その原因は個人本位の西洋思想の流入にあり、西洋の根本思想たる「個人主義・自由主義等」に拝跪する人間の生き方にある。伊東はおそらく、このように考えていたのであろう。先に引用した『国民精神文化研究所所報』第一号収録の論考で、伊東は「個人主義的傾向、之を基とする自由主義的傾向之と密接に連関する功利的物質的傾向」が利己主義を助長していると批判しており、これらの弊風の打破を政策の課題に設定したと思われる。その鍵を握るのが、『国体の本義』で力説される「道に生きる心」である。これこそは個人主義や自由主義を打ち破り、つまりは利己主義を打ち破るものなのである。

「明き清き心は、主我的・利己的な心を去って、本源に生き、道に生きる心である。即ち君民一体の肇国以来の道に生きる心である。ここにすべての私心の穢《けがれ》は去って、明き正しき心持が生ずる。私を没して本源に生きる精神は、やがて義勇奉公の心となって現れ、身を捨てて国に報ずる心となって現れる。これに反して、己に執《しゅう》し、己がためにのみ計る心は、我が国に於ては、昔より黒《きたな》き心、穢れたる心といはれ、これを祓《はら》ひ、これを去ることを努めて来た。我が国の祓は、この穢れた心を祓ひ去って清き明き直き本源の心に帰る行事である(53)」。

天皇機関説事件前後の日本では、自由主義への批判がさまざまに行なわれていた。昭和一一年五月に東洋経済新報社が刊行した『自由主義とは何か』は社名での序文で、「自由主義の排撃と云ふことは一つの流行語になって居るのではないかとさへ思はれる様に、旺《さか》んに「排撃」されつつある観を呈して居る」と指摘している。[54] しかしまた同書収録の座談会には、長時間討論しても「リベラリズムとは何だか分ったやうな分らない結果に終った」との同社主幹の石橋湛山《いしばしたんざん》の発言もあり、[55] 多義性のために議論が錯綜してしまうのが実情であった。個人主義的傾向や天皇機関説など、自由主義として批判されているものが多岐に亘るとの指摘が次々となされたのである。

　この座談会に参加した戸坂潤は、昭和一一年三月公表の「自由主義・ファシズム・社会主義」で、「今日は反動期だと云う。マルクス主義も自由主義さえも退潮した、日本はファシズムの世の中であり、又ファシズムへの道が唯一の残された方向だ、などとも云われる」と時勢を批判している。[56] それでは日本の自由主義はどうなっているのか。戸坂によれば、「個人の自由の観念」に裏付けられる自由主義は現在では「資本的経済人としての人間的行動の自由（企業・交易・それから取引契約の自由）」を中心としており、しかもその自由は独占資本主義の時代に入って統制経済の枠組みの中に入ってきている。[57] 他方、日本の政治的自由主義は体系を持つことがほぼなく、「気分」として存在しており、議会やブルジョア政党は「立憲的ファシズム」になっていて自由主義勢力では実はない。[58] 文化的自由主義は「文化的インテリゲンチャ」に特有であるものの、政治との関係を持とうとしない。[59] マルクス主義に未来を信じる戸坂からすれば、自由主義とは進歩性の観点から評定を下す対象にすぎなかったのである。[60]

　それでは文部省としては、自由主義の多義性にどのように対処したのであろうか。自由主義経済を擁護する山本勝市も統制経済を主張する作田荘一も国民精神文化研究所所員であり、ともに『国体の本義』編纂に関与し、文部省として大切にするべき経済学者であった。[61] 他方、帝国議会や政党は文部省として丁重に協力を仰ぐべき相手である。文部省が自由主義経済や議会政治への批判を積極的に行なう政治的理由は乏しく、むしろ自由主義の思想を批判し、その実質は個人本位の利己主義であると道徳的に非難しておく方が無難である。このような批判ならば経済界や軍部、議会や政党との対立や争いを生じさせることなく、しかも教育現場に異論無く普及させやすかったと思われるからである。

とはいえ伊東にとって、この主張は便宜的なものではなく真実の信念だったはずである。重要なのは日本的人生観・世界観の体得であり、それによって危機と混乱は打開されるはずだからである。ただし、自由主義を利己主義と同一視して道徳的に非難することは、伊東や文部省のみの立場ではなかった。源川真希《みながわまさき》は、「自由主義の批判・排撃は戦時の公的言説のなかに繰り返し登場し、かつ国民各階層間にも浸透していた」とし、「自由主義という語は、例えば隣組活動などに不熱心な者に対する非難など、国民生活において利己的、あるいは「ただ乗り」とされる行動様式を批判する際の用語としても多用された」と指摘している。[62]

あるいは、このような用法は文部省が助長したものかもしれない。文部省による自由主義批判の実質は利己主義的な生き方への道徳的非難にあったと思われるからである。それでは、このような非難にはどのような欠点が見出せるであろうか。

第三節　官庁の利己主義への無批判

批判の第三点は課題設定である。文部省が利己主義を批判するのであれば、個人の利己主義のみならず組織の利己主義、とりわけ官庁の利己主義も批判すべきだったのではないか、という批判である。

文部省は日本国民の生き方を国体に即したものとし、それによって社会全般の腐敗を打破しようとする。その際、自由主義思想とは個人本位の利己主義的な生き方を是認するものであり、社会の腐敗の元凶であると排撃されることとなる。しかし、自由主義思想の実質を利己主義とするならば、利己主義は個人のみならず組織にもあるのではないか。国民にあるのみならず官庁にもあるのではないか。後世から見れば、昭和の戦争遂行にとって最大の障害となったのは、国民の自由主義よりも陸海軍も含めた官庁の利己主義だったのではないだろうか。しかし文部省の国体明徴政策に、官庁の利己主義を批判する発想は見当たらないのである。

もとより、文部省に他の官庁を指導する権限はなく、そのような実力もない。官庁の利己主義を対象とするならば、文部省自身が率先して反省すべきであるものの、大胆な率直さを当時の文部省に期待することは無理であろう。しかし、明治維新という近代日本で唯一成功した政治的変革の際には、藩士が藩という既存の枠組みを打破し、行政機構を一新することに最終的に成功したのである。

官庁の利己主義が深刻な弊害となっていることは、予算と権限の争いを毎年繰り広げている官僚たちには十分自覚されていたはずである。たとえ官庁の自己防衛は国家の必要によると反論するにしても、それが組織の利己主義でないと証明することはできない。もとより、国家の必要の優先順位の判定には組織の力関係が働かざるをえないし、力関係の維持には組織の利己主義も必要である。とはいえ組織の利己主義には、組織内の人間の利己主義も働いているはずである。

序章で言及した講談社の萱原宏一は、昭和一五年一二月発足の情報局が「諸官省の指導方針を統一し、同局を通じて指導を一元化する建前を採った」ものの、「結果は情報局の指導が一つ殖えただけ」であったと回想している[63]。すなわち、情報局出版課、日本出版文化協会雑誌課、陸軍省報道部、海軍省軍務四課、陸軍航空本部、大政翼賛会文化部の会議があり、内務省、警視庁、憲兵隊等からの呼び出しがあり、さらには鉄道省、逓信省、大蔵省、軍事保護院、満洲国大使館等から臨時に招集を受け、編集次長として会議に走り回らなければならなかった、とのことである[64]。「一見縄張りを捨てたような顔をして、その実、がっちり握って離さない」官僚の「縄張り意識」についての貴重な証言である[65]。

この「縄張り意識」は、誠実な言論に抜け穴を提供するものでもなければ、戦争遂行に貢献したわけでもおそらくない。もとより、これは近代国家に一般的な弊害であり、政治体制の一元化を実行する際の典型的な弊害ではある。しかし、官庁では周知の弊害を放置したままで、国民に上から一方的に説諭することを伊東はどのように考えていたのであろうか。

利己主義や立身出世主義といった日本社会の弊風は、軍人も含めた当時の官僚たちも共有しているはずである。文部省内の派閥争いは世間周知のこととなっており、文部省が弊風を他人ごとのように上から見下ろせるものではない[66]。あるいは伊東は、初等教育の刷新によって将来官僚となる人材に期待していたのかもしれない。しかし、戦争はすぐに進行を早めて全面化し、官庁の利己主義は戦争遂行に重大な支障となっていくのである。

しかも、個人本位の自由主義が利己主義をはびこらせたとの主張は、官庁の権力の限界をますます取り払う効果をもたらしたのではないか。人間の意見は内容が何であれ、すべて個人本位であり自由主義で利己主義であると断罪することが可能だからである。しかも、そのような弾劾は私人にも可能である。国体の名によって相手方のみが個人の意見であり自由主義であり利己主義であると弾劾すれば、それだけで政治的に有利な立場を確保できるのである。言論統制と印刷用紙の配給制限によって言論空間が縮小されていく中で、この方法で競争相手を排除せんとする動機は十分にある。

その際、醇化という言葉が競争相手排除の決定的な障害となることはない。外来思想を醇化すれば摂取可能であるということは、醇化されていなければ摂取を禁止できるということである。敵の言論の中にある醇化されない外来思想を摘発すれば、あるいは、醇化されない外来思想の思考方法が存在すると指摘し摘発すれば、国内思想戦での勝利が可能となる。戦争末期における国内思想戦の実情は、まさにこのような傾向を示すものであった[67]。

さて、伊東の思想に戻ろう。個人本位の自由主義が腐敗の元凶であり、私利私欲に基づく利己主義であるとの発想が、伊東にはあったと考えられる。しかし、個人本位という限定は、官庁の利己主義的な組織防衛を抑止する根拠を生み出さず、むしろ個人の自発的な意見表明を止める効果を発揮するものとなる。そこに残るのは陸海軍も含めた官庁の支配であり、国内思想戦による排撃の風潮への歯止めの欠如である。

伊東自身は皇国の道を真剣に求めており、同じような人びとは当時多くいたであろう。また、社会的な腐敗を打開すること自体は、たしかに必要なことである。しかし、官庁の不和と専横もまた同様に深刻な問題であり、官庁への批判の歯止めを外すことは事態を悪化させることになる。しかも丸山眞男によれば、官庁の専横は日本の国体のあり方にも原因があるのである。

拙著『丸山眞男と平泉澄』で指摘したように、丸山が敗戦直後に公表した「超国家主義の論理と心理」は、陸海軍人も含めた帝国官吏の有司専制に対する告発文書でもあったのではないだろうか[68]。丸山は、大日本帝国は「「国体」に於て真善美の内容的価値を占有する」がゆえに、信仰、学問、芸術の自由が原理的に認められず、人間の内面的活動の大きな桎梏《しっこく》となってしまった、と批判するのである。さらに丸山は、そこから派生する帰結に対して、これと同様に深刻で苦い思いの籠もった眼差しを向ける。信仰、学問、芸術の価値の判定を官吏が下す、という実質的帰結にである[69]。

「国家のための芸術、国家のための学問という主張の意味は単に芸術なり学問なりの国家的実用性の要請ばかりではない。何が国家のためかという内容的な決定をば「天皇陛下及天皇陛下ノ政府ニ対シ」(官吏服務紀律)忠勤義務を持つところの官吏が下すという点にその核心があるのである。そこでは、「内面的に自由であり、主観のうちにその定在《ダーザイン》をもっているものは法律のなかに入って来てはならない」(ヘーゲル)という主観的内面性の尊重とは反対に、国法は絶対価値たる「国体」より流出する限り、自らの妥当根拠を内容的正当性に基礎づけることによっていかなる精神領域にも自在に浸透しうるのである[70]」。

文部省の国体明徴政策は、法律ではなく教育で正しい思想を体得させようとするものであり、正しい思想を文部省が決定せんとするものであった。それは文部官僚が信仰、学問、芸術の価値の判定を下すということである。しかし本当に、文部省本位の教育や学問というものは、国体の明徴にとって建設的なものとなりえたのであろうか。むしろ教学局の実情は、正しさを決定する能力の著しい不足を示していたのではないだろうか。

他方、国内思想戦による排撃の風潮は、個人本位の自由主義を拒絶することで助長されてしまうものである。どのような言論も個人の意見として弾劾できるからである。しかもそのような風潮は、外来思想の国体による醇化という文部省の初期設定を超えて、排外の徹底へと突き進んでいく。その路線が国内思想戦で勝利すしやすくなるのである。

国体明徴政策の企画立案に際しては、拝外と排外を斥けることが明言されていた。しかし、自由主義の排斥は官庁の専横に拍車をかけ、言論の萎縮に追い風を与えた。逆に言えば、官庁の専横や言論の萎縮を警戒しながら、国体明徴政策を立案すべきだったのではないか。ナショナリズムを下から盛り上げていくという発想、個人の主体性を信頼する発想が、文部省、あるいは伊東に乏しかったのではないだろうか。

このような批判は、文部省にも伊東にも受け入れられない要求であろう。伊東はこれとは逆に、日本国民が正しい思想を体得することが日本の未来を作り出すとして、そのためには下からの批判は有害であるとしたように思われる。昭和一七年刊行の小冊子で、伊東は上下の信頼関係が政治にも教育にも最も重要であると説いている。これは前年六月一四日に日本文化協会主催で開催された講演「国民学校の精神に就いて」の一部であり、「上意下達《じょういかたつ》」「下情上通《かじょうじょうつう》」は大政翼賛会の用語である。

「例へば今日上意下達と云ひ、下情上通と云ふのは、上から何かを伝へると云ふだけではなくて、下から持って行ったものも亦本当に上に伝はる。それを云ふのであります。而して、此のやうな関係のもとに上から来たものが本当に下へ行って行はれる為には、信―信頼と云ふことが必要であります。信頼と云ふことが一つあれば、別に多言を要することとなくして其の通りになる。子供が親を信ずる如くに国民が政府を信頼し、万事委せて少しも疑はないと云ふ精神が根本でありませう。それがあって初めて下情上通が出来る」[71]。

こう述べる伊東は、「教育の効果が真に挙がると云ふことは、先生を信頼すると云ふことが本であります」と続け、「先生の言はれることを知的のみに批判すると云ふやうな態度でありましては、教育は決して真の効果を挙げることは出来ないのであります」とする[72]。伊東によれば、「政治も経済も教育も同じと云へる」のである[73]。

知的な批判に価値を認めないのは、知識偏重への批判とも通じており、伊東の発言は思想的な根拠を持つものであろう。教学刷新評議会第一回総会での松田源治文部大臣の冒頭挨拶でも「個人本位」と「知識偏重」の弊害が指摘されており、この原稿には伊東の筆が入っているはずである。総会は昭和一〇年一二月五日の開催である。

「個人本位外国の文化は、我が国の中和の道を損ひ、知識偏重の欧米教学は、我が国の徳行を重んずる精神を昏うし、其の影響の及ぶ所、現下の思想の混乱を招来し、又広く教学に関する改善の要求を聞くに至ったものと考へます、即ち今や更に一歩を進めて　聖訓の深遠なる意義を闡明し、其の大旨の真の体得に努力することは、誠に緊要の時務であり、教学刷新の要領は、懸って茲に存するものと思考致すのであります」(74)。文部大臣はこの挨拶で、知識偏重の弊風が「学問に於ける国家的精神の欠如乃至体認の欠如、教育に於ける徳育の不振並に非実際的傾向等」の弊害を生み出したと断定している(75)。同様の批判は伊東の昭和一五年刊行の講演にもあり、そこでは知識偏重への批判は「その根本を為す近代思想の性格に向けられ」なければならないとして、小学校に代わる国民学校には「知識偏重即ち個人主義的近代文化を捨てて国民錬成といふ我国の本来の道に則る新なる指導精神を立てた」と説いている(76)。ちなみに、講演の表題は「国民学校案の精神に就いて」である。ただし伊東は、知識の重要性を否定しているわけではない。「知行一体の活きた教育」の実現を図るとするのである(77)。

伊東は昭和一六年の講演でも、知識偏重の弊風が個人主義的な思想に由来すると批判している。伊東によれば、「大体外部に心を向けて、知識の按配、教授の分量の按配、教授内容の按配」をする「従来の教育方法と云ふものは個人主義的な思想から当然出て来る所のものの考へ方」なのであり、この思想は「自己の利益を考へる」のみならず、もっと深く、教育を「抽象的で形式的で画一的」たらしめるのである(78)。

伊東は、個人主義と知識偏重はつながっているとし、従来の教育行政の欠陥とされたものはすべて個人主義的思想に由来すると片付ける。思想を改めた国民学校では、「従来の西洋的のものの考へ方を全く清算致しまして、純粋な皇国の道、即ち日本の精神を本にして、謂はば今迄なかった所の教育を建設する」のであり(79)、そうすれば「抽象的で形式的で画一的」な教育にはならないとするのである。

伊東によれば、この難事業で留意すべきことは、「自由主義をも個人主義をも単に棄て去るといふだけではなく、其れを活かし直して行って、全体を活かす」ことである。[80] 伊東は、「我々は今迄生ひ立って来たものをそれがたとひ如何なるものでありましても、本当の皇国の精神と云ふものに依って育て直して、其れを一段と高め、一段と高い所の指導精神に依って全部を活かして行かなければなりません」と説く。[81] 小学校教員と推定される聴衆に対して、伊東は国民学校の教育には「世界的な意味がある」と説き、その教育は「今迄の精神や秩序を一段と高める」という現在の世界的課題につながるとする。[82] 日本的人生観は日本的世界観へと通じると教育の意義を説いて、教育現場に求める水準はますます高められるわけである。そうして伊東が教育現場に一方的に提示した課題は、「国民学校が潑剌たる児童の個性を伸ばしつつ而も忠誠なる国民として、私を捨てた立派な人を何《ど》のやうにして錬成するか」というものであった。[83] 画一的な知識の詰め込み教育ではなく、一人一人の個性を伸ばして立派な人間を育成することを教育の本旨とするわけである。

その際、立派な人間とは「私を捨てた」人であり、これは伊東によれば、日本人の本来の生き方となる。

「云ふ迄もなく、我々が斯うして生きて居りますことは、実に、陛下のお蔭に依る訳であります。我々は陛下の大御心《おおみこころ》を体して、我が国肇《はじま》って以来の道を体して毎日の職務に励精して生きて居る。われわれ日本人は総てさう云ふ大きな道、即ち大御心に只管依るのであります。只管それに依るのであって、私心は少しもない。是は間違ひないことでありまして、此のやうな大きな御教に依って教育は行はれ、只管それに依り主義も理論も一切の私心を捨てると云ふのが、是が教育精神であります」[84]。

「陛下の赤子《あかご》であり、さうして肇国以来の神神の後裔」である「日本民族」には、自分本位に「大きな一つのもの」から離れてそれと対立するのではなく、「一つになって」進んで行くことができる「尊い精神」を持っており、「少し深く省みれば、われわれの中にきっと其の精神が蘇《よみがえ》って来る[85]」。こう述べる伊東からすれば、自由主義や個人主義のような西洋由来の考え方を改めれば、教育の変革は実現されていくはずなのである。それはつまり、従来の教育上の欠陥は文部行政のあり方にではなく個々人の思想に由来する、という主張でもある。それは文部省に反省の必要はないということであり、伊東は本当に、そのように考えていたとしか思えないのである。その伊東に官庁の利己主義への批判的な視点を求めることは、およそ不可能なことだったのであろう。

第四節　醇化の方法の非提示

批判の第四点は工程表である。外来文化を醇化して摂取することを求めるのであれば、具体的にどのように行なえばよいのかを明確に示すべきであった、という批判である。

『国体の本義』では、日本文化の独自性はどのように形成されたのか、どのように東洋文化を活用したのか、西洋文化を活用するにはどうすればいいのか、といった問題への言及がなされなかった。新しい日本文化を創造しなければならないとの主張はあるものの、そのための手がかりも工程表も示されなかったのである。

このような文部省の方針に対して、哲学者の西田幾多郎は深い憂慮を抱いていた。西田は、親友の山本良吉に宛てて、「文部省が精神文化研究所一派の考を無上命法とし之によって思想統一を計り　却って青年に疑惑を抱かしむるとの御考全く御同感の至りに存じます」と書き送っている[86]。この書簡は昭和一二年一二月二日付のものである。日本がまさに世界に直面している時期に、文部省が内向きの組織防衛に走り、日本の未来を真剣に考えようとしていない。西田はこのように判断して、日本文化と西洋文化と東洋文化の関係について、自らの考えをできうる限り平易に語ろうと動き出したのである。

昭和一二年一〇月九日に、西田幾多郎は「学問的方法」と題する講演を行なった。これは、東京での日本諸学振興委員会哲学公開講演会における講演であり、当時の西田は京都帝国大学の名誉教授であった。この委員会は文部省の教学局が運営するものであり、文部省は、まさにこの年の春に『国体の本義』を刊行したばかりである。[87]

ここで西田は、「我々の歴史的文化を背景として新しい世界文化を創造すると云ふのは如何にして可能であるか」という問いを発している。[88]新しい日本文化の創造ではなく、新しい世界文化の創造を主張し、その創造を日本から行なっていくための方法を考えよう、とするのである。その際、西田は、西洋文化を明治以来学んできた「我々は今後も学ぶべき多くのものを有ち、何処までも世界文化を吸収して発展し行かなければならない」と述べている。[89]これは、日本が西洋文化を一方的に利用するという『国体の本義』の安直な論調に反対する、ということであろう。

それでは西田は、どのようにすれば日本から世界文化を創造できると考えるのであろうか。西田はまず、外来思想に対抗したいのであれば、日本精神を国内志向から世界志向に転換させる必要があると説く。「我々の歴史的精神の底から（我々の心の底から）、世界的原理が生み出されなければならない」とするのである。[90]さらに西田は、世界志向に転換するためには日本精神が学問的になる必要がある、と主張する。「感情によって理性を排斥」したり「独断的であっては」ならず、日本精神を「厳密なる学問的方法によって概念的に構築」しなければならない、すなわち「理論を有つ」ようにしなければならない、とするのである。[91]「精神が学問的となるといふことは、客観的として何人もそれを認めねばならぬと云ふことであるが、コスモポリタンとなると云ふことではない。此点が多くの人によって誤解せられて居る」。[92]西田はこう述べて、学問的方法が東洋文化で発達せず、「今日西洋文化に押されがちなのは之による」とする。[93]また、学問を単なる道具のように考えて、その安易な活用を説く弊風があるとも警告し、学問とは「我々の精神が事物の内に生きること」であり、自然科学にも精神があるとする。[94]西田の考えによれば、真に西洋文化を乗り越えたいのであれば、世界の文化をさらに深く吸収し、深く体得し、そうしてはじめて乗り越えが可能になるのである。

それゆえ、日本文化の素晴らしさは日本の歴史に証明されており、かつて東洋文化を活用したように、今は西洋文化を道具として活用すればよい、という『国体の本義』の主張は、西田にとって軽率な謬見に他ならない。この文部省主催の公開講演会において、文部省編纂の『国体の本義』はきわめて率直に批判されているのである。さすがに書名は挙げられないものの、以下のような批判が語られている。

「無論、我々が我々の文化を明らかにするには、我国の歴史について、我々の歴史的文化を研究せなければならない、徹底的に学問的に研究せなければならない。そしてそれが我々の考の基となるであらうことは云うまでもない。併《しか》しそれによって単に特殊性を明らかにするだけでは、今日の世界歴史の舞台に於て生きて働く精神とはならない。我々は理論を有たなければならない。此処に今日の我国文教の指導精神がなければならぬと思ふ。単に明治以来外国文化輸入の弊に陥ったから、今から東洋文化を中心にすると云ふのでは単なる反動に過ぎない。口には外国文化を排斥するのでなく、日本精神によって世界文化を消化すると云ふも、それが如何にして可能なるかについて深く考へられていない。我が国に於ては、いづれの学問に於ても尚深い根本的な理論研究は微弱であると思ふ[95]」。

つまり西田は、西洋文化と東洋文化を深く尊重し、その真義に徹する努力を重ね、その上で、西洋と東洋を含む世界文化を発想していくべきと考えるのである。「我々は深く西洋文化の根柢に入り十分に之を把握すると共に、更に深く東洋文化の根柢に入り、その奥底に西洋文化と異なった方向を把握することによって、人類文化そのものの広く深い本質を明らかにすることができるのではないかと思ふ[96]」。西田のこの発言は、西田の哲学が目指すものを端的に明らかにするものである。

この講演の後、西田はさらに踏み込んで、日本文化の問題に取り組んでいく。一九三八年の四月から五月にかけて、西田は京都帝国大学学生課主催の連続公開講演会で「日本文化の問題」を語っている。ここで西田は、改めて日本と世界の関係に言及する。以下の発言は講演会の第二回、昭和一三年五月二日のものである。

「それについて一番普通の考へ方は、日本精神で西洋文化を消化して行かうと云ふのだが、これはどんなものかと云ふと、つまり昔の和魂漢才といふ言葉で表はされる態度に似たものである。つまりそういう人は、日本精神といふ特別のものがあり（私も無いとは云わぬ……）それを中心として外国文化を纏《まと》め綜合しようとするのである。……之は最も浅薄なよくない考へ方と思ふ。彼等は例へば自然科学はそれ自身の生きた精神をもたぬ道具みたいなものと考へるが、そんなものではない。是迄の日本精神は科学的文化にぶつからない前の文化である。そこでそれが科学とぶつかった時に日本精神は全く科学に負けて了《しま》ふか、さもなくば科学を非科学的なものにするかより外ない。このことを日本精神を説く人は、余りに簡単に考へて居る弊があるかと思ふ。何か日本精神といふものを独断的に考え、結論をきめておいて西洋の哲学や科学から都合のよいものだけを集めるのではいけない[97]」。

ちなみに『国体の本義』は、日本は日本文化を「豊富にし発展せしめるために外来文化を摂取醇化して来た」と主張し、和魂漢才という言葉を例として挙げている。[98] 西田は、そのような安直な考え方を厳しく斥けたのである。西田は、「歴史的文化を背景として我々の新しい文化を創造するにはどうするか」が重要であると四月二七日に語り[99]、その重大性と難しさを五月九日に語っている。[100] 西田は聴衆に、問題の所在と意義を正確に理解してもらいたかったのである。

このような批判を西田は、昭和一五年に岩波新書として刊行した『日本文化の問題』でも述べている。それはつまり、日本文化の特殊性を自画自賛して、それ以上深く考えようとしない知的風潮が当時流行していた、ということに他ならない。ここで西田は、「今日日本文化が世界文化として考へられ、世界文化として発展するには、それが如何なる意味に於て、又如何にしてと云ふことが考へられねばならない」と指摘し、「而してそれは又東洋と西洋とが一つの世界となった今日、東洋文化が如何なる意味に於て世界文化として、将来の世界歴史に貢献するかと云うことであろう」と問題提起する。[101] 特殊性に自己満足するのではなく、世界史的課題に取り組むことが、世界の他の国民と同様に、日本国民の課題であると主張するのである。

西田がこのように主張するのは、世界が真に世界的世界となったのが現代の特徴である、と考えるからである。西田は、人間が今はじめて東洋も西洋も含めた世界を舞台として実質的に生きるようになったとし、その中にある日本も国内志向から世界志向へと転換する必要があると説く。ただしその際に、西田は世界文化がすでにあると主張するわけではない。世界文化を人間が作り出していかねばならない、と主張するのである。

それでは、人間が世界文化を作り出していくためには、どのようにすればよいのだろうか。西田は、それぞれの国民がそれぞれの歴史を踏まえて、その内側から新しいものを作っていくことを提案する。日本の場合であれば、日本の歴史を踏まえて、そこから世界的なものを作っていくことを提案するのである。日本文化と西洋文化と東洋文化の関係は、そこで非常に重要となってくる。西田は、西洋文化と東洋文化をともに創造的にする考え方を、両者を受容した日本から提案しようと呼びかけたのである。

しかし、日本から世界文化の創造を目指すことは、言わば、立候補の表明であって当選証書の受け取りではない。それゆえ、日本が世界文化の創造に立候補することに関心を持たない人びとと、日本はすでに世界文化に当選済みであると考える人びとは、西田のこの主張を誤りであると断定するはずである。また、そもそも文化に関心を持たず、政治的・軍事的な力のみを重視するような人びとは、このような主張に耳を傾けることをしないであろう。西田の主張は、当時の日本において、無理解と敵意に囲まれてしまうものだったのである。

これに対して文部省の国体明徴政策は、世界志向を表明しつつも世界に背を向ける。『国体の本義』の結語では、「我等が世界に貢献することは、ただ日本人たるの道を弥々《いよいよ》発揮することによってのみなされる」と断言されているのである。(102)

その際、外来文化を国体に醇化して摂取することによって「日本人たるの道」の発揮は行なえるとするのに、醇化の方法は説明されていない。本章第二節で言及した「没我の精神」は日本の国民性とされ、それゆえ日本人ならばいつでも誰でも発揮できるものとされるのである。

「抑々没我の精神は、単なる自己の否定ではなく、小なる自己を否定することによって、大なる真の自己に生きることである。元来個人は国家より孤立したものではなく、国家の分として各々分担するところをもつ個人である。分なるが故に常に国家に帰一するをその本質とし、ここに没我の心を生ずる。而してこれと同時に、分なるが故にその特性を重んじ、特性を通じて国家に奉仕する。この特質が没我の精神と合して他を同化する力を生ずる。没我・献身といふも、外国に於けるが如き、国家と個人とを相対的に見て、国家に対して個人を否定することではない。又包容・同化は他の特質を奪ひ、その個性を失はしむることではなく、よくその短を棄てて長を生かし、特性を特性として、採って以て我を豊富ならしめることである。ここに我が国の大いなる力と、我が思想・文化の深さと広さとを見出すことが出来る」(103)。

しかしこれは、難題を国民に言わば丸投げしている、ということではないだろうか。思えば伊東が講演で国民学校の精神を解説した際にも、教育現場に難しい注文を次々と出した上で、その解決を教育現場に丸投げしていた。「国民学校が潑剌たる児童の個性を伸ばしつつ而も忠誠なる国民として、私を捨てた立派な人を何のやうにして錬成するか」と発題し、「又其の為には如何なるものを以て臨んだら宜いか」と問いを重ね、「斯かる問題を国民学校も亦課せられて居る訳でありまして、それを解決するのが皆様の任務なのである」というのが伊東の結論であった。[104] 文部省が目標を指定し、到達方法は示さず、現場の努力を要求する、ということである。

伊東はこの講演で、「根本的に物事を考へたい」と発言している。[105] 伊東は教学刷新評議会冒頭の審議内容見込案の説明でも、「先づ根本から考へなければならぬと云ふことを考へました」と述べていた。[106] 後の発言は、「第一に我国の国体とか或は日本精神と云ふことを更にもう一遍考へ直して見て、さうして西洋の国家思想、一般の思想と其本質とを比較して考へて見ることが第一に必要ではないかと思ふのであります」と続いている。[107]

伊東にとって根本的に考えるというのは思考を続けて探究することではなく、正解を決めて提示することだったのではないか。醇化を要求してその方法を提示しないのは、文部省が事後的に判定はしても率先して責任を負わないようにするためだけでなく、一片の通達で指示をし、後は現場に努力させる官庁の流儀のためだったのではないだろうか。

いずれにせよ文部省は、醇化が正解であると定めて解法は提示せず、心構えを上から説諭して責を果たしたとするのである。里見岸雄は『国体の本義』の天皇機関説批判について、「超越的、第三者的態度をとっての説諭的批判こそは、最も悪い意味での官僚主義」であるとし、「感激なき処に国民精神の振作は期待し得ない」と批判している。[108] はたして文部省に、自ら反省する覚悟はあったのだろうか。

感激を与えるのは組織ではなく人間である。教育勅語が読む人に感激を与える場合、それは明治天皇の声が聞こえるように感じられるからではないか。自ら探究し創造していく西田幾多郎からの呼びかけは、聴く人の心にも読む人の心にも共感を生み出していったのではないか。岩波書店からの通知で西田は、『日本文化の問題』が刊行後一週間で四万冊売れたと知るのである[109]。

国体明徴を指示するならば、まずは文部省が「官庁」としての発想を自己変革するか、官庁としての機構を抜本的に自己変革するか、いずれかを行なって範を示すべきだったのではないか。しかし文部省の姿勢は、工程表も示さずに現場に成果を求めるものであった。すなわち、自らは変わらずに日本国民が変わることを求め、醇化の方法を示して責任を自らが引き受けようとせず、国民の努力による成果を待つ、というものだったのである。

第五節　本書の総括

文部省による国体明徴政策について、ここまで検討を重ねてきた。最後に本書の総括と展望を行なうこととしたい。

本書は文部省の国体明徴政策を思想的政策として把握し、この政策の形成過程を把握し評価することを主題としてきた。昭和一〇年二月に始まる天皇機関説事件を契機として国体明徴問題が政治的に白熱化する中で、文部省はこの火中の栗を拾い、国体明徴を政策化していったのである。

政府や文部省が対応を強く迫られたとはいえ、文部省は天皇機関説への対応に止まることなく、教学刷新評議会を積極的に活用し、『国体の本義』を編纂し、その他さまざまな取り組みを実施していった。その際、文部省の当事者は何を考えていたのか、どのような発想で会議を運営し、組織改革を実行し、事業を推進していったのか。本書は、この政策課題への取り組みを当事者の視点から再構成し、その経緯を把握して疑問点や問題点の整理を行ない、政策として客観的に評価しようとしたのである。

第一章では、文部省の国体明徴政策の歴史的位置を測定した。後世から見れば、文部省の国体明徴政策は教学刷新評議会で勢いがつき、教育審議会で具体的な成果を上げ、敗戦後に教育刷新委員会（教育刷新審議会）から断罪されることとなる。ただし後の章で検討したように、官庁として成功しつつあったように見える時期にも、戦争への貢献や陸軍への対応、内務省との関係や外局の機能不全など、当事者の前に課題は積み重なっていたのである。

なお、教育勅語を奉じる文部省として、国体を明徴にすることは従来からの教育方針であり、ここで方針が転換されたわけではない。この時点で改めて、国体明徴の必要性が痛感されたということである。とはいえ、文部省は官庁としての力が弱く、文部大臣は頻繁に交代し、専任大臣が不在の時期さえあった。国体明徴政策は昭和一〇年代の日本国家の基本方針であったものの、文部省の将来が安泰である保証はなく、当事者からすれば、文部省の管轄分野で積極性を特に示していく必要があったのである。

第二章では『国体の本義』の編纂刊行事業を手がかりに、文部省の国体明徴への積極的な意欲を政策志向性として捉えた。文部省幹部全員に意欲があったかはともかくとして、文部省は官庁として積極的に取り組み、この冊子を教育現場などに大量に配付し、一般に頒布していったのである。ただし、外来思想の醇化を説く緒言と結語に対して、ひたすらに日本の国体の素晴らしさを説く本文とが整合していないこと、西洋思想の詳細な批判的検討がないことは、関係者も証言し先行研究も指摘している欠点である。

それでも、文部省が『国体の本義』を刊行したという事実は、敗戦までの日本に大きな影響力を及ぼすこととなる。文部省の威光を背景に『国体の本義』は教育界などに大量に流通し、政府公定の定義という意味を獲得していったからである。しかも文部省にとって、『国体の本義』は便利な文書であった。『国体の本義』は、一方では研究者や教育者を統制する基準になるとともに、他方では陸海軍や他の諸官庁に対抗して、教育界への外部からの介入を防止する根拠ともなったように思われる。

なお、文部省が個人主義と自由主義を国体明徴での主たる批判対象としたことは、創造ではなく排撃の思想的立場との親和性をもたらすこととなった。拝外と排外を戒めて、外来思想を国体に摂取して醇化することを説きはするものの、現実には排外への傾斜を止めることが困難となったのである。『国体の本義』は醇化の方法を語らず、国体の素晴らしさを語り、個人の自由を否定して、新日本文化の創造を求める。この不均衡は文部省の国体明徴政策全体の特徴である。

第三章と第四章は、教学刷新評議会の議事の検討である。第三章では関係者の思想などを手がかりに、議題の思想的立場・思想史的背景の検討を行ない、第四章では議事進行から答申決定に至る会議運営の流れを検討している。

天皇機関説事件がなければ、文部省が主導する教学刷新の会議はなかったはずであり、二・二六事件がなければ、教育政策の主導権は文部省が外された内閣審議会の方にあったはずである。そのような状況の中で文部省は、各界の有力者たちが参加する会議を活用し、幹事の伊東延吉を推進力として、自己の機構拡大と有力な教育会議設置への見通しを得ることに成功する。教学刷新評議会で国体明徴政策に勢いをつけることに成功するわけである。

この会議の議題は国体明徴のための教学刷新であり、日本と西洋と東洋の思想的関係を深く問いなおすべきとの意見も委員からは出ていた。しかしそのような時間的余裕はなく、利害関係を調整したり制度改革を検討したりする会議のように議事は進行していく。思想を問いなおす会議であるのに、思想的探究よりも会議進行が優位され、幹事作成の答申草案が押し通されていくのである。ただし、委員の意見は幹事側で切り貼りされて、答申の文章に散りばめられてはいる。『国体の本義』の編纂作業でも採られる運営方法である。委員としては自己の意見のみを押し通すわけにはいかず、懸念や異論があっても文部省の主導権を揺るがすことはできない。なお、伊東には善く生きることへの欲求が強くあり、その思想は教学刷新評議会の答申にも『国体の本義』の緒言や結語にも、特に個人主義と自由主義の否定という形で埋め込まれているのである。

さて、第二章から第四章までは国体明徴政策の形成過程を当事者の視点から再構成していく試みであった。第五章から終章までは、その形成過程に即して政策への多面的な評価を客観的に行なうものである。すなわち、政策としての疑問点の指摘、同時代人を中心とする外部評価、後世からの批判的評価である。

第五章では、文部省による国体明徴政策への疑問点を検討している。とりわけ、文部省は思想を担いうるのか、文部省に政治的変革は可能なのか、という疑問である。文部省は国体を明徴にして思想問題などを解決していくとの目標を宣言し、解決への意欲を示してはいる。しかし、思想を深く掘り下げる姿勢は認められず、会議で決定された文書を政策の柱とし、予算の申請や執行の日程に縛られている。官庁としては通常の業務方法であっても、これでは思想の担い手たる資質に疑問を感じざるをえないのである。

国体明徴政策は、現在の問題の解決に加えて未来の日本を作り出す取り組みであるはずである。しかし、国家革新の担い手たるには文部省の力は弱く、教育による長期的変革に言及はするものの、真剣に戦争に取り組む以上のことを実現する可能性は実際には乏しかったのではないだろうか。その限界を乗り越えるため、ナショナリズムを下から盛り上げ、国民の自発性と主体性を積極的に奨励し支援しようとする意欲が文部省には見出せないのである。

第六章では文部省と国体明徴政策に対する外部評価を行なっている。当時の文部省は内部評価を行なっておらず、同時代人による外部評価に基づき、伊東の自己評価も参照して検証したものである。政策立案の必要性と優位性に関して言えば、腐敗の問題とのつながりが特に深刻に認識されていたことが注目される。すなわち、政治腐敗への危機感と国体明徴への欲求は、思想的には利己主義への批判を媒介として関連付けることが可能であったのである。

文部省は利己主義批判を自由主義批判に結び付け、国民思想の刷新と建設という積極的な政策目的を打ち出していく。ただしそこには、文部省の政策に戦争遂行での有効性がどれだけあったのかという検証すべき課題が存在する。また、文部省の政策担当能力への信頼は低く、そのためいっそう政策を積極的に推進して自己の存在理由を証明する必要があったと推測される。いずれにせよ、十分な政策効果が自らの政策にあると主張し、実績を残すことが重要であるのは、今も昔も官庁の行動原理として変わらないものであろう。

国体明徴政策は、思想的政策であるがゆえに人間の内面への政策効果を検証しにくい特性を持つ。しかも、国民精神文化研究所と文部省との対立は、文部省が提供する思想の質保証に疑念を招くものであり、思想と政策とのつながりを必須とする主張は、思想的な対立を政治的な対立に直結させてしまう。いずれも、文部省の政策担当能力と政策効果に疑念を生じさせるものである。

終章では国体明徴政策の企画立案に対する批判的検討を行なった。後世からの批判点として機構改革、思想理解、政治課題、工程表を取り上げ、教学局を文部省の外局として新設したこと、自由主義思想を利己主義として理解したこと、官庁の利己主義を批判の対象としなかったこと、工程表を示さずに指示のみ出して現場に丸投げしたことを批判してきたのである。

文部省は、官庁の立場で国体明徴に意欲的に取り組んでいった。しかしそれは、国体明徴の立場で自らの存在を反省することに至らず、近代的な行政機構が従来と同じ枠組みのまま、国民に思想の日本的刷新を求めるという不整合を生じさせていたのである。国体明徴のために刷新すべきは、教学よりも官庁だったのではないだろうか。

おわりに

最後に、生の意味について考えたい。大衆化し産業化した近代社会において、そこに生きる人間が、価値相対主義の泥沼から脱出し、なお創造的・倫理的に生きていく道を求めることは、日本に限らず世界各地で生じうる欲求であろう。伊東延吉もまた、そのような欲求に突き動かされていたように思われる。それでは文部省の国体明徴政策は、このような欲求に応えるのに適切な選択を行なっていたのだろうか。

正しい思想を供給するはずの教学局は、思想と政策を直結させるには中途半端な存在であった。正しい思想によって個人本位の生き方を変えようとしても、他の官庁の行動を文部省が制御できるわけでもなく、正しくない思想への排撃を文部省も行なわざるをえなかった。文部省は、正しい思想の定義を自制し、思想の試行錯誤や競合を許容する空間を確保し、個々人が自発的に参加していく方向で、国体明徴政策を立案すべきではなかったか。

もとより、時間もなければ政策資源も乏しい状況で、伊東は現実に可能な政策を推進するしかなかったのかもしれない。しかも伊東は、昭和一〇年代の初期にしか文部省に在職していない。それでも国体明徴政策に勢いをつけたのは、官僚としての実績ではある。しかし結局、思想的な問いを発することはしても、答えを探究する苦労というものを体験できていなかったのではないか。

問えば正しい答えが定まるとは限らない。国体を明徴にするという政策目標は、答えを出すことにではなく、問いを発させるところに深い意義を持っていたのではないか。そのために必要な政策は、主役になって仕切ることではなく環境を整備して問いを支援することである。国体への問い、日本への問いを誘発する仕組みを構想し、文部省がその支援に尽力していく方が、下からのナショナリズムは盛り上がっていったように思われる。しかしそのような方向性に踏み出すには、文部省に覚悟が足りなさすぎたのである。

註

■序章

(1)『教学刷新評議会資料』上、芙蓉書房出版、二〇〇六年、一九頁。

(2)『教学刷新評議会資料』下、芙蓉書房出版、二〇〇六年、四四三～四七七頁。

(3) 清水康幸・前田一男・水野真知子・米田俊彦編著『野間教育研究所紀要第三四集　資料　教育審議会（総説）』、野間教育研究所、一九九一年、一四～一五頁。

(4)『同』、八二頁。

(5) 海後宗臣編『臨時教育会議の研究』、東京大学出版会、一九六〇年、九五九頁参照。

(6) 平原春好『日本教育行政研究序説』、東京大学出版会、一九七〇年、三六五頁。

(7) 久保義三『新版　昭和教育史――天皇制と教育の史的展開』、東信堂、二〇〇六年、一〇一～一〇三頁。

(8) 田所美治「教育七十年を回顧して」『文部時報』第七三〇号（一九四一年七月）、二一頁。

(9)「同」、二一頁。

(10) 和辻哲郎『初版　古寺巡礼』、ちくま学芸文庫、二〇一二年、二六四～二六五頁。和辻哲郎『古寺巡礼』、岩波文庫、一九七九年、二七七頁参照。和辻は頻繁に改訂を行なうため、単行本と全集収録版との相違点が多いことに留意が必要である。

(11) 拙稿「『古寺巡礼』で見出される世界――和辻哲郎覚書」奈良県立大学ユーラシア研究センター編『奈良に蒔かれた言葉Ⅲ――近世・近代の思想』、京阪奈情報教育出版、二〇二四年、七～三二頁参照。

(12) 昆野伸幸は、文部省が日本精神の作興や国体の本義の明徴を昭和一〇年四月の訓令で教育現場に要求しておきながら、内容について公式見解を示さず、天皇機関説事件への対応で慌てて日本精神論の調査を行なったのではないかと指摘している。昆野伸幸「文部省と「日本精神」」『藝林』第七三巻第一号（二〇二四年四月）、一三三～

一三五頁。
(13)『教学刷新評議会資料』上、二〇頁。
(14)橋田邦彦「国民教育の改新」『国民学校綜合雑誌　日本教育』昭和一六年四月創刊号(一九四一年四月)、四頁。
(15)久保義三『新版　昭和教育史』、四一五～四三五頁参照。
(16)橋田邦彦「国民教育の改新」、五～六頁。
(17)文部省作成「教学錬成所長伊東延吉」〔国立公文書館デジタルアーカイブ『公文雑纂・昭和一九年・第七八巻・奏任文官俸給制限外下賜一・内閣～貴衆両院事務局』No. 一五五　https://www.digital.archives.go.jp/img/2460330(参照 2023-01-26)〕。
(18)本間俊一『戦後の教育改造』、今日の問題社、一九三八年、一四五頁。
(19)藤原喜代蔵『明治・大正・昭和　教育思想学説人物史　第四巻　昭和前期篇』、日本経国社、一九四四年、五五六頁。
(20)『教学刷新評議会資料』下、三八～三九頁。
(21)駒込武「序」駒込武・川村肇・奈須恵子編『戦時下学問の統制と動員――日本諸学振興委員会の研究』、東京大学出版会、二〇一一年、四頁。
(22)『資料　教育審議会(総説)』、一一八頁。
(23)伊東延吉「溝口先生」細見京之助編『教育大家　溝口先生』、盛田久左衛門発行、一九二五年、二〇頁〔国立国会図書館デジタルコレクション〕。
(24)「同」、二〇～二一頁。
(25)『教学刷新評議会資料』下、四五一頁。
(26)文部省編纂『国体の本義』、内閣印刷局印刷発行、一九三七年、六頁。
(27)橋田邦彦「国民精神文化研究所十周年に際して」『国民精神文化』第八巻第九号(一九四二年一〇月)、一頁。

(28) ヘルベルト・スペンセル、外山正一閲、乗竹孝太郎訳述『社会学之原理』第一冊、経済雑誌社、一八八三年、本文一頁［国立国会図書館デジタルコレクション］。
(29) 井上哲次郎・有賀長雄『改訂増補　哲学字彙』、東洋館書店、一八八四年、四二頁［国立国会図書館デジタルコレクション］。
(30) 趙麗君「接尾辞「─化」の新用法の成立と展開」『岡山大学大学院社会文化科学研究科紀要』第四二号（二〇一六年一一月）、二九頁。
(31) 趙麗君「漢語接尾辞「─化」の成立と展開」『岡山大学大学院社会文化科学研究科紀要』第三五号（二〇一三年三月）、九九～一〇〇頁。岩川友太郎編『生物学語彙』、集英堂、一八八四年、八九頁［国立国会図書館デジタルコレクション］。
(32) 「漢語接尾辞「─化」の成立と展開」、一〇一頁。
(33) 大東文化大学百年史編纂委員会『大東文化大学百年史』上、大東文化学園、二〇二三年、二〇〇、二一一頁。
(34) 丸山眞男「日本の思想」『丸山眞男集』第七巻、岩波書店、一九九六年、二〇八頁。小見出しは全集版では省略されており、岩波新書版を参照されたい。丸山眞男『日本の思想』、岩波新書、一九六一年、二二頁参照。
(35) 「同」、二〇八～二〇九頁。
(36) 「同」、二〇九頁。
(37) 吉田則昭『戦時統制とジャーナリズム──1940年代メディア史』、昭和堂、二〇一〇年、八八頁。
(38) 奥村喜和男『変革期日本の政治経済』、ささき書房、一九四〇年、一六三頁。
(39) 『同』、二八二～二八三頁。
(40) 奥村喜和男『日本政治の革新』、育生社、一九三八年、一一三頁。
(41) 『同』、一一三頁。
(42) 『同』、自序二頁。

(43)『同』、自序二頁。

(44)『追憶奥村喜和男』、奥村勝子、一九七〇年、六一～六二頁。

(45)『竹本孫一（元民社党衆議院議員、元党政策審議会長）オーラルヒストリー』、政策研究大学院大学、二〇〇二年、三二～三三頁。

(46)『追憶奥村喜和男』、一一～一六頁参照。ここで劔木亨弘は奥村との交流を回想している。劔木については第一章も参照されたい。

(47)久保義三『新版　昭和教育史』、七頁。

(48)『同』、二六頁。

(49)『同』、二六頁。

(50)荻野富士夫『戦前文部省の治安機能――「思想統制」から「教学錬成」へ』、校倉書房、二〇〇七年、一〇頁。

(51)『同』、一一頁。

(52)高野邦夫『新版　天皇制国家の教育論――教学刷新評議会の研究』、芙蓉書房出版、二〇〇六年、六頁。原著の刊行は一九八九年である。

(53)『同』、一七三頁。

(54)寺崎昌男「はしがき」寺崎昌男・戦時下教育研究会編『総力戦体制と教育――皇国民「錬成」の理念と実践』、東京大学出版会、一九八七年、ⅱ頁。

(55)「同」、ⅱ頁。

(56)駒込武「序」駒込武・川村肇・奈須恵子編『戦時下学問の統制と動員』、六頁。

(57)高橋陽一「おわりに」『同』、六五一～六五二頁。高橋陽一「教学局と日本諸学振興委員会」『同』、七四～七五頁参照。

(58)「同」、六五三頁。ちなみに、黒岩昭彦は文部省が昭和一七年三月頃から「八紘一宇」を「八紘為宇」に公式に転換したと指摘している。国体関係の公式用語はあちこちで変遷が生じている。黒岩昭彦「文部省の「八紘為宇」転換をめぐって――内務省系官僚の後退と教学局官僚の台頭」『藝林』第七三巻第一号(二〇二四年四月)、一〇二頁。

(59) 大脇康弘「教育政策形成における文部省・審議会と自民党の関係構造」清水俊彦編『教育審議会の総合的研究』、多賀出版、一九八九年、一五七頁。

(60) 德久恭子『日本型教育システムの誕生』、木鐸社、二〇〇八年、三一頁。

(61) 『同』、二九二頁。

(62) 萱原宏一『私の大衆文壇史』、青蛙房、一九七二年、二五八頁。

(63) 拙稿「「書評誌『読書人』の国内思想戦(一)」『産大法学』第五五巻第一号(二〇二一年四月)、六~七頁参照。

(64) 荘司徳太郎・清水文吉編『資料年表 日配時代史――現代出版流通の原点』、出版ニュース社、一九八〇年、三頁。編者は日配の元社員である。日配史の貴重な証言として、荘司徳太郎『私家版・日配史――出版業界の戦中・戦後を解明する年代記』、出版ニュース社、一九九五年参照。出版新体制については、吉田則昭『戦時統制とジャーナリズム』、特に第六章参照。

■第一章

(1) 本書第二章参照。文部省による国体明徴政策は学問など文教政策全般に及んでおり、ここでの説明は全体の一部にすぎない。

(2) 文部省作成「教学錬成所長伊東延吉」[国立公文書館デジタルアーカイブ『公文雑纂・昭和一九年・第七八巻・奏任文官俸給制限外下賜一・内閣~貴衆両院事務局』No. 一五五 https://www.digital.archives.go.jp/img/2460330(参照 2024-01-13)]。

(3) 藤原喜代蔵『明治・大正・昭和 教育思想学説人物史 第四巻 昭和前期篇』、日本経国社、一九四四年、五五五頁。

(4) 元文部次官の粟屋謙、赤間信義、元専門学務局長で山川健次郎元東京帝国大学総長の息子の山川建も、昭和一〇年代に五〇代で次々と亡くなっている。『同』、「本巻印刷後の人事異動に就いて」四〜五頁。

(5) 文部省編『学制百年史』記述編、帝国地方行政学会、一九七二年、四五七頁。以下では「記述編」を省略する。文部省『学制百二十年史』、ぎょうせい、一九九二年、三頁には、昭和四六年までの詳細は『学制百年史』を参照されたいとある。また、『学制百五十年史』、ぎょうせい、二〇二二年、三頁には、平成四年までの詳細は前記二著を参考にされたいとある。

(6) 『学制百年史』、四五七〜四五八頁。

(7) 『同』、五五六頁。

(8) 『同』、五五六頁。

(9) 清水康幸・前田一男・水野真知子・米田俊彦編著『野間教育研究所紀要第三四集　資料　教育審議会（総説）』、野間教育研究所、一九九一年、一〇〇、一一四頁参照。

(10) 『同』、一一六〜一一七頁。なお、『近代日本教育資料叢書　史料篇三　教育審議会総会会議録』、宣文堂書店、一九七一年収録の第一回総会会議録七頁の記述と一部相違があるが、野間教育研究所版に従う。

(11) 劔木亨弘ほか「座談会　臨教審に臨む」『文教』第二七号（一九八四年六月）、二七頁。

(12) 『有光次郎氏談話速記録』、内政史研究会、一九六八年、三二〜三三頁。

(13) 田中義男と有光次郎の経歴については、戦前期官僚制研究会編・秦郁彦著『戦前期日本官僚制の制度・組織・人事』、東京大学出版会、一九八一年、一四一、二三頁参照。

(14) 『有光次郎氏談話速記録』、六四、五三頁。

(15) 『同』、六三〜六四頁。

(16) 石黒英彦と寛克彦については、西田彰一『躍動する「国体」——寛克彦の思想と活動』、ミネルヴァ書房、二〇二〇年参照。

(17)『有光次郎氏談話速記録』、五三、六三頁。

(18)『教学刷新評議会資料』上、芙蓉書房出版、二〇〇六年、二二頁。

(19)三邊長治文部次官による第一回総会での説明による。『同』上、二三頁。

(20)『同』上、二五～二六頁。

(21)『同』上、二五頁。

(22)『同』下、四四五頁。

(23)『同』下、四四七頁、『学制百年史』、五五五頁参照。

(24)『学制百年史』、六二二頁。

(25)『教学刷新評議会資料』下、四七七頁。

(26)稲毛金七「理想的・応急的の両方面から」『教育週報』第五五〇号(一九三五年一一月三〇日)、第三面「文部省改革論(八)」。

(27)児玉九十「先づ――教学局の設置」『教育週報』第五四七号(一九三五年一一月九日)、第一面「文部省改革論(五)」。児玉については、廣嶋龍太郎「『教育週報』と児玉九十(二)」『明星大学明星教育センター研究紀要』第七号(二〇一七年三月)参照。

(28)児玉九十「同」。

(29)「同」。

(30)阿部重孝『教育改革論』、岩波書店、一九三七年、一〇～一一頁。

(31)『同』、一一～一二頁。

(32)『学制百年史』、五四四頁。

(33)無記名「押す軍部――押さるる文部省　国体明徴調査機関の設置」『教育週報』第五四六号(一九三五年一一月

二日）、第二面。なお、紙面には「教学刷新協議会」とあるものの、二日後の閣議で官制を決定する時点であり、評議会の誤記であると判断した。

(34) 無記名「文審の嗣子　新調査会の構成　内審との関係は？」『教育週報』第五四六号（一九三五年一一月二日）、第二面。

(35) 「教育時事」『教育』第三巻第一二号（一九三五年一二月）、一〇九頁。

(36) 石川準吉『総合国策と教育改革案――内閣審議会・内閣調査局記録』、清水書院、一九七四年、序にかえて九頁。第一篇一三三頁参照。初版は一九六二年刊行。

(37) 『資料　教育審議会（総説）』、八三頁。

(38) 石川準吉『総合国策と教育改革案』、第二篇三五頁。

(39) さまざまな改革の経緯については以下参照。古川隆久『昭和戦中期の総合国策機関』、吉川弘文館、一九九二年。黒澤良『内務省の政治史――集権国家の変容』、藤原書店、二〇一三年。

(40) 古川隆久『昭和戦中期の総合国策機関』、二頁。

(41) 『同』、二頁。

(42) 古川は、石川準吉が『国家総動員史』で用いた「総合国策機関」という用語を採用している。古川によれば、総合国策機関は「内閣に設置され、専任あるいは兼任の長官（総裁）を持った、総理大臣のスタッフ機関」であり、「狭義の政策立案やそのための調査だけではなく、政策立案のための各種の協議体（審議会、委員会、協議会）の運営を担当したり、国家予算に対して発言権を持つなど、政府内の政策形成過程における調整、審議機関としての面も」持つものであった。『同』、二～三頁。

(43) 土屋忠雄「「国体の本義」の編纂過程」『関東教育学会紀要』第五号（一九七八年）、三～四頁。本書第二章第一節参照。

(44) 昆野伸幸『増補改訂　近代日本の国体論――〈皇国史観〉再考』、ぺりかん社、二〇一九年、三七三頁。

(45) 木戸日記研究会編『木戸幸一日記　東京裁判期』、東京大学出版会、一九八〇年、三四六頁。菊池の証言は、東京裁判での「木戸幸一関係の証人の宣誓供述書草稿」である。ただし、裁判では未提出となっている。『同』、二〜三頁参照。なお、同証言は東京裁判資料刊行会編『東京裁判却下未提出弁護側資料』第六巻、国書刊行会、一九九五年、四六九〜四七一頁にも収録されている。

(46) 『木戸幸一日記　東京裁判期』、三四六頁。

(47) 荻野富士夫『戦前文部省の治安機能――「思想統制」から「教学錬成」へ』、校倉書房、二〇〇七年、一九八〜一九九頁。

(48) 文部省編『学制百年史』資料編、帝国地方行政学会、一九七二年、五五〜五六頁。久保義三『新版　昭和教育史――天皇制と教育の史的展開』、東信堂、二〇〇六年、六八四頁参照。荻野富士夫『戦前文部省の治安機能』、四〇二頁。

(49) 荻野富士夫『戦前文部省の治安機能』、二〇七〜二一三頁。

(50) 『同』、二一二頁。

(51) 文部省幹部の一覧は、戦前期官僚制研究会編・秦郁彦著『戦前期日本官僚制の制度・組織・人事』、三六五〜三六八頁参照。

(52) 『教学刷新と教学局　教学叢書第一輯』、教学局、一九三七年、三、一二頁。

(53) 『同』、三頁。

(54) 『同』、三〜四頁。

(55) 『同』、四頁。

(56) 『同』、五頁。

(57) 『同』、八〜九頁。

(58) 『同』、九頁。

(59) 久保義三『新版　昭和教育史』、四五一〜四五二頁。
(60) 荻野富士夫『戦前文部省の治安機能』、一八一頁。
(61) 基督心宗祖師谷青年学道会編『安井英二先生談話――学徒としての行政政治家の経験』、信学行社、一九七〇年、二二七頁。本書は内政史研究会発行の談話速記録が一部編集されたものである。
(62) 藤原喜代蔵『明治・大正・昭和　教育思想学説人物史　第四巻　昭和前期篇』、五五一頁。藤原は京都の高等学校としているが、東京の第一高等学校である。東京大学大学院総合文化研究科・教養学部 駒場博物館HPデジタルアーカイブに、卒業写真が掲載されている。明治四五年独法科卒業生記念写真（請求記号（12）J－21）である。
(63) 木村正義「文部省時代の思ひ出」『教育』第三巻第二号（昭和一〇年二月）、四三八頁。
(64) 藤原喜代蔵『明治・大正・昭和　教育思想学説人物史　第四巻　昭和前期篇』、五五六頁。
(65) 『同』、五五八頁。
(66) 『同』、五三〇〜五三七、五四〇頁参照。
(67) 若井敏明『平泉澄――み国のために我つくさなむ』、ミネルヴァ書房、二〇〇六年、一八六〜一九〇頁。
(68) 『安井英二先生談話』、七九頁。
(69) 『同』、七九頁。
(70) 小野雅章《おのまさあき》は、五月二日招集の全国地方長官会議で松田文部大臣が国体明徴に取り組む意欲を訓示で表明したことを紹介している。小野雅章「国体明徴運動と教育政策」『教育學雑誌』第三三号（一九九九年三月）、四七頁。
(71) 黒澤良『内務省の政治史――集権国家の変容』、一七〇頁。
(72) 『同』、一七一頁。
(73) 『劔木亨弘氏談話速記録』、内政史研究会、一九七五年、四四頁。
(74) 『同』、四四頁。

(75) 木戸日記研究会編『木戸幸一日記　東京裁判期』、三四六〜三四七頁。東京裁判資料刊行会編『東京裁判却下未提出弁護側資料』第六巻、四七〇頁。

(76) 『有光次郎氏談話速記録』、三三三頁。

(77) 『同』、三三三頁。

(78) 照沼康孝・中野実「長与又郎日記　昭和十二年十月—十二月」『東京大学史紀要』第四号（一九八三年七月）、五〇頁。

(79) 中野実・照沼康孝・清水康幸「長与又郎日記　昭和十三年十月」『東京大学史紀要』第一〇号（一九九二年三月）、五六頁。

(80) 「同」、五六、五八頁。当時の状況については、竹内洋『大学という病——東大紛擾と教授群像』、中央公論新社、二〇〇一年、二〇四〜二一一頁参照。

(81) 『有光次郎氏談話速記録』、三九頁。

(82) 藤原喜代蔵『明治・大正・昭和　教育思想学説人物史　第四巻　昭和前期篇』、五五九頁。荻野富士夫は、文部省の刷新を歓迎する声が教育界にもあったことを紹介している。荻野富士夫『戦前文部省の治安機能』、二一三頁参照。なお伊藤金次郎《いとうきんじろう》は、石黒英彦次官が旧知の内務官僚である小林光政を教学局長官に、小山知一《こやまちいち》を普通学務局長に抜擢したとし、二人は石黒退任後に「甚だ気まづい境地におかれた」と指摘している。伊藤金次郎『官僚『わしが国さ』』、寶雲舎、一九四〇年、七九〜八二頁参照。伊藤の記述は西田彰一先生のご教示によって知ることができた。

(83) 荻野は、教学局も参与側も消極的であったと指摘しているが、文部省側の人事的断絶という事情も大きかったのではないだろうか。荻野富士夫『戦前文部省の治安機能』、二〇九〜二一〇頁参照。

(84) 藤原喜代蔵『明治・大正・昭和　教育思想学説人物史　第四巻　昭和前期篇』、五六二頁。

(85) 前田一男「「教学刷新」の設計者・伊東延吉の役割」寺崎昌男・編集委員会共編『近代日本における知の配分と

(86) 国民統合』、第一法規出版、一九九三年、三七四頁。清水康幸「橋田邦彦における科学と教育の思想——戦時下教育思想研究への一視角」『日本の教育史学』第二五集(一九八二年九月)、四四頁。

(87) 『安井英二先生談話』、二五五頁。

(88) 『近代日本教育資料叢書　史料篇三　教育審議会諮問第一号特別委員会整理委員会会議録』第一四巻(第一九輯~第二一輯)、宣文堂書店、一九七一年、七九頁。引用頁は第二〇輯内でのものである。

(89) 『同』第一四巻、九六頁。

(90) 『同』第一四巻、九四~一一二頁。

(91) 教育審議会の詳細については、『同』第一四巻、解題、ならびに『資料　教育審議会(総説)』参照。

(92) 『教育審議会諮問第一号特別委員会整理委員会会議録』第一四巻、一〇二~一〇三頁。

(93) 『同』第一四巻、一一〇頁。有光次郎『有光次郎日記』、第一法規出版、一九八九年、五一〇頁。

(94) 『有光次郎日記』、五一〇頁。堀池の経歴については、『資料　教育審議会(総説)』、四七六頁参照。

(95) 『教育審議会諮問第一号特別委員会整理委員会会議録』第一四巻、一〇一頁。

(96) 内局化への緩慢な経緯については、荻野富士夫『戦前文部省の治安機能』、二一一二頁参照。

(97) 近藤壽治『ひとすじの道』、学校図書、一九六七年、二七六~二七八頁。

(98) 『同』、一九四頁。

(99) 『同』、一九三~一九四頁。

(100) 久保義三『新版　昭和教育史』、七二五頁。

(101) 荻野富士夫『戦前文部省の治安機能』、四〇二頁。

(102) 『同』、三九九頁。

(103) 劔木亨弘『戦後文教風雲録——続牛の歩み』、小学館、一九七七年、九一頁。

(104) 『同』、九三頁。

(104)『同』、八九〜一〇一頁。

(105)『劔木亨弘氏談話速記録』、六五頁。

(106)内務官僚の人事慣例については、荻野富士夫『特高警察』、岩波新書、二〇一二年、三九〜四〇頁参照。

(107)荻野富士夫『戦前文部省の治安機能』、一二頁。思想検察については、荻野富士夫『思想検事』、岩波新書、二〇〇〇年参照。

(108)児玉三夫訳『日本の教育　連合国軍占領政策資料』、明星大学出版部、一九八三年、二五三〜二五八頁参照。児玉九十は明星大学の創設者、児玉三夫は二代目学長であり九十の女婿である。

(109)荻野富士夫『戦前文部省の治安機能』、九〜一〇頁。

(110)児玉三夫訳『日本の教育』、八三頁。

(111)『教育審議会諮問第一号特別委員会整理委員会会議録』第一四巻、一〇四頁。荻野富士夫『戦前文部省の治安機能』、二一一頁参照。

(112)『学制百年史』、六八九頁。

(113)児玉三夫訳『日本の教育』、一九六〜一九七頁。海後宗臣「教育改革の提言」海後宗臣編『教育改革《戦後日本の教育改革　第一巻》』、東京大学出版会、一九七五年、一〇四〜一〇五頁。平原春好「審議会の意義と役割」『同』、三二八〜三二九頁参照。

(114)海後宗臣「教育改革の提言」、一一四、一一八頁。

(115)「同」、一一四頁。

(116)寺崎昌男編「東京大学　教育制度研究委員会記録」(一九四六年・海後宗臣蔵)『東京大学史紀要』第七号(一九八九年三月)、四五〜五三頁参照。

(117)海後宗臣『教育学五十年』、評論社、一九七一年、一九三頁。

(118)海後宗臣「教育改革の提言」海後宗臣編『教育改革』、一五四頁。平原春好「審議会の意義と役割」『同』、三三〇頁。

(119)『教育刷新審議会要覧』、文部省、一九五二年、九頁。

(120)『同』、九頁。

(121)教育刷新審議会編『教育改革の現状と問題――教育刷新審議会報告書』、日本放送出版協会、一九五〇年、まえがき一頁。平原春好「審議会の意義と役割」、三三四頁。

(122)平原春好「審議会の意義と役割」、三二四頁。

(123)「同」、三二四頁。

(124)「同」、三二五頁。

(125)海後宗臣「教育改革の提言」、一四四頁。平原春好「審議会の意義と役割」、三三四頁。

(126)教育刷新審議会編『教育改革の現状と問題』、二頁。

(127)『同』、三頁

(128)『同』、三～四頁。

(129)『同』、四頁。

(130)文部省編『学制百二十年史』、二六〇頁。

■第二章

(1)文部省編纂『国体の本義』、内閣印刷局印刷発行、一九三七年、冒頭頁。なお、文部省発行の『国体の本義』が同年三月三〇日付で発行されているものの、内容は同一である。内閣印刷局版の初版印刷日付は五月二九日である。

(2)『同』、冒頭頁。

(3) Robert King Hall ed., John Owen Gauntlett transl., "*Kokutai No Hongi. Cardinal Principles of the National Entity*

of Japan", Harvard University Press, 1949, p.v. ホールの人柄や立場については、ハリー・レイ（山本礼子訳）「日本占領の参画者・批判者としてのホール」『戦後教育史研究』第四号（一九八七年六月）参照。

(4) Ibid.,p.v-vi

(5) Ibid.,p.v.

(6) 共同著作物という特徴については、拙稿「解説　「古典を読む　国体の本義」」佐藤弘夫編著『岩波講座　日本の思想　第二巻　場と器――思想の記録と伝達』所収、岩波書店、二〇一三年、二九八～三〇二頁参照。

(7) 『国体の本義』、六頁。

(8) 昆野伸幸『増補改訂　近代日本の国体論――〈皇国史観〉再考』、ぺりかん社、二〇一九年、三七九頁。

(9) 社会問題資料研究会編『所謂「天皇機関説」を契機とする国体明徴運動』、東洋文化社、一九七五年、二一八頁。

(10) 『教学刷新評議会資料』下、芙蓉書房出版、二〇〇六年、三二二頁。

(11) 前田一男「「教学刷新」の設計者・伊東延吉の役割」寺崎昌男・編集委員会共編『近代日本における知の配分と国民統合』、第一法規出版、一九九三年、三六八頁。三七四頁も参照。

(12) 土屋忠雄「「国体の本義」の編纂過程」『関東教育学会紀要』第五号（一九七八年）、三～四頁。

(13) 「同」、二頁。

(14) 荻野富士夫『戦前文部省の治安機能――「思想統制」から「教学錬成」へ』、校倉書房、二〇〇七年、一八八頁。

(15) 『教学刷新評議会資料』上、芙蓉書房出版、二〇〇六年、二一頁。

(16) 『同』下、四五一頁。

(17) 『同』下、三九九頁。

(18) 荻野富士夫『戦前文部省の治安機能』、一七六、一八〇頁。

(19) 『教学刷新評議会資料』下、四一七頁。高野邦夫『新版　天皇制国家の教育論――教学刷新評議会の研究』、芙蓉書房出版、二〇〇六年、五八八～五九四頁参照。この会議には幹事の萱場《かやば》軍蔵《ぐんぞう》警保局長も欠席していた。二・

二六事件の事後処理に追われていたのかもしれない。
(20)『教学刷新評議会資料』下、四二〇、四二二～四二五頁。文言挿入については、『同』下、三六五頁参照。
(21)『同』下、一七一～一七二頁。
(22)『同』下、四三四～四三五頁。
(23)副田義也『増補版　内務省の社会史』、東京大学出版会、二〇一八年、五二一頁。
(24)『教学刷新評議会資料』下、四三九頁。内務省による文部省への人事的支配の実態や文部大臣の指導力不足への批判の強さについては、荻野富士夫『戦前文部省の治安機能』、一二〇～一二一頁参照。
(25)前川喜平「文部省の政策形成過程」城山英明・細野助博編『続・中央省庁の政策形成過程――その持続と変容』、中央大学出版部、二〇〇二年、一八一頁。
(26)『教学刷新評議会資料』上、二五頁。
(27)『同』上、七六～七七頁。
(28)『同』上、七六～七七頁。昆野伸幸は、『国体の本義』の国体論が楽観的で伝統的なものであり、主体性を重んじる平泉の国体論と鋭く対立すると指摘している。昆野伸幸『増補改訂　近代日本の国体論』、一四四～一四五頁。
(29)『教学刷新評議会資料』上、二三五頁。　二〇六～二一〇頁参照。
(30)『同』上、二四四、三三二頁。
(31)『同』下、六八頁。
(32)「治安維持法要義（未定稿）」『官報』三八二〇号付録（一九二五年五月二〇日）、四頁。
(33)『教学刷新評議会資料』下、三九、一五〇、一六七頁。
(34)『同』下、二一四～二一六頁。
(35)『同』下、二一六～二一八頁。上山は以前の総会で国体の専門的説明を強く求めている。『同』上、三六、九二～九三頁参照。

(36)『同』下、二二九〜二二二頁。

(37)『同』下、三一三頁参照。高野邦夫『新版　天皇制国家の教育論』、五三二頁参照。上山君記念事業会編『上山満之進』上、成武堂、一九四一年、三九六〜三九七頁に上山の文案が全文掲載され、これは答申前文に取り入れられ、『国体の本義』にも関係があるとの解説が付されている。

(38)『教学刷新評議会資料』下、二七八頁。

(39)土屋忠雄「国体の本義」の編纂過程」、七頁。

(40)志田延義『昭和の証言』、至文堂、一九九〇年、三四頁。志田延義『歴史の片隅から　随筆評論集』、至文堂、一九八二年、一三三頁、ならびに、『爪立ち人生』、至文堂、一九九九年、七五頁でも志田は同様の証言を行なっている。

(41)志田延義『昭和の証言』、三七頁。

(42)土屋忠雄「国体の本義」の編纂過程」、七〜八頁。

(43)『国体の本義』、一五五、一五六頁。

(44)『同』、一五五頁。

(45)久保義三『新版　昭和教育史——天皇制と教育の史的展開』、東信堂、二〇〇六年、五一六頁。荻野富士夫『戦前文部省の治安機能』、一九二頁。

(46)荻野富士夫『戦前文部省の治安機能』、一九二頁。

(47)前田一男「「教学刷新」の設計者・伊東延吉の役割」、三八一頁。

(48)志田延義『昭和の証言』、三五頁。

(49)土屋忠雄「「国体の本義」の編纂過程」、八〜一一頁。意見書の内容は、久保義三『新版　昭和教育史』、五一六〜五二〇頁参照。四人の意見書の総計は二〇〇字詰原稿用紙八九枚に上っている。

(50)『同』、一〇頁。

(51) 志水の経歴と文庫の詳細については、国立教育研究所編『国立教育政策研究所教育図書館所蔵志水義暲文庫目録』、国立教育研究所、一九八六年参照。なお、目録記載の資料はPDF化されており、教育図書館で閲覧可能である。
(52) 荻野富士夫『戦前文部省の治安機能』、一九四～一九五頁。
(53) 「[国体の本義　凡例案]」『志水義暲文庫』、請求番号 096.513－1.18。『戦前文部省の治安機能』、一九五頁に凡例案全文が引用されている。
(54) 「[国体の本義]　凡例　[案]」『志水義暲文庫』、請求番号 096.513－1.19。
(55) 荻野富士夫『戦前文部省の治安機能』、一九六頁。
(56) 『同』、一八九頁。
(57) 前田一男「「教学刷新」の設計者・伊東延吉の役割」、三七〇～三七三頁参照。
(58) 「同」、三七三頁。
(59) 「同」、三八三頁。
(60) 藤原喜代蔵『明治・大正・昭和　教育思想学説人物史　第四巻　昭和前期篇』、日本経国社、一九四四年、五五一～五五五、五五七頁参照。
(61) 小川義章「国体の本義につきて」滋賀県編『昭和一三年度夏期講習録』、滋賀県、一九三九年、三頁。
(62) 「同」、三～四頁。
(63) 前田一男「「教学刷新」の設計者・伊東延吉の役割」、三八三頁参照。
(64) 小川義章「国体の本義につきて」、四～五頁。
(65) 『小川義章和尚語録　阿留辺畿夜宇和』、高山寺、一九七二年、二一一～二一二頁参照。
(66) 『追憶』に竹内良三郎と石井勗の回想が収録されている。これは小川への追悼文集である。『追憶』、高山寺、一九七〇年参照。
(67) 『阿留辺畿夜宇和』、一一三、一七八頁。

(68) 『同』、一七八〜一七九頁。
(69) 土屋忠雄「「国体の本義」の編纂過程」、八頁。『阿留辺幾夜宇和』、五八頁。久松潜一「小川義章氏を悼んで」『追憶』、一五四〜一五五頁参照。
(70) 近藤壽治『ひとすじの道』、学校図書、一九六七年、一九四頁。長谷川亮一によれば、昭和二〇年一〇月時点では文部省は『国体の本義』の改訂版作成を予定していたようである。長谷川亮一『「皇国史観」という問題——十五年戦争期における文部省の修史事業と思想統制政策』、白澤社、二〇〇八年、二九九頁。
(71) 近藤壽治『ひとすじの道』、一九三〜一九四頁。
(72) 『同』、二六八〜二八〇、三〜四頁参照。
(73) 木村元「近藤壽治『日本教育学』成立事情」駒込武・川村肇・奈須恵子編『戦時下学問の統制と動員——日本諸学振興委員会の研究』、東京大学出版会、二〇一一年、二九三〜二九五頁。
(74) 土屋忠雄「「国体の本義」の編纂過程」、七頁。拙稿「解説 「古典を読む 国体の本義」」参照。
(75) 前田一男「国民精神文化研究所の研究——戦時下教学刷新における「精研」の役割・機能について」『日本の教育史学』第二五集(一九八二年九月)七二〜八一頁の研究職員一覧参照。
(76) 文部官僚の経歴については、人事興信所編『人事興信録』第一一版(昭和一二年)上下、人事興信所、一九三七年参照。
(77) 『人事興信録』第一一版(昭和一二年)下、フ一一六〜一一七頁。
(78) 『教学刷新評議会資料』上、一五八頁。
(79) 『同』上、一五八〜一五九頁。
(80) 『同』上、一五九〜一六〇頁。
(81) 高野邦夫『新版 天皇制国家の教育論』、三七二頁。『同』、二五一〜二五六、三六九〜三七五頁参照。
(82) 『国体の本義』、六、一五五、一四八〜一四九頁。

(83) 西田幾多郎「日本文化の問題附録　学問的方法」『西田幾太郎全集』第九巻、岩波書店、二〇〇四年、八七〜九四頁。ならびに、「日本文化の問題」『西田幾多郎全集』第十三巻、岩波書店、二〇〇五年、一四〜一五頁。
(84) 西田幾多郎「日本文化の問題」『西田幾多郎全集』第九巻参照。こちらが岩波新書版である。
(85) 『教学刷新評議会資料』下、二〇頁。
(86) 『同』下、四〇四〜四〇五頁。特別委員の三上の口添えもあり、最終的に「教育的学問的創造」という文言を「教育的学問的涵養創造」に修正することになった。『同』下、四〇八〜四〇九頁。
(87) 西田幾多郎にとっての創造の意味については、拙著『「日本」への問いをめぐる闘争――京都学派と原理日本社』、柏書房、二〇〇七年、特に第一章参照。
(88) 『国体の本義』、五二〜五三、一一六頁。
(89) 『教学刷新評議会資料』上、九七、一〇〇〜一〇一頁。
(90) 『同』上、九七〜九八頁。
(91) 鰺坂真「「和」の思想」と日本精神主義――『国体の本義』の成立過程」日本科学社会議思想・文化研究委員会編『「日本文化論」批判――「文化」を装う危険思想』、水曜社、一九九一年、一八〇〜一八五頁。
(92) 文部省教学局編纂『国体の本義解説叢書』合本上、印刷局、一九四四年、二五四頁。引用は合本版によっている。
(93) 拙稿「一九四〇年代前半の日本哲学の激変――多面的展開から一元化へ」廖欽彬・伊東貴之・河合一樹・山村奨編『東アジアにおける哲学の生成と発展――間文化の視点から』、法政大学出版局、二〇二二年、四七四〜四七五頁。
(94) 寺崎昌男・駒込武「機関誌『日本諸学』にあらわれた学問論」『戦時下学問の統制と動員』、四〇六、三八九頁。
(95) 拙稿「「書評誌『読書人』の国内思想戦（二）」『産大法学』第五五巻第二号（二〇二一年七月）、九四頁。「同（三・完）」『産大法学』第五五巻第三・四号（二〇二二年一月）、二六頁。
(96) 昆野伸幸『増補改訂　近代日本の国体論』、三七九〜三八二頁。

(97) 拙稿「書評誌『読書人』の国内思想戦」(二)(三・完)、昆野伸幸『近代日本の国体論』、三八三〜三八四頁参照。
(98) 小沼の年譜は、平塚益徳編『小沼洋夫遺稿集』、小沼洋夫遺稿集刊行委員会、一九六八年参照。
(99) 「日本世界観と日本諸学――研究座談会」『日本諸学』第二号(一九四二年一一月)参照。司会は藤野、参加者は和辻、紀平、久松潜一、近藤壽治、杉靖三郎《すぎやすざぶろう》である。
(100) 和辻哲郎「[藤野恵に関する]証言」『和辻哲郎全集』別巻二、岩波書店、一九九二年、四六五〜四六六頁。
(101) 『同』別巻二、五一三〜五一四頁。
(102) 土屋忠「「国体の本義」の編纂過程」、一〇頁。
(103) 『教学刷新評議会資料』上、八八〜八九、一三三〜一三四頁。訂正前の文言については、高野邦夫『新版 天皇制国家の教育論』、三五〇〜三五一頁参照。
(104) 土屋忠雄「「国体の本義」の編纂過程」、一〇頁。
(105) 志田延義『昭和の証言』、三八頁。
(106) 土屋忠雄「「国体の本義」の編纂過程」、一〇頁。
(107) 『国体の本義』、一一四、一五五頁。
(108) 拙稿「解説 古典を読む 国体の本義」」、三〇一頁。
(109) 「同」、三〇四頁。
(110) 長谷川亮一『「皇国史観」という問題』、七八頁参照。神勅の冒頭に「豊葦原《とよあしはら》」と「豊」の字を入れていることへの指摘である。
(111) 拙稿「解説 古典を読む 国体の本義」」、三〇四〜三〇五頁。
(112) 辻田真佐憲『文部省の研究――「理想の日本人像」を求めた百五十年』、文春新書、二〇一七年、一一八、一三七頁。
(113) 反知性主義の定義に関して、拙稿「近代日本の反知性主義――信仰・運動・屈折」『政治思想研究』第二〇号(二〇二〇年五月）参照。

■第三章

（1）行政組織の戦前と戦後での連続性と断続性については、伊藤正次『日本型行政委員会制度の形成――組織と制度の行政史』、東京大学出版会、二〇〇三年、一〇三～一〇八頁参照。教育関係の戦後の審議会については、清水俊彦編著『教育審議会の総合的研究』、多賀出版、一九八九年参照。審議会の運営に関しては、森田朗『会議の政治学』、慈学社出版、二〇〇六年が興味深い。なお、昭和戦後期以降の社会保障政策での審議会研究として、小野太一『戦後日本社会保障の形成――社会保障制度審議会と有識者委員の群像』、東京大学出版会、二〇二二年がある。

（2）官制による設置期間は、昭和一〇年一一月一八日から昭和一二年六月二三日までである。

（3）荻野富士夫『戦前文部省の治安機能――「思想統制」から「教学錬成」へ』、校倉書房、二〇〇七年、一七五頁。

（4）『同』、一八一頁。

（5）高野邦夫『新版　天皇制国家の教育論――教学刷新評議会の研究』、芙蓉書房出版、二〇〇六年、四頁。原著は、あずみの書房刊行。

（6）『教学刷新評議会資料』上・下、芙蓉書房出版、二〇〇六年。

（7）速記中止の問題については、高野邦夫『新版　天皇制国家の教育論』、三二七～三二八頁。

（8）長友安隆「昭和十年代文教政策に於ける神祇問題――神祇府構想と神社制度研究会を中心として」『明治聖徳記念学会紀要』第四三号（二〇〇六年一一月）、二八三頁。

（9）菅谷幸浩『昭和戦前期の政治と国家像――「挙国一致」を目指して』、木鐸社、二〇一九年、一三四頁。一三三頁も参照。

（10）『同』、一六六頁。

(11) 佐藤秀夫「資料Ⅱ　戦時期教育政策関係資料目録　解題」、国立教育研究所内教育研究の役割研究委員会編・発行『教育研究の役割――教育制度・内容・方法の改革における教育研究の役割に関する実証的総合研究』、一九八四年、二四二頁。石川準吉氏旧蔵戦時期教育関係資料は国立教育政策研究所教育図書館が所蔵し、閲覧が可能である。

(12) 石川準吉『総合国策と教育改革案――内閣審議会・内閣調査局記録』、清水書院、一九七四年、第一篇一一六頁。初版は一九六二年刊行。

(13)『同』、第一篇一一五～一一六頁。

(14)『同』、第一篇一一六頁。

(15)『同』、第一篇一一六頁。

(16)『同』、第一篇一一七頁。

(17)『同』、第一篇四八～四九、五五頁、第二篇五二～五六頁。

(18)『同』、第一篇五八～七二頁。

(19)『同』、序に代えて八～九頁。

(20)『同』、序一～二頁。森靖夫《もりやすお》は、松井春生に文官主導の国家総動員体制構想があり、陸軍の永田鉄山の理解も得て昭和初期から国家総動員という政策課題に取り組んでいたと指摘している。松井は東京帝国大学法科大学を卒業して内務省に入り、内閣法制局、資源局を経て内閣調査局に勤務した。森靖夫『「国家総動員」の時代――比較の視座から』、名古屋大学出版会、二〇二〇年、一九、三五二頁、および特に第六章、第七章参照。

(21)『同』、第一篇九、五九頁。

(22)『同』、第一篇一八頁。

(23)『同』、第一篇七九頁。

(24) 西尾林太郎『阪谷芳郎』、吉川弘文館、二〇一九年、一～五頁参照。

(25) 山田芳則『幕末・明治期の儒学思想の変遷』、思文閣出版、一九九八年、五五〜七一頁。
(26)『同』、六三〜六四頁。
(27) 阪谷芳郎『我が国体の本義』、社会教育協会、一九三六年、六〜七頁。講演記録は、阪谷芳郎述『国体論』、渋沢事務所、一九三五年、四〜五頁参照［国立国会図書館デジタルコレクション］。教学刷新評議会第二回総会に阪谷は『国体論』を資料として提出している（上109〜128）。
(28) 発行元の社会教育協会は大正一四（一九二五）年に設立された財団法人であり、阪谷を会長とし理事には文部省社会教育局長も含め同省関係者が多数入っている。阪谷芳郎『我が国体の本義』、奥付前頁広告参照。
(29)『我が国体の本義』、七〜八頁。
(30)『同』、一〇〜一一頁。
(31)『同』、二一頁。『国体論』、一〇頁参照。
(32)『同』、二一頁。『国体論』、一〇頁参照。
(33) 渋沢青淵記念財団竜門社編纂『渋沢栄一伝記資料』第四四巻、渋沢栄一伝記資料刊行会、一九六二年、一一二〜一二二頁参照。
(34) 阪谷芳郎『我が国体の本義』、二〇頁。『国体論』、一〇頁参照。
(35) 西尾林太郎『阪谷芳郎』、一頁。
(36)『同』、五〜九頁。
(37) 故阪谷子爵記念事業会編『阪谷芳郎伝』、故阪谷子爵記念事業会、一九五一年、五四〜五五頁。
(38) 高野邦夫『新版　天皇制国家の教育論』、一八二頁。同書第二章で委員の人的構成が詳細に検証されている。
(39) 文部省編纂『国体の本義』、内閣印刷局印刷発行、一九三七年、六頁。
(40) 三好行雄編『漱石文明論集』、岩波文庫、一九八六年、三六頁。
(41)『同』、三三頁。

(42) 高野邦夫『新版 天皇制国家の教育論』、一八二頁。
(43) 『同』、三九四頁。
(44) 『国体の本義』、一、三頁。
(45) 浅沼薫奈「『創立十周年記念 大東文化協会 大東文化学院 創立沿革』および『創立十周年記念号 大東文化協会 大東文化学院』について」『大東文化大学史研究紀要』第一号（二〇一七年三月）、六六頁。
(46) 大東文化大学百年史編纂委員会『大東文化大学百年史』上、大東文化学園、二〇二三年、二〇〇頁。和田守「大東文化大学の建学理念の検証——漢学振興・東西文化融合論をめぐって」『国際比較政治研究（大東文化大学国際比較政治研究所）』第二二号（二〇一三年三月）、八八頁。なお、和田論文の解説として、西谷紀子「『大東文化』における時代的変遷と思想的多様性について　和田守「大東文化大学の建学理念の検証——漢学振興・東西文化融合論をめぐって」を中心に」『国際比較政治研究』第三〇号（二〇二一年三月）参照。
(47) 『大東文化大学百年史』上、二二一頁。大東文化学院から皇道儒学への展開に関しては以下参照。姜海守「「皇道に醇化融合したる儒教」としての「皇道儒学（教）」言説——大東文化学院と朝鮮経学院との連環」『アジア文化研究』第四七号（二〇二一年三月）。「皇道儒学」の系譜学——東洋文化学会・大東文化学院・斯文会における「皇道」と「国体」」『アジア文化研究』第四八号（二〇二二年三月）。
(48) 和田守「大東文化大学の建学理念の検証」、九六頁。
(49) 「同」、一一四頁。
(50) 大蔵省印刷局編『官報』第三九五三号（一九二五年一〇月二七日）、七〇八頁。
(51) 橘文七編『木下成太郎先生伝』、木下成太郎先生伝刊行会、一九六七年、五〇～五三頁。
(52) 古川隆久『政治家の生き方』、文春新書、二〇〇四年、一四四～一四五頁。なお、自由党との関係も「疑わしい」と指摘されている。一四六頁参照。
(53) 『木下成太郎先生伝』、三一九～三三二、三三六～三四〇頁参照。

(54) 木下成太郎編『第三・四・五回於華族会館　東洋文化振興ニ関スル協議会議事録』、一〇二～一〇三頁。小冊子であり、木下によって一九二二年末か二三年に発行されたと推定される。
(55) 『同』、一〇八頁。
(56) 『同』、一三七頁。
(57) 木下成太郎編『大正一一年七月五日於華族会館　東洋文化振興ニ関スル第二回協議会議事録』、三九～四一頁。小冊子であり、木下によって一九二二年に発行されたと推定される。
(58) 『同』、四一頁。
(59) 「同」、五〇～五四頁。
(60) 『同』、五〇、四二頁。
(61) 『同』、四三～四四頁。
(62) 橘文七編『木下成太郎先生伝』、三五〇頁。
(63) 『同』、三五〇頁。
(64) 『同』、三五一頁。
(65) 『同』、三五一頁。
(66) 『同』、四七〇頁。
(67) 『第六七回帝国議会　衆議院建議委員会　第八号　昭和一〇年三月二〇日』［帝国議会会議録検索システム］、三六～三七頁。『木下成太郎先生伝』、五二四頁。伝記では読みやすいように一部改変されている。
(68) 「同」、三七～三八頁。『木下茂太郎先生伝』、五二五、五二七頁。
(69) 『同』、三八頁。『木下成太郎先生伝』、五二七頁参照。
(70) 『同』、三九～四〇頁。『木下成太郎先生伝』、五三〇～五三一頁参照。
(71) 『同』、四〇頁。『木下成太郎先生伝』、五三一頁参照。

(72)『同』、四〇頁。『木下成太郎先生伝』、五三一頁参照。

(73)『同』、四〇頁。『木下成太郎先生伝』、五三二頁参照。

(74)『同』、四〇頁。『木下成太郎先生伝』、五三二頁参照。

(75)武石典史「官僚の選抜・配分構造――二つの席次への着目」『教育社会学研究』第一〇〇集（二〇一七年八月）、二七三頁参照。

(76)橘文七編『木下成太郎先生伝』、四六九～四七〇頁。

(77)宮沢俊義『天皇機関説事件――史料は語る』上、有斐閣、一九七〇年、二一八～二一九頁。

(78)『木下成太郎先生伝』、四七一～四七三。

(79)『同』、五三五～五三六頁。

(80)『同』、五三五～五三六頁。

(81)『同』、五三四頁。木下も落選し、翌年繰り上げ当選となった。選挙区事情については、井上敬介「昭和戦前期の普通選挙と北海道第五区」『北海道大学文学研究院紀要』一六一号（二〇二〇年一二月）参照。ちなみに、同じ選挙区で同じ立憲政友会の三井徳宝《みついとくほう》は、原理日本社を主宰する三井甲之《みついこうし》の弟である。

(82)『同』、五八九頁。

(83)米山忠寛『昭和立憲制の再建　１９３２年～１９４５年』、千倉書房、二〇一五年、一七六、一九二頁。

(84)『同』、一八八頁。

(85)『木下成太郎先生伝』、五七〇～五七四頁参照。

(86)木下三四彦「木下成太郎／政友会の大御所」北海道総務部文書課編『北海道回想録』、北海道、一九六四年、四九頁。

(87)平泉洸「父の周辺」『日本』第三五巻第二号（一九八五年二月）、二〇頁。

(88)若井敏明『平泉澄――み国のために我つくさなむ』、ミネルヴァ書房、二〇〇六年、二二九頁。

(89) 拙稿「古典を読む　國體の本義」佐藤弘夫他編『岩波講座　日本の思想　第二巻　場と器——思想の記録と伝達』、岩波書店、二〇一三年、三〇四頁参照。
(90) 江木の経歴については、伊藤敏行「解説」『江木千之翁経歴談』下、大空社、一九八七年参照。原著は、江木千之翁経歴談刊行会編・発行『江木千之翁経歴談』上下、一九三三年。
(91) 『同』下、四七五～四七六頁。
(92) 『同』下、四七八頁。
(93) 『同』下、四七八～四七九頁。
(94) 『同』下、四八〇～四八一頁。
(95) 『同』下、四八一～四八四頁。犬養、渋沢、鵜澤は大東文化協会設立の協力者である。
(96) 『同』下、四八五頁。
(97) 『同』下、四八六頁。
(98) 阿部彰『文政審議会の研究』、風間書房、一九七五年、一一頁。
(99) 『同』、一二～一四頁。
(100) 清水唯一朗『近代日本の官僚——維新官僚から学歴エリートへ』、中公新書、二〇一三年、一八八～一八九頁。
(101) 武石典史「官僚の選抜・配分構造——二つの席次への着目」『教育社会学研究』第一〇〇集（二〇一七年八月）、二七三～二七四頁。
(102) 文部省作成「教学錬成所長伊東延吉」［国立公文書館デジタルアーカイブ『公文雑纂・昭和一九年・第七八巻・奏任文官俸給制限外下賜一・内閣～貴衆両院事務局』No. 一五五　https://www.digital.archives.go.jp/img/2460330（参照 2023-01-26)］。
(103) 伊東延吉「江木千之先生の追想」『文部時報』第七三〇号（一九四一年七月）、一四八頁。
(104) 「同」、一四九頁。

(105)「同」、一五〇頁。
(106)土屋忠雄「江木千之　その人と仕事」東洋館出版社編集部編『近代日本の教育を育てた人びと』上、東洋館出版社、一九六五年、九五頁。
(107)『同』、九八～九九頁。
(108)『小学校教員心得』、文部省、一八八一年、一頁［国立国会図書館デジタルコレクション］。「江木千之翁経歴談」上、五五～六三頁参照。
(109)土屋忠雄「江木千之　その人と仕事」、一〇二～一〇三頁。
(110)「同」、一〇三頁。
(111)藤原喜代蔵『明治・大正・昭和　教育思想学説人物史　第四巻　昭和前期篇』、日本経国社、一九四四年、五五〇、五五二、五五五頁。
(112)二宮隆雄『情熱の気風――鈴渓義塾と知多偉人伝』、フィールドアーカイヴ、二〇一九年、特に第三章参照。
(113)細見京之助編『教育大家　溝口先生』、盛田久左衛門発行、一九二五年、一六～一七頁［国立国会図書館デジタルコレクション］。発行者は盛田家一三代目久左衛門命昭と推定される。
(114)『同』、一八～一九頁。
(115)『同』、一六、二〇頁。
(116)『同』、二〇頁。
(117)『同』、二〇～二一頁。
(118)清水唯一朗『近代日本の官僚』、二〇二頁。
(119)高野邦夫『新版　天皇制国家の教育論』、三九八頁。
(120)大東文化大学創立五十周年記念史編纂委員会編『大東文化大学五十年史』、大東文化学園、一九七三年、一〇七八～一〇八一頁参照。

(121) 鵜澤總明「感恩録六」（国立国会図書館憲政資料室所蔵『鵜澤總明関係文書』661－1）、頁数表記なし。
(122) 鵜澤總明『政治哲学』、高陽書院、一九三七年、緒言三頁。
(123) 『同』、三六頁。
(124) 『同』、二二三頁。
(125) 『同』、二二六、二三〇頁。
(126) 鵜澤總明『随想録』、大東文化協会、一九三六年、三六七頁［国立国会図書館デジタルコレクション］。
(127) 『同』、三六九頁。
(128) 『同』、三六八頁。アルブレヒトはWilhelm Eduard Albrecht（1800～1876）、カルテンボルンはKarl Baron Kaltenborn von Stachau（1817～1866）、スタールはFriedrich Julius Stahl（1802～1861）。なお、原著はカンテンボルンとの表記になっている。
(129) 鵜澤總明『法律と道徳との関係・法学通論』（明治大学創立百周年記念学術叢書第六巻）、明治大学、一九八四年、四九二～四九三頁参照。鵜澤《うざわ》晉《すすむ》による解題で、鵜澤の「感恩録二」の一節が引用されている。鵜澤晉は鵜澤總明の二男である。
(130) 鵜澤晉「鵜澤總明著・「法律と道徳との関係」「法学通論」解題」『同』四九二～四九四頁参照。鵜澤の年譜は『同』、四七七～四八九頁。「鵜澤總明先生述　大田和齋先生」が、三浦叶『明治の碩学』、汲古書院、二〇〇三年に収録されている。これは昭和一八年の『東洋文化』掲載の追想である。鵜澤は「聖人の礼を研究する為に法を脩《おさ》める」と恩師に知らせ、喜ばれたと記している。『同』、二〇八頁。
(131) 鵜澤の生涯については、石川正俊『鵜沢総明――その生涯とたたかい』、技報堂、一九五六年、ならびに、明治大学史資料センター編『鵜澤總明と明治大学』、ＤＴＰ出版、二〇二一年参照。
(132) 鵜澤總明『法律哲学』（明治大学創立百周年記念学術叢書第七巻）、明治大学、一九八三年、一頁。
(133) 『同』、三頁。復刻版には、「法も礼は」とあるが、原版に従って「法も礼も」に修正した。

(134)『同』、五頁。
(135)立石龍彦・土屋恵一郎「解題　鵜澤總明の法哲学」『同』、三五〇頁。
(136)『同』、三五二〜三五三頁。
(137)黒澤松次郎編・原嘉道述『弁護士生活の回顧』、法律新報社、一九三五年、一〜二頁。
(138)『同』、一頁。
(139)三谷太一郎『増補　政治制度としての陪審制――近代日本の司法権と政治』、東京大学出版会、二〇一三年、一四八〜一五〇頁。
(140)鵜澤總明「明治の上期から大正の終頃に至る日本法学と立法事業の一般」（国立国会図書館憲政資料室所蔵『鵜澤總明関係文書』三八一）。封筒には「鵜澤先生原稿　日本憲法の話」とあり、原稿用紙には「明治大学」と印刷がある。
(141)三谷太一郎『政治制度としての陪審制』、一三七頁。
(142)『同』、一三七頁。
(143)日本文化中央聯盟編『日本文化団体年鑑』昭和一三年版、日本文化中央聯盟、一九三八年、一三六頁。馬場萬夫監修『戦時下　日本文化団体事典　第1巻』、大空社、一九九〇年として復刻版が刊行されている。
(144)戦前期官僚制研究会編・秦郁彦著『戦前期日本官僚制の制度・組織・人事』、東京大学出版会、一九八一年、三六五頁。なお河原は終戦前後の文部次官に再任されている。
(145)児玉識編著『上山満之進の思想と行動　増補改訂版』、海鳥社、二〇一六年、一二八頁。
(146)菅谷幸浩『昭和戦前期の政治と国家像――「挙国一致」を目指して』、木鐸社、二〇一九年、一六一頁。
(147)『同』、一六一頁。
(148)児玉識編著『上山満之進の思想と行動』、一三〇頁。
(149)高見勝利編『金森徳次郎著作集Ｉ　憲法遺言／憲法随想／憲法うらおもて／私の履歴書』、慈学社出版、

(150) 二〇一三年、三〇七頁。児玉識編著『上山満之進の思想と行動』、七六頁参照。

(151) 『金森徳次郎著作集I』、三〇七頁。

(152) 文部省『国体の本義』、内閣印刷局、一九三七年、一三五頁。

(153) 高野邦夫は上山への伊東の答弁がかみ合っていないのは、伊東が「本当にわかっていないのか」、「立場上の自覚から」故意に曖昧なことを言っているのかの判断は読者に委ねるとしている。高野邦夫『新版　天皇制国家の教育論』、五一九頁。

(154) 昆野伸幸は、憲法学者の里見岸雄がすべての法律を「国体の表現」とする記述を批判していたと指摘している。昆野伸幸『増補改訂　近代日本の国体論――〈皇国史観〉再考』、ぺりかん社、二〇一九年、三七五頁。

(155) 奥平《おくだいら》康弘《やすひろ》『治安維持法小史』、岩波現代文庫、二〇〇六年、一〇四頁参照。奥平はここで、法律上の国体と教育勅語などの国体を「混交」する主張を司法大臣の原も行なっていたと批判している。

(156) 児玉識編著『上山満之進の思想と行動』、六九頁。上山君記念事業會編『上山満之進』下巻、成武堂、一九四一年、八四八頁。

(157) 児玉識編著『上山満之進の思想と行動』、七一〜七三頁。

(158) 『上山満之進』下巻、八五五〜八五七頁。

(159) 『同』、八六七頁。

(160) 『同』、八六三頁。

(161) 『同』、八六三〜八六四頁。

(162) 『同』、八六五頁。

(163) 『同』、八五一頁。

(164) 『同』、八六六頁。

『同』、八六五〜八六六頁。

(165)「同」、七一六頁。
(166)『同』、七〇五頁。
(167)『同』、七一三頁。
(168)『同』、七一五頁。
(169)『同』、七二二～七二三頁。
(170)『同』、七二五頁。
(171)『同』、七〇四頁。七〇五、七二五～七三二頁参照。演説がもたらした反発については、児玉識編著『上山満之進の思想と行動』、一一五～一一九頁参照。
(172)児玉識編著『上山満之進の思想と行動』、一三一頁。
(173)高野邦夫は、松田が用心して国体についての言及を避けたと推測している。高野邦夫『新版　天皇制国家の教育論』、二九五頁。
(174)『第六七回帝国議会　貴族院本会議　第一九号　昭和一〇年三月二〇日』［帝国議会会議録検索システム］、二二七～二三六頁。
(175)宮沢俊義『天皇機関説事件――史料は語る』（上）、有斐閣、一九七〇年、第六章参照。さらに詳細には、小林和幸「「天皇機関説」排撃問題と貴族院――「政教刷新ニ関スル建議案」と院内会派」小林和幸編『近現代日本選択の瞬間』、有志舎、二〇一六年参照。
(176)『第六七回帝国議会　貴族院本会議　第一九号　昭和一〇年三月二〇日』、二三四頁。
(177)『同』、二三四～二三五頁。三上は、前の斎藤内閣では司法大臣の小山松吉が国史を高等文官試験の必須科目にしようと尽力したと述べている。『同』、二三五頁。
(178)『同』、二三五頁。小林和幸《こばやしかずゆき》は学問の自由の堅持を三上の主意と推測しているが（「「天皇機関説」排撃問題と貴族院」一八〇頁）、天皇機関説に限らず、国史を踏まえない西洋風法律学への三上の批判を考えると、むしろ国史学による教学刷新への意欲をここで改めて表明した、と理解する方がよいのではないだろうか。

(179)『同』、二三五～二三六頁。

(180)帝国学士院の各部から会員の互選で貴族院議員を選出する制度は大正一四(一九二五)年五月に始まった。任期は七年であり、三上は昭和七年九月に選出されている。この制度については、佐々木研一朗「貴族院帝国学士院会員議員研究序説――その成立の経緯と隠れた活躍」『政治学研究論集』(明治大学大学院政治経済研究科)第三七号(二〇一三年二月)参照。

(181)三上参次「日本精神と教育改造」新教育協会編『日本精神と新教育』、明治図書、一九三四年、三二頁[国立国会図書館デジタルコレクション]。

(182)吉田熊次『教育問題雑感』、日本文化協会、一九三六年、一八頁[国立国会図書館デジタルコレクション]。

(183)『同』、一四～一五頁。

(184)『同』、九、一一～一二頁。

(185)荻野富士夫『戦前文部省の治安機能』、一四八、一五四頁。

(186)作田荘一『国民科学の成立』、弘文堂書房、一九三五年、二四～二五頁。作田は、本書は国民精神文化研究所の『国民精神文化研究』に公表した同名論文を拡大し、他の論文と合わせたものであるとしている。『同』、はしがき一～二頁。

(187)『同』、二三、二六～二七頁。

(188)『同』、三四～三五頁。

(189)『同』、四〇～四一頁。

(190)『同』、三〇五頁。

(191)『同』、三〇三頁。

(192)拙稿「書評誌『読書人』の国内思想戦――一九四〇年代前半日本の言論空間研究」(一)(二)(三・完)『産大法

学』第五五巻第一号（二〇二一年四月）、第五五巻第二号（二〇二一年七月）、第五五巻第三・四号（二〇二二年一月）参照。

（193）石山脩平・石三次郎「昭和一〇年教育界の回顧」『教育学研究』第四巻第一〇号（一九三六年一月）、六〇頁。

（194）高野邦夫『新版　天皇制国家の教育論』、二三、二七六〜二七七頁、荻野富士夫『戦前文部省の治安機能』、一七四〜一七五頁参照。

■**第四章**

（1）高野邦夫『新版　天皇制国家の教育論――教学刷新評議会の研究』、芙蓉書房出版、二〇〇六年、二三、二七七頁。

（2）荻野富士夫『戦前文部省の治安機能――「思想統制」から「教学錬成」へ』、校倉書房、二〇〇七年、一七五頁参照。なお、国立公文書館所蔵の「教学刷新評議会の設置」と題する文書には、教学刷新評議会規程を教学刷新評議会官制と修正し、委員を命じるのを文部大臣から内閣へと修正する書き込みがある。おそらく、当初の委員会案の文書に修正が加えられたものであろう。この文書によれば、議題予定は「学問に関する事項」と「教育に関する事項」の二つに分けられている。「教学刷新評議会の設置」［国立公文書館デジタルアーカイブ https://www.digital.archives.go.jp/img/1623301（参照 2023-09-02）］。

（3）陸軍省軍務局軍事課「国体明徴の為政府の為すべき処置」［国立公文書館デジタルアーカイブ https://www.digital.archives.go.jp/img/1598236（参照 2023-09-02）］。

（4）原田熊雄述『西園寺公と政局　第四巻――自昭和九年至昭和十一年』、岩波書店、一九五一年、三五五頁。

（5）「国体明徴の為政府の為すべき処置」、一〜五頁。

（6）「同」、五頁。なお、昭和一一年五月・六月に陸軍省が策定した『国政刷新要綱案』と『国政刷新要綱別冊』について、以下の資料紹介がある。山中永之佑「一九三六年の陸軍省『国政刷新要綱案』と『国政刷新要綱別冊』」『追手門経営論集』第二巻第一号（一九九六年六月）。

(7) 原田熊雄述『西園寺公と政局　第四巻』、三五六、三五九頁。

(8) 森田朗『会議の政治学』、慈学社出版、二〇〇六年、五九頁。

(9) 「石井、原両顧問官ヲ教学刷新評議会委員ニ任命ノ件」［国立公文書館デジタルアーカイブ https://www.digital.archives.go.jp/img/1764075（参照 2023-09-0)］。

(10) 「島田俊雄教学刷新評議会委員被免ノ件」［国立公文書館デジタルアーカイブ https://www.digital.archives.go.jp/img/3302352（参照 2023-09-02)］。

(11) 菅谷幸浩『昭和戦前期の政治と国家像——「挙国一致」を目指して』、木鐸社、二〇一九年、一五二～一五七頁参照。

(12) 「内閣書記官長藤沼庄平外十一名教学刷新評議会委員並幹事命免ノ件」［国立公文書館デジタルアーカイブ https://www.digital.archives.go.jp/img/3205617（参照 2023-09-04)］。同日に陸軍の委員三名も人事異動によって交代している。二・二六事件後の大規模な異動である。

(13) 『第六七回帝国議会　衆議院　本会議　第三〇号　昭和一〇年三月二三日』［帝国議会会議録検索システム］、七三四頁。なお、美濃部門下の宮沢俊義は、建議ではなく決議としたのは政府への迫力を出すためとの観測が東京朝日新聞社説にあることを紹介している。宮沢俊義『天皇機関説事件——史料は語る（上）』、有斐閣、一九七〇年、一七四頁。

(14) 『第六七回帝国議会　貴族院　本会議　第一九号　昭和一〇年三月二〇日』［帝国議会会議録検索システム］、二二七～二三六頁。

(15) 森田朗『会議の政治学』、一〇九～一一〇頁。

(16) 「東先生小伝」浦武助編『東武先生遺文鈔』、十津川村役場、一九五九年、三～四頁［国立国会図書館デジタルコレクション］、ならびに東季彦「あとがき」、七〇四頁参照。大水害と大規模移住については、蒲田文雄・小林芳正『十津川水害と北海道移住——「明治二十二年吉野郡水災誌」は語る』、古今書院、二〇〇六年に詳しい。

二五〇〇名ほどが十津川村から北海道に移住し、新十津川村などが誕生することとなるのである。

(17) 『東武先生遺文鈔』、六六五頁。

(18) 『同』、六六六〜六六七頁。

(19) 『同』、六六七頁。

(20) 小久保喜七「十津川武士の俤」『同』、六七七頁。

(21) 「同」、六七八頁。

(22) 山本修之助『山本悌二郎先生』、山本悌二郎先生顕彰会、一九六五年、一二六〜一二九頁年譜参照［国立国会図書館デジタルコレクション］。

(23) 有田八郎『馬鹿八と人はいう――一外交官の回想』、中公文庫、二〇二二年、一八〜二〇頁参照。

(24) 伊坂誠之進『僕の見たる山本悌二郎先生』、伊坂誠之進発行、一九三九年、五七〜五八頁［国立国会図書館デジタルコレクション］。

(25) 石川正俊『鵜沢総明――その生涯とたたかい』、技報堂、一九五六年、一八六頁。

(26) 『喜寿の枢相原嘉道翁』、大東亜美術院、一九四三年、四頁。引用は、中央大学信窓会長野県支部が一九八二年に復刻した版による。

(27) 二荒芳徳の思想については、昆野伸幸「二荒芳徳の思想と少年団運動」『明治聖徳記念学会紀要』復刊第五一号（二〇一四年一一月）参照。社会教育協会については、阪谷芳郎『我が国体の本義』、社会教育協会、一九三六年の巻末参照。

(28) 『宗務時報』第一一九号（二〇一五年三月）、六七頁。

(29) 『文部省職員録　昭和一〇年一〇月一日現在』、文部大臣官房秘書課、一九三五年、四二頁。

(30) 松田への人物評として、角屋謹一『政界人物風景――昭和政治家評論』、文王社、一九三六年、四二〜四三頁参照。［国立国会図書館デジタルコレクション］。

(31) 関西学院事典編集委員会編『関西学院事典』、学校法人関西学院、二〇〇一年、二三七頁。
(32) 『永井柳太郎』編纂会編『永井柳太郎』、『永井柳太郎』編纂会、一九五九年、四九五頁。
(33) 高野邦夫『新版　天皇制国家の教育論』、一七二頁。
(34) 『同』、一七三頁。委員と幹事の社会的立場については、特に『同』、第二章第二節参照。
(35) 「辞令（教学刷新評議会委員）」国立国会図書館憲政資料室所蔵『鵜澤總明関係文書』、資料番号六〇四。
(36) 森田朗『会議の政治学』、五九頁。
(37) 橘文七編『木下成太郎先生伝』、木下成太郎先生伝刊行会、一九六七年、五七〇頁。
(38) 『同』、五七二頁。
(39) 拙稿「思想と宗教の統制」島薗進・末木文美士・大谷栄一・西村明編『近代日本宗教史　第四巻　戦争の時代――昭和初期～敗戦』、春秋社、二〇二一年、三四頁。なお、宗教団体法の施行は翌昭和一五年である。
(40) 小川原正道「「政治」による「宗教」利用・排除――近代日本における宗教団体の法人化をめぐって」日本政治学会編『年報政治学二〇一三－Ⅰ　宗教と政治』、木鐸社、二〇一三年、一五六頁。
(41) 井上恵行『改訂　宗教法人法の基礎的研究』、第一書房、一九七二年、二三四頁。なお、宗教団体法草案の概略については、『同』、二三四～二三五頁参照。
(42) 『同』、二三四頁。宗教制度調査会の開催日時については、『宗務時報』第一一九号（二〇一五年三月）、五一頁参照。
(43) 『日本と世界』第一一二輯（一九三六年一月）、八七～九一頁参照［国立国会図書館デジタルコレクション］。
(44) 阿部彰『文政審議会の研究』、風間書房、一九七五年、五七頁。
(45) 『同』、第二章参照。
(46) 『同』、三七三頁。
(47) 『同』、二五頁。

(48)『同』、二六頁。
(49)『同』、二九頁。
(50)『同』、四七二～四八一頁の文政審議会関係者名簿参照。
(51)「文政審議会官制ヲ廃止ス」〔国立公文書館デジタルアーカイブ https://www.digital.archives.go.jp/img/ 1649546（参照 2023-09-19)〕、四頁。
(52)「教育界消息」『教育学研究』第四巻第九号（一九三五年一二月）、九六頁。
(53)「同」、九六頁。
(54)「教学刷新評議会官制ヲ定ム」〔国立公文書館デジタルアーカイブ https://www.digital.archives.go.jp/img/1649108（参照 2023-09-19)〕、五頁。
(55)牧健二述『日本国体への反省』、青年教育普及会、一九三五年、二八頁。
(56)『同』、二九頁。
(57)『同』、八二頁。
(58)『同』、五二～五三頁。
(59)『日本と世界』第一二二輯（一九三六年一月）、八四～八七頁。
(60)「教育界消息」『教育学研究』第四巻第一一号（一九三六年二月）、一一一～一一三頁。
(61)高野邦夫『新版　天皇制国家の教育論』、三七二頁。
(62)山本良吉宛西田幾多郎書簡（一九三五年一一月一〇日付）『西田幾多郎全集』第二十一巻、岩波書店、二〇〇七年、三四四頁。
(63)『同』、三五〇頁。
(64)『同』、三五一頁。
(65)藤田正勝『人間・西田幾多郎――未完の哲学』、岩波書店、二〇二〇年、二七三頁。高野邦夫『新版　天皇制国家の教育論』、二五二〜二五六頁参照。
(66) 森田朗『会議の政治学』、六〇頁。
(67) 戦前期官僚制研究会編・秦郁彦著『戦前期日本官僚制の制度・組織・人事』、東京大学出版会、一九八一年、二二四頁。
(68) 牧健二述『帝国憲法の歴史的基礎』、日本文化協会出版部、一九三五年。
(69) 前田一男「国民精神文化研究所の研究——戦時下教学刷新における「精研」の役割・機能について」『日本の教育史学』第二五集、一九八二年、七二〜八一頁の職員一覧、ならびに志田延義『昭和の証言』、至文堂、一九九〇年、三一〜三二頁参照。
(70) 原田熊雄述『西園寺公と政局　第四巻』、三六一〜三六二頁。
(71) 『同』、三六二頁。
(72) 『同』、三六二頁。
(73) 千田是也・藤田富士男『劇白　千田是也』、オリジン出版センター、一九九五年、八四頁。
(74) 森田朗『会議の政治学Ⅱ』、慈学社出版、二〇一四年、二七頁。
(75) 久保義三『新版　昭和教育史——天皇制と教育の史的展開』、東信堂、二〇〇六年、二八八〜二九三頁。
(76) 『同』、二八九、二九二頁。
(77) 『同』、二九〇〜二九二頁。
(78) 「教学刷新評議会　第一・二・三回総会意見要綱」国立教育政策研究所教育図書館所蔵『志水義暲文庫』、請求記号096.516-3.4。
(79) 『文部省職員録　昭和一〇年一〇月一日現在』、二三、七六三頁。発行日は一二月五日であり、目次には教学刷新評議会は追加と表記されている。
(80) 「教学刷新評議会　第一・二・三回総会意見要綱」、ＰＤＦ版画像番号０２９１。

(81) 森田朗『会議の政治学』、一五頁。
(82) 西田彰一「相互討論『昭和十年代文部省をめぐる諸問題』」『藝林』第七三巻第一号（二〇二四年四月）、一六九～一七五頁。
(83) 西田彰一『躍動する「国体」——筧克彦の思想と活動』、ミネルヴァ書房、二〇二〇年、一三八頁。
(84) 山田三良『回顧録』、山田三良先生米寿祝賀会、一九五七年、七八～九四頁［国立国会図書館デジタルコレクション］。
(85) 森田朗『会議の政治学』、九～一〇頁。
(86) 荻野富士夫『戦前文部省の治安機能』、一七七頁。
(87) 文部省編纂『国体の本義』、内閣印刷局印刷発行、一九三七年、三～四頁。
(88) 『同』、四～五頁。
(89) 『同』、一五〇、一五四頁。
(90) 『同』、一五五頁。
(91) 『同』、一五五頁。
(92) 森田朗『会議の政治学』、一八頁。
(93) 『同』、一二～一八頁。
(94) 『同』、一八頁。
(95) 枢密院文書・高等官転免履歴書三・昭和十一年～昭和二十二年「渡邊千冬」［国立公文書館デジタルアーカイブ https://www.digital.archives.go.jp/img/1778707（参照 2024-05-22）］。
(96) 渡邊千冬『外交・政治・教育に関する私見』、渡邊千冬、一九三七年、二七、二九、三〇、三一頁。
(97) 『同』、三二～三三頁。
(98) 『第七〇回帝国議会　貴族院本会議　第四号　昭和一二年二月一五日』［帝国議会会議録検索システム］、二六～

二七頁。

(99) 竹山道雄「昭和の精神史」『昭和の精神史』、講談社学術文庫、一九八五年、四五頁。『昭和の精神史』の初版は一九五六年刊行である。

(100) 竹山道雄「手帖」『同』、二八七頁。『手帖』の初版は一九五〇年刊行である。

(101) 拙著『折口信夫――日本の保守主義者』、中公新書、二〇一七年、序章参照。

(102) 高野邦夫『新版　天皇制国家の教育論』、五二八頁。

■第五章

(1) 久保義三『天皇制国家の教育政策――その形成過程と枢密院』、勁草書房、一九七九年、四頁。

(2) 『同』、六頁。

(3) 『同』、六～七頁。

(4) 阿部彰『文政審議会の研究』、風間書房、一九七五年、三五頁。

(5) 久保義三『新版　昭和教育史――天皇制と教育の史的展開』、東信堂、二〇〇六年、一一～一二頁。

(6) 『同』、一二頁、四一〇～四一二頁参照。なお、枢密院官制の昭和一三年一二月の改正により、教育に関する重要な勅令は「諮詢事項として官制上明文化」されるに至った。池田順「戦時下の枢密院」、由井正臣編『枢密院の研究』、吉川弘文館、二〇〇三年、二五〇頁。

(7) 武石典史「官僚の選抜・配分構造――二つの席次への着目」『教育社会学研究』第一〇〇集（二〇一七年八月）、二七三～二七四頁参照。荻野富士夫『戦前文部省の治安機能――「思想統制」から「教学錬成」へ』、校倉書房、二〇〇七年、一一九～一二一頁。辻田真佐憲『文部省の研究――「理想の日本人像」を求めた百五十年』、文春新書、二〇一七年、五九～六一頁参照。

(8) 荻野富士夫『戦前文部省の治安機能』、一二二頁。

(9) 文部省作成「教学錬成所長伊東延吉」国立公文書館デジタルアーカイブ『公文雑纂・昭和一九年・第七八巻・奏任文官俸給制限外下賜一・内閣〜貴衆両院事務局』No.一五五 https://www.digital.archives.go.jp/img/2460330(参照 2024-01-13)参照。

(10) 細見京之助編『教育大家 溝口先生』、盛田久左衛門発行、一九二五年、二〇頁［国立国会図書館デジタルコレクション］。

(11)「溝口先生小伝」細見京之助編『教育大家 溝口先生』、一三頁。

(12) 文部省編纂『国体の本義』、内閣印刷局印刷発行、一九三七年、一五〇〜一五四頁。

(13)『同』、一五四頁。

(14) 山本良吉宛西田幾多郎書簡(一九三八年二月九日付)『西田幾多郎全集』第二十二巻、岩波書店、二〇〇七年、一一〇頁。

(15) 前田一男「「教学刷新」の設計者・伊東延吉の役割」寺崎昌男・編集委員会共編『近代日本における知の配分と国民統合』、第一法規出版、一九九三年、三七五頁。

(16)『同』、三六八、三八五頁参照。

(17)『西田幾多郎全集』第二十二巻、一一〇頁。

(18) 副田義也『増補版 内務省の社会史』、東京大学出版会、二〇一八年、四〇六頁参照。

(19) 長尾宗典「法科と文科——明治・大正期における帝国大学生の官吏志望」中野目徹編『官僚制の思想史——近現代日本社会の断面』、吉川弘文館、二〇二〇年、三三〜三四頁。ただし、明治三〇年代の状況はそれ以降と異なり、内務省から移った文部官僚の専門性は高いとの指摘がある。松谷昇蔵「文官高等試験実施初期における文部省の官僚任用——文部官僚像の再検討」『日本史研究』第六九七号(二〇二〇年九月)。

(20)『小川義章和尚語録 阿留辺畿夜宇和』、高山寺、一九七二年、二一一〜二一二頁。近藤壽治『ひとすじの道』、学校図書、一九六七年、二六八〜二八〇頁。国立教育研究所編『国立教育政策研究所教育図書館所蔵志水義暲文

庫目録』、国立教育研究所、一九八六年、一頁をそれぞれ参照。
(21) 佐藤卓己は陸軍軍人の鈴木庫三を知識人としても把握する視点を提示していた。佐藤卓己『増補版　言論統制——情報官・鈴木庫三と教育の国防国家』、中公新書、二〇二四年、四二三頁。
(22) 長谷川亮一『「皇国史観」という問題——十五年戦争期における文部省の修史事業と思想統制政策』、白澤社、二〇〇八年、一三六〜一三七頁。
(23) 竹内洋『大学という病——東大紛擾と教授群像』、中央公論新社、二〇〇一年、一八六頁。長谷川亮一『「皇国史観」という問題』、一三五頁。
(24) 寺脇研『文部科学省——「三流官庁」の知られざる素顔』、中公新書ラクレ、二〇一三年、二六〜二八頁。
(25) 『同』、三〇〜三七頁。
(26) 田所美治「教育七十年を回顧して」『文部時報』第七三〇号（一九四一年七月）、二一頁。原文の傍点は削除している。
(27) 「同」、二一頁。
(28) 平原春好「審議会の意義と役割」海後宗臣編『教育改革　《戦後日本の教育改革　第一巻》』、東京大学出版会、一九七五年、三二四頁。
(29) 平原春好「文部省・審議会」高柳信一・小沢辰男・平原春好編『教育行政の課題——現代教育行政入門』、勁草書房、一九八〇年、一三〇頁。
(30) 『教学刷新評議会資料』上、芙蓉書房出版、二〇〇六年、七六頁。
(31) 『同』上、七六〜七七頁。
(32) 平泉澄『武士道の復活』、至文堂、一九三三年、二九〜三〇頁。
(33) 『同』、二九頁。
(34) 土屋忠雄「「国体の本義」の編纂過程」『関東教育学会紀要』第五号（一九七八年一一月）、一〇頁参照。

(35)「同」、九〜一〇頁。
(36)「同」、八頁。
(37)志田延義『昭和の証言』、至文堂、一九九〇年、三四〜三六頁。『爪立ち人生』、至文堂、一九九九年、七四〜七六頁参照。
(38)里見岸雄『日本国体学第四巻　国体論史　下』、展転社、二〇〇九年、三五一頁。なお、憲法学と国体科学の関係について、林尚之は、里見にとって憲法学は「国体科学」という学問体系の一分肢であった」と指摘している。林尚之『里見岸雄の思想――国体・憲法・メシアニズム』、晃洋書房、二〇二四年、一〇三頁。
(39)里見岸雄『日本国体学第四巻　国体論史　下』、五、四六二頁参照。
(40)『同』、三五一頁。
(41)『同』、三五八頁。
(42)『教学刷新評議会資料』下、芙蓉書房出版、二〇〇六年、四七三〜四七四頁。
(43)黄口教師「我国の教育刷新に対する歴代政府の根本的誤謬に就て」『学士会会報』第五九八号(一九三八年一月)、一〇頁。
(44)「同」、一〇〜一一頁。
(45)「同」、一一〜一五頁。
(46)前田一男「「教学刷新」の設計者・伊東延吉の役割」、三八五、三六八頁。
(47)「同」、三八五頁。
(48)「同」、三八五頁。
(49)清水康幸・前田一男・水野真知子・米田俊彦編著『野間教育研究所紀要第三四集　資料　教育審議会(総説)』、野間教育研究所、一九九一年、三九、五一五頁。
(50)『同』、一三二〜一三三頁。

(51)『同』、六〇頁。

(52)『同』、六〇頁。

(53)清水康幸「序章二」寺崎昌男・戦時下教育研究会編『総力戦体制と教育——皇国民「錬成」の理念と実践』、東京大学出版会、一九八七年、五頁。

(54)陸軍省新聞班『国防の本義と其強化の提唱』、陸軍省新聞班、一九三四年、一四〜一五頁。

(55)藤原喜代蔵『明治・大正・昭和 教育思想学説人物史 第四巻 昭和前期篇』、日本経国社、一九四四年、五五四、一一四〜一一五頁。

(56)『同』、五五二〜五五三頁参照。

(57)『同』、五五五頁。

(58)『資料 教育審議会(総説)』、第一部 解説参照。

(59)『同』、五三、五五頁。

(60)昭和戦前期の国体論の通史的概観を筆者は行なったことがある。"*Politisches Denken um kokutai in der Showa-Zeit vor 1945*": Kazuhiro Takii, Michael Wachutka hrsg., *Staatsverständnis in Japan. Ideen und Wirklichkeiten des japanischen Staates in der Moderne*, Nomos, Baden-Baden, 2016.

(61)米原謙『国体論はなぜ生まれたか——明治国家の知の地形図』、ミネルヴァ書房、二〇一五年、八頁。

(62)拙著では、ネイションとは透明で空っぽの袋のようなものであり、その中に詰め込まれたものによって独自の色が出てくると説明している。ネイションは常に具体的に限定されたものとして現われるのである。拙著『ナショナリズム入門』、講談社現代新書、二〇一四年、一四〜一五頁参照。

(63)フリードリッヒ・マイネッケ、矢田俊隆訳『世界市民主義と国民国家——ドイツ国民国家発生の研究』I、岩波書店、一九六八年、九頁。Friedrich Meinecke, *Weltbürgertum und Nationalstaat*, *Werke Bd.* V, München, 1969, S. 15f. 日本語訳の「国民」は「ネイション」に変更し、他も文脈に即して改めている。

(64)『同』、v頁。Meinecke, op.cit., S.4. ならびに、マイネッケ、菊盛英夫・生松敬三訳『近代史における国家理性の理念』、みすず書房、一九七六年、五七一頁参照。

(65) 戸坂潤『日本イデオロギー論』、岩波文庫、一九七七年(原著刊行は一九三五年)、一四一頁。

(66)『同』、一四六頁。

(67)『同』、一五三頁。

(68) 丸山眞男「戦前における日本の右翼運動」『丸山眞男集』第九巻、岩波書店、一九九六年、一五三頁。

(69) 拙著『丸山眞男と平泉澄──昭和期日本の政治主義』、柏書房、二〇〇四年、二四七頁。

(70) 丸山眞男「戦前における日本の右翼運動」、一五九頁。

(71) 昭和戦前期の政治的変革の夢については以下の拙稿参照。拙稿「昭和維新にとっての明治維新──政治的変革への希望と挫折」瀧井一博編『「明治」という遺産──近代日本をめぐる比較文明史』、ミネルヴァ書房、二〇二〇年。「政治的変革の夢──維新・革新・革命」山口輝臣・福家崇洋編『思想史講義【戦前昭和篇】』、ちくま新書、二〇二二年。

(72) 駒込武「序」駒込武・川村肇・奈須恵子編『戦時下学問の統制と動員──日本諸学振興委員会の研究』、東京大学出版会、二〇一一年、一三頁。「構成的統制」は戸坂潤の同時代の分析に基づいた概念である。『同』、一三、五〇頁参照。

(73) 山之内靖「方法的序論──総力戦とシステム統合」(一九九五年)『総力戦体制』、ちくま学芸文庫、二〇一五年、六四～六五頁。

(74)『同』、六四頁。

(75)『同』、六六頁。

(76)『同』、六五～六六頁。

(77) 清水康幸「序章二」寺崎昌男・戦時下教育研究会編『総力戦体制と教育』、八～九頁。

(78) 近藤壽治『ひとすじの道』、二一二〜二一三頁。
(79)『同』、二一四〜二一七頁。

■第六章

(1) 総務省ＨＰ政策評価ポータルサイトの政策評価制度についての説明を参照されたい。https://www.soumu.go.jp/main_sosiki/hyouka/seisaku_n/portal/index.html(参照 2024-04-01)。
(2) 山谷清志「わが国の政策評価——1996年から2002年までのレビュー」『日本評価研究』第二巻第二号(二〇〇二年九月)、三頁。
(3) 山谷清志「政策評価における行政学理論の交錯」『日本評価研究』第二三巻第一号(二〇二三年五月)。ならびに、南島和久「政策評価制度の転換点——何が変わろうとしているのか」『日本評価研究』第二三巻第二号(二〇二三年九月)参照。
(4) この経緯については、新井誠一「政策評価制度10年の軌跡——制度導入以降の省察と今後の展望」『日本評価研究』第一三巻第二号(二〇一三年一一月)、五〜七頁参照。
(5) 総務省ＨＰ政策評価ポータルサイト内の、政策評価の手法等に関する研究会『政策評価制度の在り方に関する最終報告』、二〇〇〇年一二月、三(五)政策評価の観点等参照。
(6) 為藤の経歴については、為藤五郎編『現代教育家評伝』、文化書房、一九三六年、跋三頁。中村菊男・中村勝範『日本社会主義政党史』、経済往来社、一九六六年、九〇、一五三頁。為藤十郎「故為藤五郎君の足跡」『帝国教育』第七五四号(一九四一年八月)、一〇三頁参照。
(7) 為藤五郎「昂奮より鎮静への昭和十年——時事問題に就ての回顧」『帝国教育』第六八六号(一九三五年一二月)、一一七〜一一八頁。
(8)「同」、一一八頁。

(9) 「同」、一八頁。
(10) 「同」、一八〜一九頁。
(11) 「同」、一九頁。
(12) 菅谷幸浩『昭和戦前期の政治と国家像――「挙国一致」を目指して』、木鐸社、二〇一九年、一六三〜一六四頁。
(13) 為藤五郎「昂奮より鎮静への昭和十年」、一七頁。
(14) 「同」、二〇頁。
(15) 「同」、二一頁。
(16) 「同」、二二〜二三頁。
(17) 荻野富士夫『戦前文部省の治安機能――「思想統制」から「教学錬成」へ』、校倉書房、二〇〇七年、一一頁参照。
(18) 龍山義亮「昭和十年の教育界の回顧」『帝国教育』第六八六号(一九三五年一二月)、一〜二頁。
(19) 「同」、二〜三頁。
(20) 「同」、三〜五頁。
(21) 「同」、八頁。
(22) 石山脩平「昭和十年教育界の回顧」『教育学研究』第四巻第一〇号(一九三六年一月)、五九〜六〇頁。
(23) 「同」、六〇頁。
(24) 「同」、六〇頁。
(25) 「同」、六一頁。
(26) 「同」、六一頁。
(27) 「同」、六一頁。
(28) 「同」、六二〜六三頁。
(29) 「同」、六三頁。

(30) 昭和戦前期の宗教行政については、拙稿「思想と宗教の統制」島薗進・末木文美士・大谷栄一・西村明編『近代日本宗教史　第四巻　戦争の時代――昭和初期〜敗戦』、春秋社、二〇二一年参照。
(31) 渡部政盛「昭和十年教育界の回顧及批評」『帝国教育』第六八六号（一九三五年一二月）、一五〜一六頁。
(32) 渡部晶「大正新教育と渡部政盛の教育思想」『教育学雑誌』第二一号（一九八七年三月）、八二頁。
(33) 渡部政盛「昭和十年教育界の回顧及批評」、一四頁。
(34) 「同」、一四頁。
(35) 留岡清男「教育審議会と文部省」『教育』第六巻第七号（一九三八年七月）、四二頁。
(36) 「同」、四二頁。
(37) 為藤五郎編『現代教育家評伝』、三七二頁。
(38) 『同』、三七二頁。
(39) 留岡清男「編集後記」『教育』第六巻第七号。
(40) 留岡清男「教育審議会と文部省」、四六頁。
(41) 「同」、四六頁。
(42) 「同」、四六頁。
(43) 留岡清男「荒木文部大臣に与ふ」『教育』第七巻第一号（一九三九年一月）、一二二頁。
(44) 帆刈芳之助『文協改革史』、帆刈出版研究所、一九四三年、二三一、二七三頁。日本出版文化協会・日本出版会については、拙稿「書評誌『読書人』の国内思想戦（一）」『産大法学』第五五巻第一号（二〇二一年四月）、七頁。「同（三・完）」『産大法学』第五五巻第三・四号（二〇二二年一月）、六四〜六五頁参照。
(45) 帆刈芳之助『文協改革史』、二三一頁。
(46) 城戸幡太郎『教育科学七十年』、北海道大学図書刊行会、一九七八年、一三八頁。教育科学研究会については、金智恩『総力戦体制下の〈教育科学研究会〉――生活教育とカリキュラムの再編成』、六花出版、二〇二〇年参照。

(47) 城戸幡太郎『教育学七十年』、一三九頁。
(48) 河合栄治郎「教学刷新と学生改革」『河合栄治郎全集』第十七巻、社会思想社、一九六八年、五七頁。なお、論考文末の日付は一一月の誤りである。
(49) 「同」、五七～五九頁。
(50) 「同」、五九頁。
(51) 「同」、六〇頁。
(52) 「同」、六〇頁。
(53) 「同」、六一頁。
(54) 「同」、六一頁。
(55) 「同」、六一頁。
(56) 河合栄治郎の生涯については、木村健康「河合栄治郎の生涯と思想」社会思想研究会編『河合栄治郎　伝記と追想』、社会思想研究会出版部、一九四八年参照。この伝記は、河合栄治郎研究会編『河合栄治郎著作選集　別巻「唯一筋の路」』、アジア・ユーラシア総合研究所、二〇一九年に収録されている。
(57) 「裁判記録」『河合栄治郎全集』第二十一巻、社会思想社、一九六九年、四〇頁。
(58) 木村健康「河合栄治郎の生涯と思想」、七八～七九頁。『河合栄治郎著作選集　別巻「唯一筋の路」』、七三頁。留岡清男は、河合に依頼した伊東が手のひらを返すのは「最も悪質」と批判している。留岡清男「荒木文部大臣に与ふ」、一二二頁。
(59) 田中紀行「戦時下日本の教養主義――「学生叢書」を手がかりとして」戦時下日本社会研究会『戦時下の日本――昭和前期の歴史社会学』、行路社、一九九二年、二二九頁。
(60) 「学生叢書」の最後は『学生と哲学』であった。拙稿「1940年代前半の日本哲学の激変――多面的展開から一元化へ」廖欽彬・伊東貴之・河合一樹・山村奨編『東アジアにおける哲学の生成と発展――間文化の視点から』、

(61) 法政大学出版局、二〇二二年、四六九〜四七〇頁参照。
(62) 田中紀行「戦時下日本の教養主義」、二三八〜二三九頁。
(63) 「同」、二四〇〜二四一頁。
(64) 「裁判記録」『河合栄治郎全集』第二十一巻、九一〜九二頁。
(65) 「同」、九一〜九二頁。
(66) 河合栄治郎「大学生活論」『河合栄治郎全集』第十七巻、五三頁。
(67) 河合栄治郎「教育者に寄するの言」『河合栄治郎全集』第十二巻、社会思想社、一九六六年、九〇頁。
(68) 「同」、八九〜九一頁。
(69) 「同」、九一、九五頁。
(70) 河合栄治郎・蠟山政道『学生思想問題』、岩波書店、一九三二年、四五頁。
(71) 戸坂潤「現代学生論の諸要点」三木清編『現代学生論』、矢の倉書店、一九三七年、一〇一〜一〇二頁。
(72) 「同」、一〇二頁。
(73) 「同」、一〇三頁。
(74) 岡本拓司『近代日本の科学論』、名古屋大学出版会、二〇二一年、二九五〜二九九頁。
(75) 『同』、三四一〜三四二、四三一〜四三二頁。
(76) 『同』、四三六頁。三四一、四三九〜四四一頁。
(77) 『同』、四九一〜四九二頁。
(78) 清水康幸「序章二」寺崎昌男・戦時下教育研究会編『総力戦体制と教育——皇国民「錬成」の理念と実践』、東京大学出版会、一九八七年、七〜八頁。
(79) 「同」、八頁。
「同」、九頁。

(80) 「発刊の辞」『日本教育』昭和一六年四月号。
(81) 志水義暲「『臣民の道』と国民教育」『日本教育』昭和一六年九月号(一九四一年九月)、六六頁。
(82) 「同」、六六頁。
(83) 「同」、六七頁。
(84) 「同」、六八頁。
(85) 「同」、六八頁。
(86) 昆野伸幸『増補改訂　近代日本の国体論――〈皇国史観〉再考』、ぺりかん社、二〇一九年、一九五〜一九六頁。
(87) 久保義三『新版　昭和教育史――天皇制と教育の史的展開』、東信堂、二〇〇六年、五二九〜五三一頁。
(88) 佐藤卓己『増補版　言論統制――情報官・鈴木庫三と教育の国防国家』、中公新書、二〇二四年、三三四頁。
(89) 『同』、三三五〜三三六頁。
(90) 『同』、三一五〜三一六頁。
(91) 『同』、一四六〜一五一、一九四〜一九七頁。
(92) 『同』、一九七頁。
(93) 『同』、三二〇頁。
(94) 『同』、三二〇〜三二六頁。
(95) 『同』、三四三〜三四四頁。
(96) 関口泰「時局と帝国大学」『時局と青年教育』、巌松堂書店、一九三九年、二一四頁。
(97) 城戸幡太郎「日本諸学振興委員会は何をなすべきか」『教育』第五巻第十二号(一九三七年一二月)、九五頁。
(98) 佐藤卓己『増補版　言論統制』、二九九頁。
(99) 『同』、三〇〇頁。
(100) 『同』、二九九〜三〇〇頁

(101) 関口の経歴については、『関口泰文集』、関口泰文集刊行会、一九五八年、三六五～三七〇頁参照。
(102) 関口泰「教育計画の必要」『時局と青年教育』、六頁。
(103) 「同」、七頁。
(104) 関口泰「文教関係の行財政改革」『教育国策の諸問題』、岩波書店、一九三五年、七頁。
(105) 関口泰「岡田内閣と文政問題」『同』、六四頁。
(106) 関口泰「国是、国策と教育」『時局と青年教育』、一七五頁。
(107) 「同」、一七三～一七四頁。
(108) 関口泰「時局と教育の改善」『時局と青年教育』、一八〇、一八二頁。
(109) 「同」、一七八～一七九頁。
(110) 関口泰「平生文相の義務教育年限延長案」『時局と青年教育』、一五四頁。
(111) 関口泰「日本諸学振興と帝国大学」『興亜教育論』、三省堂、一九四〇年、一七三頁。
(112) 関口泰「広島文理大問題」『教育国策の諸問題』、三〇一頁。
(113) 関口泰「日本諸学振興と帝国大学」、一七三～一七五頁。
(114) 留岡清男「文部省をあばく――督学の実いづこに在りや」『教育』第五巻第三号（一九三七年三月）、七六頁。
(115) 「同」、七六～七七頁。
(116) 「同」、七七頁。
(117) 城戸幡太郎「宗教・国家・教育」『教育』第四巻第一号（一九三六年一月）、二四五頁。
(118) 「同」、二四八頁
(119) 「編集後記」『教育』第四巻第一号。
(120) 「平生文部大臣と語る」『教育』第四巻第六号（一九三六年六月）、三三頁。
(121) 「「教育改革」座談会」『同』、五六頁。

(122)「同」、六一、六四頁。
(123)「同」、七四〜七五頁。阿部は昭和一四年六月に若くして没し、七月刊行の『教育』第七巻第七号に心のこもった追悼文が多数掲載されている。
(124)「同」、七五頁。
(125)「同」、六二頁。
(126)「同」、六三頁。
(127)「同」、六一頁。
(128)田中正隆『牛歩八十五年　劒木亨弘聞書』、教育問題研究会、一九八六年、一六九〜一七〇頁。『劒木亨弘氏談話速記録』、内政史研究会、一九七五年、二三〜二四頁。
(129)『牛歩八十五年』、一七一頁。『劒木亨弘氏談話速記録』、二四頁。劒木亨弘『牛の歩み——教育にわが道を求めて』、小学館、一九七三年、一四六〜一四七頁。
(130)『牛歩八十五年』、一七四頁。『劒木亨弘氏談話速記録』、二五頁。
(131)『劒木亨弘氏談話速記録』、二七頁。『牛の歩み』、一五二〜一五五頁。
(132)『同』、二九頁。
(133)劒木亨弘『牛の歩み』、一四八、一五〇頁。
(134)為藤五郎編『現代教育家評伝』、三〇〇〜三〇一頁。
(135)児玉九十『喜寿記念　この道五十年』、明星学苑編集委員会、一九六五年、巻末の略歴。ならびに、児玉九十・児玉三夫『改訂版　明星ものがたり』、明星大学出版部、一九九八年、著者略歴参照。
(136)児玉九十「学制改革実現せば」『喜寿記念　この道五十年』、四一二〜四一三頁。
(137)「同」、四一三頁。
(138)「同」、四一四〜四一五頁。

(139) 『同』、四一五頁。
(140) 『同』、四一五頁。
(141) 児玉九十「教育行政の改善」『喜寿記念　この道五十年』、二九五頁。
(142) 『同』、二九六頁。
(143) 『同』、二九六～二九七頁。
(144) 『同』、二九八頁。
(145) 『同』、二九八頁。
(146) 児玉九十「内閣審議会公表の文教刷新の目標を評す」『喜寿記念　この道五十年』、四二三頁。
(147) 『同』、四二四頁。
(148) 『同』、四二四～四二五頁。
(149) 『同』、四二五～四二六頁。
(150) 竹内洋『大学という病――東大紛擾と教授群像』、中公叢書、二〇〇一年、二一七頁。
(151) 秋津豊彦（城戸幡太郎）「文部省改造に関する提案」『教育』第七巻第一号（一九三九年一月）、一〇五～一〇六頁。
(152) 『同』、一〇五～一〇六頁。
(153) 『教学刷新評議会資料』下、芙蓉書房出版、二〇〇六年、四七三～四七四頁。
(154) 『同』下、四七三頁。
(155) 「執筆者紹介」『教育』第七巻第一号、二〇八頁。城戸幡太郎『教育科学七十年』、北海道大学図書刊行会、一九七八年、一二八頁参照。
(156) 留岡清男「荒木文部大臣に与ふ」『教育』第七巻第一号、一二二頁。
(157) 『同』、一二二～一二三頁。
(158) 留岡幸男「食糧の確保と治安維持」北海道総務部文書課編『北海道回想録』、北海道、一九六四年、三四九頁。

(159) 筧と石黒の関係については、西田彰一『躍動する「国体」――筧克彦の思想と活動』、ミネルヴァ書房、二〇二〇年参照。
(160) 秋津豊彦（城戸幡太郎）「文部の人事行政に就て」『教育』第七巻第六号（一九三九年六月）、八四〜八五頁。
(161) 「同」、八五〜八六頁。
(162) 竹内洋『学歴貴族の栄光と挫折』、講談社学術文庫、二〇一一年、三〇四〜三〇九頁。竹内洋『大学という病』、一八三〜一八六頁。
(163) 広田照幸『陸軍将校の教育社会史――立身出世と天皇制』下、ちくま学芸文庫、二〇二一年、九一頁。
(164) 『同』、九二〜九五頁。
(165) 『同』、九五頁。
(166) 『同』、一一一〜一一三頁。
(167) 高橋陽一『共通教化と教育勅語』、東京大学出版会、二〇一九年、二八四〜二八五頁。
(168) 藤原喜代蔵『明治・大正・昭和　教育思想学説人物史　第四巻　昭和前期篇』、日本経国社、一九四四年、五五二頁。
(169) 『同』、五五二頁。
(170) 伊東延吉「本研究所の過去現在及び未来」『国民精神文化』第八巻第九号（一九四二年一〇月）、五〜六頁。
(171) 前田一男「国民精神文化研究所の研究――戦時下教学刷新における「精研」の役割・機能について」『日本の教育史学』第二五集（一九八二年九月）、五六頁。
(172) 伊東延吉「思想問題と国民精神文化研究所」『国民精神文化研究所所報』第一号（一九三三年六月）、一九頁。
(173) 伊東延吉「本研究所の過去現在及び未来」、六頁。
(174) 「同」、七〜一〇頁。
(175) 『国民精神文化研究所要覧　昭和一二年三月』、国民精神文化研究所、一九三七年三月、六八〜一〇五頁参照。

(176)志田延義『昭和の証言』、至文堂、一九九〇年、四四～四五頁。
(177)志田の略歴については、志田延義『歴史の片隅から　随筆評論集』、至文堂、一九八二年、四〇一～四〇四頁参照。
(178)『国民精神文化研究所所報』第一号、一五八～一五九、一八七～二〇六頁参照。
(179)伊東延吉「本研究所の過去現在及び未来」、一三～一四頁。
(180)「同」、一一頁。
(181)伊東延吉「思想問題と国民精神文化研究所」一三～一四頁。
(182)「同」、一九～二〇頁。
(183)「同」、二〇頁。
(184)「同」、二〇～二一頁。
(185)土屋忠雄『遥かなる風景』一、土屋多美子、一九八二年、六一頁。土屋の年譜および著作目録は、『土屋忠雄博士追悼集』、土屋忠雄博士追悼集刊行会、一九八七年、五〇二～五二三頁参照。
(186)『遥かなる風景』一、五二頁。
(187)『同』一、五三頁。
(188)『同』一、六〇頁。
(189)前田一男「国民精神文化研究所の研究」、五九頁。山本については、牧野邦昭『新版　戦時下の経済学者――経済学と総力戦』、中公選書、二〇二〇年、第三章参照。
(190)昆野伸幸『増補改訂　近代日本の国体論』、第三部第一章参照。
(191)『同』、二四七～二四八頁。
(192)伊東延吉「本研究所の過去現在及び未来」、一一頁。
(193)「同」、一一～一二頁。
(194)平泉澄の発言は、『教学刷新評議会資料』上、芙蓉書房出版、二〇〇六年、七六～七七頁。上山満之進の発言は、『同』

下、二一九～二二〇頁参照。

(195) 西田幾多郎の意見は、『同』上、一五七～一五八頁参照。

(196) 伊東延吉「本研究所の過去現在及び未来」、九～一〇頁。栗田英彦《くりたひでひこ》は、この伊東の思想を担ったのが日本神話の知識人たちであり、とりわけ佐藤通次《さとうつうじ》であったと位置付けている。栗田英彦「昭和一〇年代の文部省と知識人――日本神話派（「生みの哲学」派）周辺人脈を中心に――」『藝林』第七三巻第一号（二〇二四年四月）、六三頁。

(197) 上田辰之助「伊東氏の印象」『斯民』第三九編第三号（一九四四年三月）、四三頁。

(198) 中川望「伊東延吉君の長逝を惜む」『同』、四〇頁。

(199) 松井生「報徳経済学研究会の成立及び活動」『斯民』第三二編第四号（一九三七年四月）、八三～八六頁参照。

(200) 一木喜徳郎「伊東君の卒去を悼む」『斯民』第三九編第三号（一九四四年三月）、三九頁。

(201) 中川望「伊東延吉君の長逝を惜む」『同』、四〇頁。

(202) 佐々井信太郎「伊東君を痛惜す」『同』、四一～四二頁。

(203) 矢部善兵衛「伊東先生追慕」『同』、四八頁。

(204) 牧野邦昭『新版　戦時下の経済学者』、一七八～一八三頁。

(205) 高田保馬『回想記』、改造社、一九三八年、二〇五頁。

(206) 牧野邦昭『新版　戦時下の経済学者』、一九〇～一九二頁。

(207) 『同』、一九五頁。

■終章

(1) 日本文化協会編『数学刷新評議会　答申及ビ建議』、日本文化協会、一九三七年、二～三頁。『教学刷新評議会資料』下、芙蓉書房出版、二〇〇六年、四四七頁の文言に「涵養」が加えられている。

(2) 『近代日本教育資料叢書　史料篇三　教育審議会諮問第一号特別委員会整理委員会会議録』第一四巻（第一九輯

〜第二一輯)、宣文堂書店、一九七一年、一〇一頁。引用頁は第二〇輯内でのものである。
(3) 荻野富士夫『戦前文部省の治安機能――「思想統制」から「教学錬成」へ』、校倉書房、二〇〇七年、二一二頁。
(4) 『近代日本教育資料叢書　史料篇三　教育審議会諮問第一号特別委員会整理委員会会議録』、一〇二〜一〇三頁。
(5) 佐々井の立場は、清水康幸・前田一男・水野真知子・米田俊彦編著『野間教育研究所紀要第三四集　資料　教育審議会(総説)』、野間教育研究所、一九九一年、四九〇頁。報徳経済学研究会については、佐々井信太郎「伊東君を痛惜す」『斯民』第三九編第三号(一九四四年三月)、四一〜四二頁。中川望「伊東延吉君の長逝を惜む」『同』、四〇頁、および、小出孝三「佐々井信太郎先生と報徳経済学研究会」佐々井典比古編『佐々井信太郎略伝』、一円融合会、一九八一年、三四五〜三六三頁参照。
(6) 佐々井信太郎「伊東君を痛惜す」『斯民』、四一頁。
(7) 久保義三『新版　昭和教育史――天皇制と教育の史的展開』、東信堂、二〇〇六年、五三六〜五四六、五六二〜五六四頁参照。『家の本義』については、斉藤利彦「「家」と家庭教育」寺崎昌男・戦時下教育研究会編『総力戦体制と教育――皇国民「錬成」の理念と実践』、東京大学出版会、一九八七年、第四章第四節参照。
(8) 『教育審議会諮問第一号特別委員会整理委員会会議録』、一〇五頁。
(9) 『同』、一〇五〜一〇六頁。
(10) 有光次郎『有光次郎日記』、第一法規出版、一九八九年、五〇九〜五一〇頁。
(11) 『同』、五一〇頁。
(12) 『同』、五一〇頁。
(13) 堀池の職階・経歴は、『資料　教育審議会(総説)』、四七六頁参照。
(14) 『有光次郎日記』、五一一頁。
(15) 『同』、五一一頁。
(16) 永井の職階・経歴は、『資料　教育審議会(総説)』、四八一〜四八二頁参照。

(17) 荻野富士夫『戦前文部省の治安機能』、二〇六頁。
(18) 里見岸雄『国体明徴と憲法正解』、里見日本文化学研究所、一九三六年、二八頁。里見の提案については、金子宗徳「里見岸雄と「国体明徴」――「天皇機関説の検討」から《日本国体学会》の設立へ」藤田大誠編『国家神道と国体論――宗教とナショナリズムの学際的研究』、弘文堂、二〇一九年、四八五～四八六頁参照。
(19) 里見岸雄『国体明徴と憲法正解』、二九～三三頁。
(20) 『同』、三三～三四頁。
(21) 『教学刷新評議会資料』下、一八～一九頁。
(22) 『同』下、二八～二九頁。
(23) 『同』下、二九頁。
(24) 『同』下、二九頁。
(25) 『同』下、三一～三二頁。
(26) 『同』下、三七頁。
(27) 『同』下、四八～四九頁。
(28) 『同』下、五一頁。
(29) 『同』下、五一～五二頁。
(30) 『同』下、五三頁。
(31) 駒込武「国民精神文化研究所と日本諸学振興委員会」駒込武・川村肇・奈須恵子編『戦時下学問の統制と動員――日本諸学振興委員会の研究』、東京大学出版会、二〇一一年、一五五～一五六頁。
(32) 『教学刷新評議会資料』下、五三～五四頁。
(33) 『同』下、五四頁。
(34) 米田利彦『野間教育研究所紀要第四四集　教育審議会の研究　教育行財政改革――付　国民学校・幼稚園審議経

過』、野間教育研究所、二〇〇二年、一一二～一一七頁。
(35) 文部省編纂『国体の本義』、内閣印刷局印刷発行、一九三七年、一五二～一五三頁。
(36) 『教学刷新評議会資料』下、四五六頁。
(37) 伊東延吉「日本国民としての精神的指導原理」鉄道道友会編『鉄道精神講座』、鉄道道友会本部、一九三五年、一一五～一一六頁［国立国会図書館デジタルコレクション］。
(38) 『同』、二〇頁。
(39) 『同』、三九～四〇頁。
(40) 『同』、三九頁。
(41) 『同』、三九頁。
(42) 伊東延吉「思想問題と国民精神文化研究所」『国民精神文化研究所所報』第一号（一九三三年六月）、九～一〇頁。
(43) 『同』、一〇頁。
(44) 伊東延吉「溝口先生」細見京之助編『教育大家　溝口先生』、盛田久左衛門発行、一九二五年、二〇～二一頁。
(45) 児玉九十「功利主義・利己主義教育の破産」『喜寿記念　この道五十年』、明星学苑編集委員会、一九六五年、二八三頁。
(46) 『同』、二八四頁。
(47) 『同』、二八四～二八五頁。
(48) 児玉九十「新しき生活の建設（下）」『喜寿記念　この道五十年』、七〇一頁。
(49) 児玉九十「社会教育者としての警察官諸君に対する希望」『同』、五一八頁。
(50) 丸山眞男「日本の思想」『丸山眞男集』第七巻、岩波書店、一九九六年、二二一頁。
(51) 文部省編纂『国体の本義』、九七～九八頁。
(52) 『同』、九六～九七頁。

(53) 『同』、九四〜九五頁。
(54) 東洋経済新報社編『自由主義とは何か』、東洋経済新報社、一九三六年、一頁。
(55) 『同』、八九〜九〇頁。
(56) 戸坂潤「自由主義・ファシズム・社会主義」『日本イデオロギー論』、岩波文庫、一九七七年(原著は一九三六年刊行の増補版)、四二二頁。
(57) 「同」、四〇九頁。
(58) 「同」、四一〇〜四一四頁。
(59) 「同」、四一四頁。
(60) 「同」、四一五、四二二頁。
(61) 牧野邦昭は、文部省が作田に依頼して山本を研究所に招聘したと指摘している。牧野邦昭『新版 戦時下の経済学者——経済学と総力戦』、中公選書、二〇二〇年、一二三頁。山本勝市については、横川翔「原理日本社の革新官僚批判」中野目徹編『官僚制の思想史——近現代日本社会の断面』、吉川弘文館、二〇二〇年参照。同論文は、原理日本社が内閣審議会を批判したこと、山本勝市と連携したことを追跡している。
(62) 源川真希『近衛新体制の思想と政治』、有志舎、二〇〇九年、一三五頁。
(63) 萱原宏一『私の大衆文壇史』、青蛙房、一九七二年、二五八頁。
(64) 『同』、二五八〜二五九頁。
(65) 『同』、二六〇頁。
(66) 文部省内の深刻な内部対立については、藤原喜代蔵『明治・大正・昭和 教育思想学説人物史 第四巻 昭和前期篇』、日本経国社、一九四四年、五二一〜五三七頁参照。
(67) 拙稿「書評誌『読書人』の国内思想戦」(一)『産大法学』第五五巻第一号(二〇二一年四月)、「同」(二)『産大法学』第五五巻第二号(二〇二一年七月)、「同」(三・完)『産大法学』第五五巻第三・四号(二〇二二年一月)

参照。
(68) 拙著『丸山眞男と平泉澄――昭和期日本の政治主義』、柏書房、二〇〇四年、二四七頁。
(69) 『同』、二四九頁。
(70) 丸山眞男「超国家主義の論理と心理」『丸山眞男集』第三巻、岩波書店、一九九五年、二二頁。
(71) 伊東延吉述「国民学校の精神に就いて」『日本文化』第七五冊(一九四二年一月)、二一頁。
(72) 「同」、二一頁。
(73) 「同」、二二頁。
(74) 『教学刷新評議会資料』上、芙蓉書房出版、二〇〇六年、二〇~二一頁。
(75) 『同』上、二一頁。
(76) 伊東延吉「国民学校案の精神に就いて」伊東延吉・鈴木源輔『国民学校案の精神に就いて、日本教学に基く学級経営と教科指導』、第一出版協会、一九四〇年、一七頁。
(77) 「同」、一七~一八頁。
(78) 伊東延吉述「国民学校の精神に就いて」、二四~二五頁。
(79) 「同」、一頁。
(80) 「同」、七頁。
(81) 「同」、七頁。
(82) 「同」、八頁。
(83) 「同」、一四頁。
(84) 「同」、一五頁。
(85) 「同」、一五~一六頁。
(86) 山本良吉宛西田幾多郎書簡(一九三七年一二月二日)『西田幾多郎全集』第二十二巻、岩波書店、二〇〇七年、九三頁。

(87) 日本諸学振興委員会については、駒込武・川村肇・奈須恵子編『戦時下学問の統制と動員――日本諸学振興委員会の研究』参照。

(88) 西田幾多郎「日本文化の問題附録　学問的方法」『西田幾多郎全集』第九巻、岩波書店、二〇〇四年、八七頁。

(89) 「同」、八七頁。

(90) 「同」、八八頁。

(91) 「同」、八八頁。

(92) 「同」、八八～八九頁。

(93) 「同」、八九頁。

(94) 「同」、八九頁。

(95) 「同」、九三頁。

(96) 「同」、九一頁。

(97) 西田幾多郎「日本文化の問題」『西田幾多郎全集』第十三巻、岩波書店、二〇〇五年、一四～一五頁。

(98) 文部省編纂『国体の本義』、一一四～一一五頁。

(99) 西田幾多郎「日本文化の問題」『西田幾多郎全集』第十三巻、六頁。

(100) 「同」、二一頁。

(101) 西田幾多郎「日本文化の問題」『西田幾多郎全集』第九巻、六～七頁。こちらは岩波新書版である。

(102) 文部省編纂『国体の本義』、一五六頁。

(103) 『同』、九七～九八頁。

(104) 伊東延吉述「国民学校の精神に就いて」、一四頁。

(105) 「同」、一五頁。

(106) 『教学刷新評議会資料』上、二六頁。

(107) 『同』上、二六頁。

(108) 里見岸雄『日本国体学第四巻　国体論史　下』、展転社、二〇〇九年、三五八頁。

(109) 岩波茂雄宛西田幾多郎書簡（一九四〇年四月八日付）『西田幾多郎全集』第二十二巻、三一四頁。

あとがき

思想は人の心を動かしてこそ創造性を発揮すると思う。しかし、会議室の発言内容が議事録に記録されると、その記録からは思想の実質が抜け落ちてしまうように感じられてならない。言葉として伝えようとするものには心があり、人の心に残る言葉には実質がある。これに対して公的に記録され決定されるのは文言なのであって、決定を経た文言は利害や制度の中に埋め込まれ、発言者の元を離れていく。しかし、近代国家で意志決定を行なうには、この方法が無難かつ必要である。ショートショート作家の星新一の言葉を借りて言うなら、近代国家はまことに、大量の公的文書が集積する「紙の城」である。そこで思想がどのような意味を持ちうるかに私の関心はある。

私の研究の重点はこれまで、ドイツ政治思想史からドイツのナショナリズム、そこから日本のナショナリズムを経て日本政治思想史へと移ってきた。勤務する部局は法学部であり、担当しているのは政治学系の講義である。思想の研究をしてはいるものの、政治学・政策学・法律学といった学問領域が身近にあり、日々の業務で会議に参加することも多い。このような状況の中で、思想はどのようにして政策になるのか、改めて実証的に調べてみようと考えたのが本書執筆の原点である。

本書の執筆に際して、先人の努力によって整備された資料、関係者の尽力によって公開された資料を利用させて頂いた。とりわけ国立教育政策研究所教育図書館には、貴重な資料を閲覧する機会を何度も頂戴し、心から感謝申し上げたい。また、国立国会図書館憲政資料室、三哲《さんてつ》文庫防府市立防府図書館にも心から感謝申し上げたい。

本書を草するに際して、国立公文書館デジタルアーカイブ、国立国会図書館デジタルコレクション、帝国議会会議録検索システムを利用して資料の閲覧や確認を行なった。新型コロナウイルス流行に伴う行動制限の中で、このようなサービスがなければ研究活動を進めることはほぼ不可能であったと痛感している。

本書の内容は多岐にわたり、さまざまな機会に多くの方々からご教示を頂戴してきた。とりわけ、「昭和一〇年代文部省の機関哲学と國體明徴政策の相互制約関係についての研究」研究会は本研究と直結するものであり、いつも貴重なご教示を頂戴している栗田英彦先生、西田彰一先生、萩原淳先生に心から御礼申し上げる。また、藝林会令和五年度学術研究大会では、「昭和十年代文部省をめぐる諸問題」を主題として講演と相互討論が行なわれ、そこでの議論に本研究の進行は強く後押しをされた。登壇者の栗田先生、西田先生、黒岩昭彦先生、昆野伸幸先生、会長の故平泉隆房先生はじめ学会関係者の先生方に御礼申し上げたい。

著者は、奈良県立大学ユーラシア研究センター「近世・近代の思想研究会」、国際日本文化研究センター「明治日本の比較文明史的考察――その遺産の再考」研究会、国際日本文化研究センター「東アジアにおける哲学の生成と展開──間文化の視点から」研究会、同志社大学人文科学研究所「日本保守主義の再検討──「守る」対象の二重構造をめぐって」研究会、京都大学人文科学研究所「中日の近代哲学・思想の交差とその実践」研究会に参加させて頂き、それぞれで多大のご教示を賜っている。主宰の先生方、研究会ご参加の先生方にここで改めて御礼申し上げる。

今にして思えば、奈良県の「日本と東アジアの未来を考える」委員会に参加させて頂いたことが、思想と政策のつながりを問い直す深い動機となったように思われる。この委員会は文字通りに「未来を考える」委員会であり、参加者は多岐にわたり、専門的な報告内容を共有し活発に議論が行なわれる生き生きとした会議であった。思想と政策を直結させることではなく、参加者それぞれの創造性を発揮する基盤を提供することが、この会議の目的であったと私は感じている。会議を主宰された荒井正吾奈良県前知事に、この貴重な機会を頂戴したことを感謝申し上げたい。

本書各章は、旧稿に加筆修正を行ない再構成した部分と書き下ろしの部分とで構成されている。序章と第六章、終章の大半は新たに書き下ろした部分である。以下に大まかな対応関係を示しておく。

・「『國體の本義』と文部省の政策志向性」『藝林』第七一巻第二号（二〇二二年一〇月）→ 第二章
・「教学刷新評議会の議題設定──第一回総会を中心に」（一）『産大法学』第五七巻第一号（二〇二三年四月）、「同」（二・完）『産大法学』第五七巻第二号（二〇二三年七月）→ 第三章
・「教学刷新評議会の会議運営──特別委員会設置まで」『産大法学』第五七巻第三・四号（二〇二四年一月）

→　第四章

・「思想はどのようにして政策になるのか――國體明徵という課題」『藝林』第七三巻第一号（二〇二四年四月）→　第一章、第五章

・「『國體の本義』対『日本文化の問題』――國體論をめぐる闘争」『産大法学』第五〇巻第一・二号（二〇一七年一月）→　終章第四節

なお、「解説　「古典を読む　國體の本義」」佐藤弘夫編著『岩波講座　日本の思想　第二巻　場と器――思想の記録と伝達』所収、岩波書店、二〇一三年も内容的に一部重複する部分がある。

本書は、二〇二〇年度京都産業大学学外研究員としての研究成果の一部であり、京都産業大学出版助成金を受けて出版したものである。また、本研究はＪＳＰＳ科研費「『國體の本義』刊行による文部省の対内務省・対昭和維新運動政策についての研究」（課題番号 JP19K01459）、ＪＳＰＳ科研費「昭和一〇年代文部省の機関哲学と國體明徵政策の相互制約関係についての研究」（課題番号 JP22K01347）の助成による研究成果の一部である。

本書出版に際して、創元社の山口泰生氏に再びご尽力を賜った。優れた編集者に出会えたことは、著者の何よりの幸いである。

最後に、植村照に感謝をもって本書を捧げたい。研究調査が不自由な状況で、日々激励し、背中を押してもらったおかげで、本書は刊行に至れたのである。

昭和一〇〇年に際して

植村和秀

年	月	日	政府・文部省	文部大臣	文部次官	教学局	伊東延吉
昭和6年末時点			犬養毅内閣	鳩山一郎	粟屋謙		学生部長
昭和7年	5	15	五・一五事件				
	5	26	斎藤実内閣				
昭和8年	3	27	国際連盟脱退通告				
	7	22	虎の門の新庁舎に移転（文部省）				
昭和9年	3	3		斎藤実（兼）			
	7	8	岡田啓介内閣	松田源治			
	6	1	思想局設置（文部省）				思想局長
	8	11			三邊長治		
	10	10	「国防の本義と其強化の提唱」刊行（陸軍省）				
昭和10年	2	18	天皇機関説事件（貴族院本会議での弾劾演説）				
	3	20	政教刷新に関する建議（貴族院）				
	3	23	国体に関する決議（衆議院）				
	5	11	内閣審議会設置				
	11	5	内閣審議会第六回総会				
	11	18	教学刷新評議会設置（文部省）				
	12	5	教学刷新評議会第一回総会（文部省）				
	12	10	宗教制度調査会第一回総会（文部省）				
	12	11	宗教制度調査会第二回総会（文部省）				
	12	19	教学刷新評議会第二回総会（文部省）				
	12	29	文政審議会廃止				
昭和11年	1	15	教学刷新評議会第三回総会（文部省）				

年	月	日	事項				
	1	28	教学刷新評議会第一回特別委員会（文部省）				
	2	2		川崎卓吉			
	2	13	教学刷新評議会第二回特別委員会（文部省）				
	2	24	教学刷新評議会第三回特別委員会（文部省）				
	2	26	二・二六事件				
	3	9	廣田弘毅内閣	潮惠之輔（兼）			
	3	25		平生釟三郎			
	6	9			河原春作		専門学務局長兼思想局長
	7	7	国体の本義第一回編纂委員会（文部省）				
	9	7	教学刷新評議会第四回特別委員会（文部省）				
	9	8	日本諸学振興委員会設置（文部省）				
	9	14	教学刷新評議会第五回特別委員会（文部省）				
	9	15	教学刷新評議会第六回特別委員会（文部省）				
	10	12	教学刷新評議会第七回特別委員会（文部省）				
	10	13	教学刷新評議会第八回特別委員会（文部省）				
	10	19	教学刷新評議会第九回特別委員会（文部省）				
	10	29	教学刷新評議会第四回総会（答申・建議）				
	11	4	日本諸学振興委員会第一回教育学会（～6日）				
昭和12年	2	2	林銑十郎内閣	林銑十郎（兼）			
	2	18	国体の本義第二回編纂委員会（文部省）				
	2	19	国体の本義第三回編纂委員会（文部省）				
	3	30	『国体の本義』刊行（文部省版）				
	5	31	『国体の本義』刊行（内閣印刷局版）				

年	月	日	政府・文部省	文部大臣	文部次官	教学局	伊東延吉
	6	4	近衛文麿内閣	安井英二			
	6	7			伊東延吉		文部次官
	7	7	日中戦争（支那事変・日華事変）				
	7	21	教学局設置（文部省）			菊池豊三郎（長官）	
	10	22		木戸幸一			
	12	10	教育審議会設置				
	12	23	教育審議会第一回総会				
昭和13年	4	1	国家総動員法公布				
	5	26		荒木貞夫			
	12	8	教育審議会第一〇回総会（国民学校答申）				
	12	23			石黒英彦		退官
昭和14年	1	5	平沼騏一郎内閣				
	4	8	宗教団体法公布				
	4	17				小林光政（長官）	
	8	30	阿部信行内閣	河原田稼吉			
	9	5			大村清一		
昭和15年	1	16	米内光政内閣	松浦鎮次郎			
	1	20			赤間信義		
	1	27				菊池豊三郎（長官）	
	3	29	義務教育費国庫負担法公布				
	7	22	近衛文麿内閣	橋田邦彦			

	7	29			菊池豊三郎		
	8	13				藤野惠（長官）	
昭和16年	3	1	国民学校令公布				
	6	14					国民精神文化研究所長
	6	27	教育審議会諮問第一号特別委員会第三回整理委員会（教学局の議論）				
	7	21	「臣民の道」刊行（文部省）				
	10	18	東條英機内閣				
	12	8	対米英戦争（大東亜戦争・太平洋戦争）				
昭和17年	2	21	大東亜建設審議会設置				
	11	1	教学局の内局化（文部省）			近藤壽治（局長）	
昭和18年	4	20		東條英機（兼）			
	4	23		岡部長景			
	11	1					教学錬成所長
昭和19年	2	7					逝去
	7	22	小磯国昭内閣	二宮治重			
	7	28			藤野惠		
昭和20年	2	10		児玉秀雄			
	4	7	鈴木貫太郎内閣	太田耕造			
	6	13			河原春作（再）	朝比奈策太郎（局長）	
	8	15	終戦公表				
	8	17	東久邇宮稔彦王内閣	松村謙三（兼）			

年	月	日	政府・文部省	文部大臣	文部次官	教学局	伊東延吉
	8	18		前田多門			
	8	25			大村清一（再）		
	10	9	幣原喜重郎内閣				
	10	15	教学局廃止・教学錬成所廃止（文部省）			廃止	
	12	15	神道指令（GHQ　国体の本義頒布禁止）				
昭和21年	1	9	日本帝国政府宛覚書（GHQ　日本教育家の委員会設置指示）				
	1	13		安倍能成			
	1	15			山崎匡輔		
	2	15	「日本の教育」印刷製本（GHQ）				
	3	19	日本諸学振興委員会廃止（文部省）				
	5	22	吉田茂内閣	田中耕太郎			
	8	10	教育刷新委員会設置				

主要参考文献

文部省刊行物

文部省編『学制百年史』記述編、帝国地方行政学会、一九七二年
文部省編纂『国体の本義』、内閣印刷局印刷発行、一九三七年
『教学刷新と教学局　教学叢書第一輯』、教学局、一九三七年
『文部省職員録　昭和一〇年一〇月一日現在』、文部大臣官房秘書課、一九三五年

文部省関係資料

『教学刷新評議会資料』上・下、芙蓉書房出版、二〇〇六年
清水康幸・前田一男・水野真知子・米田俊彦編著『野間教育研究所紀要第三四集　資料　教育審議会（総説）』、野間教育研究所、一九九一年
米田利彦『野間教育研究所紀要第四四集　教育審議会の研究　教育行財政改革――付　国民学校・幼稚園審議経過』、野間教育研究所、二〇〇二年
『近代日本教育資料叢書　史料篇三　教育審議会総会会議録』、宣文堂書店、一九七一年
『近代日本教育資料叢書　史料篇三　教育審議会諮問第一号特別委員会整理委員会会議録』第一四巻（第一九輯〜第二一輯）、宣文堂書店、一九七一年
児玉三夫訳『日本の教育　連合国軍占領政策資料』、明星大学出版部、一九八三年
教育刷新審議会編『教育改革の現状と問題――教育刷新審議会報告書』、日本放送出版協会、一九五〇年
石川準吉『総合国策と教育改革案――内閣審議会・内閣調査局記録』、清水書院、一九七四年

国立教育政策研究所教育図書館所蔵

『志水義暲文庫』

『石川準吉氏旧蔵戦時期教育関係史料』

国立国会図書館憲政資料室所蔵

『鵜澤總明関係文書』

国立公文書館デジタルアーカイブ

文部省「教学錬成所長伊東延吉」

陸軍省軍務局軍事課「国体明徴の為政府の為すべき処置」

「文政審議会官制ヲ廃止ス」

「教学刷新評議会官制ヲ定ム」

「教学刷新評議会の設置」

「石井、原両顧問官ヲ教学刷新評議会委員ニ任命ノ件」

「島田俊雄教学刷新評議会委員被免ノ件」

「内閣書記官長藤沼庄平外十一名教学刷新評議会委員並幹事命免ノ件」

「渡邊千冬」

帝国議会会議録検索システム

『第六七回帝国議会　貴族院本会議　第一九号　昭和一〇年三月二〇日』

『第六七回帝国議会　衆議院建議委員会　第八号　昭和一〇年三月二〇日』

『第六七回帝国議会　衆議院　本会議　第三〇号　昭和一〇年三月二三日』
『第七〇回帝国議会　貴族院本会議　第四号　昭和一二年二月一五日』

伊東延吉関係

細見京之助編『教育大家　溝口先生』、盛田久左衛門発行、一九二五年
伊東延吉「溝口先生」細見京之助編『教育大家　溝口先生』、盛田久左衛門発行、一九二五年
伊東延吉「思想問題と国民精神文化研究所」『国民精神文化研究所所報』第一号（一九三三年六月）
伊東延吉「日本国民としての精神的指導原理」鉄道道友会編『鉄道精神講座』、鉄道道友会本部、一九三五年
伊東延吉「国民学校案の精神に就いて」伊東延吉・鈴木源輔『国民学校案の精神に就いて、日本教学に基く学級経営と教科指導』、第一出版協会、一九四〇年
伊東延吉「江木千之先生の追想」『文部時報』第七三〇号（一九四一年七月）
伊東延吉述「国民学校の精神に就いて」『日本文化』第七五冊（一九四二年一月）
伊東延吉「本研究所の過去現在及び未来」『国民精神文化』第八巻第九号（一九四二年一〇月）
文部省作成「教学錬成所長伊東延吉」国立公文書館デジタルアーカイブ『公文雑纂・昭和一九年・第七八巻・奏任文官俸給制限外下賜一・内閣～貴衆両院事務局』Ｎｏ・一五五
『斯民』第三二編第四号（一九三七年四月）
『斯民』第三九編第三号（一九四四年三月）
二宮隆雄『情熱の気風――鈴渓義塾と知多偉人伝』、フィールドアーカイヴ、二〇一九年

『国体の本義』関係の文部官僚・国民精神文化研究所員

小川義章「国体の本義につきて」滋賀県編『昭和一三年度夏期講習録』、滋賀県、一九三九年

『小川義章和尚語録　阿留辺幾夜宇和』、高山寺、一九七二年
『追憶』、高山寺、一九七〇年
近藤壽治『ひとすじの道』、学校図書、一九六七年
志水義暲「『臣民の道』と国民教育」『国民学校綜合雑誌　日本教育』昭和一六年九月号（一九四一年九月）
国立教育研究所編『国立教育政策研究所教育図書館所蔵志水義暲文庫目録』、国立教育研究所、一九八六年
志田延義『歴史の片隅から　随筆評論集』、至文堂、一九八二年
志田延義『昭和の証言』、至文堂、一九九〇年
志田延義『爪立ち人生』、至文堂、一九九九年

文部大臣・文部官僚関係
田所美治「教育七〇年を回顧して」『文部時報』第七三〇号（一九四一年七月）
基督心宗祖師谷青年学道会編『安井英二先生談話――学徒としての行政政治家の経験』、信学行社、一九七〇年
木戸日記研究会編『木戸幸一日記　東京裁判期』、東京大学出版会、一九八〇年
橋田邦彦「国民教育の改新」『国民学校綜合雑誌　日本教育』昭和十六年四月創刊号（一九四一年四月）
橋田邦彦「国民精神文化研究所十周年に際して」『国民精神文化』第八巻第九号（一九四二年一〇月）
和辻哲郎「［藤野恵に関する］証言」『和辻哲郎全集』別巻二、岩波書店、一九九二年
平塚益徳編『小沼洋夫遺稿集』、小沼洋夫遺稿集刊行委員会、一九六八年
『有光次郎氏談話速記録』、内政史研究会、一九六八年
有光次郎『有光次郎日記』、第一法規出版、一九八九年
劔木亨弘『牛の歩み――教育にわが道を求めて』、小学館、一九七三年
『劔木亨弘氏談話速記録』、内政史研究会、一九七五年

劒木亨弘『戦後文教風雲録――続牛の歩み』、小学館、一九七七年
劒木亨弘他「座談会　臨教審に望む」『文教』第二七号（一九八四年六月）
田中正隆『牛歩八十五年　劒木亨弘聞書』、教育問題研究会、一九八六年
『追憶奥村喜和男』、奥村勝子発行、一九七〇年（劒木亨弘寄稿）
木村正義「文部省時代の思ひ出」『教育』第三巻第二号（一九二五年二月）
前川喜平「文部省の政策形成過程」城山英明・細野助博編『続・中央省庁の政策形成過程――その持続と変容』、中央大学出版部、二〇〇二年
寺脇研『文部科学省――「三流官庁」の知られざる素顔』、中公新書ラクレ、二〇一三年

同時代の国体論、教育論・教育雑誌

阿部重孝『教育改革論』、岩波書店、一九三七年
鵜澤總明『随想録』、大東文化協会、一九三六年
鵜澤總明『政治哲学』、高陽書院、一九三七年
鵜澤總明『法律と道徳との関係・法学通論』（明治大学創立百周年記念学術叢書第六巻）、明治大学、一九八四年
河合栄治郎『河合栄治郎全集』第十二巻、社会思想社、一九六八年
河合栄治郎『河合栄治郎全集』第十七巻、社会思想社、一九六八年
河合栄治郎『河合栄治郎全集』第二十一巻、社会思想社、一九六九年
河合栄治郎・蠟山政道『学生思想問題』、岩波書店、一九三二年
城戸幡太郎『教育科学七十年』、北海道大学図書刊行会、一九七八年
木下成太郎編『大正一一年七月五日於華族会館　東洋文化振興ニ関スル第二回協議会議事録』、木下成太郎、出版年不明（一九二二年（推定））

木下成太郎編『第三・四・五回於華族会館　東洋文化振興ニ関スル協議会議事録』、木下成太郎、出版年不明（一九二二年または一九二三年）
橘文七編『木下成太郎先生伝』、木下成太郎先生伝刊行会、一九六七年
児玉九十『喜寿記念　この道五十年』、明星学苑編集委員会、一九六五年
里見岸雄『日本国体学第四巻　国体論史　下』、展転社、二〇〇九年
関口泰『教育国策の諸問題』、岩波書店、一九三五年
関口泰『時局と青年教育』、巌松堂書店、一九三九年
関口泰『興亜教育論』、三省堂、一九四〇年
為藤五郎編『現代教育家評伝』、文化書房、一九三六年
戸坂潤『日本イデオロギー論』、岩波文庫、一九七七年（原著刊行は一九三五年）
戸坂潤「現代学生論の諸要点」三木清編『現代学生論』、矢の倉書店、一九三七年
西田幾多郎「日本文化の問題」「日本文化の問題附録　学問的方法」『西田幾多郎全集』第九巻、二〇〇四年（岩波新書版）
西田幾多郎「日本文化の問題」『西田幾多郎全集』第十三巻、二〇〇五年（講演版）
平泉澄『武士道の復活』、至文堂、一九三三年
藤原喜代蔵『明治・大正・昭和　教育思想学説人物史　第四巻　昭和前期篇』、日本経国社、一九四四年
陸軍省新聞班『国防の本義と其強化の提唱』、陸軍省新聞班、一九三四年
渡邊千冬『外交・政治・教育に関する私見』、渡邊千冬、一九三七年
『教育』
『教育学研究』
『教育週報』

『帝国教育』

文部省関連研究

荻野富士夫『戦前文部省の治安機能――「思想統制」から「教学錬成」へ』、校倉書房、二〇〇七年
海後宗臣編『教育改革《戦後日本の教育改革　第一巻》』、東京大学出版会、一九七五年
久保義三『新版　昭和教育史――天皇制と教育の史的展開』、東信堂、二〇〇六年
栗田英彦「昭和一〇年代の文部省と知識人――日本神話派（「生みの哲学」派）周辺人脈を中心に――」『藝林』第七三巻第一号（二〇二四年四月）
黒岩昭彦「文部省の「八紘為宇」転換をめぐって――内務省系官僚の後退と教学局官僚の台頭」『藝林』第七三巻第一号（二〇二四年四月）
駒込武・川村肇・奈須恵子編『戦時下学問の統制と動員――日本諸学振興委員会の研究』、東京大学出版会、二〇一一年
昆野伸幸「文部省と「日本精神」」『藝林』第七三巻第一号（二〇二四年四月）
清水俊彦編『教育審議会の総合的研究』、多賀出版、一九八九年
高野邦夫『新版　天皇制国家の教育論――教学刷新評議会の研究』、芙蓉書房出版、二〇〇六年
竹内洋『大学という病――東大紛擾と教授群像』、中央公論新社、二〇〇一年
竹内洋『学歴貴族の栄光と挫折』、講談社学術文庫、二〇一一年
辻田真佐憲『文部省の研究――「理想の日本人像」を求めた百五十年』、文春新書、二〇一七年
土屋忠雄「「国体の本義」の編纂過程」『関東教育学会紀要』第五号（一九七八年）
土屋忠雄『遥かなる風景』一、土屋多美子、一九八二年
『土屋忠雄博士追悼集』、土屋忠雄博士追悼集刊行会、一九八七年

寺崎昌男・戦時下教育研究会編『総力戦体制と教育――皇国民「錬成」の理念と実践』、東京大学出版会、一九八七年
西田彰一「相互討論『昭和十年代文部省をめぐる諸問題』」『藝林』第七三巻第一号（二〇二四年四月）
長谷川亮一『「皇国史観」という問題――十五年戦争期における文部省の修史事業と思想統制政策』、白澤社、二〇〇八年
平原春好『日本教育行政研究序説』、東京大学出版会、一九七〇年
前田一男「「教学刷新」の設計者・伊東延吉の役割」寺崎昌男・編集委員会共編『近代日本における知の配分と国民統合』、第一法規出版、一九九三年
前田一男「国民精神文化研究所の研究――戦時下教学刷新における「精研」の役割・機能について」『日本の教育史学』第二五集（一九八二年九月）

政治史・思想史関連研究

児玉識編著『上山満之進の思想と行動　増補改訂版』、海鳥社、二〇一六年
昆野伸幸『増補改訂　近代日本の国体論――〈皇国史観〉再考』、ぺりかん社、二〇一九年
佐藤卓己『増補版　言論統制――情報官・鈴木庫三と教育の国防国家』、中公新書、二〇二四年
菅谷幸浩『昭和戦前期の政治と国家像――「挙国一致」を目指して』、木鐸社、二〇一九年
西田彰一『躍動する「国体」――筧克彦の思想と活動』、ミネルヴァ書房、二〇二〇年
林尚之『里見岸雄の思想――国体・憲法・メシアニズム』、晃洋書房、二〇二四年
広田照幸『陸軍将校の教育社会史――立身出世と天皇制』、下、ちくま学芸文庫、二〇二一年
古川隆久『昭和戦中期の総合国策機関』、吉川弘文館、一九九二年
丸山眞男「超国家主義の論理と心理」『丸山眞男集』第三巻、岩波書店、一九九五年
丸山眞男「日本の思想」『丸山眞男集』第七巻、岩波書店、一九九六年

丸山眞男「戦前における日本の右翼運動」『丸山眞男集』第九巻、岩波書店、一九九六年
森田朗『会議の政治学』、慈学社出版、二〇〇六年
吉田則昭『戦時統制とジャーナリズム――１９４０年代メディア史』、昭和堂、二〇一〇年

【ろ】

【わ】

【め】

【も】

【や】

【ゆ】

【よ】

【く】

【け】

【こ】

【さ】

【し】

人名索引

〔凡例〕
＊註からは一部のみ採った。
＊あとがきは対象外とした。
＊関連年表は本文にある人名のみ採った。

■著者略歴

植村和秀　UEMURA Kazuhide

1966（昭和41）年、京都市生まれ。京都大学法学部卒業。京都大学法学部助手などを経て、現在、京都産業大学法学部教授。専攻、日本政治思想史、比較ナショナリズム論。

著書に『折口信夫―日本の保守主義者』（中公新書、2017年）、『ナショナリズム入門』（講談社現代新書、2014年）、『日本のソフトパワー―本物の〈復興〉が世界を動かす』（創元社、2012年）、『昭和の思想』（講談社選書メチエ、2010年）、『「日本」への問いをめぐる闘争―京都学派と原理日本社』（柏書房、2007年）、『丸山眞男と平泉澄―昭和期日本の政治主義』（柏書房、2004年）、共編著に『ハンドブック近代日本政治思想史―幕末から昭和まで』（ミネルヴァ書房、2021年）などがある。

装丁・ブックデザイン　森 裕昌（森デザイン室）

〈叢書パルマコン 09〉

文《もん》部《ぶ》省《しょう》の国《こく》体《たい》明《めい》徴《ちょう》政《せい》策《さく》

思想《しそう》はどのようにして政策《せいさく》になるのか

2025 年 2 月 20 日　第 1 版第 1 刷発行

著　者　植村和秀
発行者　矢部敬一
発行所　株式会社創元社
https://www.sogensha.co.jp/
〔本　　社〕 〒 541-0047 大阪市中央区淡路町 4-3-6
Tel. 06-6231-9010 Fax. 06-6233-3111
〔東京支店〕 〒 101-0051 東京都千代田区神田神保町 1-2 田辺ビル
Tel. 03-6811-0662

印刷所　株式会社太洋社

ISBN978-4-422-20479-6 C0021

pharmakon

叢書パルマコン

——書物、それは薬にして毒

01 **大衆の強奪** 全体主義政治宣伝の心理学

セルゲイ・チャコティン　佐藤卓己［訳］　312頁・定価（本体3,500円＋税）

戦後民主主義が封印した、〈反ファシズム宣伝教本〉。

---

02 増補 **聖別された肉体** オカルト人種論とナチズム

横山茂雄　382頁・定価（本体3,800円＋税）

近代オカルト研究伝説の名著が、ついに増補再刊！

---

03 **農の原理の史的研究** 「農学栄えて農業亡ぶ」再考

藤原辰史　360頁・定価（本体3,500円＋税）

ロマン的農本主義を乗り越える、農学原論の試み。

---

04 **〈趣味〉としての戦争** 戦記雑誌『丸』の文化史

佐藤彰宣　248頁・定価（本体2,800円＋税）

敗戦国のゆがみを写す、長寿雑誌のメディア史。

---

05 **大阪時事新報の研究** 「関西ジャーナリズム」と福澤精神

松尾理也　408頁・定価（本体4,200円＋税）

新聞衰退期にこそ参照すべき、敗者のメディア史。

---

06 **忘却された日韓関係** 〈併合〉と〈分断〉の記念日報道

趙相宇　264頁・定価（本体3,200円＋税）

両国間の溝を、双方の記念日報道から埋め直す。

---

07 **観光と「性」** 迎合と抵抗の沖縄戦後史

小川実紗　240頁・定価（本体3,200円＋税）

風俗観光資料から読み解く、ホンネの沖縄戦後史。

---

08 **儒学者 兆民** 「東洋のルソー」再考

田中 豊　262頁・定価（本体4,000円＋税）

『民約訳解』が漢文で訳された本当のワケとは？

pharmakon micros

叢書パルマコン・ミクロス

—叢書パルマコンの四六判姉妹シリーズ

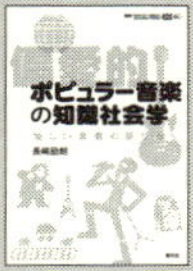

01 偏愛的ポピュラー音楽の知識社会学
愉しい音楽の語り方
長﨑励朗［著］　216頁・定価（本体1,700円＋税）

02 近代日本の競馬
大衆娯楽への道
杉本竜［著］　344頁・定価（本体2,500円＋税）

03 コンスピリチュアリティ入門
スピリチュアルな人は陰謀論を信じやすいか
横山茂雄、竹下節子、清義明、堀江宗正、栗田英彦、辻隆太朗、雨宮純［著］　296頁・定価（本体2,200円＋税）

04 心理療法の精神史
山竹伸二［著］　304頁・定価（本体2,600円＋税）

05 怪異と妖怪のメディア史
情報社会としての近世
村上紀夫［著］　250頁・定価（本体2,400円＋税）

06 前田久吉、産経新聞と東京タワーをつくった大阪人
松尾理也［著］　336頁・定価（本体2,500円＋税）

07 オカルト2.0
西洋エゾテリスム史と霊性の民主化
竹下節子［著］　200頁・定価（本体2,200円＋税）

08 アニメ・エクスペリエンス
深夜アニメ研究の方法
川口茂雄［著］　336頁・定価（本体2,500円＋税）

※価格は2025年2月時点のものです